Ralph Pechmann/Dietmar Kamlah (Hrsg.)

So weit die Worte tragen

*Wie tragfähig ist der Dialog zwischen
Christen, Juden und Muslimen?*

BRUNNEN

VERLAG GIESSEN·BASEL

Dies ist eine Veröffentlichung des Deutschen Instituts für
Jugend und Gesellschaft, OJC, Reichelsheim

Beiträge aus dem Englischen übersetzt von Dr. Friedemann Lux
Lektorat: Helmut Jablonski

© 2005 Brunnen Verlag Gießen
www.brunnen-verlag.de
Umschlagmotive: Idea-Bild, Wetzlar; Fritz May;
          Correl Photo Library, Rüsselsheim
Umschlaggestaltung: Ralf Simon
Satz: Die Feder GmbH, Wetzlar
Herstellung: Hubert & Co., Göttingen
ISBN 3-7655-1346-6

Inhalt

Vorwort der Herausgeber

Noch keine vier Jahre sind es her, da rückte in dramatischer Weise das afghanische Bergland in den Blickpunkt der Weltöffentlichkeit. Nach dem Beginn der amerikanischen Militäroffensive präsentierten die Fernsehkanäle immer wieder die Gebirgsregionen, in denen man die Höhlenverstecke der Al Qaida und Taliban vermutete. Die gezeigten Gebirgslandschaften luden mit ihrer wilden Schönheit regelrecht zu Wanderungen ein, wäre da nicht das schmerzhafte Wissen, dass nach diesem Krieg das umkämpfte Gelände für viele Jahre unpassierbar bleiben wird.

Wer sich als Christ bzw. als christliche Gemeinde den Herausforderungen des Islam stellen will, der betritt gleichsam eine geistige Gebirgsregion mit steilen und schmalen Pfaden. In diesem Sinne sind islamischer Glaube, Geschichte und Kultur eine einladende Landschaft und ein fremdes Gelände zugleich. Allerdings ist dieser Weg nicht harmlos. Er führt durch die Altlasten eines Jahrhunderte währenden Kampfes. Hier erwarten uns noch immer Überraschungen. Sie sind das Erbe politischer und religiöser Machtkämpfe, die in den seltensten Fällen zu einer fruchtbaren Verständigung führten.

Eine niveauvolle und ehrliche Auseinandersetzung mit dem Islam ist geradezu eine Notwendigkeit für eine europäische Gesellschaft, die ihre eigene Säkularität, geistige Verflachung und ethische Vergleichgültigung überwiegend als demokratischen Pluralismus deutet. Die Islamromantik der europäischen Aufklärung, die eine harmonische Lebenswelt für Juden und Christen unter der maurischen Kalifenherrschaft in Spanien als Prototyp für unsere Zeit vor Augen malt, steht bis heute in erschreckendem Kontrast zu islamischen Realitäten. Diese Romantik sagt mehr über uns aus, als über die fremde islamische Vielfalt.

Wir werden der islamischen Herausforderung konstruktiv begegnen können, wenn wir uns dabei nicht von Klischees und Vorurteilen und von Überheblichkeit oder Angst leiten lassen. Vielmehr helfen echtes Interesse an den Menschen und ihrer Lebenswelt einerseits, und nüchterne Kenntnisnahme der religiösen Quellen, ihrer Geschichte und Kultur andererseits.

Unter diesem Vorzeichen trafen sich Juden, Christen und Muslime im Herbst 2004 auf Schloss Reichenberg in Reichelsheim/Odenwald für vier Tage zum Gespräch. Das Thema der Tage stand unter dem Motto „Soweit die Worte tragen", zu dem die Offensive Junger Christen eingeladen hatte. Die Vorträge des breitgefächerten Referententeams bilden den Grundbestand des vorliegenden Buches.

Den Islam durch seine Geschichte besser verstehen

Raphael Israeli, jüdischer Islamwissenschaftler an der Hebrew University in Jerusalem, und die Jüdin *Bat Ye'or*, eine renommierte Islamforscherin aus Ägypten, wenden sich in ihren Beiträgen einem brisanten Thema der islamischen Geschichte und Gegenwart zu. Der Islam kennt zwar für seine Anhänger eine „Gleichheit vor der Scharia". Die Andersgläubigen in der islamischen Welt und außerhalb sind aber seit Mohammeds Zeiten vor dem Gesetz der Scharia nicht gleich. Die Anhänger jüdischer und christlicher Buchreligion wurden im Islam als verwandte Offenbarungen angesehen, aber zugleich durch einen detaillierten Gesetzeskanon (Dhimmitude) und eine Kopfsteuer der islamischen Umwelt unterworfen und ausgegrenzt. Das war ihr „Dhimmi"-Status. Sie bekommen dies in der Geschichte der islamischen Eroberung durch vielfältig diskriminierende Vorschriften zu spüren. Ein Wissen um diese einstigen gesetzlich begründeten Entwürdigungen macht das öffentliche Begehren vieler islamischer Verbände heute in unserem Land verständlicher und transparenter. Allahs Allmacht muss sich im Sieg eines islamischen Weltreiches zeigen. So ist es heute islamischem Selbstverständnis angemessen, den „ungläubigen" Westen mit dem gleichen Anspruch zu messen und ihm entgegen zu treten, wie man dies seit dem 7. Jhd. aus religiöser Überzeugung mit allen eroberten Völkern gewohnt war zu tun, betont *Bat Ye'or*. Dies kann sich für wenige bis zu „islamikaze"-artigem Terror steigern und wird als der Mut islamischer Märtyrer in arabisch-fundamentalistischen Kreisen hochgehalten. Hierzu gibt *Raphael Israeli* einen drastischen Einblick in den Geist islamischer Märtyrerideologie, die sich dabei der Auslegung von Koran und Scharia bedient.

Muslimische Minderheiten in Deutschland

Die Hoffnung war: Die Muslime würden sich mit der Zeit schon gesellschaftlich anpassen und rasch sprachlich und kulturell eingliedern; für die Mehrzahl der Muslime würde ihr Glaube an Bedeutung verlieren und seine Praktizierung bedeutungslos. Dieser aufgeklärten Annahme und idealistischen Hoffnung ist die Mehrheit der 3,2 Mill. Muslime nicht gefolgt. Das Gegenteil ist eingetreten, schreibt *Eberhard Tröger* in seinem Beitrag. Wir erleben unter Muslimen eine Neubesinnung auf den Islam bei gleichzeitig melancholischem Abschied vieler Christen aus ihren Kirchen. Muslime orientieren sich öffentlich an den Werten islamischer Kultur. Das steht in auffälligem Kontrast zum privat gelebten Glauben einer aufgeklärten christlichen Mehrheit. Umso mehr sind viele Europäer vom fundamentalistischen Charakter islamischer Verbände irritiert. Viele Muslime in der zweiten und dritten Generation sehen in ihrer strikten Abgrenzung eine rettende Alternative zur säkularen westlichen Gesellschaft. *Christine Schirrmacher* gibt Anhaltspunkte zur Unterscheidung zwischen fundamentalistischen und gewaltbereiten Islamisten. Mit klaren Worten berichtet *Ursula Spuler-Stegemann* über agile islamistische Verbände, die vor allem in den und über die Kirchen und Universitäten für ein besonderes islamisches Rechtsverstehen werben, um im Sinne der Scharia einen eigenen Rechtskanon zu etablieren. Dabei scheinen sie in intellektuellen Kreisen nicht auf taube Ohren zu stoßen.

Friede der Religionen

Das Wort von der „abrahamischen Ökumene" und Spiritualität geht um. Es meint die Hoffnung, dass Juden, Christen und Muslime zu gemeinsamen Glaubenszielen finden, indem sie sich auf die gemeinsamen

Väter des Glaubens berufen. Lässt sich aus dieser augenscheinlichen Analogie die Hoffnung sog. „abrahamischer Teams" begründen, einem erstrebenswerten Frieden zwischen den Religionen näher zu kommen? *Jürgen Micksch* ist davon überzeugt. Aber suggeriert der Name „Abraham" nicht eine Einmütigkeit, die bei genauerer Betrachtung nicht trägt? Die konkreten divergierenden Aussagen scheinen nicht nur nebensächlich zu sein, findet *Friedmann Eissler,* sondern haben Folgen für unseren Glauben und unser Reden von Gott und das Gespräch mit Vertretern des Islam. Von den Schritten seiner Gemeinde zu einer abrahamischen Ökumene erzählte *Bekir Al Boga,* Imam der Mannheimer Moschee. Er betonte aber ebenso die Bedeutung und bergende Solidarität der weltweiten islamischen *umma,* der Gemeinschaft der Muslime. *Prof. Israeli* stellte daraufhin die Frage, ob sich die *umma* für Terroranschläge verantwortlich sieht und wie sie ihnen entgegentritt. Israeli zog die Rede von der Harmonie aus historischer Sicht in Zweifel, indem er das Gewaltpotential der Religionen herausstrich, das er heute besonders im Islam sieht. Die oft praktizierte geistige und geistliche Unschärfe im jüdisch-christlichen-islamischen Gespräch wirft die Frage auf, ob dem ehrlichen „Dialog" als der zeitgemäß angesagten Gesprächsform nicht geradezu ausgewichen wird. Am vorliegenden Beispiel Abrahams wird deutlich, wie erhellend ein kenntnisreiches Gespräch sein kann.

Mission im Dialog

Schauen wir noch einmal auf das fremde Gelände islamischer Welten am Beispiel einer Begegnung während der Tagung auf Schloss Reichenberg. Seit Jahren reist *Muzaffer Andaç* (Berlin und Ankara) für das Gespräch mit dem Islam durch Berlin, Brandenburg und Sachsen-Anhalt und stellt ihn – auf Einladung – in Schulen vor. So war er auch gebeten, einen Beitrag zu geben zur Frage „Fundamentalismus im Islam – Ausnahme oder Konsequenz". Entgegen der Erwartung wurden die Hörer mit einer leidenschaftlichen Einladung zum Islam, einer *Daʿwa,* überrascht. Der Redner suchte eifrig zu erläutern, weshalb der Islam dem christlichen Glauben nicht nur verwandt sei, sondern weshalb der Koran zugleich alle Christen zu der unverfälschten islamischen Bot-

schaft führe. Der Referent legte seine Überzeugung dar, dass am Ende
der Zeiten der Prophet Jesus an der Seite Mohammeds als Moslem nach
Jerusalem wiederkommen werde, um mit den anderen Propheten Allah anzubeten und die Christen zum Islam zu führen. Daraufhin erhob
sich ein syrischer Teilnehmer und konfrontierte ihn mit dem Widerspruch, einerseits von einer großen Verwandtschaft zwischen Islam
und christlichem Glauben zu sprechen, aber zugleich die Christen als
Ketzer, die sich des *Schirk* (der schlimmsten Sünde) schuldig machten,
hinzustellen, die erst im Islam zum wahren Verständnis ihres Glaubens
finden würden. Er lud ihn gleichzeitig ein, sich dem Anspruch des
Evangeliums nicht mit der Behauptung der Verfälschung zu entziehen.
Das Ganze geschah emotional in der Sache, aber klar in der Achtung
der Personen und war ein lebhaftes Beispiel dafür, dass Dialog und
Mission nicht in ausschließenden Gegensatz gebracht werden müssen,
sondern sich fruchtbar ergänzen.

Ralph Pechmann und Dietmar Kamlah

I. Ein schwieriges Miteinander

Eberhard Troeger

Muslime unter uns

1. Klärungen

Es ist sinnvoll, am Anfang einige Begriffsbestimmungen vorzunehmen. Ich verstehe unter Muslimen alle Menschen islamischer Tradition im weitesten Sinne, also auch die Aleviten aus der Türkei, obwohl sie von vielen Muslimen nicht als solche anerkannt werden. Auch die Anhänger der Ahmadîja sehe ich als Muslime, obwohl sie durch einen Beschluss der Islamischen Konferenz aus dem Islam ausgeschlossen worden sind[1].

Schwieriger ist es zu klären, was der Ausdruck „Muslime unter uns" bedeutet. Ist die deutschstämmige Bevölkerung gemeint? Das wäre nicht richtig, da es einige Tausend deutschstämmiger Muslime gibt. Oder geht es um die christliche Bevölkerung? Auch das wäre nicht richtig, da die deutsche Gesellschaft nie als Ganze wirklich christlich war und inzwischen auch weitgehend entchristlicht ist.

Ich verstehe also das Thema ganz allgemein so, dass zur deutschen Gesellschaft auch zahlreiche Muslime gehören. Dabei können wir nicht mehr generell davon ausgehen, dass Muslime im Allgemeinen Ausländer sind wegen der Muslime deutscher Herkunft und auch wegen der wachsenden Zahl der eingedeutschten Muslime, die bald die Millionengrenze erreichen wird.

---

[1] Das war an sich ein unislamischer Vorgang, da der Islam sich nicht als „Kirche" versteht und keinen Ausschluss aus der „Kirchengemeinschaft" kennt.

2. Der Islam als ein neues gesellschaftliches Phänomen

Es ist nur allzu bekannt, dass der Islam in Deutschland nicht durch Werbung[2] so viele Anhänger bekommen hat, sondern durch Einwanderung, die verschiedene Gründe hat. Die kleinste Gruppe sind solche Akademiker aus dem islamischen Ausland, die in Deutschland studiert haben und hier ansässig geworden sind.

Eine sehr große Gruppe sind die nach 1960 als Gastarbeiter angeworbenen Türken und Nordafrikaner und ihre Angehörigen. Die Anwerbung erfolgte in einer Zeit wirtschaftlicher Blüte, in der die Arbeitnehmer und ihre Gewerkschaften für die Reduzierung der Arbeitszeiten kämpften, und die Arbeitgeber Gastarbeiter anwarben, um den Arbeitskräftemangel auszugleichen. Die Politik dachte damals durchaus an Saisonarbeiter, aber die Industrie setzte sich durch. Aus „Gastarbeitern" wurden „Dauerarbeiter" und Bürger. Schließlich setzten sich die Anwälte sozialen Verhaltens gegenüber der Politik durch. Die Gastarbeiter durften ihre Familienangehörigen nachholen, und so kam es unvorhergesehen zu einer Masseneinwanderung nach Deutschland.

Nicht vorhergesehen war auch der große Ansturm von Asylbewerbern aus islamischen Ländern. Wie weit das Asylbegehren berechtigt war, hatten die Gerichte zu entscheiden. Anfangs war man dabei großzügig, bis der Zustrom unkontrollierbar wurde und gesetzliche Änderungen nötig machte. Aus der Zufälligkeit der Einwanderung ist nun eine Realität geworden, die unser Jahrhundert maßgeblich mitbestimmen wird.

3. Der Organisations-Grad der Muslime in Deutschland[3]

Die zuwandernden Muslime taten sich mit einer Selbstorganisation schwer. Dabei spielte es eine Rolle, dass zwischen den Akademikern

---

[2] Der islamische Fachausdruck ist (arab.) *Da'wa*, d.h. Einladung in den Islam.
[3] Vgl. dazu Ursula Spuler-Stegemann, Muslime in Deutschland. Nebeneinander oder Miteinander, Freiburg 1998; 3., überarbeitete Aufl. 2002.

einerseits und den Gastarbeitern andererseits eine große gesellschaftliche Kluft bestand. Hinzu kam, dass die zuwandernden Muslime es nicht gewohnt waren, sich selbst zu organisieren, da in den islamischen Ländern herkömmlicherweise der Staat die religiösen Angelegenheiten regelt[4]. Das liegt im Wesen des Islam als einer Volks- bzw. Staatsreligion begründet. Deshalb taten sich die Zuwanderer schwer damit, sich zu organisieren und Gebetsstätten zu schaffen. Den Anfang damit machten Angehörige islamischer Bruderschaften, die schon immer eine gewisse Selbständigkeit und Unabhängigkeit gegenüber dem offiziellen Islam pflegten.

Inzwischen sind unzählige Moscheevereine nach deutschem Vereinsrecht entstanden und daraus eine Vielzahl von Verbänden, die sich wiederum zu konkurrierenden Dachverbänden zusammengeschlossen haben. Ich nenne nur den vom türkischen Religionsministerium gelenkten Verband[5], den Islamrat der Bundesrepublik Deutschland und den Zentralrat der Muslime in Deutschland. Die beiden letzteren Dachverbände weisen eine große ideologische Spannbreite bei ihren Mitgliedern auf. Die Zugehörigkeiten unterliegen einer gewissen Fluktuation.

Es ist derzeit offen, wie sich die Dinge entwickeln werden. Wird es eines Tages einen islamischen Gesamtverband geben? Der deutsche Staat bzw. die Bundesländer hätten gern nur einen Ansprechpartner für alle anstehenden Fragen. Das ist jedoch auf absehbare Zeit nicht zu erwarten.

Ein großes Problem ist, dass man im Islam als einer Volks- bzw. Staatsreligion normalerweise Mitgliedsorganisationen mit verlässlichen Ordnungen und Grundsätzen nicht kennt, während die Kirchen in Deutschland mitgliedermäßig organisiert sind, an ihren Ordnungen erkannt und mit ihren Bekenntnissen behaftet werden können und deshalb für den Staat identifizierbare Partner darstellen. Der Staat möchte es im Grunde nur mit einem oder wenigstens nur einigen mitgliedermäßig organisierten und in ihren Werten und Zielen identifi-

---

[4] Das gilt auch für die laizistische Türkei, in der der Staat eine moderate Ausprägung des Islam staatlich dirigiert.
[5] Türkisch-Islamische Union der Anstalt für Religion e.V., kurz DITIB oder Diyanet.

zierbaren islamischen Großverbänden zu tun haben. Muslime tun sich jedoch mit solchen Festlegungen schwer, und viele wehren sich im Grunde dagegen. Aber um der erwarteten Vorteile willen dürften die meisten Muslime bereit sein, sich den staatlichen Auflagen anzupassen.

Der Islam kennt traditionell – im Gegensatz zu den Großkirchen – keine letztlich verbindliche Lehr- und Rechtsbildung. Er kennt herkömmlicherweise neben dem jeweiligen islamischen Staat keine eigenen konziliaren oder parlamentarischen Instanzen, die Lehre und Recht verbindlich beschließen und kodifizieren[6]. Der Islam gleicht im Grunde einem breiten Strom, in dem vieles im Fluss, aber wenig definitiv festgelegt ist. Zwar kennt der Islam einen starken Konsens in seinen Grundlagen, aber in den Einzelheiten gibt es ein breites Meinungsspektrum. Deshalb ist der „Islam" schwer fassbar. Es gibt zwar in den traditionellen Lehr- und Rechtsmeinungen einen breiten Konsens, aber letztlich sind in aktuellen Fragen die Dinge immer von den jeweiligen Machthabern entschieden worden.

Ich sehe in diesem Tatbestand das größte Problem für eine dauerhafte Integration des Islam in die demokratische deutsche Gesellschaft. Muslime argumentieren, dass der Islam keine Kirche sei und sich nicht in kirchenähnliche Strukturen pressen lassen wolle. Unsere Rechtstradition und das komplizierte Verhältnis zwischen Kirche und Staat beruhen aber eben darauf, dass Recht verbindlich kodifiziert wird und sich Rechtspartner aufeinander verlassen können.

4. Das weltanschauliche Spektrum der Muslime in Deutschland

Es ist selbstverständlich, dass wir es mit einem sehr weiten Spektrum zu tun haben, das ich nur plakativ beschreiben kann. Natürlich gibt es bei den zu nennenden Typen von Muslimen viele Übergangs- und Mischformen. Es ist nicht einfach, für die einzelnen Gruppen Prozentzahlen zu nennen.

---

[6] Seit dem 20. Jahrhundert versuchen die islamischen Weltverbände hier Abhilfe zu schaffen und durch Beschlüsse und Deklarationen gewisse Festlegungen zu treffen.

Zunächst sind die *säkularisierten* Muslime zu nennen, die den Islam nicht praktizieren und sich höchstens als Kultur- und Traditionsmuslime verstehen. Unter den Aleviten sind sie häufig anzutreffen, aber auch unter muslimischen Akademikern. Davon zu unterscheiden sind die *liberalen* Muslime, die den Islam auf gelegentliche religiöse Übungen, vor allem aber auf eine allgemeine Ethik reduzieren.[7]

Unter den einfachen Muslimen finden sich viele *Traditionsmuslime*, die sich einem schlichten rituellen Islam und den volksislamischen Praktiken verbunden wissen. Sie haben vielleicht nur losen Kontakt zu einem Moscheeverein. Davon zu unterscheiden sind die *konservativen* Muslime, die den herkömmlichen religiösen Islam praktizieren, ohne dabei politisch oder fanatisch zu sein. Sie gehen regelmäßig in die Moschee und beten daheim. Zu ihnen können auch die von der islamischen *Mystik* geprägten Muslime gerechnet werden, die sich in besonderen Gruppen zu ihren religiösen Übungen versammeln.

Schließlich sind die Muslime zu nennen, die einem modernen, ideologisch durchdachten Islam anhängen, die wir heute *Islamisten* nennen. Es ist ein Irrtum, Islamisten grundsätzlich als radikal zu apostrophieren. Die meisten Islamisten verfolgen ihre Ziele auf friedliche Weise und durchaus mit demokratischen Mitteln. Das Gemeinsame aller Islamisten ist, dass sie die Einheit von Glaube und öffentlicher Ordnung anstreben. Über die Mittel und Wege können sie durchaus recht unterschiedlicher Meinung sein. Die Islamisten sind auch in Deutschland die aktiven Muslime, die sich werbemäßig und apologetisch für den Islam einsetzen und seinen Einflussbereich schrittweise vergrößern möchten[8].

Innerhalb des islamistischen Spektrums gibt es die Zirkel radikaler Muslime, die auch öffentlich eine bewusst kämpferische Haltung an den Tag legen und in der Wahl ihrer Mittel sehr großzügig sind, so dass sie auf jeden Fall als staatsgefährdend einzustufen sind[9]. Unter den Radikalen wiederum gibt es die potentiellen Terroristen, denen jedes Mittel zur Erreichung ihrer Ziele recht ist.

---

[7] Am bekanntesten ist in Deutschland der Göttinger Politologe Bassâm Tîbi.
[8] Zu nennen sind hier sicher die türkische Islamische Gemeinschaft Milli Görüs und vom arabischen Islam geprägte Vereine und Verbände. Die bekannteste Persönlichkeit ist Dr. Nadîm Eliâs, der Vorsitzende des Zentralrats.
[9] Wie z. B. die Kaplan-Gruppe in Köln.

5. Probleme der Muslime in Deutschland

Auch bei diesem Punkt lässt sich ein plakatives Reden schwer vermeiden.

Vermutlich leiden nicht wenige Muslime unter der *Liberalität unserer Gesellschaft*, unter dem Sittenverfall, unter dem offenen Sexismus, aber auch unter der offenen Religionskritik. Folge dieses Leidens ist der Rückzug in das islamische Ghetto der Moscheevereine. Andererseits haben ideologisch geprägte Muslime erkannt, dass die Liberalität unserer Gesetzgebung und Rechtsprechung ihnen viele Möglichkeiten zur Ausbreitung des Islam und zur Schaffung einer muslimischen Parallelgesellschaft bietet. Insofern wird die Liberalität bewusst ausgenutzt.

Fromme Muslime empfinden die *Glaubenslosigkeit*, Diesseitigkeit und den Materialismus der Mehrzahl der Deutschen. Auch in dieser Hinsicht ist eine Folge die Abschottung und der Rückzug in das islamische Ghetto. Auf der anderen Seite hat die Konfrontation mit dem Unglauben zu einem neuen islamischen Selbstbewusstsein geführt, das oft selbstsicher – etwa durch islamische Kleidung – und manchmal auch überheblich zum Ausdruck gebracht wird.

Nicht zu übersehen sind die enormen *Spannungen* zwischen der Herkunftskultur und der deutschen Kultur, in denen viele Muslime leben, besonders die Jugendlichen. Schon die Zweisprachigkeit ist für manche ein Problem und führt nicht selten zu einer Verweigerungshaltung gegenüber dem Erlernen der deutschen Sprache. Vor allem aber ist es die Kluft zwischen dem oft noch patriarchalisch geprägten Elternhaus und der liberalen deutschen Gesellschaft, die Jugendliche in Schule und Beruf erleben.

Manche Muslime sind empört darüber, dass in unseren Medien der Islam *teilweise kritisch dargestellt* wird oder Orientalisten den Islam wissenschaftlich-sachlich und vielleicht sogar kritisch untersuchen. In den meisten islamischen Ländern sind das absolute Tabus.

Manche Muslime thematisieren die *Reste der christliche Kultur* in unserer Gesellschaft bzw. die – wie sie meinen – Sonderbehandlung der christlichen Großkirchen. Es ist ihnen schwer klarzumachen, dass in Deutschland der Grundsatz der Trennung von Religion und Staat gilt, dass der Staat sich nicht in kirchliche Angelegenheiten einmischt und umgekehrt die Kirche nicht in den Staat. Jedenfalls führt die bisherige staatliche Achtung vor christlichen Kulturgütern (z. B. Einehe, Feiertage, Glockengeläut) bei manchen Muslimen zum Gefühl der Benachteiligung. Das Argument, dass in ihren Herkunftsländern der Islam normalerweise die dominante und staatliche geförderte religiöse Kultur ist und Nichtmuslime in vieler Hinsicht benachteiligt werden, wollen die meisten Muslime aber nicht gelten lassen.

Schwierig ist für Muslime die *Begegnung mit freier christlicher Verkündigung* oder anderer religiöser Werbung. Das ist für sie völlig ungewöhnlich. Und dass in unserer Gesellschaft jeder Bürger seine Religion frei wählen darf, ohne dafür diskriminiert zu werden, irritiert ebenso. Konversionen von Muslimen zum Christentum oder zu einer anderen Glaubensweise sind für Muslime schmerzlich, gehen gegen die Familienehre und werden mit allen zur Verfügung stehenden Mitteln zu verhindern gesucht.

6. Ziele der Muslime in Deutschland

Vermutlich wollen die meisten Muslime ganz einfach ein *gutes und normales Leben* führen, ihre Lebensqualität verbessern und ihren Kindern gute Lebenschancen eröffnen. Viele wollen normale Deutsche werden, ohne die heimatliche Kultur zu verleugnen. Sie wollen sich *integrieren, aber sich nicht assimilieren.*

Andere wollen Freiräume für eine *islamische Sonderkultur* und Lebensweise innerhalb der pluralistischen Gesellschaft erkämpfen. Manche wissen sich als bewusste *Verkündiger des Islam* und wollen Deutsche für den Islam gewinnen. Sie wollen erreichen, dass sie alle *öffentlichen Aussagen über den Islam* (z. B. in Schulbüchern, in den Medien, in den Kirchen) kontrollieren und bestimmen können. Nach ihrer Meinung darf der Islam nur nach dem islamischen Selbstverständnis dargestellt werden und nicht mehr nach einem sachlichen oder kritischen Fremdverständnis. Es gibt Juristenorganisationen, die alle öffentlichen Verlautbarungen beobachten und sofort mit Prozessen zur Hand sind[10].

---

[10] So geschehen beim Erscheinen des Buches von Udo Ulfkotte, Der Krieg in unseren Städten. Wie radikale Islamisten Deutschland unterwandern, Frankfurt 2003.

Islamisten aller Couleur wollen auf jeden Fall langfristig Deutschland in Richtung auf eine islamische Gesellschaft verändern. Eine solche Feststellung ist allerdings nichts Ungewöhnliches, da sie ein genuin islamisches Ziel beschreibt. Politiker, Juristen und Kirchenführer tun gut daran, den Realitäten ins Auge zu sehen und nicht auf einen Wunsch-Islam ihr Vertrauen zu setzen.

Schließlich ist es ein offenes Geheimnis, dass radikale Muslime auf Gelegenheiten warten, unsere freiheitliche – in ihren Augen freilich moralisch dekadente Gesellschaft – mit allen nur möglichen Mitteln zu bekämpfen.

7. Konflikte mit der freiheitlichen Grundordnung

Alle Konflikte ergeben sich daraus, dass der klassische Islam mehr ist als eine Religion im modernen westlichen Verständnis. Er ist – jedenfalls in seinem Grundansatz – vielmehr eine religiös begründete Gesellschaftsordnung, die auf Dominanz aus ist und die deshalb zwangsläufig mit dem freiheitlichen, demokratischen Staat kollidieren muss. Denn konsequente Muslime wollen sich nicht damit begnügen, dass der Islam nur eine Erscheinung unter vielen in unserer pluralistischen Gesellschaft ist. Sie wollen vielmehr die Gesellschaft in ihrem Sinne dominieren.

In der freiheitlichen Gesellschaft haben alle Menschen unabhängig von ihrer Weltanschauung gleiche Rechte und gleiche Freiheiten. Damit aber ein freiheitlicher Rechtsstaat funktionieren kann, muss jeder Bürger gewisse Abstriche an seiner persönlichen Freiheit hinnehmen. Die Freiheit des Einzelnen wird gewissermaßen durch die Freiheit des Mitbürgers begrenzt. Dies erfordert ein erhebliches Maß an Toleranz gegenüber Andersdenkenden und ihrer Freiheit.

Die Grenzen der Freiheit zu akzeptieren, fällt Islamisten schwer. Für sie ist das Gesetz Allahs das absolute Gesetz, das über allen menschlichen Gesetzen stehen muss. Sie wollen eine gesellschaftliche Ordnung, die der Westen in jahrhundertelangen Kämpfen gerade hinter sich gelassen hat.

Islamisten können nur schwer begreifen, dass die Freiheit aller Bürger sowohl eine positive als auch eine negative Religionsfreiheit impliziert. Muslime berufen sich heute bei ihren Forderungen an den Staat auf die positive Religionsfreiheit, übersehen dabei aber gern die negative Religionsfreiheit ihrer nichtmuslimischen Mitbürger. Sie besagt, dass kein Bürger gezwungen werden darf, penetrant der religiösen Werbung oder Symbolik einer ihm fremden Glaubensweise ausgesetzt zu werden. Sie ist der Hintergrund der Rechtsstreitigkeiten um das Kruzifix in öffentlichen Räumen, um das Ausmaß des Glockengeläuts, um das Tragen muslimischer Kleidung im öffentlichen Dienst und um den lautsprecherverstärkten Gebetsruf. Die unterschiedlichen Urteile, die bis jetzt in diesen Fragen ergangen sind, machen deutlich, dass es zwischen der Toleranz gegenüber fremdreligiösen Symbolen einerseits und der negativen Religionsfreiheit andererseits eine umstrittene Zone gibt.

Ich will das konkretisieren: Islamische Verbände können grundsätzlich *Körperschaften des öffentlichen Rechts* werden, wenn sie die Voraussetzungen der Dauerhaftigkeit, der einsehbaren Mitgliederzahlen und der Verlässlichkeit erfüllen. In dieser Hinsicht haben die Verbände noch sehr viel Arbeit vor sich, und man kann den deutschen Behörden nur raten, in dieser Hinsicht keine Kompromisse zu schließen.

Einzelne Muslime haben bereits gefordert, in Deutschland für Muslime *islamisches Personenstandsrecht* (Eherecht, Scheidungsrecht, Erbrecht) zu erlauben und damit die Einehe, die jüdisch-christlicher Tradition entspringt, als für alle verbindlich aufzugeben. Der Grundsatz der Gleichheit aller Bürger würde damit preisgegeben, es sei denn, dass die Ehe zu einer rein privatrechtlichen Angelegenheit wird. Leider wird in unserer Gesellschaft die bisher staatlich geschützte Institution der Einehe immer mehr ausgehöhlt. Die Tendenz scheint tatsächlich dahin zu gehen, dass die Ehe eine privatrechtliche Einrichtung wird. Diese Tendenz wird von Muslimen schon jetzt für ihre Belange ausgenutzt, indem Hodschas muslimische Ehen am Standesamt vorbei schließen bzw. wieder scheiden. Dabei ist natürlich auch die muslimische Mehrehe möglich, und der Staat hat sich die Möglichkeit genommen, das als Ehebruch zu bestrafen.

Wenn in Deutschland islamisches Personenstandsrecht erlaubt würde, könnte der *Austritt aus dem Islam* grundsätzlich verboten werden. Das Verbot freien Religionswechsels würde den Menschenrechten westlicher Prägung völlig widersprechen, und der Staat tut gut daran, die Religionsfreiheit gegenüber dem Islam zu verteidigen. Schon jetzt lässt der Kampf von Muslimen gegen die christliche Mission unter Muslimen nichts Gutes ahnen. Manche Muslime werden nicht müde zu betonen, dass Mission den Dialog mit dem Islam unmöglich mache.

Beim *Kopftuch-Streit* geht es sicher um einen Grenzbereich, da das Kopftuch sowohl ein persönliches Kleidungsstück als auch ein islamisches Symbol für die Unterdrückung der Frauen ist. Die Tatsache, dass in einigen islamischen Ländern Kopftuchzwang für alle Frauen, auch die nichtmuslimischen, besteht, zeigt, dass es hier nicht nur um ein Kleidungsstück geht, sondern um eine sehr grundsätzliche Frage des Menschenrechts und der negativen Religionsfreiheit. Ich kann unseren Gerichten nur raten, den Anfängen zu wehren, damit sie nicht eines Tages die Frage zu entscheiden haben, ob muslimische Studentinnen bei Prüfungen ihren Totalschleier ablegen müssen oder nicht. Beim Kopftuchstreit ist offensichtlich, dass es hier um das Durchsetzen von Prinzipien geht. Um der Freiheit aller Bürger willen sollte der Staat deshalb deutliche Grenzen ziehen. Dabei geht es nicht um Diskriminierung einzelner Personen, sondern um die Zumutbarkeit eines Selbstverzichts aus religiöser Überzeugung. Wenn eine muslimische Frau unbedingt ein Kopftuch tragen will, kann sie eben nicht Beamtin werden. Solcher Selbstverzicht gilt ja auch für andere Menschen, die eine bestimmte Überzeugung vertreten. Wenn ein Jude oder christlicher Adventist den Sabbat streng heiligen will, muss er auf einen Beruf verzichten, in dem er am Samstag arbeiten muss.

Für überzeugte Muslime sind islamische *Speisevorschriften* wichtig. Es ist verständlich, dass sie rituell geschlachtetes Fleisch essen möchten. Doch es darf nicht dazu kommen, dass auch Nichtmuslime genötigt werden, solches Fleisch zu essen, weil es einer Gefängnisleitung zu lästig oder zu teuer wird, zweierlei Essen anzubieten. Es geht nicht an, dass die Mehrheit nichtmuslimischer Gefangener auf normales Essen verzichten muss, nur weil die muslimische Minderheit ihre Vorschriften durchsetzt. Das ist keine abstrakte Theorie. Es geht hier um ein genuin islamisches Anliegen, dass Nichtmuslime sich nach den Muslimen zu richten haben, weil sie ja das Gesetz Allahs vertreten.

Ein umfangreiches Problemfeld ist der *islamische Religionsunterricht* in öffentlichen Schulen. Welcher Islam soll wem durch wen unterrichtet werden? Welcher islamische Verband ist für den Lehrplan dem Staat gegenüber verantwortlich? Eine noch kaum diskutierte Frage ist die, wie Judentum und Christentum im Unterricht dargestellt werden, ob auf islamische Weise oder im jüdischen und christlichen Selbstverständnis. Weitere Fragen sind, wer die Religionslehrer ausbildet und wie die Professuren an den Universitäten besetzt werden. Es ist leider zu befürchten, dass der Staat zu viele Kompromisse schließen wird.

Viel diskutiert wird der *Bau von Moscheen*, d. h. konkret die Lage und Größe der Bauten, die Höhe der Minarette und der lautsprecherverstärkte Gebetsruf. Der Zentralrat der Muslime hat in seiner Charta 2002 Moscheebauten in deutschen Innenstädten gefordert. Das zeigt, wie wenig er bereit ist, auf die kulturelle Tradition unserer Stadtkerne Rücksicht zu nehmen. Der religionsneutrale Staat respektiert alte Kathedralen und Dome als Ausdruck einer kulturellen Geschichte. Bis jetzt ist es deshalb aus städtebaulichen Gründen nicht möglich, eine große Moschee neben einen historischen Dom zu setzen. Vermutlich werden die muslimischen Verbände nicht müde werden, auch diese Bastion anzugreifen.

In diesen Zusammenhang gehört die Diskussion um den *lautsprecherverstärkten Gebetsruf*. Ich halte den Vergleich mit dem Glockengeläut für falsch. Das Glockengeläut ist ein altes Kulturgut, die Glocken sind Musik- und Signalinstrumente. Der Lautsprecher ist dagegen ein modernes Produkt, das sich zudem nicht auf eine religiöse Legitimation berufen kann. Die Diskussion ist leider wenig sachlich, und es ist zu vermuten, dass es für Muslime vor allem um eine Art von Demonstration geht.

8. Zukunftsperspektiven

Wir werden in unserem Jahrhundert wahrscheinlich ein starkes Anwachsen der muslimischen Bevölkerung erleben. Das hängt mit der demoskopischen Entwicklung zusammen. Die deutschstämmige und damit auch die traditionell christliche Bevölkerung wird – nach jetziger Sachlage – drastisch abnehmen, während die Migrantenbevölkerung zunehmen wird, und damit auch die Zahl der Muslime.

Ein Problem wird derzeit noch viel zu wenig bedacht. Es wird einen

Geschichts- und Kulturabbruch geben, wie er für Einwandererländer typisch ist. Für Einwanderer beginnt die Geschichte ihrer neuen Heimat mit dem Tag ihrer Einwanderung oder bestenfalls mit dem Beginn der Einwanderung ihrer Volksgruppe. Das gilt auch für die muslimische Bevölkerung in Deutschland. Sie wird sich kaum mit der deutschen Geschichte und Kultur identifizieren. Das wird weitreichende Folgen für die Gesellschaft haben.

Momentan wächst die muslimische Bevölkerung auch durch Kinderreichtum. Es ist schwer zu sagen, wie lange diese Entwicklung anhalten wird. Auf jeden Fall dürften weitere Zuwanderung und Kinderreichtum dazu beitragen, dass der Anteil der Muslime an der deutschen Bevölkerung auf einen ansehnlichen Prozentsatz steigen wird.

Ein Problem ist sicher, dass wir es nicht nur mit Muslimen, sondern mit großen Volksgruppen, vor allem Türken und Kurden, zu tun haben. Es dürfte in Zukunft völkische und sprachliche Inseln in Deutschland geben, was zu sozialen Spannungen führen könnte. Man muss eine EU-Mitgliedschaft der Türkei sicher auch unter diesem Gesichtspunkt sehen.

Eine ganz andere Frage ist, ob in Zukunft größere Zahlen von Muslimen zum christlichen Glauben konvertieren werden. Bis jetzt sind Konversionen – vor allem bei Türken – noch selten, aber missionarische Christen rechnen damit und arbeiten dafür, dass in Zukunft mehr Angehörige der muslimischen Bevölkerungsgruppen zum Glauben an Jesus Christus finden. Bis jetzt ist der Zustand der christlichen Bevölkerung und der Zustand in vielen Kirchen und Gemeinden nicht gerade sehr anziehend für Muslime. Das könnte sich aber in dem Maße ändern, in dem Christen noch mehr eine Minderheit in Deutschland werden.

Die Entwicklungen sind insgesamt schwer vorauszusagen. Auf jeden Fall ist der Islam innerhalb kurzer Zeit zu einem gesellschaftlichen und politischen Faktor in Deutschland geworden.

9. Anmerkungen zu dem Phänomen aus christlicher Sicht

Manche Christen wollen das „christliche Abendland" gegenüber dem Vordringen des Islam verteidigen. Doch ist zu fragen, was eigentlich das christliche Abendland ist bzw. war. War es wirklich so christlich? Auf jeden Fall dürften die Verfechter des christlichen Abendlandes angesichts der demoskopischen, kulturellen und rechtlichen Entwicklung auf verlorenem Posten stehen. Es gibt zur Verteidigung des christlichen Abendlandes nur eine einzige Alternative, die allmählich auch in den Großkirchen erkannt wird: die Neuevangelisierung Europas.

Andere Christen setzen den Schwerpunkt bei der inhaltlichen Apologetik, also der Verteidigung des biblischen Glaubens gegenüber der islamischen Kritik. In der Tat ist der Islam einer der hartnäckigsten Herausforderer nicht nur des christlichen, sondern auch des jüdischen Glaubens. Die heiligen Schriften von Juden und Christen gelten als überholt und pervertiert. Der Islam wird als die letztgültige Willensoffenbarung Gottes propagiert. Hier ist eine intensive theologische Auseinandersetzung nötig, aber es ist m. E. zu wenig, sich damit zu begnügen. Denn es geht nicht nur um den Islam, sondern um die muslimischen Menschen, denen nach christlicher Überzeugung die biblische Botschaft genauso gilt wie allen anderen Menschen auch.

Manche Christen begrüßen die neue Multikulturalität und Multireligiosität unserer Gesellschaft als einen Gewinn und eine Chance zur eigenen Bereicherung. Das Problem ist nur, dass sie häufig einen religiösen Humanismus vertreten, den sie auch im Islam leitend sehen wollen. In ihrem Harmoniebedürfnis übersehen sie leicht, dass der Islam nach seinem eigenen Selbstverständnis etwas anderes ist als religiöser Humanismus. Der Islam denkt herkömmlicherweise streng vom Gottesrecht her. Ich vermute deshalb, dass die christlichen Verbrüderungsversuche an der Realität des Islam scheitern werden.

Missionarisch denkende Christen sehen in der Präsenz großer muslimischer Gruppen in unserem Land die Möglichkeit, Muslimen frei und offen das Evangelium bezeugen zu können. Das ist sicher richtig. Dabei muss nur immer bedacht werden, dass das so genannte Gegenzeugnis unserer noch weitgehend namenschristlichen Gesellschaft wesentlich stärker ist als das genuin christliche Zeugnis. Die Widerstände

von Muslimen gegenüber dem Evangelium sind bis jetzt jedenfalls
enorm groß, und das hängt eben auch damit zusammen, dass Muslime
in unserer Gesellschaft meistens nur ein grobes Zerrbild oder gar
Gegenbild von Christentum sehen.

Zum Schluss möchte ich noch eine alte Deutung des Phänomens Islam ansprechen, die heute wieder zur Sprache gebracht werden muss.
Martin Luther hat im Vordringen des Islam in Europa eine „Zucht-
rute" in der Hand Gottes für eine Christenheit gesehen, die das Evangelium verloren hat. Luther stand mit dieser Deutung in einer langen
Tradition[11]. Die Mächtigkeit des Islam ist ein Bußruf Gottes an die
Christenheit, ihr Proprium, die Botschaft vom Heil in Jesus Christus,
neu zu entdecken. Insofern ist die starke Präsenz von Muslimen in unserer Gesellschaft eine heilsame Krise des christlichen Glaubens und
damit die Chance, neu zum Zentrum des biblischen Glaubens zurück-
zufinden.

---

[11] Vgl. Andreas Baumann, Der Islam – Gottes Ruf zur Umkehr? Eine vernachlässigte Deutung aus christlicher Sicht, Basel/Gießen 2003.

Christine Schirrmacher

Dar al-Islam und islamischer Fundamentalismus – Konsequenz oder Ausnahme?

1. Vorbemerkung

Zunächst möchte ich einige Erläuterungen zum islamischen Fundamentalismus geben, grundsätzliche Überlegungen zu den Zielen des Fundamentalismus anstellen und zum Schluss einige Vergleiche zwischen Islam und christlichem Glauben ziehen, so weit das in der Kürze der Zeit möglich ist.

Der Terminus „Fundamentalismus" ist eigentlich kein sehr glücklicher Begriff, obwohl er immer wieder als Schlagwort in Medien und Veröffentlichungen zum Thema Islam aufgegriffen wird. Zum einen ist der Begriff deshalb nicht glücklich gewählt, weil es kein islamischer Terminus ist. Von muslimischer Seite wird er nicht verwendet, er stammt aus dem westlichen Sprachgebrauch. Deshalb lehnen ihn viele Muslime ab. Durchgesetzt hat sich daher in neuerer Zeit mehr und mehr der Begriff des „Islamismus" oder des „politischen Islam". Unter dieser Ausrichtung möchte ich den Fundamentalismus zunächst einmal definieren. Es geht um eine Interpretation des Islam, derzufolge er nicht nur eine Religion ist, sondern auch politische Ziele verfolgt. Der Islam wird hier als System mit einem religiösen, gesellschaftlichen und politischen, also einem ganzheitlichen Anspruch aufgefasst.

Nicht verwechselt werden sollte der Islamismus bzw. der politische Islam mit dem Extremismus. Der Extremismus ist nur eine Facette des Islamismus. Unter Extremismus wird der gewaltbereite Islam verstanden, dessen Anhänger der Auffassung sind, dass er seine Ziele auch mit dem Mittel der Gewalt durchsetzen kann. Extremismus und Islamismus sind zwei Facetten des islamischen Spektrums.

Der Islamismus erstrebt die Veränderung der Gesellschaft, er möchte dem islamischen Gesetz zur Durchsetzung verhelfen. Dieses Ziel muss nicht unbedingt mit Gewalt durchgesetzt werden, sondern kann auf ganz verschiedene Art und Weise verfolgt werden: Die Aufrichtung des islamischen Gesetzes kann auch unter der Forderung der Gleichberechtigung der Religionen in einer nicht-islamischen Gesellschaft per Gerichtsurteil erstritten werden.

2. Ziele und Beweggründe des Fundamentalismus

Was sind die Ziele der weitgefächerten fundamentalistischen Bewegung? Darüber sollte man eigentlich zunächst ein eigenes Seminar abhalten. Der Zeit halber nur ganz kurz einige Stichworte: Ein Ziel des Islamismus, das diese Bewegung selbst formuliert, lautet: Rückkehr zum „Goldenen Zeitalter" des Islam. Unter diesem „Goldenen Zeitalter" wird die Zeit verstanden, in der alle Muslime unter der geistlichen und weltlichen Herrschaft Muhammads und später auch der Kalifen vereinigt waren, in der es nur eine einzige muslimische Gemeinde ohne nationale Grenzen und theologische Aufsplitterungen gab. Die Zerteilung der muslimischen Gemeinschaft in einzelne, sich teilweise bekämpfende Nationen und Richtungen wird von Islamisten immer wieder beklagt. Eine weitere Forderung des Islamismus lautet, dass alle Muslime (später auch alle Menschen) ihr Leben ganz und gar am Vorbild Muhammads ausrichten sollen.

Aus der Geschichte ist uns bekannt, dass es in Muhammads Leben zwei Hauptabschnitte gab: seine ersten Verkündigungsjahre in Mekka (610–622 n. Chr.) und seine letzten Lebensjahre in Medina (622–632 n. Chr.). Er soll um das Jahr 610 in Mekka, seiner Geburtsstadt, ein Erlebnis gehabt haben, das ihn zu der Auffassung führte, er sei von Gott zum Propheten berufen worden und solle den Islam verkünden. Diese zwölf Jahre von 610 bis 622 bilden den ersten Abschnitt in Muhammads Leben. In dieser Zeit ruft er seine Landsleute zum Islam und erfährt sehr viel Widerstand, bis er schließlich so bedrängt wird, dass er im Jahr 622 n. Chr. in die Nachbarstadt Medina fliehen muss.

Die letzten Lebensjahre Muhammads 622 bis 632 n. Chr. verleihen dem Islam jedoch sein eigentliches Gesicht. In der Zeit in Medina ist

Muhammad ja nicht mehr nur religiöser Führer und Prediger, sondern wird auch zum politischen Führer seiner ersten muslimischen Gemeinde und zum Kriegsherrn, der auch Überfälle und Raubzüge plant, abwehrt und selbst initiiert. Vor allen Dingen richteten sich diese Kämpfe gegen die drei großen jüdischen in Medina ansässigen Stämme. Die Juden begannen bald, Muhammad zu verspotten. Er hoffte zunächst, dass sie und die Christen ihn als Gesandten Gottes anerkennen würden, aber sie leugneten seine Berufung zum Propheten, machten ihn lächerlich, und so begann er, sie militärisch zu bekämpfen. Diese Auseinandersetzung endete damit, dass er die drei jüdischen Stämme aus Medina vertrieb und Frauen und Kinder in die Sklaverei verkaufte. Da die Christen in Medina keine gleichermaßen organisierte große Gruppierung bildeten wie die Juden – sie stellten für Muhammad keine politische Bedrohung dar –, setzte er sich mit ihnen vor allem theologisch auseinander. Muhammad beurteilte je länger je mehr bestimmte Ansichten der Christen – wie die Kreuzigung, die Trinität und die Gottessohnschaft Jesu als Irrwege ihres Glaubens.

Zunächst hatte Muhammad die Christen sehr positiv beurteilt. Er pries ihren Glauben, ihre Demut und ihre Liebe. Muhammad hatte wohl vor allem christliche Mönche kennen gelernt, Eremiten, Einsiedler, er wird jedoch kaum eine richtige christliche Gemeinde kennen gelernt haben. Als die Christen sich ihm aber nicht anschlossen, begann er, mit ihnen theologische Auseinandersetzungen zu führen. Zum Ende seines Lebens hatte er einen eindeutigen Standpunkt bezogen: Christen, die an der Dreieinigkeit und Gottessohnschaft Jesu festhalten, können nicht ins Paradies eingehen. Diese medinensische Zeit prägt Muhammads Selbstverständnis sowie den Umgang seiner Nachfolger mit nichtmuslimischen Gruppierungen.

Islamisten, die das „Goldene Zeitalter" des Islam beschwören, formulieren häufig zwei Ziele des politischen Islam: die Nachahmung des Vorbilds Muhammads in Medina und die Reinigung des Islam von allen späteren Hinzufügungen, also von allem, was ihm im Laufe der Zeit an „künstlichen Elementen" beigefügt wurde. Wenn dieser ursprüngliche Islam wiederhergestellt sei – so der Anspruch des Islamismus – würde sich eine gerechte und friedliche Gesellschaft gewissermaßen von selbst entwickeln.

In Bezug auf die Behauptung, dass der Islam der Lebzeit Muhammads wiederhergestellt werden solle, ist die Tatsache von Bedeutung, dass Islamisten kaum konkrete Konzepte entworfen haben, wie das Leben nach diesem „Ur-Islam" gestaltet werden soll. Kritiker haben angemerkt, dass allein dadurch, dass der „Ur-Islam" wiederhergestellt wird, die bestehenden wirtschaftlichen, sozialen und politischen Schwierigkeiten (die Bildungsmisere, die Arbeitslosigkeit, die Überbevölkerung oder die unterentwickelte Infrastruktur vieler islamischer Länder) nicht automatisch bewältigt werden. Auch dort, wo islamistische Gruppen kurzzeitig die Macht an sich reißen konnten, zeigte sich, dass keine praktikablen Konzepte existierten, wie die anstehenden Probleme zu lösen seien. Das merke ich an, um zu verdeutlichen, dass es vor allen Dingen um dieses Postulat geht – zurück zum Ur-Islam, zurück zum Goldenen Zeitalter des Islam, der (vereinigt unter einem einzigen geistlichen und politischen Führer) Frieden und Stabilität wiederherstellen wird. In gewisser Weise scheint es aus islamischer Sicht nur logisch zu sein – auch von Muslimen werden ja die zahlreichen Krisen der islamischen Welt wahrgenommen –, diesen rückwärtsgewandten Weg zu wählen. So wäre die islamische Gemeinschaft in ihrer verloren geglaubten Stärke wiederherzustellen, damit die Gesellschaft zu Gerechtigkeit und Frieden zurückfindet.

Eine offene Frage ist selbstverständlich, wie dieser Islam zu Muhammads Zeiten konkret ausgesehen hat? Die Quellenlage dafür ist überaus dürftig. Denn einerseits war die arabische Kultur zu Lebzeiten Muhammads weitgehend eine mündliche Kultur – keine Schriftkultur –, in der Gedichte über die Ruhmestaten des eigenen Stammes von Dichtern in langen „Qasiden" rezitiert wurden, die aber kaum schriftlich festgehalten wurden. Hinzu kommt, dass mit dem Aufkommen des Islam nicht-islamische Quellen entweder gar nicht abgefasst oder aber vernichtet wurden. Wir besitzen aus dieser Zeit der Entstehung des Islam so gut wie keine nicht-islamischen Berichte. Ganz anders verhält sich das in Bezug auf die Frühzeit des Christentums. Wir verfügen auch über jüdische und nicht-christliche Berichte aus der Zeit Jesu. Das Kreuzigungsgeschehen wird uns gewissermaßen auch von außen überliefert. Für die frühislamische Zeit verhält es sich ganz anders.

So ist die Frage, wodurch die frühislamische, medinensische Zeit charakterisiert wurde, gar nicht leicht zu beantworten. Dazu gibt es zwar einige Eckdaten, Annahmen, Hypothesen, aber zu wenig Unbestrittenes, als dass Islamisten daraus ein Programm für das Leben einer Gesellschaft des 21. Jahrhunderts ableiten könnten.

3. Muslimische Einwände gegen eine fundamentalistische Interpretation des Islam

Selbstverständlich gibt es gegen diesen Wunsch, die frühislamische Gesellschaft wiederherzustellen, auch von muslimischer Seite eine Reihe von Einwänden. Denn keineswegs sind alle Muslime auch Islamisten und teilen diese Weltsicht. Manche Muslime betrachten den Islamismus nur als ein zeitbedingtes Phänomen, das bald überwunden sein wird. Sie vertreten die Ansicht, dass Islamisten die Politik für die Religion missbrauchen oder instrumentalisieren. Ihre Argumentation lautet, der Islamismus sei eine so junge Entwicklung, dass er nicht Bestandteil des ursprünglichen Islam sein kann. Anfang des 20. Jahrhunderts haben charismatische Führer islamistische Bewegungen ins Leben gerufen – besonders in Ägypten. Hasan al Banna, der Gründer der Muslimbruderschaft in Ägypten, erlebte es noch selbst, dass diese Organisation zu einer Volksbewegung wurde. Die Gründung der Muslimbruderschaft war u. a. eine Reaktion auf den europäischen Kolonialismus, dessen Folgen in Ägypten spürbar waren. Hasan al-Banna wollte die ägyptische Gesellschaft zum wahren Islam zurückführen, um ihr erneut Stärke (auch gegen die europäischen Mächte) zu verleihen.

Aufgrund seiner Entstehungsgeschichte beurteilen manche Muslime den Islamismus lediglich als zeitlich begrenztes Phänomen. Der Gedanke, dass der Islam auch politische Ziele kenne und verfolge, sei ihm nicht eigen.

Ein Grundgedanke islamistischer Prägung ist die Zweiteilung der Welt in ein „Haus des Islam" und ein „Haus des Krieges". Das „Haus des Krieges" müsse durch *Da'wa* (Werbung für den Islam), u. U. sogar durch Kampf – da gehen die Meinungen auseinander – in das „Haus des Islam" überführt werden. Auch diese Ansicht sei eine Interpretation, die heute keine Bedeutung mehr habe. Wer die Werke deutschsprachiger Muslime kennt, findet dort häufig die Auffassung, dass z. B. Deutschland (bzw. ganz Europa) weder zum „Haus des Krie-

ges", noch zum „Haus des Islam" gehöre, sondern zum „Haus des Vertrages". Darunter wird ein Raum verstanden, in dem Muslime ihren
Glauben leben können und der auch nicht unter das „Haus des Krieges" falle.

Derartige Einwände gegen islamistisches Gedankengut von muslimischer Seite sind sogar häufig. Natürlich ist dies ebensowenig „die"
islamische Sichtweise. Der „unpolitische" Standpunkt repräsentiert
wiederum ein Spektrum bzw. eine Interpretation, die allerdings von
der Mehrheit der Muslime in Deutschland geteilt wird. Diese Mehrheit
denkt und handelt unpolitisch und hat keinerlei Verbindung zu islamistischen Vereinen oder Gruppierungen mit politischer Agenda.
Muslime, denen wir in der Nachbarschaft und als Arbeitskollegen begegnen, werden mit einiger Wahrscheinlichkeit keine Islamisten sein.
Die begrenzte Zahl islamistischer Gruppierungen, die es in Deutschland gibt, ist weitgehend bekannt und wird durch den Verfassungsschutz beobachtet. Allerdings sind es vor allem Theologen im muslimischen Ausland sowie politische Führerpersönlichkeiten dort wie
hier, die bei organisierten Gruppierungen den Ton angeben und politisches Gedankengut propagieren. Rechnet man die im Ausland wur-
zelnde Finanzkraft einzelner Organisationen hinzu, ist der Einfluss
größer, als die relativ kleinen Zahlen vermuten lassen – rund 30.000
Muslime sind Mitglieder in Organisationen, die vom Verfassungsschutz beobachtet werden.

Unter muslimischen Theologen wird die konservative Weltsicht weitaus stärker vertreten als unter Menschen, die meist über wenig theologische Kenntnisse verfügen. Bei weitem nicht alle Muslime haben je
den Koran auf Arabisch lesen können. Von den 1,2 Milliarden Muslimen spricht nur etwa ein Sechstel arabisch als Muttersprache. Also nur
250 Millionen Muslime könnten den Koran auf Arabisch überhaupt lesen. Aber auch für sie unterscheidet sich das koranische Arabisch sehr
stark von ihrem dialektgefärbten Alltagsarabisch. Auch arabischspra-
chige Muslime benötigen also Hintergrundwissen, Kenntnisse über
theologische Termini des Koran und die geschichtlichen Zusammenhänge zum Verständnis ihrer Heiligen Schrift.

4. Wer legt fest, was islamisch ist?

Natürlich wissen wir alle, dass es „den Islam" nicht gibt, sondern nur eine Vielzahl von Richtungen und theologischen Auffassungen. Es gibt keine Institution und kein Lehramt, durch das für alle Muslime verbindlich festgelegt werden könnte, welche Auffassungen noch als dem Islam entsprechend anzusehen sind und welche bereits die Randgruppe oder Sekte kennzeichnen. Wer kann definieren, was eine extremistische oder islamistische (Sonder)Interpretation ist? Der Islam kennt ja keine Kirchenstruktur, keine Konzile oder Lehr- und Bekenntnisschriften, durch die festgelegt werden könnte, was islamischer Glaube ist. Selbstverständlich kennt der Islam Glaubensgrundsätze: Der Glaube an Gott, die heiligen Schriften, die Propheten, die Engel, das Jenseits. Diese Artikel umreißen quasi den Minimalkonsens des Islam. Aber darüber hinaus existieren keine umfangreicheren Definitionen, Schriften oder geistlichen Hierarchien, die definieren könnten, was genau „der Islam" beinhaltet, was seine Ziele sind und wie politisch er sein darf. Es hat immer eine Bandbreite an Meinungen durch die Jahrhunderte geherrscht.

Selbstverständlich existieren einflussreiche Institutionen wie die al-Azhar Universität in Kairo. Auch Saudi-Arabien veröffentlicht Verlautbarungen zu theologischen Fragen, z. B. durch seinen Chefrechtsgutachter (Obermufti).

Ein Rechtsgutachter bekommt eine Frage vorgelegt z. B.: Ist es islamisch gesehen erlaubt, dass Muslime im Flugzeug reisen dürfen? Da es zu Muhammads Zeiten kein Flugzeug gegeben hat, muss diese Frage heute beantwortet werden. Ist eine solche Art zu reisen erlaubt oder verboten? Durch solche Rechtsgutachten werden ständig Dinge des täglichen Lebens beurteilt und die Fragen und Antworten veröffentlicht. Aber auch solche Gutachten besitzen nach überwiegender Auffassung keine rechtsverbindliche Autorität für den Fragenden und erst recht nicht für alle Muslime. Ein Fragesteller kann dem gegebenen Rat folgen oder aber auch ein zweites Gutachten anfordern. Es existiert keine oberste Lehrautorität in der islamischen Welt, deren Verlautbarungen alle Muslime folgen müssten. Es existiert auch keine verbindliche Lehrautorität, der nur alle Sunniten, alle Schiiten oder alle Aleviten folgen müssten.

Hinzu kommt, dass auch manche Muslime zwischen dem Islam Mekkas (622–632) und dem Islam Medinas (622–632) eine scharfe Trennlinie ziehen. Während in Mekka der Ruf zum Islam und die bedrängte Situation Muhammads im Vordergrund standen, ging es in Medina in viel stärkerem Maß um Machtpolitik und kriegerische Behauptung der ersten muslimischen Gemeinschaft. Manche Muslime sind der Auffassung, dass nur eine friedliche Verkündigung des Islam überhaupt möglich ist. Es sind die Vertreter der islamischen Mystik, die eine nach innen gerichtete Frömmigkeit praktizieren und darin den eigentlichen Kern des Islam erkennen. Mystiker haben nicht – wie oft behauptet wird – die *Sharia*, das islamische Gesetz, für sich aufgehoben, keineswegs. Aber sie sind der Auffassung, dass die Einhaltung der *Sharia* nur der erste Schritt auf dem Weg ist, um sich Gott zu nähern und schließlich mit Gott vereint zu werden. Die islamische Mystik lehnt Kampf und politische Programme in aller Regel ebenso ab wie die Ahmadiyya-Bewegung, die im indo-pakistanischen Raum stark verfolgt wird. Diese Bewegung ist aber in Deutschland missionarisch sehr aktiv und plant, mehrere Moscheezentren zu errichten. Das Spektrum an Auffassungen über Politik ist innerhalb des Islam sehr groß.

5. Kann der koranisch-medinensische Islam von seinem politischen Anspruch abgekoppelt werden?

Allerdings stellt sich die Frage, ob die Abtrennung der politischen Handlungsanweisung unter gleichzeitiger Beibehaltung der Auffassung von der göttlichen Autorität des Koran wirklich so leicht zu vollziehen ist, und zwar aus mehreren Gründen.

Es ist bekannt, dass in der islamischen Welt keine offizielle Korankritik existiert. Dies ist zunächst eine wertneutrale Feststellung, aus der für den Nichtmuslim weder positive noch negative Aspekte abzuleiten sind. Die Aufklärung und die Trennung von Kirche und Staat haben unseren Kulturkreis nachhaltig geprägt. Diese Trennung von Religion und Staat (eine gewisse Ausnahme stellt die Türkei dar) sowie eine historisch-wissenschaftliche Analyse des Koran und eine kritische Beleuchtung seiner Entstehung existieren in der islamischen Welt nicht.

Es gibt zwar einzelne Dissidenten, auch Theologen – vor allem im westlichen Exil –, die sich auch kritisch zum Thema Koran, etwa mittels differenzierter Koranexegese, geäußert haben. Aber in aller Regel können sie auf Dauer nicht in ihren Heimatländern leben. Sogar auf Schriftsteller wie Nagib Machfus oder Farag Fouda (im eigentlichen Sinn keine Koranausleger, sondern Schriftsteller), die sich dem Thema der islamisch-ägyptischen Gesellschaft widmen, wurden Anschläge verübt. Es darf eben keine öffentliche Kritik an der islamischen Gesellschaft geben, die von vielen als Kritik am Islam selbst aufgefasst wird.

Nasr Hamid Abu Zaid ist ein prominenter ägyptischer Theologe, der keinerlei Absicht hatte, den Koran zu kritisieren, sondern an der Universität in Kairo nur gewisse zeitgemäße Interpretationsansätze veröffentlichte, aber sich stets als bekennender Muslim verstanden hat. Und doch forderte er mit seiner behutsamen Stilanalyse des Koran ungewollt den Unwillen der theologischen Autoritäten so sehr heraus, dass er eines Tages einen Anruf von einem Freund erhält, der ihm eröffnet, dass das Gerichtsverfahren zu seiner Scheidung beim obersten Gericht anhängig sei. Abu Zaid erkennt sofort, dass er jetzt um sein Leben fürchten muss, weil nur ein Apostat durch ein vom Staat geführtes Gerichtsverfahren zwangsgeschieden wird. Erst jetzt wird ihm klar, dass er als Ketzer betrachtet wird. Es lohnt sich, seine Biographie zu lesen: „Ein Leben mit dem Islam" (Freiburg 2001).

Weil es keine offiziell geduldete Korankritik in der islamischen Welt gibt, ist es sehr schwierig, nur den „mekkanischen" Islam zu befürworten (und die medinensische, kriegerische Zeit Muhammads zu verurteilen), ohne sich in den Augen der meisten Theologen der Ketzerei schuldig zu machen.

Auch ein zweiter Grund soll genannt werden, der es schwierig macht, den politisch-kämpferischen Teil aus Muhammads Leben auszublenden und gleichzeitig an der vollen Autorität des Koran grundsätzlich festzuhalten. Da ist nämlich die muslimische Auffassung von der Pflicht jeden Muslims, nach der „sunna" Muhammads zu leben, gemäß seines Vorbilds. Der „Hadtih" – die Berichte und Überlieferungen aus dem Leben Muhammads – , der eine Art Hintergrund zur schwierigen Lektüre des Koran bildet, ist weitaus umfangreicher als der Koran. Er berichtet viele Details darüber, wie Muhammad, die Prophetengefährten und auch die vier ihm nachfolgenden Kalifen gelebt haben, welche Kleidung Muhammad trug, welche Dinge er billigte (dass er z. B. Katzen liebte) und welche Dinge er verurteilte (dass Männer Gold und Seide tragen). Alle *rechtlichen* Bestimmungen der Überlieferung gelten als ebenso verbindlich wie der Koran selbst, eben als von Gott geoffenbart. Dort, wo es z. B. um Bestimmungen des Eherechts geht, um das Erbrecht, das Scheidungsrecht, das Kindschaftssorgerecht oder das Strafrecht, gilt die Überlieferung als ebenso göttlich inspiriert wie der Korantext selbst.

Daher macht die allgemein gültige Überzeugung, dass das Vorbild Muhammads nachgeahmt und in rechtlichen Belangen strikt befolgt werden muss, die „sunna", die Lebensweise Muhammads, es sehr schwierig, wenn nicht ganz unmöglich, den gesamten zweiten Lebensabschnitt Muhammads, der medinensischen Zeit, als ungültig und überholt abzuwerten. Schon der Koran ermahnt die Gläubigen, Muhammad als Beispiel anzuerkennen und bezeichnet ihn als ein wahrhaft schönes Vorbild, dem nachgeeifert werden muss. Die Überlieferung betont, dass die Befolgung des Vorbilds Muhammads Nachfolge auf dem Weg Gottes bedeute. Und natürlich enthält die Überlieferung auch Anweisungen zum Kampf gegen die Feinde oder die „Ungläubigen" und berichtet ebenso wie der Koran von Muhammads Auseinandersetzungen mit seinen Gegnern.

6. Islamismus innerhalb des „Haus des Islam"

Das erste Ziel in dem Wunsch mancher Islamisten, die urislamische Gesellschaft wiederherzustellen, ist nicht die westliche Welt, sondern die eigene, islamische, „kompromissbereite" Gesellschaft. Daher ist das Verhältnis islamischer Regierungen zum Islamismus meist als ambivalent zu bezeichnen. Islamistischen Kräften in Ägypten wurde in der Vergangenheit mal mehr, mal weniger Spielraum gelassen. Teilweise wurden Islamisten vom Staat benutzt , wie z. B. zur Eindämmung des Kommunismus unter Gamal Abdel Nasser. Islamistische Studenten wurden ermutigt, an den Universitäten den jungen Menschen die Religion wieder nahe zu bringen. Als dann jedoch 1981 Anwar el Saddat von einem extremistischen Flügel einer islamistischen

Gruppe ermordet wurde, die die Auffassung vertrat, dass Sadat durch seinen Friedensschluss mit Israel in Camp David den Islam verraten hatte, brach eine Verfolgungswelle über die ägyptischen Islamisten herein; viele wurden getötet und ins Gefängnis geworfen. In Ägypten hat sich das Verhältnis zwischen islamistischen Kräften und dem Staat zwischen Duldung und Unterdrückung pendelartig hin- und herbewegt. In anderen Ländern wie Syrien konnten die Muslimbrüder sogar Parlamentssitze erringen und Einfluss auf die Regierung gewinnen.

Das Verhältnis zu islamistischen Kräften in islamischen Ländern ist immer eine Gratwanderung zwischen einem möglichen „Nutzen" für den Staat und der Furcht vor der Gewalt extremistischer Gruppen gewesen. Daher sind islamische Staaten gegenüber dem Einfluss des Islamismus nicht kritiklos, sondern betrachten ihn häufig als bedrohlich für die Stabilität des Staates. Denn in islamistischer Logik hat auch der Staat seine Daseinsberechtigung verloren, wenn er sich in den Augen dieser Gruppierungen nicht mehr konform zur *Sharia*, zum islamischen Gesetz, verhält oder dessen Befolgung für seine Untertanen unmöglich macht. Wenn diese Frage gestellt und negativ beantwortet wird, ist Aufruhr die Folge, und der Staat wird in seinen Grundfesten erschüttert.

Ein Ringen um Aufklärung und um eine kritische Koraninterpretation kann man darum allenfalls an den Rändern der islamischen Welt erkennen. Ansätze, kontroverse Diskussionen zuzulassen und bestehende Konflikte und Probleme zu diskutieren, existieren im öffentlichen Raum kaum oder gar nicht. Ein Ansatz zur grundlegenden Reform des Islam (vielleicht zu einem aufgeklärten „Euro-Islam"), wie ihn etwa der syrische Politikwissenschaftler Bassam Tibi fordert, ist noch kaum zu erkennen. Es sind einzelne Denker, die dies fordern, aber sie haben insgesamt keinerlei Einfluss auf Theologen in hohen Positionen oder haben bereits ihre Heimatländer verlassen.

7. Der Islam – eine Religion des Friedens?

Nach dem 11. September 2001 haben sich viele gefragt, warum Terroristen, die sich als gottergebene „gläubige" Muslime bezeichnen, solch verheerende Anschläge gegen die westliche Welt planten und durchführten. Die Anschläge vom 11. 9. 2001 waren ja nicht die einzigen Angriffe; es folgten weitere Anschläge rund um den Erdball. Ist also der Islam eine Religion des Friedens oder eher des Kampfes? Die Ambivalenz, die wir im Vergleich des ersten Lebensabschnitts Muhammads in Mekka mit seinen letzten Jahren in Medina erkennen, ist für den Islam an sich kennzeichnend, auch für sein Verhältnis zu Krieg und Frieden.

Zwar haben manche Muslime nach dem 11. 9. 2001 auf die Frage nach der Friedfertigkeit des Islam häufig geantwortet, dass die Attentäter gar keine Muslime gewesen seien. Es seien vielmehr Terroristen, die nur den Islam im Munde führten, aber eigentlich keine Gläubigen, denn der Islam verbiete Mord an Unschuldigen. Andere Muslime hingegen haben Freudentänze aufgeführt und das Vorgehen der Attentäter als gerechte Vergeltung für das an Muslimen begangene Unrecht in Palästina bezeichnet.

Es steht außer Frage, dass dieser Extremismus sich eine einseitig-selektive Interpretation des Koran und der Überlieferung zu eigen gemacht hat, die die Mehrheit der Muslime in dieser Weise nicht teilt und billigt. Andererseits bleibt die Frage offen, ob jenseits einer extremistischen Koraninterpretation der politische Aspekt aus dem Islam generell ausgeklammert und gleichzeitig die volle Gültigkeit aller koranischen Aussagen und die Verpflichtung zur Nachahmung des Vorbilds Muhammads beibehalten werden kann. Ist eine politische Betätigung nicht die logische Konsequenz für diejenigen, die sich auch Muhammads zweite Lebensphase – seine Zeit in Medina und seine Kämpfe und Auseinandersetzungen dort – als Vorbild nehmen?

Demgegenüber betonen Muslime, dass der Islam die Religion sei, die allen Menschen den Frieden bringe. Würde das bedeuten, dass eine Gesellschaft automatisch Frieden hat, wenn alle Menschen unter dem islamischen Gesetz leben? Christen, die im Laufe der Geschichte durch die islamischen Eroberungen unterworfen wurden und in islamischen Ländern lebten, wurden zwar geduldet, waren aber keine gleichberechtigten Mitbürger; sie waren Benachteiligte, Unterworfene, manchmal sogar Verfolgte und Bedrohte. Die Begriffe „Religion des Friedens" und „Toleranz" bedeuten in islamischer Sicht lediglich, dass Christen und Juden ihren Glauben nicht aufgeben mussten, dass sie sich mit der Kopfsteuer von der Teilnahme am *Djihad* freikaufen konnten, aber selbstverständlich Unterworfene und Benachteiligte blieben. Der Begriff „Frieden" umschreibt hier also nicht die Gleichberechtigung, sondern eine Hierarchie von Bevorzugten und Benachteiligten.

Hinzu kommt, dass der Islam sich als die Religion versteht, die allen anderen Weltanschauungen und Religionen überlegen und die letztgültige, alles übertreffende Offenbarung ist. Der Islam beansprucht, die Urreligion der Menschheit zu sein, indem die historische Entstehung der Religionen ideologisch umgekehrt wird. Nach dieser Sichtweise war nicht das Judentum die Wurzel, aus dem das Christentum und der Islam entsprang, nicht das Alte Testament war die erste Schrift, die von Gott offenbart wurde, sondern der Koran. Adam war ein Verkünder des Islam und ein Bekenner des „Eingottglaubens", also eigentlich ein Muslim. Auch die anderen uns aus dem Alten Testament bekannten Gestalten wie Abraham, Mose, Hiob, David und Saul werden im Koran ausschließlich als Verkünder des Islam behandelt. Das heißt, alle diese alttestamentlichen Personen bis hin zu Jesus waren aus Sicht des Koran Muslime und verkündeten den (islamischen) Monotheismus. In dieser Sichtweise ist das Christentum dann nur durch eine Verfälschung der (islamischen) Schrift eine später entstandene Sondergruppe, gewissermaßen eine Abzweigung in der Religionsgeschichte. Demnach waren diejenigen, denen das Alte und Neue Testament verkündet wurde, ursprünglich Muslime, wurden zum Islam gerufen, wichen aber ab und fügten Irrlehren ein. Sie erklärten Jesus zum Sohn Gottes und hielten am Glauben des dreieinen Gottes fest. Bereits der Koran berichtet von diesen Vorwürfen Muhammads an die Christen seiner Zeit.

Dass die Christen von der ursprünglich an sie ergangenen Verkündigung des Islam abgewichen sind, wird in dem Vorwurf der Schriftverfälschung an die Christen zusammengefasst. In heutigen apologetischen muslimischen Werken ist dies zum Standardvorwurf geworden. Das Christentum als Abweichung vom Islam wird daher in muslimischer Sichtweise zu einer vorübergehenden Erscheinung. Daraus ergibt sich natürlich eine ganz andere Weltsicht, wenn das Christentum zur letztoffenbarten Religion wird, der Islam aber zur universal gültigen Urreligion. Als falscher Glaube wird das Christentum nur geduldet, aber nicht als wirklich daseinsberechtigt anerkannt.

Im Hinblick auf das Ende der Welt vertreten Muslime die Auffassung, dass das Christentum endgültig untergehen wird. Jesus wird noch einmal auf der Erde erscheinen. In der prachtvollen Omayyadenmoschee in Damaskus trägt eines der Minarette die Bezeichnung „Jesusminarett", denn durch dieses Minarett, so glauben viele Muslime, wird Jesus noch einmal auf die Erde zurückkehren. (Andere Theologen gehen von Jerusalem aus.) Die Damaskustradition hat jedoch größeres Gewicht. Jesus wird nach dieser Sichtweise als islamischer Prophet wiederkehren, denn aus islamischer Sicht ist er nie etwas anderes gewesen als ein Verkünder des Islam und ein Vorläufer Muhammads. Es ist also durchaus zutreffend, wenn gesagt wird, dass im Islam den Propheten – darunter auch Jesus – große Achtung und Ehre entgegengebracht wird. Aber diese Ehre und Achtung wird selbstverständlich nur einer Person Jesus entgegengebracht, wie sie im Koran dargestellt wird, nicht dem Gottessohn und Erlöser, wie ihn die Bibel beschreibt. Auch Mose, David, Hiob oder Saul entsprechen im Koran nicht dem christlichen bzw. alttestamentlichen Bild, sondern ausschließlich der islamischen Sichtweise.

Der Gedanke der Über- und Unterordnung, der aus dem Dhimma-Status zu erkennen ist, wird auch bei der Beurteilung der anderen – jüdischen oder christlichen – Religion deutlich. Es gibt neben dem Islam keine gleichberechtigte Religion im islamischen Gebiet, keine eigentliche Akzeptanz einer Religionsvielfalt, allenfalls eine vorübergehende Duldung. Heiden und Vielgötterverehrer standen bei islamischen Eroberungen vor der Wahl: Tod oder Übertritt zum Islam, denn der Polytheismus, der Vielgötterglaube, wurde nicht geduldet. Nicht-Schriftbesitzer standen nicht unter dem Schutz des Islam. Juden und Christen durften ihren Glauben behalten, aber nur als Unterworfene.

Diese fehlende Gleichberechtigung erfahren Christen in islamischen Ländern bis heute. Wenn etwa in Ägypten Anschläge gegen Mitglieder der christlichen Minderheit der Kopten verübt werden, scheint die Strafverfolgung durch die Behörden nicht immer mit allem Ernst und aller Dringlichkeit betrieben zu werden. Wenn sich Unruhen allerdings gegen den Staat richten – wie im Fall der Terroranschläge von 1997 gegen eine Touristengruppe in Luxor – dann greift der Staat meist mit harter Hand durch, weil seine Stabilität gefährdet scheint.

Der Islam kennt also keinen religiösen Pluralismus, und wenn doch, dann nur als Übergangsstadium. Der Islam war von Anfang an die einzige Religion; er wird auch die Religion der Zukunft sein. Derzeit leben wir in einem Übergangsstadium, in dem es noch mehrere Religionen gibt. Diese Religionen werden derzeit noch geduldet. Das ist der Dhimma-Status der Unterworfenen.

8. Gleiche Begriffe – gleiche Inhalte?

Ein, zwei Nebenbemerkungen zum Thema „Gleichberechtigung" im Islam. Dasselbe hierarchische Prinzip wird beim Thema Mann und Frau deutlich. Es ist zutreffend, dass der Koran betont, Mann und Frau seien vor Gott als gleiche Wesen erschaffen worden, so wie es von muslimischer Seite häufig hervorgehoben wird. Bei diesem Bericht der Erschaffung von Mann und Frau im Koran – der im übrigen sehr kurz und knapp ausfällt – finden wir keine Andeutung, dass die Frau auf irgendeine Weise minderwertiger wäre als der Mann. Der Koran und auch die Überlieferung betonen, dass Gott Mann und Frau zu gegenseitiger Liebe und Achtung erschaffen hat.

Aber gleichzeitig gilt auch, dass der Islam davon überzeugt ist – und diese Sicht teilen alle muslimischen Theologen –, dass Mann und Frau von Gott mit unterschiedlichen Aufgaben betraut worden sind: die Frau mit der Kindererziehung und der Familienfürsorge, der Mann mit dem Gelderwerb und den Außenkontakten.

Das islamische Eherecht trägt dieser Vor-Einteilung Rechnung, indem es davon ausgeht, dass kein Mann seine Frau zum Gelderwerb anhalten darf, denn dies ist ebenso wie die Welt außerhalb des Hauses sein Wirkungsbereich. Ihr Bereich ist das Innere des Hauses und die Familie. Ein Grundsatz des islamischen Rechts lautet, dass unterschiedliche Aufgaben auch unterschiedliche Rechte bedingen. Nicht weil die Frau minderwertiger sei, sondern aufgrund ihrer Aufgabenzuweisung erhält sie andere (verminderte) Rechte als ihr Mann. Übersetzt bedeutet das, dass die Frau nur die Hälfte vom Erbteil des Mannes erhält, da er für den Lebensunterhalt seiner Familie verantwortlich ist. Das ist aus islamischer Sicht Gerechtigkeit. Es kommt also darauf an, unter welchen kulturellen Vorzeichen wir uns dieser Fragestellung nähern.

Ein anderes Beispiel ist das Scheidungsrecht. Traditionell erlaubt der Islam dem Mann eine sehr einfache Scheidung, indem er eine Verstoßungsformel dreimal ausspricht. Die Frau hingegen muss stets ein Gerichtsverfahren anstrengen. So ist es in den meisten Ländern bis heute, obwohl in der Moderne die Scheidung auch für den Mann erschwert wird. Die Frau kann sich nur aufgrund weniger Vergehen des Mannes scheiden lassen, die sich großenteils darauf beziehen, dass er seiner Unterhaltspflicht nicht mehr nachkommen kann, also z. B. unheilbar krank ist oder als verschollen gilt.

Generell ordnet das islamische Recht den Mann der Frau über. Sie ist ihm Gehorsam schuldig, und zwar einen Gehorsam, zu dem er sie erziehen und den er auch mit Nachdruck einfordern kann, wenn sie z. B. Besuch empfängt, den er nicht in seinem Haus dulden möchte. Das gehört zu seinem Entscheidungsbereich. Ja, der Koran weist sogar in Sure 4,34 darauf hin, dass der Mann ein Züchtigungsrecht hat, wenn sich seine Frau ihm widersetzt und ihm den Gehorsam schuldig bleibt. Manche Theologen betonen zwar, dass es nur um eine „maßvolle" Züchtigung gehe – aber immerhin: Das Recht zur Züchtigung der Frau bleibt im Koran verbrieft. Der Kern der christlichen Ehe hingegen ist die Dienstgemeinschaft, der Dienst am anderen, der sich Jesus Christus und sein aufopferungsvolles Handeln zum Vorbild nimmt. Die beiden Säulen des islamischen Eherechts sind: des Mannes Sorge für den Lebensunterhalt seiner Frau und ihre Gehorsamspflicht ihrem Mann gegenüber.

Aus muslimischer Sicht bedingen unterschiedliche Aufgaben unterschiedliche Rechte. Eine solche Regelung wird als gerecht empfunden. Als Gerechtigkeit wird nicht definiert, dass beide Seiten die genau gleichen Rechte besitzen, sondern die den von Gott verordneten Aufgaben zugeordneten Rechte. Gleichberechtigung nach westlichem Verständnis – im Sinne einer Vergleichbarkeit der Rechte – existiert also nach klassischem islamischem Verständnis in der Ehe nicht, ebensowenig wie zwischen Angehörigen verschiedener Religionen oder zwischen Gläubigen und Ungläubigen.

Natürlich gibt es auch von muslimischer Seite Einwände gegen dieses traditionelle Verständnis, und selbstverständlich bedeutet das nicht, dass alle Muslime ihre Frauen schlagen und alle Andersgläubigen verachten. Aber der Koran, die islamische Überlieferung und einflussreiche Theologen haben großes Gewicht. Letztere stehen traditionellen Auffassungen weitaus näher als modernistischen Auffassungen, die gelegentlich im theologischen Randbereich geäußert werden.

Daher ist es für unsere Diskussion äußerst wichtig zu erkennen, dass Christen und Muslime vielleicht dieselben Begriffe verwenden, aber noch lange nicht von denselben Inhalten sprechen, wenn sie Termini wie Toleranz, Anerkennung anderer Religionen oder Gleichberechtigung bemühen. Wir müssen zunächst danach fragen, was der eigene und der andere kulturell-religiöse historische Rahmen besagt. Erst dann können wir über Gemeinsamkeiten und Unterschiede qualifiziert sprechen. Wenn wir z. B. die „Kopftuchfrage" erörtern, scheint das eher eine Diskussion von minderer Bedeutung angesichts der Frage, ob das islamische Eherecht – mit seiner grundlegenden Benachteiligung der Frau – in Deutschland Anerkennung in seiner religiös-kulturellen Ausprägung findet und eine Mehrehe in Deutschland anerkannt würde. Das sind für mich die wirklich heiklen Fragen, die an unserer Rechtskultur rütteln, nicht die Frage des Kopftuches.

Ein weiteres Beispiel: Muslimische Apologeten betonen häufig, der Islam kenne keine Mission und kritisieren, dass Christen noch immer am Missionsgedanken festhalten. Mission mache den Dialog unmöglich, so ist zu hören. Ist das Christentum also eine missionarische Religion, der Islam nicht?

Ja und nein. Der Islam kennt im eigentlichen Wortsinn tatsächlich keine Mission. Aber er kennt selbstverständlich den Einsatz für die Ausbreitung seines Glaubens: *Da'wa*, der Ruf zum Glauben, die Einladung zum Islam. *Da'wa*-Arbeit tun heißt, für den Islam werben, anderen den Islam nahe bringen. Selbstverständlich kennt und praktiziert die islamische Gemeinschaft die *Da'wa*, auch in unserem Land auf ganz unterschiedliche Weise: Durch Tage der Offenen Tür, Verbreitung des Koran, durch das Internet und vieles andere mehr. Wenn Sie im Internet surfen und islamische Homepages aufrufen, finden Sie hunderte von Seiten, die sich besonders an den „entkirchlichten" Zeitgenossen wenden und ihn für den Islam gewinnen möchten. Es gibt weitaus weniger christliche Seiten, die auf islamische Einwände gegen das Christentum Antwort geben oder sich direkt an Muslime wenden. Kennt der Islam also Mission? Nein, Mission im christlichbiblischen Sinne nicht, aber er kennt sehr wohl die Werbung für den Islam.

Kennt der Islam den „Heiligen Krieg", wie ihm oft vorgeworfen wird? Nein, er kennt ihn nicht. Es gibt keinen Begriff für den „Heiligen Krieg" im Koran. Ist die Diskussion damit zu Ende? Keineswegs, denn der Koran kennt sehr wohl einen Begriff, der oft – nicht zutreffend – mit „Heiliger Krieg" übersetzt wird, den *Djihad*. Er bedeutet „sich bemühen, sich anstrengen auf dem Weg Gottes" und ist ein mehrschichtiger Begriff. In der Frühphase der Verkündigung des Islam (zu Lebzeiten Muhammads) stand er vor allem für den Aufruf zum Islam, für die Werbung, den Ruf, die Einladung. Muhammad befand sich ja in machtloser Position, war Waise, kein Mitglied eines einflussreichen Stammes und hatte wenig mächtige Beschützer, so dass er um sein Überleben kämpfen musste. Hier hat der Begriff *Djihad* keine kriegerische Konnotation, denn Muhammad war nicht in der Position, seine Landsleute zu bedrohen. Aber als Muhammad in Medina zum Feldherrn wird, steht *Djihad* nun auch für Kampf und kriegerischen Einsatz, der Überfälle auf Karawanen und Feinde beinhaltete, für gebrochene Waffenstillstandsabkommen, die der Sache des Islam Vorteile brachten. Daher ist es unbedingt notwendig, sich sehr genau über Begriffe und besonders über deren Inhalte zu verständigen.

Ein anderes Beispiel: Die Terroranschläge von 2001 wurden von muslimischer Seite häufig mit der Begründung verurteilt, der Koran betone, dass derjenige, der einen Menschen ermordet, die ganze Welt ermordet habe. Zahlreiche Muslime hoben hervor, dass die Anschläge in keiner Weise mit dem Islam zu rechtfertigen seien.

Es ist richtig, dass sowohl der Koran als auch die islamische Überlieferung Mord ebenso wie Selbstmord missbilligen. Mord gehört zu den schweren Verbrechen im Koran. Und die Überlieferung verurteilt den Selbstmord ausdrücklich: Wer Selbstmord begeht, wird nicht ins Paradies eingehen. Allerdings werden diejenigen, die in Palästina und anderswo Anschläge verüben, sich nicht als Selbstmörder betrachten, sondern in erster Linie als Märtyrer, als Menschen, die für die Sache des Islam, für die Sache Gottes kämpfen und sterben. Märtyrern verspricht der Koran sehr wohl den Eingang ins Paradies, ohne Prüfung ihres

Glaubens und beängstigenden Zwischenzustand zwischen Tod und Gericht. Märtyrer dürfen nach überwiegender Überzeugung unmittelbar nach dem Tod ins Paradies eingehen, während andere Gläubige auf das Paradies hoffen, aber bis zu ihrem Tod keine Gewissheit haben, ob Gott sie aufnehmen wird. Der Märtyrer jedoch kann das Paradies erwarten.

Hier eröffnet sich ein grundlegender Unterschied zwischen dem christlichen und dem islamischen Märtyrerverständnis. Dem christlichen Märtyrer wird sein Leben genommen, wenn er vor der Wahl steht, seinem Glauben abzusagen oder zu sterben. Sein Leben wird aus seiner Hand genommen, aber er wirft sein Leben nicht durch ein Selbstmordattentat fort, um Gott zu dienen. Sein Leben liegt in der Hand Gottes, nicht in seiner eigenen. Der islamische Märtyrer dagegen gibt sein Leben, er opfert sich für Allah unter der Zusage des unmittelbaren Eingangs ins Paradies. Also auch die Begriffe des Märtyrers, des Selbstmordes und des Mordes verlangen eine genaue Prüfung der semantischen und der Bedeutungsebene.

9. Islam und westliche Welt – Aufklärung oder Radikalisierung?

Aus islamischer Sicht ist der christliche Glaube verfälscht. Bereits der Koran wie auch die islamische Überlieferung, aber auch die islamische Theologie beurteilen den christlichen Glauben als falsch und die westliche Gesellschaft im wesentlichen als verwerflich, unmoralisch, gottlos, dem Untergang geweiht. In vielen islamischen Schriften finden wir eine harsche Kritik an der westlichen Welt und am Christentum.

Dieses negative Bild über den christlichen Glauben spielt auch eine Rolle in Bezug auf den islamischen Religionsunterricht in unserem Land. In einem Land mit voller Religionsfreiheit haben Muslime ein berechtigtes Anliegen, Religionsunterricht an öffentlichen Schulen zu fordern. Nur muss dafür gesorgt werden, dass dieser Religionsunterricht nicht ein negatives Bild über den Westen und das Christentum vermittelt. Muslime haben in den letzten Jahren vermehrt darauf hingewiesen, dass der Islam in deutschen Schulbüchern nach seinem eigenen Selbstverständnis und nicht abwertend dargestellt werden darf. Es gibt immer noch Redewendungen in unserer Kultur wie z. B. „das ist getürkt". Das bedeutet, das ist gefälscht, wir sind belogen und betrogen worden. Eine solche Redensart ist natürlich ein schlechtes Zeugnis für unsere Gesellschaft. Heißt das aber, dass wir bei Türken mit Betrug rechnen, bei uns aber nicht?

Religionsunterricht soll erteilt werden, aber unter den richtigen Voraussetzungen. Eben nicht so, dass vom christlichen Glauben und der westlichen Welt ein negatives Bild vermittelt wird, sondern mit demselben Respekt und der Objektivität, wie sie Muslime für die Darstellung des Islam einfordern.

Der Islam betrachtet sich als allen anderen übergeordnete, erste und letzte Religion und ist auf Ausbreitung in der ganzen Welt bedacht. Es geht dabei nicht so sehr darum, dass jeder einzelne zum Islam übertritt. Das ist nicht das vorrangige Ziel, auch nicht das Ziel islamistischer Kräfte. Es geht vielmehr darum, dass die *Sharia*, das islamische Gesetz, auf der ganzen Welt aufgerichtet wird und alle unter diesem Gesetz leben, weil das vollkommene, göttliche Gesetz der *Sharia* allen Menschen den Frieden bringen wird.

Hier wird häufig ein Einwand vorgebracht: Wo liegt der Unterschied – der Islam strebt nach der Weltherrschaft – ist das Christentum nicht ebenfalls auf Expansion und weltumspannende Herrschaft aus? Das ist jedoch kein zutreffender Vergleich. Christen streben nicht nach der Weltherrschaft. Sie bieten allen Menschen, die das Evangelium noch nicht gehört haben, Versöhnung mit Gott an. Aber Christen erstreben keine Weltherrschaft. Auch dort, wo dies in der Vergangenheit aus machtpolitischen Überlegungen der Fall war, haben alle Kirchen dies als einen Irrweg erkannt und bekannt.

Dem Fortgang der Ereignisse in der islamischen wie in der westlichen Welt dürfen wir in den kommenden Jahrzehnten gespannt entgegensehen. Eine der wichtigsten Fragen lautet: Wie wird sich der Islam als Minderheit in der Diaspora-Situation in Deutschland und in Europa entwickeln? Welcher Islam wird sich durchsetzen können? Wird es wirklich ein aufgeklärter, europäischer Islam sein, der mit dem Grundgesetz konform geht? Oder wird es eher die traditionalistische

Interpretation des Islam sein, die derzeit das größte Gewicht hat? Im Moment scheint es, als habe dieser aufgeklärte Euro-Islam noch wenig Chancen. Wenn er an Boden gewinnen will, muss diese Entwicklung aus dem Islam selbst kommen. Von außen kann ihm eine solche Entwicklung nicht aufgedrängt werden. Sind wir in Europa wirklich in der Lage, die „gemäßigten Kräfte" zu stärken? Können wir auf die politisch-religiösen Entwicklungen in anderen Ländern tatsächlich Einfluss nehmen? Die nächsten Jahre werden neue Entwicklungen bringen. Auch als Christen sind wir herausgefordert, uns in dieser Situation zu Wort zu melden, abzuwägen, als Menschen des Glaubens Standpunkte zu beziehen, uns in die aktuelle Diskussion einzubringen. Denn im Moment sieht es leider nicht danach aus, als könnte sich der aufgeklärte, moderate Islam durchsetzen.

Ursula Spuler-Stegemann

Kirchen und Universitäten als Ansprechpartner islamistischer Aktivisten[1]

Das Netzwerk der Islamisten besteht international, ist technisch hervorragend ausgestattet, finanziell unabhängig, und es gibt keinen einzigen Bereich, der für sie nicht von Interesse wäre. Dabei denken sie kurz-, mittel- und langfristig, sind also z. B. nicht von Wahlperioden abhängig, und sie haben längst gelernt, andere, durchaus auch ihnen entgegenwirkende Kräfte sowie deren Ideologien und Strukturen zu nutzen, wenn es ihnen selbst Vorteile bringt, und sie mit deren eigenen Waffen zu schlagen.

Zwei von den zahlreichen Institutionen, die sie in Deutschland für ihre Zwecke instrumentalisieren, will ich im Folgenden in den Blick nehmen: die Kirchen und die Universitäten.

a) Kirchen

Es ist zu vermuten, dass die Islamisten zunächst einmal die christlichen Kirchen nicht gerade als Förderer des Islam betrachtet und dass sie sich kaum vorgestellt haben, dass ausgerechnet Kirchen sie als besonders wichtige muslimische Ansprechpartner in Deutschland ausersehen würden. Keinem vernünftig denkenden Muslim – gleich welcher Ausrichtung – kann es einleuchten, dass man hierzulande die Kirchen als Partner gewinnen und ihnen *gleichzeitig* in den islamischen Ländern

---

[1] In den Text des Vortrags vom 3. September 2002 wurden Ergänzungen aufgrund der Diskussionsbeiträge eingefügt.

die elementaren Rechte auf Religionsfreiheit vorenthalten könnte. Dort ist christliche Mission unter Muslimen genauso verboten wie der Bau von Kirchen, während Muslime hierzulande frei missionieren dürfen und Moschee auf Moschee wie ein Netz das ganze Land überspannt. Pfarrer sorgen sogar dafür, dass Moscheen *neben* die Kirche gebaut werden – wie in Mannheim die Yavuz Sultan Selim Moschee neben der katholischen Liebfrauenkirche errichtet wurde – oder setzen – wie der evangelische Pfarrer im hessischen Städtchen Stadtallendorf – den ersten Spatenstich für die Grundsteinlegung der Fatih Camii, deren Namen – ins Deutsche übersetzt – „Eroberer-Moschee" bedeutet. Wie der Pfarrer, so zumindest ein Teil der Gemeinde: und so lautet eine von vielen vergleichbaren Zeitungsmeldungen: „Als ein Symbol gegenseitiger Toleranz und verständnisvoller Zusammenarbeit feierten Muslime gemeinsam mit Christen die Grundsteinlegung für Essens erste ‚richtige‘ Moschee in Katernberg"[2]. Gemeinsam freut man sich auch hier – christlicherseits ganz naiv – über die neue Moschee mit Namen Fatih Camii, also „Eroberer-Moschee".[3] Da ergibt ja schon eher das gemeinsame Friedensgebet von Muslimen und Christen anlässlich des 11. September 2001 in der Fatih Camii von Milli Görüş in Gröpelingen/Bremen einen Sinn.[4]

Kostenlos für Islamisten und außerordentlich effektiv ist das Eingehen auf das primär, wenn nicht ausschließlich christliche Interesse am Dialog. Das Bedürfnis, christliche Nächstenliebe *auf Gedeih und Verderb* zu praktizieren, kennzeichnet dabei mehr noch als die vor- und umsichtigeren Katholiken die *Protestanten*, die – mit Ausnahme weniger Standhafter – ihren Alleinvertretungsanspruch längst aufgegeben haben und der nachrückenden Religion, die sich aufgrund muslimischerseits erhoffter demographischer Verschiebungen durchaus als solche

---

[2] Als ein Beispiel NRZ vom 3. November 1997.

[3] Hier wird der Bezug hergestellt zur Eroberung von Byzanz durch Sultan Mehmed II., den Eroberer (im Jahre 1453), die das Ende des oströmischen Reichs und damit des Orientchristentums besiegelte. Dieselbe Symbolkraft hat die Bezeichnung „Ayasofya Camii" („Hagia Sophia Moschee"). Vgl. dazu U. Spuler-Stegemann. Muslime in Deutschland. 3., aktualisierte Auflage, Freiburg 2002, S. 156–158.

[4] Dazu http://www.fatih-moschee.de abgerufen am 20.9.2002.

geriert, nicht nur den Platz räumen, sondern diese Entwicklung nach Kräften fördern. Tatsächlich ist der so genannte Dialog schon zu einem Ritual geworden, das zwar immer weitere Kreise zieht und auch thematisch erweitert wird, letztlich jedoch in Einseitigkeiten erstarrt und unfruchtbar bleibt.[5] Dennoch ist Dialog notwendig; nur muss er mit Realismus betrieben werden.

Die Kirchen üben sich nach wie vor in Verharmlosung. Wer aber den Terrorismus *nicht* als von der Religion losgelöste, rein politische Agitation betrachtet, der erkennt auch *nicht*, dass der Islam als meines Wissens einzige Religion auf dieser Welt – wenn auch unter bestimmten Bedingungen – ein positives Verhältnis zu Krieg und zum Glaubenskampf mit der Waffe in der Hand bis hin zum Märtyrertod aufweist.[6] Dies und auch die vielfältige und tiefgreifende Spannung islamistischer Ideologie zu unserem Grundgesetz mitsamt den Menschenrechten und anderen rechtlichen Bestimmungen ficht einen beachtenswerten Teil insbesondere der Evangelischen Kirche in Deutschland (EKD) nicht an. Im Folgenden werde ich mich im wesentlichen auf die Protestanten beschränken.

Die *offizielle* Handreichung der EKD „Zusammenleben mit Muslimen in Deutschland" endet mit der abschließenden Überlegung, wie man den Verkauf leerstehender Kirchen an Moschee-Vereine der jeweiligen Nachbarschaft dieser Gebäude schmackhaft machen könne.[7] Dass es sich bei diesen Moschee-Vereinen u. a. um die vom Verfassungsschutz als verfassungsfeindlich und extremistisch eingestufte anti-jüdische und anti-christliche Islamische Gemeinschaft Milli Görüş (IGMG) handelt,[8] irritiert nicht sonderlich; überhaupt hat man

---

5 Dazu Bassam Tibi: Selig sind die Belogenen, in: „Die Zeit" 23/2002; ferner: Die halbierte Aufklärung. Ein Gespräch mit Wilhelm Heitmeyer geführt von Eberhard Seidel, in: Alice Schwarzer (Hrsg.): Die Gotteskrieger und die falsche Toleranz. Köln 2002?, S. 125f.

6 Siehe dazu z. B. Ursula Spuler-Stegemann: Auch wenn es den Heiden zuwider ist, in „Zeitzeichen" 2/2002, S. 34–37; in ausführlicherer Version: Gerechter Friede! Gerechter Krieg? Krieg und Frieden im Islam, in M. Hofheinz / G. Plasger (Hrsg.): Ernstfall Frieden. Biblisch-theologische Perspektiven. Wuppertal 2002, S. 75–83.

7 Rat der Evangelischen Kirche in Deutschland: Zusammenleben mit Muslimen in Deutschland. Gestaltung der Begegnung mit Muslimen. Gütersloh 2000, S. 116f.

8 Siehe dazu u. a. den Pressebericht des Hessischen Innenministeriums über den Hessischen Verfassungsschutzbericht 2002 vom 21. August 2002.

insbesondere bei manchen Kirchenvertretern, und nicht nur bei ihnen, das Gefühl, sie verwechselten den Verfassungsschutz mit einer gesetzesfeindlichen Institution.

Kirchenleute – aber keineswegs nur sie – glauben zudem besonders gerne an die These, in Europa sei ein *europäischer* Islam im Anmarsch, der säkular und demokratisch sei und die Menschenrechte völlig verinnerlicht habe. Sofern diese Stufe noch nicht ganz erklommen sei, könne man – dies ist kirchlicherseits eine gnadenlose Selbstüberschätzung – in dieser Hinsicht Entwicklungshilfe leisten.

Zunehmend haben Islamisten und streng orthodoxe Muslime erkannt, *wie wertvoll die Unterstützung von Pfarrern*, von etlichen – nicht allen – aktiven oder bereits pensionierten kirchlichen Islambeauftragten und von Vertretern höherer kirchlicher Ämter für sie ist. Dass Pfarrer als hervorragende Multiplikatoren der Akzeptanz des Islam dienen, hat schon der Konvertit und Psychologe Dr. Ibrahim Rüschoff, der das Institut „Islamische Arbeitsgemeinschaft für Sozial- und Erziehungshilfe (IASE)" ins Leben gerufen hat, in seiner Schrift „Da'wa unter Nicht-Muslimen" begrüßt;[9] „da'wa" bedeutet „Mission". Er schreibt: *„Neben den Beispielen inhaltlicher Voraussetzungen bietet das Christentum, und hier vor allem die Katholische Kirche, auch strukturelle Bedingungen, die uns die Da'wa erleichtern. Zum einen lässt sich die Lehre gut definieren; man kauft sich einen Katechismus oder eine der (mit kirchlicher Erlaubnis gedruckten) einführenden Schriften und weiß verhältnismäßig schnell woran man ist, denn die grundlegenden Lehren sind hier zusammengefaßt und knapp erläutert. Zum anderen verfügen die meisten Kirchen über eine Hierarchie, die sich besonders auf der unteren Ebene der Pfarrer und Kapläne als Ansprechpartner anbietet, da diese für uns wichtige ‚Multiplikatoren' sind, die in Vorträgen und von der Kanzel das Bild des Islam nachhaltig beeinflussen können. Außerdem ermöglicht uns diese Hierarchie, etwas ‚Offizielles' zu einem Sachverhalt zu erlangen."*[10]

---

[9] S. Ibrahim Rüschoff: Da'wa unter Nichtmuslimen. Schriftenreihe des Islamischen Zentrums München Nr. 11/1983. Diese Schrift wird bis heute vertrieben.

[10] Ebd. S. 9f; die Unterstreichungen sind hinzugefügt.

Die von Vertretern insbesondere der EKD immer wieder eingefor-
derten Dialog-Runden, die keinerlei Berührungsängste mit verfas-
sungsfeindlichen Organisationen auf islamischer Seite, noch weniger
eine kritische Auseinandersetzung mit diesen erkennen lassen, berufen
sich dafür auf die angeblichen Gemeinsamkeiten der drei so genannten
„abrahamitischen Religionen" (Judentum-Christentum-Islam). Tatsächlich lassen die Islamisten die EKD für sich arbeiten, wobei sie im
Rahmen derartiger Diskussionsrunden ihre Klagen über Benachteiligung, Diskriminierung und immer auch ihre Forderungen z. B. nach
politischer Gleichbehandlung mit den Kirchen anbringen, so dass die
Interessenvertreter der Religionsgemeinschaften ihre Position gegen
den säkularen Staat stärken. Ein gemeinsames Interesse ist z. B. der
staatliche Religionsunterricht an öffentlichen Schulen.

Die islamistischen Organisationen nutzen darüber hinaus kirchliche
Strukturen und Kontakte, um sich Zugang zu ihnen noch verschlossenen Institutionen zu verschaffen. Das klappt ganz vorzüglich: Das beste Beispiel ist der Vortrag des obersten Repräsentanten der EKD Man-
fred Kock in der Bonner Geschäftsstelle des von Milli Görü (IGMG)
dominierten Islamrats am 16. September 1999, ein Ereignis, auf das sich
Vertreter des Islamrats auf Veranstaltungen zu dessen Legitimation immer wieder berufen. Dass es um den Islamrat mitsamt IGMG derzeit
still geworden ist, ist nicht das Verdienst der offiziellen Vertreter des
Christentums; in Hamburg werden z. B. nach wie vor mit Hilfe von
Theologen in der EKD und in der Universität die Schura und ihre
Hauptvertreter, die IGMG genauso wie das schiitische Islamische Zentrum Hamburg, weiter gefördert.[11]

Wenn der Evangelische Pressedienst (epd) ausgerechnet auch noch

---

[11] Siehe dazu z. B. die Zusammenarbeit in puncto Religionsunterricht unter Preisgabe christlicher Positionen http://www.google.de/search?q=cache:ZtWjTNT8oFkC:www.bun-
desauslaenderbeauftragte.de/publikationen/dokfach.rtf+Bisch%C3%B6fin+Jepsen+Schu
ra&hl=de&ie=UTF-8, abgerufen am 20.9.2002. Evident ist die Verbindung zwischen Schura, dem Pädagogisch-Theologischen Institut Hamburg (pti) und dem 2002 gegründeten
Islamischen Wissenschafts- und Bildungsinstitut Hamburg (IWB) der Merkez Camii, der
Zentrum Moschee, in der Hamburger Böckmannstraße (IGMG), das Fortbildungssemina-
re für „Imame, Pastoren/Pfarrer (sic!), LehrerInnen und KindergärtnerInnen" anbietet unter http://lbs.hh.schule.de/relphil/pti/schpunkt/multikul/islamiwb.htm, abgerufen am
22.9.2002.

in der Rubrik „Entwicklungspolitik" den Artikel des engagierten Milli Görü- und Schura-Funktionärs Mustafa Yoldaş[12] mit dem Titel „Plädoyer für Milli Görüş" propagiert,[13] fragt man sich verzweifelt, was eigentlich noch alles passieren muss, um diese Leute wachzurütteln. Da ist auch keine Einsicht zu erwarten, wenn sich der hessische Innenminister Volker Bouffier in einer Presseerklärung vom 21. August 2002 zum jüngsten Hessischen Verfassungsschutzbericht über Milli Görüş wie folgt äußert: *„Nach außen wird von Toleranz und Dialog gesprochen, nach innen wird gegen Freiheit und Menschenrechte agitiert. Hinter manchem Schalmeienklang, der ertönt, steckt in Wahrheit eine Kriegstrommel."*

Ganz offensichtlich versteht die Pfarrerschaft in ihrer überwiegenden Mehrheit nicht, dass eine Moschee eben *kein* Pendant zu einer Kirche ist. Die christliche Kirche als sakrales Bauwerk dient ausschließlich religiösen Riten wie Gottesdiensten, Taufen und Eheschließungen. Die Moschee aber ist schon seit Muhammads Zeiten *auch* der Ort politischen und wirtschaftlichen Agierens, und es ist innerislamisch durchaus umstritten, ob sie überhaupt als „Sakralbau" gelten kann. In fundamentalistischen Moscheen sind politische Agitationen dementsprechend keine Seltenheit. Dahinter steht das allgemein-islamische Konzept, dass „Staat und Religion" (*dîn wa daula*) stets eine unauflösliche Einheit darstellen sollen.

Derzeit hat sich als *Hauptvertreter der Muslime* in Deutschland der Zentralrat mit dem in Mekka gebürtigen *Dr. Nadeem Elyas* an der Spitze etabliert, nachdem die IGMG und mit ihr der Islamrat ins Zwielicht geraten sind. Es gibt keine Runde, kein politisches Gespräch, kaum eine kirchliche oder sonstige „Dialog"-Veranstaltung ohne den Zentralrat, keine Gerichtsverhandlung um Kopftuch oder Schächten ohne die persönliche Anwesenheit seines Vorsitzenden Dr. Nadeem Elyas. Herr

---

[12] Bemerkenswert der Artikel zur Person wie auch zur Einschätzung der Lage, insbesondere in Hamburg, von Ian Johnson: Lingering Muslim Extremism Perplexes Tolerant Germany. Nazi History Inhibits Debate About Men Living on the Dole and Cheering Jihad, in: Wall Street Journal vom 20. September 2002, unter http://wsjclassroomedition.com/wsjtoday/archive/02sep/02sep20_terr.htm.

[13] epd 9/10 2002, S. 63–66. Wichtig dazu der kritische Leserbrief von Hildegard Becker in epd-Entwicklungspolitik 13/14/2002, vom 16. Juli 2002.

Elyas, der seine Zugehörigkeit zu den Muslimbrüdern bestreitet, vertritt dabei einen streng wahhabitischen, puristischen Islam.

Hierzulande werden derzeit und vorläufig nur die *Vorstufen* eines stringenten komplexen Systems etabliert.[14] Auch wenn ich den Zentralrat nicht als extremistisch bezeichnen möchte, so sind doch unter seinen Mitgliedsvereinigungen Organisationen der Muslimbrüder mitsamt ihrem Dachverband Islamische Gemeinschaft in Deutschland (IGD), die nicht vom Zentralrat getrennt gesehen werden dürfen. Auch der kürzlich verbotene al-Aqsa-Verein ist nicht isoliert zu betrachten.

Ein charakteristisches Beispiel für kirchliches Fehlverhalten ist die meines Erachtens außerordentlich peinliche Bildserie des der Hizb Allah zugehörigen Islamischen Zentrums Münster. Es zeigt im Internet geradezu genüsslich Fotos vom dem Besuch eines Pfarrers im Zentrum, die man dazu noch per Mausklick vergrößern kann.[15] Diese kleine Serie endet mit einer tiefen Verbeugung des Pfarrers vor dem aufrecht stehenden Imam. Aus dem Begleittext erfährt man, dass der Pfarrer beglückt das Geschenk eines schon immer ersehnten Libanonaufenthalts annimmt.[16]

Die hier angeführten Beispiele sind keine Einzelfälle.[17] Da ist der kirchliche Islambeauftragte, der einen Muslim, der eine Zweitehe einging, mit dem Argument verteidigt, er arbeite schließlich sehr gut, aber oft alleine mit seiner Zweitfrau zusammen in einem Büro; nach seinen eigenen religiösen Normen müsse er deshalb auch noch diese Frau heiraten.[18] Ein anderer Islambeauftragter verschickte dreigefaltete Neujahrsgrüße; aufgedruckt ist ein Gemälde mit dem Titel „Triptychon";

---

[14] Wer sich die von Mekka herausgegebenen Fatwas zum Verhältnis der Muslime zu den Christen aus dem Internet holt, erfährt dort, dass *alles*, was nicht direkt die fünf Säulen des Islam (Glaubensbekenntnis, rituelles Gebet, Fasten im Monat Ramadan, Sozialabgabe und Pilgerfahrt) tangiert, gestattet ist *unter der Voraussetzung*, dass man den Islam in gewinnender Weise darstellen und fördern kann, z. B. um die Konversion zum Islam zu erreichen.

[15] Zu finden unter http://homepages.compuserve.de/fatimeversammlg/, „Pfarrerbesuch im Zentrum" abgerufen am 2. 9. 2002.

[16] Den Hinweis auf diese Bilder verdanke ich Herrn Dr. Herbert L. Müller.

[17] Dieser Absatz, der in den Vortragstext sekundär eingefügt worden ist, scheint mir aufgrund einiger Reaktionen erforderlich zu sein.

[18] Offenbar steht er nicht alleine da; siehe Doris Wiese-Gutheil: „Naivität deutscher Gutmenschen". Predigt bei evangelischem GoSpecial-Gottesdienst rechtfertigt Kopftuchzwang und Vielweiberei, in: Wiesbadener Kurier vom 11.9.2002.

auf dem einen Altarflügel sind eine Moscheekuppel mit Minarett, ein aufgeschlagener Koran und darüber groß das Wort „Allah" in arabischer Schrift gemalt, wobei „Allah" auch den arabischsprechenden Christen „Gott" bedeutet; das Pendant dazu auf der anderen Seite enthält christliche Symbole. Auf dem Evangelischen Kirchentag in Stuttgart im Jahr 1999 war unter den vorgeschlagenen Moscheebesuchen eine Milli Görüş Moschee; in Frankfurt saß Amir Zaidan auf dem Podium des Evangelischen Kirchentags 2001 ausgerechnet zum Thema „Menschenrechte in säkularer Gesellschaft". Am Palmsonntag 2002 predigte die schiitische Theologin Halima Krausen in der Hamburger Katharinenkirche; von der Kanzel der Hamburger Christuskirche erschallte mehrfach der Gebetsruf. In der Münchner Lukaskirche durfte der Muslimbruder Dr. Ahmad al-Khalifa erklären, Deutschland müsse ein islamischer Staat werden. In Esslingen referierte eine Pfarrerin mit einer Landkarte im Rücken, die das Osmanische Reich zur Zeit seiner größten Ausdehnung zeigt und Teile Europas einbezieht, darunter der türkischsprachige Text, dass dies wieder zu erreichen keine Utopie sei. Pfarrer schlurfen – bar jeglichen Verständnisses für Symbolik – im Talar und nicht etwa im Anzug auf Socken durch Moscheen. Die Liste ist beliebig zu verlängern.

Durch das Verhalten bestimmter Kirchenvertreter von beachtlichem gesellschaftlichen Einfluss erfahren Muslimbrüder, Milli Görüş, Hizb Allah und eine Reihe von anderen, ebenfalls weltweit vernetzten extremistischen Organisationen zum Nachteil der hier friedlich lebenden integrierten und integrierbaren Muslime eine Aufwertung, die Christen eigentlich nicht mittragen dürften.[19]

b) Universitäten

Das andere Feld islamistischer Betätigung, auf das hier einzugehen ist, wird erst seit dem 11. September 2001 ernsthafter wahrgenommen. Sowohl in Europa als auch in islamischen Ländern haben Studentende-

---

[19] Das gilt auch dann, wenn die Unterstützung der Kirche für Moscheebauten von an und für sich progressiven Muslimen wie der Chérifa Magdi öffentlich gefordert wird; vgl. die Diskussionssendung über den Ahmadiyya-Moscheebau in Niederzissen in HR 3 oder die Junge Union Duisburg www.ju-duisburg.de, vom 17.12.2000, abgelesen am 20. Juli 2002.

monstrationen und -unruhen Revolutionen in Gang gesetzt und Regierungen gestürzt. Studenten hatten bei der 1848er Revolution in Deutschland die Hände im Spiel, bei Aufständen im Osmanischen Reich, bei Revolten in Ägypten, Iran oder Indonesien, Korea oder China: Viele Länder haben Veränderungen erfahren insbesondere durch studentischen Idealismus, die Todesbereitschaft und den Mut – ich denke hierzulande auch an die Weiße Rose. So ist es kein Wunder, dass gerade die Universitäten zunehmend in das Visier der Islamisten geraten. Sie finden hier ein Feld vor, das – selbst mit der bei Studierenden sehr verhassten Rasterfahndung – kaum kontrollierbar ist.

Wie viele Muslime derzeit in Deutschland studieren ist unklar.[20] Viele von ihnen werden wieder in ihre Heimatländer zurückkehren. Manche Studierende sind nur für ein oder zwei Stipendienjahre in Deutschland. Deutsche Muslime – darunter solche, die die deutsche Staatsbürgerschaft angenommen haben – sind aus datenschutzrechtlichen Gründen nicht erfasst. Dasselbe gilt auch für Dozenten.

Da es meines Wissens bislang keine empirischen Studien zu den Aktivitäten von Islamisten an deutschen Hochschulen gibt, muss ich mich im Folgenden auf *vereinzelte Beobachtungen* stützen, die sich aber meiner Meinung nach zu einem erkennbaren Muster zusammenfügen.

Es gibt zwei Gründe, warum Hochschulen für Islamisten interessant sind: einmal als Ausbildungsstätten für ihre Führungskader und zum anderen zur Einflussnahme auf die Studierenden, insbesondere auf die muslimischen Studierenden, und gegebenenfalls zu deren Anwerbung.

Der Zulauf von Islamisten auf westliche Universitäten zu Ausbildungszwecken ist beachtlich.[21] Sie finden ohnedies unter den muslimischen Intellektuellen besonderen Rückhalt, und längst haben auch dem Westen feindlich gesonnene Muslime erkannt, dass sie dort die bessere

---

[20] Von 50.000 muslimischen Studierenden ist zu lesen in: Islamisten an der Ruhr? Märzausgabe 2002 von transfer-ruhr http://www.transfer-ruhr.de/transfer1 2002/idee2.html, abgelesen am 1. September 2002. Auch ist von 20.000 Studierenden türkischer Herkunft die Rede. Doch sind diese Zahlenangaben unzuverlässig.

[21] Auf die zahlreichen Angebote diverser, überwiegend islamistischer Gruppierungen wie z.B. des 2002 gegründeten „Islamisches Aktions-Zentrum Hessen", die den Kindern an den Schulen authentisch über den Islam berichten (und dabei Mission betreiben) wollen, kann ich an dieser Stelle nicht eingehen.

wissenschaftliche Ausbildung erhalten, dazu – was Deutschland betrifft – noch zum Billigtarif. Bemerkenswert ist, dass sie – selbstverständlich außer der christlichen Theologie – grundsätzlich jedes Fach, sogar die ansonsten verpönte Philosophie, studieren. Natürlich haben sie Präferenzen wie Jura, Islamwissenschaft, Betriebswissenschaft oder Technik-Sparten. Es geht ihnen dabei um die Schaffung von *Führungskadern* auf allen Gebieten. Es müssen nicht immer militante Handlungen nachzuweisen sein; man kann auch indoktrinierend wie fachlich qualifiziert die Basis dafür vorbereiten.

Zunächst einmal ist festzustellen, dass es *Lehrveranstaltungen*, z. B. Seminare, gibt, die gezielt von islamischen Fundamentalisten besucht und dann teils auch dominiert werden. Beabsichtigt ist dabei, die Seminare in ihrem Sinne zu steuern und ihr eigenes Islam-Verständnis, das meist fundamentalistischer Prägung ist, durchzudrücken. Es kann kein Zweifel daran bestehen, dass diese Vorgehensweise gesteuert ist, von wem auch immer.

Manches ist einfach auch eine Sache des Prestiges. Wenn die Milli Görüş zuzuordnende *Gesellschaft Muslimischer Sozial- und Geisteswissenschaftler* (GMSG) in der Gesamthochschule Kassel tagen kann, wo sie am 26./27. Januar 2002 ihre Jahrestagung durchgeführt hat, so wird einfach ein solches Faktum schon zum Prestigegewinn.[22] Auch der Islamrat hat – um nur noch ihn anzuführen – universitäre Ambitionen.[23]

Unter den Gruppierungen, die in den Universitäten aktiv sind, finden sich die türkischen Nurcus, Süleymançs und Fethullahçis, Milli-Görüş-Anhänger, Muslimbrüder mitsamt den Anhängern der Hamas, die in Deutschland von Muslimbrüdern gegründet worden und als „Islamischer Bund Palästina" tätig ist, oder die Hizb ut-Tahrir („Be-

---

[22] Bemerkenswert sind die Hinweise der GMSG auf Stellen in der Universität, im Auswärtigen Amt etc. unter http://www.gmsg.de/STELLENMARKT/stellenmarkt.html, abgerufen am 20.9.2002.

[23] Der Islamrat – und hinter ihm soll die libysche Islamic Call Society mit ihren Geldern gestanden haben – hat in Erfurt zusammen mit der Deutschen Forschungsgemeinschaft (DFG), die nichts von den Hintergründen gewusst haben dürfte, im Jahr 2001 den Workshop „Muslimische Minderheitsgesellschaften in Europa" mitfinanziert. Er soll aber inhaltlich keinen Einfluß ausgeübt haben, was über die tiefergehenden Absichten hinwegtäuschen mag.

freiungspartei"), um nur einige zu nennen. Manche haben sich in studentischen Vereinigungen zusammengetan. Es gibt auch die erste „islamische Hochschulzeitschrift Dunya", die anfangs unabhängig arbeiten wollte, aber inzwischen in die Hände von Milli Görüş geraten sein soll.

Eine der aktivsten Islamisten-Organisationen ist die *Hizb ut-Tahrir*. Sie wird etwa seit 1997 – von Österreich ausgehend – hier in Deutschland aufgebaut.[24] Ihr europäisches Hauptquartier ist in London, einer Stadt, in der die Fäden vieler Organisationen zusammenführen. Die Hizb ut-Tahrir bildet insbesondere an unseren Hochschulen Kleinsteinheiten von 2–5 Personen. Die Arabistin und stellvertretende Chefredakteurin *Claudia Dantschke* hat in ihrem tapferen Berliner Zwei-Mann-Sender AYPA-TV den Sprecher der libanesischen Hizb ut-Tahrir, Shaker Assem, am 31. Mai 2002 in der TU Berlin interviewt nach einer Veranstaltung unter dem Titel „Blutiges Palästina, das heilige Land unter Aggression«. Diese Veranstaltung hatte die an der Technischen Universität Berlin eingetragene Hochschulgruppe Aqida (Glaubenslehre) organisiert, die als Zelle der Hizb ut-Tahrir an der TU angesehen werden kann. An ihr nahmen etwa 100 Muslime und 40 Musliminnen teil. Das hervorragend geführte Interview räumt mit den Gerüchten auf, diese in fast allen islamischen Ländern verbotene Organisation sei nicht militant. Es lässt keinen Zweifel daran, dass politische Ziele – nämlich die Wiedereinführung des Kalifats für die gesamte muslimische Glaubensgemeinschaft – genauso angestrebt werden wie die *Vernichtung der Juden*, wobei sich Shaker Assem auf Sure 2 Vers 191 berief: *„Und tötet sie, wo immer ihr auf sie stoßt, und vertreibt sie, von wo sie euch vertrieben haben"*. Der Bezug auf Palästina ist eindeutig. Die Schuld an der Ermordung jüdischer Kinder schob er deren Eltern zu, weil sie für die Situation in Palästina verantwortlich seien.[25] Die deutschsprachige Zeitschrift „Explizit" der Hizb ut-Tahrir ist genauso anti-christlich wie anti-

---

[24] Diese Angabe beruht auf Aussagen eines führenden Hizb ut-Tahrir-Aktivisten mit Sitz in Wien, mit dem ich auf der Frankfurter Buchmesse im Jahr 1997 sprach.

[25] Weitere Informationen werden zu finden sein in: C. Dantschke: Diskursbulletin des ZDK Berlin (Zentrum Demokratische Kultur Berlin): Rechtsextreme Diskurse zur Globalisierung, Nation und Migration Ende Oktober/Anfang November 2002 im Klett-Verlag.

westlich und anti-säkular, mit ihren Hasstiraden für westliche Leser kaum genießbar und dennoch offenbar faszinierend für einen Teil doch vorgeblich intelligenter Studierender, die die Hauptansprechpartner dieser schwer fassbaren Organisation sind. Im Internet finden sich übrigens viele Informationen der Hizb ut-Tahrir selbst.[26]

Eine *literarische Großoffensive* hat Adnan Oktar unter dem Pseudonym *Harun Yahya* gestartet; seine Zuordnung zu einer bestimmten Gruppierung ist mir nicht möglich. Er ist in allen einschlägigen Links, auch in denen islamischer Studentenvereine, zu finden. Seine attraktiv aufgemachten Bücher zu einem dem Koran buchstabengetreu verpflichteten Islam verschickte der Holocaustleugner im Viererpack an Kultusministerien und Professoren und vermutlich auch an weitere Kreise. Seine Bücher liegen z. B. in Fachschaften verschiedener Fachbereiche an der Marburger Universität aus. Wie sie dort hingekommen sind, weiß niemand. Woher die Unsummen für diesen und vergleichbaren Aufwand kommen, ist auch nicht bekannt.

In Marburg befindet sich auch der Verlag des *Muslim Studenten Vereins (MSV)*, dem Ibrahim Farouk El-Zayat vorsteht, ein vielseitiger und mächtiger Mann, der gleichzeitig die EMUG („Europäische Moscheebau und -unterstützungs Gesellschaft" e.V.), die Vermögensverwaltung von Milli Görüş, leitet, sich in der „Islamic Relief – Humanitäre Organisation in Deutschland" als Gründungs- und Vorstandsmitglied engagiert sowie in der „World Assembly of Muslim Youth" (WAMY) mit Hauptsitz im saudiarabischen Riad. Ferner ist er seit Februar 2002 Präsident der „Islamischen Gemeinschaft in Deutschland" (IGD), die den Muslimbrüdern zugeordnet wird. Den Vorsitz bei der vorhin erwähnten „Gesellschaft Muslimischer Sozial- und Geisteswissenschaftler" (GMSG) hat er abgetreten, blieb aber Vorstandsmitglied. Nach wie vor ist er Leiter der Abteilung „Youth & Student" der FIOE, „Federation of Islamic Organisation in Europe", eines Dachverbandes mit Sitz in London, in dem sich auch andere be-

---

[26] Unter http://www.khilafah.com; http://www.explizit-islam.de/seiten/start.html; http:// www.hilafet.com/ http://www.khilafah.com/home/lographics/category.php?DocumentID=4670&TagID=3; alle abgerufen am 8.9.2002. http://www.barmherzigkeit.ch/leseproben.htm bringt einen Text von Shaker Assem mit Links zum Muslim-Markt und http://www.ramadhan.org , u. a.

deutende Muslimbrüder wiederfinden. Er ist tätig als Geschäftsführer der „SLM Liegenschaftsmanagment-Gesellschaft für Finanzvermittlung und Consulting m.b.H.". Ibrahim El-Zayat hat Einfluss sowohl über MSV und IGD *im Zentralrat* als auch über die EMUG und GMSG *im Islamrat*; dazu kommen die verwandtschaftlichen Aktivitäten und Bindungen zwischen dem El-Zayat- und dem Erbakan-Clan. Der scheinbare Widerspruch von Zusammenarbeit zwischen Islamrat/Milli Görüş und Zentralrat ergibt einen Sinn, wenn man von nationalen Interessen abrückt und gemeinsam *eine neue Identität* als *europäische Umma* aufbauen will, die selbstverständlich in dem internationalen Geflecht des Islamismus ihren Platz einnehmen soll.

Zurück nach Marburg: Auch wenn Zusammenhänge mit den verfassungsschutz-relevanten Muslimbrüdern grundsätzlich und von *allen* Betroffenen geleugnet werden, so muss man die Marburger Moschee dennoch den ägyptischem Muslimbrüdern und dem Islamischen Zentrum München zuordnen. Zudem wurde im Mai 2001 die Islamische Schule Marburg gegründet, eine Art bessere Koran-Schule, die personell unabhängig ist, aber doch engstens mit der Moschee zusammenhängt. In demselben Gebäude, in dem auch die Gebetsstätte untergebracht ist, werden die Bücher bedeutender Muslimbrüder verlegt wie die von Said Ramadan, dem Schwiegersohn des Begründers der Muslimbrüder Hasan al-Banna, mit seiner Dissertation über die Scharia und von dem Enkel von Hasan al-Banna, Professor Tariq Ramadan.[27] Dessen 2001 in deutscher Sprache erschienenes Werk „Muslimsein in Europa" haben zumindest etliche Religions- und Islamwissenschaftler zugeschickt bekommen. Dieses Buch, das offensichtlich selbst kluge Köpfe betört,[28] zeigt wenig Bewegung in Richtung „Europäischer Islam" und ist – genau betrachtet – das Werk eines Hardliners, der allerdings ganz eindeutig eines ideologisch will: eine Europa überspan-

---

[27] Knapp und präzise dazu Herbert Landolin Müller: Islamische Organisationen – eine Herausforderung an die Demokratie? In: Katholische Arbeitsgruppe »Neue religiöse Bewegungen« und migratio, Kommission der Schweizer Bischofskonferenz für Migratio (Hrsg.): Islam in der Schweiz. Islamische Vielfalt. Möglichkeiten und Grenzen des Dialoges. Zürich 2002, S.12–15.

[28] Siehe z.B. Christian W. Troll SJ: Islamische Stimmen zum gesellschaftlichen Pluralismus, in: Katholische Akademie in Berlin/Chr. Troll (Hrsg.): Der Europäische Islam. Eine reale Perspektive? (Schriften zum Dialog der Religionen 2) Berlin 2001, S. 83–90.

nende, Europa-verträgliche, aber nicht angepasste Umma mit Scharia. Seine Definition eines gestatteten „gerechten Kriegs" in diesem Buch ist bemerkenswert.[29]

Für zumindest zwei muslimische *Lehrbeauftragte* an Universitäten zählt der Muslimbruder Dr. Yusuf al-Qaradawi zu den bedeutendsten „Reformern" der Gegenwart. Wie mir glaubhaft versichert wurde, hat Qaradawi in Doha in Qatar anlässlich einer Vortragsdiskussion auf die Frage, was er von Selbstmordattentäterinnen halte, geantwortet, diese Frauen seien Heldinnen und Märtyrerinnen. Das deckt sich auch mit seiner Zustimmung zu dem Einsatz lebender Bomben in Palästina.[30]

Auch die Muslimbrüder arbeiten am effektivsten in kleinen Zellen,[31] allerdings auch in Vereinigungen. Unter anderem sollen ihnen – ich kann dies nur als Information aus zweiter Hand weitergeben, die aber aus üblicherweise verlässlicher Quelle stammt – die „Islamische Gemeinschaft an der TU Darmstadt" und die „Islamische Gemeinschaft" an der Universität Frankfurt a. M. zuzurechnen sein. Zu den islamistischen Vereinigungen, die im Internet zu finden sind, gehört auch der *Islamische Studentenbund Essen*. Die Links führen zu Harun Yahya und zu www.IslamZine.com und schließlich darüber zum „Protokoll der Weisen von Zion", einer der schlimmsten anti-jüdischen Schriften. Der Islamische Studentenbund Essen ist dem Islamischen Zentrum Aachen und damit mit den Muslimbrüdern verbunden. Das Islamische Zentrum Aachen ist Mitglied im Zentralrat. Auch der *Islamische Studentenverein Erlangen-Nürnberg* hat eine Homepage im Internet, die zu dem 2002 verbotenen al-Aqsa e.V. führt.

Viele der bekannten Namen von Muslimbrüdern finden sich in der Dachorganisation FIOE wieder. Die internationalen Vernetzungen führen – oft über Großbritannien – dann in die verschiedenen islamischen Länder und zu entsprechenden internationalen Organisationen.

---

[29] Tariq Ramadan: Muslimsein in Europa. Untersuchungen der islamischen Quellen im europäischen Kontext. Köln 2001, S. 203ff und insbesondere S. 215ff.

[30] Dazu U. Spuler-Stegemann: Gerechter Friede – Gerechter Krieg?, zitiert in Anm. 5.

[31] Siehe dazu Peter Heine: Die Rolle von Imam und Organisation im Islam, in: Landeszentrale für politische Bildung Baden-Württemberg (Hrsg.): Der Bürger im Staat 4/200: Islam in Deutschland, S. 198.

An einer Zusammenarbeit mit Universitäten zeigen Islamisten immer wieder Interesse. Ein *Sonderfall* und Problem-Kandidat, der den Studierenden seit Jahren und auch wieder im Wintersemester 2002/2003 als *Lehrbeauftragter* im Fachbereich Evangelische Theologie an der Universität Frankfurt den heftigsten Islam vermitteln darf, ist der syrische *Muslimbruder Amir Zaidan,* der in islamisch geschlossener Zweitehe mit einer Deutschstämmigen verheiratet ist. Als ehemaliger Vorsitzender der Islamischen Religionsgemeinschaft Hessen (IRH) hat er Aufsehen erregt durch die von ihm unterzeichnete sogenannte Kamel-Fatwa, die Mädchen und Frauen nur 81-km-Reisen ohne Begleitung eines männlichen, nahen Verwandten gestattet,[32] weil die Frauen – wie er auf dem Evangelischen Kirchentag 2001 erklärte – bei allem, was an Kilometern darüber hinausgeht, in Deutschland Gefahr laufen, vergewaltigt zu werden. Seine Islamologischen Institute in Frankfurt, Berlin, München und Köln bilden in diesem Sinne künftige islamische Religionslehrer und Theologen auch in Fragen der Scharia aus, wobei man sich fragen muss, welchem Ziel dies in Deutschland dienen soll. Zaidans Buch „Al-'Aqida"[33] ist mitsamt seinen anti-christlichen Inhalten ein Verkaufsschlager und wird ebenso vom Zentralrat wie von Milli Görüş und von Islamischen Studentenvereinen angepriesen.[34]

Die Muslimbrüder sind derzeit die geistigen Wegbereiter eines angeblichen Europa-Islam, de facto jedoch eines Islam, der zwar versucht, die Gegenwart mit dem Koran und der Sunna in Einklang zu bringen, keineswegs aber Demokratie und säkulare Staatsform akzeptiert, sondern allenfalls deren Strukturen temporär ausnutzt. Islamistischer Aktivismus fängt im Kopf an, und es wäre sträflicher Leichtsinn, wollte man die geistigen Urheber einer Ideologie, auf deren Boden militanter Extremismus wachsen kann, sowie diejenigen, die ihnen folgen, nicht in den Blick nehmen.

Abschließend ist zu sagen, dass die Blauäugigkeit und die Ahnungslosigkeit, die Prestigesucht und die typisch deutsche Eigenschaft, nicht

---

[32] Siehe dazu Ahmet enyurt: Bei Kilometer 82 endet die Freiheit, in: „taz" vom 13. Juli 2000.
[33] 1997 (Muslim Studenten Vereinigung in Deutschland e.V.) Marburg 1997; Offenbach 1999?.
[34] Es wurde auch in der „Milli Gazete" abgedruckt. Die Frage, wer den neuen Lehrstuhl für islamische Theologie in Münster besetzen wird, war zum Zeitpunkt des Vortrags noch offen.

das rechte Maß zu finden, bei einer Reihe von Kirchenfunktionären bis in einen Teil der Führungsspitzen hinein zur Selbstpreisgabe führen; damit sind selbstverständlich nicht jene gemeint, die realistisch und ohne Anbiederung mit Muslimen umgehen. Zudem wollte ich darauf aufmerksam machen, dass der universitäre Bereich besonders anfällig ist für Extremismus. Die *Stimmung* unter den hiesigen muslimischen Studierenden ist seit den Anschlägen vom 11. September 2001 aufgrund ihrer oft sehr negativen Erfahrungen mit einer misstrauisch gewordenen Bevölkerung und seit der Rasterfahndung deutlich gereizter geworden, wenn nicht gar gegen Deutschland umgeschlagen, wobei ich nicht beurteilen kann, ob dies nur eine vorübergehende Störung ist. Bei aller Aufmerksamkeit gegenüber islamistischen Einflüssen wäre es jedoch verfehlt nun zu glauben, dass unsere Universitäten Horte extremistischen Treibens seien; man würde den allermeisten muslimischen Studierenden, die immun sind gegen derartige Beeinflussungen, bitteres Unrecht tun, sind es doch insbesondere sie, auf die wir unsere gemeinsame Zukunft aufbauen wollen und auch können.

II. Juden und Christen in islamischer Sicht

Bat Ye'or

Minderheiten (Dhimmitude) gestern und heute: Fiktion oder Realität?

Unter „Dhimmitude" verstehe ich ein umfassendes System von Gesetzen und Verordnungen, das die muslimischen Eroberer mit ihren *Djihad*-Kriegen zur Beherrschung der besiegten nichtmuslimischen Völker entwickelten. Dieses System ist meines Erachtens bislang erst teilweise erforscht. Man kann jedoch zu Recht die folgenden Fragen stellen:

1. Hat solch ein System tatsächlich bestanden?

2. Wenn ja, welches sind seine Eigenschaften?

3. War dieses System nur rein theoretischer Natur oder wurde es tatsächlich angewendet?

4. Wenn es praktiziert wurde, gibt es heute darüber eine Diskussion und Interpretation von *Djihad* und *Dhimmitude*? Falls nein, warum nicht?

Das *Dhimmi*-Phänomen kann nur im Zusammenhang des *Djihad* erklärt werden, weil es aus dieser Ideologie hervorgegangen ist. Seit dem 7. Jahrhundert n. Chr. sind sich muslimische wie nichtmuslimische Gelehrte darin einig, dass alle Gebiete von Portugal im Westen bis Zentralasien im Osten, welche die muslimischen Reiche bildeten, von muslimischen Armeen erobert wurden. Diese riesigen Territorien waren weder von Arabern (abgesehen von gewissen Regionen am Rande der Wüsten) noch von Muslimen bewohnt. Um das Mittelmeer herum war die Bevölkerung christlich oder jüdisch. Juden und Christen wohnten (neben anderen Religionsgruppen) auch im Irak, Persien und Arabien. Ab dem 8. und 9. Jahrhundert versuchten muslimische Theologen und Rechtsgelehrte, dem *Djihad* – was Eroberungskrieg meint – eine religiöse und juristische Struktur zu geben. Als Zeitgenossen und Erben der großen arabisch-muslimischen Expansion in die zumeist christlichen Länder gründeten sie ihre *Djihad*-Theorie auf die Interpretationen des Korans und der *Hadithe* (Sammlungen von Mohammed zugeschriebenen Aussprüchen und Taten). So gelangten sie zu einem System, das die Beziehungen zwischen Muslimen und Nichtmuslimen nach dem Modell des Krieges, des vorübergehenden Waffenstillstandes und der Unterwerfung regeln sollte. Es wurden Ziele, Taktiken und Strategien für den *Djihad* formuliert sowie die spezifischen Regeln für die kämpfenden Truppen. Zugleich wurden auch Vertragsbedingungen definiert für Kriegsgefangene, ihre Behandlung und für die Verteilung der Beute. Diese systematische Kriegslehre führte zu einem umfassenden Schrifttum – der klassischen *Djihad*-Lehre, die ab der Mitte des 8. Jahrhunderts in detaillierten theologischen und juristischen Abhandlungen ihre verbindliche Gestalt gewann.

Ideologie, Strategie und Taktik des *Djihad* sind äußerst wichtige Bestandteile der islamischen Rechtswissenschaft und Literatur. Muslimische Theologen erklärten den *Djihad* zu einer kollektiven religiösen Pflicht (*fard 'ala al-kifaya*), die sowohl für die Gemeinschaft wie für jeden Einzelnen (*fard 'ala al-ayn*) verbindlich ist, den Situationen und Umständen entsprechend. Zwei Definitionen zum *Djihad* von anerkannten Autoritäten sollen es verdeutlichen: Abu Muhammad Abdallah Ibn Abi Zayd al-Qayrawani (gestorben 966) und Ibn Khaldun (gest. 1406). Ibn Abi Zayd al-Qayrawani schreibt:

> Der Djihad ist ein göttliches Gebot. Seine Erfüllung durch bestimmte Personen kann andere davon befreien. Wir Malikis [eine der vier Schulen der muslimischen Jurisprudenz] sind der Meinung, dass es besser ist, keine Feindseligkeiten gegen den Feind zu beginnen, bevor man diesen eingeladen hat, die Religion Allahs anzunehmen – außer, der Feind greift zuerst an. Die Feinde haben die Wahl, sich entweder zum Islam zu bekehren oder die Kopfsteuer (*Djizya*) zu zahlen, anderenfalls wird ihnen der Krieg erklärt.[1]

---

[1] Ibn Abi Zayd al-Qayrawani, *La Risala (Epître sur les éléments du dogme et de la loi de l'Islam selon le rite malikite)*. Aus dem Arabischen ins Französische übersetzt von Leon Bercher, 5. Auflage, Algier 1960, S. 165.

Und Ibn Khaldun:

> In der Gemeinschaft der Muslime ist der heilige Krieg eine religiöse Pflicht, aufgrund des Universalismus der (muslimischen) Mission und (der Pflicht), alle zum Islam zu bekehren, entweder durch Überzeugung oder durch Gewalt.[2]

Man mag fragen: Wer sind die Feinde? Hier eine Definition aus dem 11. Jahrhundert von al-Mawardi, dem großen Rechtsgelehrten aus Bagdad (gest. 1058):

> Die *Muschrikun* (Ungläubigen) des *Dar al-Harb* (Gebiet des Krieges) sind von zweierlei Art: Erstens diejenigen, die der Ruf des Islam erreicht hat, doch sie wollen ihn nicht hören und haben zu den Waffen gegriffen. Der Emir (Befehlshaber) der Armee kann sie in diesem Fall auf zweierlei Art bekämpfen, je nachdem, was seiner Meinung nach den Muslimen am meisten nützt und den Muschrikun am meisten schadet: Entweder er bedrängt und plündert sie samt ihren Häusern und fügt ihnen Tag und Nacht durch Feuer und Schwert Schaden zu oder er erklärt ihnen regelrecht den Krieg und tritt ihnen auf dem Schlachtfeld entgegen.
> Zweitens gibt es diejenigen, die die Einladung des Islam noch nicht erreicht hat, obwohl solche Menschen heutzutage selten sind [...] Sollten sie sich danach immer noch weigern, werden sie mit Krieg überzogen und so behandelt wie jene, die der Ruf erreicht hat.[3]

Der *Djihad* kann auch mit Feder, Predigt oder Geld geführt werden. Die „Feinde" sind all jene, die sich der Einführung des islamischen Rechts und seiner Herrschaft in ihrem Land widersetzen. Die Welt der Ungläubigen gilt als eine Einheit. Sie heißt auf Arabisch *Dar al-harb* („Gebiet des Krieges") so lange, bis sie durch den *Djihad* unter islamische Herrschaft kommt. Der militärische Konflikt zwischen islamischem Gebiet (*Dar al-Islam*) und dem Gebiet des Krieges dauert so lange, wie es Unglauben gibt. Nach Mawardi hat der Muslim „mit dem Ziel (zu kämpfen), die *Din* (Religion) Allahs zu fördern ... und alle an-

---

[2] Ibn Khaldun, *The Muqudimmah. An Introduction to History.* Übersetzt von Franz Rosenthal, New York 1958, Bd. 1, S. 473.

[3] Abu'l-Hasan al-Mawardi, *al-Ahkam as-Sultaniyyah. The Laws of Islamic Governance*, übersetzt von Dr. Asadullah Yate, (Ta-Ha Publishers Ltd.), London 1996, S. 60.

deren *Din* zu zerstören, die sich ihr widersetzen, auf dass sie über alle [anderen] *Din* triumphiert, auch wenn den *Muschrikun* dies zuwider ist" (Koran, Sure 9,33).[4]

Das islamische Recht verbietet das Töten von Frauen, Kindern, Greisen, Kranken und Priestern, es sei denn, sie kollaborierten mit dem Feind. Es verbietet auch die Verstümmelung von Leichen. Im gleichen Kapitel untersucht al-Mawardi die Meinungen verschiedener Rechtsgelehrter über den Umgang mit Beute und Kriegsgefangenen im *Djihad*. Er definiert Kriegsgefangene als „die kämpfenden Männer unter den Ungläubigen, die von den Muslimen lebend gefangen genommen worden sind"[5] und unterteilt sie in drei Fälle:

Die Bewohner des betreffenden Gebietes konvertieren nach ihrer Niederlage zum Islam, womit sie und ihr Land ein Teil des *Dar al-Islam* werden.

„Die zweite Möglichkeit ist, dass Allah den Sieg über sie schenkt, aber dass sie Muschrikun bleiben. In diesem Fall werden ihre Frauen und Kinder gefangen genommen und ihr Besitz erbeutet. Diejenigen, welche nicht Gefangene sind, sollen getötet werden. Was die Gefangenen betrifft, kann der Emir die jeweils beste von vier Möglichkeiten wählen: Die erste ist, sie zu töten, indem man ihnen den Hals abschneidet; die zweite, sie zu versklaven und beim Verkauf oder ihrer Freilassung die Gesetze der Sklaverei anzuwenden; die dritte ist, ein Lösegeld in Form von Gütern oder Gefangenen für sie zu bekommen; und die vierte, ihnen Gunst zu erweisen und sie zu begnadigen."

„Die dritte Möglichkeit ist, dass der Feind für Frieden und Versöhnung einen Tribut leistet."

Der Tribut wird in zwei Varianten erhoben:

Er wird als Beute betrachtet und einmal geleistet, was die Zahlenden nicht vor einem künftigen *Djihad* nach Ende der Zahlung schützt.

„Sie haben jedes Jahr zu zahlen, wobei es sich um einen dauernden Tribut handelt, der ihre Sicherheit garantiert. … Es ist verboten, den *Djihad* gegen sie wieder aufzunehmen, solange sie die Zahlungen leisten, weil der Friede durch die Regelmäßigkeit dieser Zahlungen erhal-

---

[4] Ebd., S. 70.
[5] Ebd., S. 192.

ten wird. Sollte einer von ihnen Mitglied des Dar al-Islam werden, so garantiert dieser Versöhnungsvertrag ihm Sicherheit und Reichtum. Verweigern sie jedoch die Zahlung, so hört die Versöhnung auf, ihre Sicherheit ist nicht mehr garantiert und der Krieg wird gegen sie wieder aufgenommen, wie es gegen alle anderen Personen aus dem Feindeslager üblich ist."[6]

Nach Abu Yusuf, einem bedeutenden Rechtsgelehrten des 8. Jahrhunderts, können Friedensverträge für vier Monate unterschrieben werden; danach können sie verlängert werden, jedoch nicht auf mehr als insgesamt zehn Jahre.

In einem anderen Kapitel, das von der Verteilung der Beute handelt, schreibt Mawardi:

> „Was das von den Muslimen erworbene Land betrifft, so unterscheidet es sich dreifach:
> Es ist erstens durch Macht und Gewalt beschlagnahmtes Land, das seine Bewohner durch ihren eigenen Tod überlassen, indem sie gefangen genommen werden oder auswandern. [...]
> Es ist zweitens ein Land, das ohne Gewalt erworben wird, weil die Bewohner es aus Angst verlassen haben. [...]
> Es ist drittens ein durch Vertrag erworbenes Land."

Der dritte Fall bedeutet, dass die Bewohner zum Islam konvertieren oder aber die *Djizya* (das Kopfgeld) zahlen und *Dhimmis* (Schutzbefohlene) werden.[7] Unter den Ungläubigen gibt es gewisse Unterschiede. Diejenigen, die – wie alle Araber – keine „Schriftbesitzer" sind, haben theoretisch die Wahl zwischen Islam und Tod. Die übrigen – im Wesentlichen die Juden und Christen, welche die Thora bzw. Bibel als heilige Schriften haben – erhalten den Status geschützter Untertanen, nach den Bedingungen der Eroberung. Sie werden *Dhimmis* und damit zu Menschen, die durch islamisches Recht, die *Dhimma*, geschützt sind.

Mit dem Beginn des Islam wurde die Universalität des *Djihad* proklamiert. Der *Djihad* wurde nicht nur gegen bestimmte Gruppen oder zu bestimmten Zeiten befohlen, sondern ist – wie die ganze Mission

---

[6] Ebd., S. 76–77.
[7] Ebd., S. 200–202.

Mohammads – eine universale, allgemeingültige Verfügung, so lange
gültig, bis es weltweit nur noch die Religion Allahs gibt (Koran Sure
2,193). Heute lehnen viele Muslime solche Lehren ab, doch andere be-
kräftigen ausdrücklich diese standardisierte Deutung und Auffassung
der internationalen Beziehungen. Ismail al-Faruqi z. B., ein Palästinenser, der lange Jahre (1968–1986) Professor für Islamistik und Religionsgeschichte an der Temple University war, an der University of
Chicago und ebenso an der Syracuse University lehrte. In einem Vorwort zu *Islam and Other Faiths* (einer Sammlung von Faruqis Arti-
keln, 1998) nennt ihn sein ehemaliger Student John Esposito einen
„muslimischen Pionier des 20. Jahrhunderts". Hören wir im Folgenden Faruqis Position:

> Es ist die Hoffnung aller Muslime, dass der islamische Staat eines Ta-
> ges die ganze Welt umfassen wird. Die *Pax Islamica*, die der islami-
> sche Staat anbietet, ist realistischer als die Vereinten Nationen [...] Im
> Gegenteil, die *Pax Islamica* ist vom Gesetz beherrscht, aus der Natur
> und der Notwendigkeit geboren, hat Gerichte, die allen Klägern of-
> fen stehen, und hinter sich die Macht einer stehenden, universalen
> Armee. Die Doktrin des Djihad oder Heiligen Krieges hat im Islam
> Gültigkeit. Ein Heiliger Krieg kann nur aus zwei Gründen geführt
> werden. Der erste Grund ist die Verteidigung. [...] Der zweite ist die
> Beseitigung von Ungerechtigkeit, wo immer diese auftritt. Wie der
> muslimische Einzelne im *Dar al-Islam*, so sieht sich der islamische
> Staat mit vollem Recht – als Stellvertreter Gottes in Raum und Zeit –
> in einer Berufung, die dem islamischen Staat die große Verantwor-
> tung auferlegt, [...] Ungerechtigkeit zu beseitigen, wo immer Men-
> schen sie herbeigeführt haben, und wenn es auf der Rückseite des
> Mondes geschehen wäre. Der Muslim betrachtet es als seine religiöse
> Pflicht, aufzustehen und der Ungerechtigkeit ein Ende zu machen.[8]

Heute werden solche Theorien von vielen Muslimen abgelehnt. Aber
bislang hat nur die Türkei als muslimischer Staat sich offiziell von ihnen distanziert. Wir können also davon ausgehen, dass mit der Univer-

---

[8] Ismail Raji al-Faruqi, *Islam and Other Faiths*, hg. von Ataullah Siddiqui, Herndon/VA
1998, S. 100.

salität des *Djihad* auch weiterhin die allgemeine Gültigkeit derjenigen Regeln besteht, die für alle im *Djihad* eroberten Gebiete gültig waren.

Dhimmitude (Gesetze und Verordnungen für Schutzbefohlene)

Wie die Regeln zum *Djihad* sind auch die Regeln zur *Dhimmitude* durch den Koran, die Hadithen und die Biographien des Propheten formuliert worden. Diese Gesetze und ihre religiöse Rechtfertigung wurden in allen islamischen Reichen gelehrt. Trotz gewisser Unterschiede zwischen den vier Schulen der islamisch-sunnitischen Rechtsgelehrsamkeit herrscht bezüglich der *Dhimmis* nahezu Einstimmigkeit. Die relevanten Grundregeln (zur Steuerung der jüdischen und christlichen Bevölkerung) entstanden bereits recht früh. Wir finden sie ausführlich bei Abu Yusuf (731–798), einem Schüler von Abu Hanifa (gest. 767), dem Gründer der Hanafitischen Rechtsschule. Abu Yusuf legt sie in einer für den Kalifen Harun al-Raschid (786–809) geschriebenen Abhandlung dar. Ihre Anwendung auf *Dhimmis* wird im Laufe der Jahrhunderte von zahlreichen muslimischen Rechtsgelehrten erwähnt.

Erinnern wir uns an dieser Stelle daran, dass über Jahrhunderte die vom Islam unterjochten (vor allem christlichen) Völker die Mehrheit in den muslimischen Ländern bildeten, vor allem im Mittelmeerraum und im Nahen Osten. Von Seiten der Opfer der Dhimmitude-Gesetze haben uns jüdische und christliche Chronisten viele Zeugnisse ihrer Anwendung hinterlassen, seit frühester Zeit aus verschiedenen Regionen. Die abstrakten Formulierungen dieser Gesetze wurden in Verträgen festgehalten und somit ihre Anwendung bestätigt. Aber zugleich veranschaulichten diese christlichen Quellen die verheerenden Folgen für die Menschen. Auf diese Weise wurden die trockenen Gesetzestexte lebendig.

Die Quellenlage

Muslimische Historiker haben umfassend über den *Djihad* geschrieben. Sie beschrieben die Eroberung und den Prozess der Islamisierung christlicher Gebiete unter Anwendung der Dhimmitude-Regeln. Auf diese Weise fassen die vielen Quellen zur Dhimmitude im Laufe der Jahrhunderte die muslimische Rechtslage zusammen und geben die historischen Texte wieder. Muslimische Rechtsgelehrte aus dem Spätmittelalter und danach listeten gewöhnlich die Dekrete der Kalifen auf, die meistens auch bei muslimischen Historikern und in *Dhimmi*-Quellen erwähnt werden.

Wie bereits erwähnt, gibt es zahlreiche Quellen der *Dhimmis*, die aber nicht einheitlich sind. Manche sind nicht sehr ergiebig, da in einigen Regionen oder Perioden ganze Bevölkerungsgruppen schon früh verschwunden sind, während andere häufiger auftreten. Zudem finden wir unter den Zeugnissen auch diplomatische Dokumente, die uns christliche und jüdische Pilger aus Europa sowie Reisende, Händler, Konsuln und andere Diplomaten hinterlassen haben. Die Ausländer, welche die Gesetze in der Regel selber befolgen mussten, beobachteten und notierten zugleich die diskriminierenden Vorschriften, die den *Dhimmis* sowie den Ungläubigen allgemein auferlegt wurden. Diese Fremden waren nicht mit der islamischen Gesetzgebung vertraut. Ihre Zeugnisse dienen deshalb als wertvolle unabhängige Bestätigung dafür, dass diese Gesetze tatsächlich angewandt wurden.

Die Gestalt der Dhimmitude ist vielfältig. Sie umfasst das ganze Alltagsleben. Anstatt alle Details im Einzelnen zu analysieren, was im Rahmen einer Vorlesung unmöglich ist, möchte ich untersuchen, ob sie Teil einer permanenten, homogenen Struktur im *Dar al-Islam* sind.

Eigenschaften der Dhimmitude

Das Grundprinzip der Dhimmitude ist die Landenteignung durch einen Vertrag: „Land für Frieden". Die besiegten Völker und deren Territorien, in einem Jahrtausend des *Djihad* erobert, wurden „beschützt", vorausgesetzt sie erkannten die islamische Herrschaft über ihr Land an und unterwarfen sich der islamischen Hoheit. Sie gehörten damit zum *Dar al-Islam* (wörtlich: Haus des Friedens). Die Besiegten bekamen von den muslimischen Autoritäten den Schutz ihres Lebens und Besitzes zugesprochen sowie eine relative Selbstverwaltung für die religiösen Führer und die Erlaubnis, den jeweiligen Vertragsregeln entsprechend, ihre Religion auszuüben. Dieses Konzept der „Tolerierung" war verbunden mit einer ganzen Reihe diskriminierender Pflichten im wirtschaftlichen, religiösen und sozialen Bereich. Es gab unter den muslimischen Rechtsgelehrten unterschiedliche Auffassungen darüber, welche Pflichtverletzungen einem Bruch des Schutzpaktes (*Dhimma*) gleichkämen und was für entsprechende Sanktionen zu verhängen waren.

Grundlegend war das „Recht" zu leben, das der *Dhimmi* sich durch die Zahlung der *Djizya* (Kopfsteuer) sicherte (Koran Sure 9,29, je nach Übersetzung auch „Tribut" genannt). Die Verweigerung der *Djizya* werteten alle Rechtsgelehrten als Bruch der *Dhimma*, wodurch die *Umma* (die Gemeinschaft der Muslime) automatisch in ihrem alten Kriegsrecht autorisiert wurde. Sie sah sich befugt, den *Dhimmi* zu töten, zu enteignen oder zu vertreiben, weil er mit seiner Weigerung in den früheren Status des noch nicht unterworfenen Ungläubigen zurückfiel. Entsprechend schreibt Abu Yusuf in seinem Buch über die *Kharaj* (Grundsteuer), dass die muslimische Obrigkeit keinen Juden, Christen oder anderen *Dhimmi* von der *Djizya* ausnehmen darf:

> „Und niemand kann eine Minderung [der Steuer] bekommen. Es ist illegal, wenn der eine von ihr ausgenommen wird und der andere nicht, denn ihr Leben und Besitz werden nur wegen der Zahlung der Kopfsteuer verschont."[9]

Der Schutz entfällt, sobald die *Dhimmis* gegen das islamische Recht rebellieren, einer nichtmuslimischen Macht die Treue halten, die Zahlung der *Djizya* verweigern, einen Muslim von seinem Glauben abtrünnig machen, einem Muslim oder dessen Besitz Schaden zufügen oder (im Sinne des Islam) Gotteslästerung begehen. In jenem Augenblick, in

---

[9] Abu Yusuf, Ya'koub, *Le Livre de l'Impot Foncier. (Kitab el-Kharadj)*. Aus dem Arabischen ins Französische übersetzt von E. Fagnan, Paris 1921, S. 189.

dem der Schutzpakt aufgelöst wird, fängt der *Djihad* wieder an. Das bedeutet konkret, dass die *Dhimmis* von diesem Augenblick an ihr Leben und ihr Eigentum verwirkt haben. In Oberägypten leben auch heute noch Islamisten, die koptische Christen töten und plündern. Sie rechtfertigen ihr Verhalten mit der Begründung, dass diese *Dhimmis* ihren Schutz verwirkt hätten, weil sie die *Djizya* nicht mehr zahlten.

Im Iran hat die Bahai-Religion bis heute keinerlei Schutzstatus. Als 1994 ein Bahai von zwei Muslimen entführt und getötet wurde, kam das islamische Gericht zu dem Schluss, dass eine Vergeltung und Sühne „null und nichtig" sei, da die Bahais „nicht geschützte Ungläubige" seien.[10] Im Klartext heißt dies, dass ein Ungläubiger keine Menschenrechte genießt, solange er nicht unter dem Schutz des islamischen Rechts steht. Im Kontext seiner Zeit hatte das *Dhimmi*-System positive und negative Aspekte. Es bot den Betroffenen persönlichen Schutz und eine gewisse religiöse Autonomie, jedoch in einem gesetzlichen Kontext der Diskriminierung. Diese von den Gründern der vier islamischen Rechtsschulen eingeführten Gesetze, was wesentlich im 8. und 9. Jahrhundert geschah, waren maßgebend für das soziale Verhalten der muslimischen Gemeinschaft gegenüber *Dhimmis*.

Politische Aspekte

Da der „Schutz" der Eroberten im Kontext des Krieges erfolgte, haben einige der für die *Dhimmis* gültigen Regeln einen militärischen Charakter. Eine militärische Auswirkung ist u. a., das dem *Dhimmi* erteilte Verbot, Waffen zu tragen oder zu besitzen. Dieses Verbot findet sich schon in den frühesten Gesetzestexten, die man zu Beginn der islamischen Eroberungszüge verfasste. Es wird dem zweiten Kalifen, Umar b. al-Chattab (634–644), zugeschrieben. Seine Anwendung ist im Laufe der Jahrhunderte sowie in verschiedenen Regionen bis in das 19. Jahrhundert hinein vielfältig bezeugt worden. Sie reichte in Gegenden, in denen die *Scharia* gilt, sogar bis in das 20. Jahrhundert hinein. Zahl-

---

[10] Pedro Moreno (Hg.), *Handbook on Religious Liberty around the World,* (Rutherford Institute), 1996, S. 277.

reiche Quellen erwähnen das Waffenverbot für Juden und Christen in Palästina, Syrien, Ägypten, Armenien, dem Maghreb und Persien.[11] Die lähmenden und tragischen Folgen dieses Verbots wurden von ausländischen Konsuln analysiert. Die *Dhimmis* wurden leichte Opfer von Räubern, Plünderern und Massakern, vor allem in unsicheren Zeiten wie Aufständen und Invasionen. Mit der weiteren Ausbreitung des Islam fand dieses Verbot auch in Anatolien und in den islamisierten Provinzen in Europa Anwendung. 1860 bemerkte der britische Konsul Blunt in seinem Bericht an das Foreign Office, dass in der osmanischen Provinz Mazedonien Christen keine Waffen tragen durften. James Finn, der britische Konsul in Jerusalem, führte die Feigheit der *Dhimmis* auf dieses Verbot zurück. William Shaler, amerikanischer Konsul in Algier (1816–1826), erwähnt ein Waffenverbot für Juden und Christen. Im Jemen war es den Juden bis zu ihrer Auswanderung nach Israel (1949–1950) verboten, Waffen zu tragen.[12]

Deportationen ganzer *Dhimmi*-Bevölkerungsgruppen zum Zwecke der Sklaverei oder aus strategischen Gründen werden in Kriegs- wie in Friedenszeiten erwähnt. Während der arabischen Eroberungen wurden viele Bewohner aus dem Irak, Palästina, Ägypten, Armenien und anderen Regionen als Beute verschleppt. Muslimische wie armenische und koptische Quellen erwähnen Deportationen im 8. und 9. Jahrhundert zur Zeit von Aufständen. Muslimische Chronisten berichten über die Deportation von *Dhimmi*-Bevölkerungsgruppen aus Städten und Dörfern zu Kriegszeiten. Im 11. Jahrhundert ordneten die seldschukisch-türkischen Herrscher Deportationen aus Armenien und Anatolien an. Speros Vryonis[13] hat dieses Phänomen für Anatolien ausführlich anhand zeitgenössischer griechischer und muslimischer Quellen

---

[11] Moshe Gil, *A History of Palestine, 634–1099,* aus dem Hebräischen übersetzt von Ethel Broido, (Cambridge University Press), 1997.

[12] Für konsularische Quellen über die Dhimmitude siehe Bat Ye'or, *The Dhimmi. Jews and Christians Under Islam,* Madison (Fairleigh Dickinson University Press) 1985; dieselbe, *Islam and Dhimmitude. Where Civilizations Collide,* Madison (Fairleigh Dickinson University Press) 2002; dieselbe, *Der Niedergang des orientalischen Christentums unter dem Islam,* Gräfelfing (Resch Verlag) 2002.

[13] Speros Vryonis, Jr., *The Decline of Medieval Hellenism in Asia Minor and the Process of Islamization from the Eleventh through the Fifteenth Century,* Berkeley (University of California Press) 1971.

dokumentiert. Griechische, serbische und bulgarische Historiker haben das Gleiche für die osmanische Periode geleistet. Deportationen aus dem Heiligen Land wurden in der Mitte des 10. Jahrhunderts von arabischen Stämmen vorgenommen, in Anatolien unter den Osmanen im 15.–17. Jahrhundert.[14]

Ökonomische Ursachen bewirkten Bevölkerungsverschiebungen und trafen auch die *Dhimmis,* waren also nicht nur auf neu unterworfene oder versklavte Gruppen beschränkt. Einige Chroniken geben Informationen über diese Verschiebungen. Die Deportierten hatten ihre Heimat äußerst kurzfristig (noch am gleichen Tag oder binnen zwei oder drei Tagen) zu verlassen, was es ihnen unmöglich machte, ihre Habe zu verkaufen. Um Fluchtversuchen vorzubeugen, wurden sie gezählt, streng bewacht und durften ihren neuen, meist weit entfernten Wohnort nicht verlassen. Waren alle deportiert, wurden ihre Häuser angezündet und das ganze Dorf zerstört. Arakel von Tauriz hat die Deportation der Armenier durch Schah Abbas aus Julfa (1604) mit ihren furchtbaren Strapazen, den Morden und Entführungen von Mädchen und Jungen dokumentiert. Er beschreibt auch die Vertreibung der Armenier aus Isfahan durch Schah Abbas II. sowie in die gleiche Zeit fallende Vertreibungen und Zwangsbekehrungen der Juden in mehreren persischen Städten (1657–1661). Abraham von Kreta, ein armenischer Priester, wurde Zeuge der Deportation von Armeniern aus dem Ararat-Gebiet durch Schah Nadir (1735). Die Deportation von Juden aus Mashhad (Meschhed, 1839) und Herat (1857–1859) wurde von Mattatya Gargi, dem Oberhaupt der Juden in Mashhad, beschrieben.[15]

Die Einquartierung und Verpflegung von Soldaten und Pferden war den *Dhimmis* gesetzlich auferlegt – eine weitere Pflicht, die in jedem juristischen Traktat über die *Dhimmis* betont wird. Abu Yusuf führt sie auf den zweiten Kalifen, Umar b. al-Chattab, zurück. Soldaten und Tiere mussten in den besten Häusern, in Kirchen oder Synagogen untergebracht werden, die dadurch zu Ställen oder Müllplätzen verkamen, so dass man sie schließlich aufgab. Im 19. Jahrhundert erwäh-

---

[14] Gil, *A History of Palestine;* Joseph Hacker, „The Surgun System and Jewish Society in the Ottoman Empire during the 15th–17th centuries", in: *Zion* 55/1, 1990, S. 27–82.

[15] Zu den Deportationen siehe die Quellentexte im Anhang von Bat Ye'or, *Der Niedergang des orientalischen Christentums unter dem Islam.*

nen britische und französische Konsuln und Reisende diese Pflicht für
Bulgarien, Bosnien, Griechenland, Armenien, Syrien und das Heilige
Land.[16]

Im Maghreb wurden in politisch labilen Zeiten oder wenn es einen
Wechsel auf dem Thron gab, jüdische Viertel geplündert, Männer getötet oder Lösegelder für sie erpresst und Frauen und Kinder von vor den
Städten lagernden Stämmen verschleppt. Dies erlebte u. a. der amerikanische Konsul Shaler in den 1820er Jahren in Algier. Für Marokko
wird das Gleiche in Berichten von ortsansässigen Juden und Diplomaten für das frühe 20. Jahrhundert bezeugt.[17]

Die Entführung von Frauen und Kindern als Sklaven oder Geiseln
in Zeiten von Krieg und Aufruhr, aber auch (im Rahmen von Raubzü-
gen) in Friedenszeiten geschah häufig. Dokumentiert ist dies in jüdischen *Dhimmi*-Quellen, vor allem aber in christlichen (syrischen, kop-
tischen, armenischen, griechischen, bulgarischen) Chroniken und in
muslimischen Quellen. Koptische Chroniken des Mittelalters erwähnen die Entführung christlicher Kinder als Sklaven oder als „Aus-
gleich" für nichtbezahlte Steuern. Im Jemen wurden jüdische Kinder
unter 12 Jahren nach dem Tod ihres Vaters von ihren Familien getrennt
und zum Islam bekehrt; das Gesetz galt rückwirkend und wurde bis
zur Auswanderung der Juden nach Israel 1950 angewandt. Theoretisch
sind solche Praktiken vom muslimischen Gesetz verboten. Al-Mawardi schreibt: „Man darf Kinder von Personen im Feindesgebiet kaufen,
so wie man sie auch gefangen nehmen darf, aber man darf Kinder von
Dhimmis nicht kaufen oder sie gefangen nehmen."[18]

Revolten der *Dhimmis* gegen ihre Besatzer bedeuteten die Wiederaufnahme des *Djihad;* die Rebellen wurden niedergemacht, ihre Frau-
en und Kinder in die Sklaverei verkauft. Nach den griechischen und
serbischen Revolten im 19. Jahrhundert wurden Tausende Frauen und
Kinder versklavt. Allein nach dem Fall von Missolonghi (22. April
1825) wurden 3.000 bis 4.000 griechische Frauen als Sklavinnen ver-

---

[16] Albert Hyamson (Hg.), *The British Consulate in Jerusalem in Relation to the Jews of Palestine (1838–1914)*, Bd. 1, S. 211.
[17] David Littman, „Jews under Muslim Rule, II: Morocco 1903–1912", *Wiener Library Bulletin* 29, n.s. 37/38, 1976, S. 3–19; und *Wiener Library Bulletin* 28 n.s. 35/36, 1975, S. 65–67.
[18] Al-Mawardi, a.a.O., S. 200.

kauft. Zahllose Armenier wurden während der Massaker Ende des 19. Jahrhunderts sowie während des Völkermords 1915–1917 versklavt. Die religiöse Sklaverei war in den islamischen Ländern weit verbreitet. Die christlichen Nubier mussten seit ihrer Eroberung durch die Araber eine festgelegte Anzahl von Sklaven liefern. Die Mameluken, die jahrhundertelang über Ägypten und Syrien herrschten, wurden als nichtmuslimische Sklaven gekauft oder erbeutet. Über 300 Jahre wandte man im Osmanischen Reich das *Devschirme*-System (die „Knabenlese") an und beschlagnahmte jährlich christliche Kinder als Sklaven – aus Albanien, Griechenland, den ägäischen Inseln, Bulgarien, Serbien, Bosnien, Kroatien und Ungarn. In Persien verkörperten die *Koulars* (Militärsklaven) eine ähnliche Institution; dieses System existierte auch in Andalusien (Spanien), wo die Militärsklaven besonders zahlreich waren.

Bei den *Dhimmi*-Bauern[19] zeichnen Chroniken aus Ägypten, Armenien und Palästina für das 8. und 9. Jahrhundert ein ähnliches Bild der Besteuerung und Lösegelderpressungen nach. Die allgemeine Unsicherheit, die anhaltende Auspressung der Bevölkerung durch Landraub von Seiten der einwandernden arabischen Stämme und schließlich die Flucht vor ihnen waren an der Tagesordnung. Ab dem 11. Jahrhundert wiederholte sich das Muster mit dem Eindringen türkischer Stämme nach Anatolien. Im frühen Mittelalter war die strikte Kontrolle der gesamten *Dhimmi*-Bevölkerung in den Dörfern notwendig, um die Bauern auf ihrem Land zu halten. Sie beinhaltete schwere Strafen für jeden, der floh. Über Palästina, Ägypten, Armenien und Mesopotamien wird von Erpressungen und von Folter berichtet. Abu Yusufs Hinweis, dass solche Foltern nicht erlaubt waren, ist ein indirekter Beleg dieser Praxis. Koptische und armenische *Dhimmi*-Quellen beschreiben die gleiche Art von Folter.

Das gleiche System der Unterdrückung durch Zwangssteuern und Lösegelder findet man im 19. Jahrhundert wieder bei Christen und Juden in Syrien, Palästina und im Libanon[20] wie auch in Mesopotamien,

---

[19] Für die entsprechenden Berichte bei Sawirus b. al-Muqaffa, Dionysius von Tell Mahre und Pseudo-Dionysius, Michael dem Syrer, Bar Hebraeus, Thomas Ardzruni, Ghéwond und Sebeos siehe Bat Ye'or, *Der Niedergang des orientalischen Christentums unter dem Islam.*

[20] Charles Churchill, *The Druzes and the Maronites under Turkish Rule from 1840 to 1860* (1862).

Armenien und Kurdistan, aber auch in einigen europäischen Provinzen des Osmanischen Reiches. Der französische Generalgesandte in der Türkei, Edouard Engelhardt,[21] hatte Mitte des 19. Jahrhunderts darüber berichtet. Nach den Massakern von 1894–1895 berichtete eine anglofranzösische und russische Untersuchungskommission von der gleichen Situation bei den Armeniern in der Region Sassun. Aus den vielen Texten, die den Beginn der Eroberungen festhielten, können wir eine allgemeine Struktur ablesen, welche sich für die *Dhimmi*-Bauern ergab. Dazu gehören die Vorgehensweise während der Eroberungen, die Islamisierung der Länder, die drückende Besteuerung, die sporadischen Deportationen, die allgemeine Unsicherheit und die Zerstörung von Kirchen und Synagogen. Auch wenn diese Übel nicht immer herrschten und zuweilen von der islamischen Zentralgewalt (vor allem den Osmanen) bekämpft wurden, waren sie dennoch häufig genug, um in manchen Gegenden die nichtmuslimische Bauernschaft so gut wie auszulöschen.

Da die Dhimmitude das Ergebnis eines Eroberungskrieges ist, kann sie nicht ohne ein Studium der Regeln des *Djihad*, der Eigenheiten des Kriegführens und der Verträge mit eroberten Völkern verstanden werden. Die traditionelle muslimische Rechtsposition besagt, dass die Bedingungen zur Eroberung eines Landes oder einer Stadt die dort anzuwendende Rechtsprechung für alle Zeiten festlegten. Muslimische Rechtsgelehrte werden nicht müde, dies zu betonen. Hier einige Beispiele:

- Als im frühen 14. Jahrhundert in Kairo Kirchen und Synagogen geschlossen wurden, forderte man von Ibn Taymiya, einem bekannten Juristen der Hanafitischen Rechtsschule, ein Rechtsgutachten an. Er bestätigte die Rechtmäßigkeit der Schließungen; in seiner Begründung berief er sich auf die Art der muslimischen Eroberung Ägyptens im 7. Jahrhundert, also acht Jahrhunderte zuvor.
- In einer Abhandlung des Theologen al-Damanhuri von der al-Azhar-Universität, 1739 erschienen, finden wir eine interessante Untersuchung der Argumente führender islamischer Gelehrter über den Bau und die Restaurierung von Kirchen und Synagogen in isla-

---

[21] Siehe: Bat Ye'or, *Islam and Dhimmitude. Where Civilizations Collide*, S. 341–342.

mischen Ländern. Sämtliche Meinungen basieren darauf, wie das Land muslimisch wurde: durch militärische Gewalt, anhand eines Vertrags oder mit Hilfe der Besiedelung durch muslimische Kolonisten.

• Ein weiteres Beispiel kommt ein Jahrhundert später aus Marokko. 1836–1837 baten die Juden von Fez den Sultan Abd ar-Rahman um die Erlaubnis, in ihrem Viertel ein öffentliches Bad zu errichten. Der Sultan konsultierte die besten Kadis (Richter); sie erstellten zwölf *Fatwas* (Rechtsgutachten), die auf alte Chroniken Bezug nahmen und die Bedingungen der islamischen Eroberung des Maghreb vor über tausend Jahren beschrieben. Bis auf eine Ausnahme kamen alle Richter zu dem Ergebnis, dass die Juden, aufgrund der Art, durch welche die Eroberung des Maghreb im 7. Jahrhundert erfolgt war, kein Recht zum Bau eines Bades hätten. Noch 1898 wurde der gleiche Antrag der Juden erneut abgelehnt.

Sozio-religiöse Aspekte

Das Bild der *Dhimmitude* vertieft sich noch, wenn man den ökonomischen und sozialen Bereich betrachtet. Was solche unberechenbaren Dinge wie Kriege, Invasionen und Aufstände betrifft, waren auch die muslimischen Bauern (wenngleich längst nicht so stark wie die *Dhimmis*) Opfer der Umstände ihrer Zeit. Dies gilt nicht für die gesetzlichen Regelungen über den ökonomischen und sozialen Status der *Dhimmis* (Schutzbefohlene). Aus Zeitgründen kann ich diese hier nur verkürzt auflisten. Viele finden sich bei Abu Yusuf, dem relativ aufgeschlossenen Rechtsgelehrten des 8. Jahrhunderts aus der Hanafitischen Rechtsschule.

Wie wir bereits sahen, war die *Djizya* (Kopfsteuer) Pflicht; ihre Verweigerung wurde mit Gefängnis, Zwangsbekehrung, Versklavung, der Entführung der Kinder oder mit dem Tod bestraft. Der *Dhimmi* hatte doppelt so viele Steuern zu zahlen wie der Muslim und war gezwungen die erniedrigendsten Frondienste zu leisten. In Nordafrika und im Jemen mussten Juden sich als Henker und Totengräber betätigen, öffentliche Latrinen reinigen und ähnliche Arbeiten übernehmen, und das auch am Sabbat und an Feiertagen. Die religiösen Restriktionen waren zahlreich und reichten von dem Verbot, Synagogen und Kirchen zu errichten, zu reparieren oder zu vergrößern, bis zur auferlegten schweigsamen Zurückhaltung bei Gebeten und Begräbnissen. Die Zerstörung, Konfiszierung und Islamisierung von Synagogen und (häufiger) Kirchen war alltäglich und wird in juristischen Abhandlungen und *Dhimmi*-Chroniken häufig erwähnt.

Im juristischen Bereich finden wir zahlreiche Sondergesetze, die den *Dhimmi* als Bürger zweiter Klasse festschreiben. Sein Leben war erheblich weniger wert als das eines Muslim; wer einen *Dhimmi* ermordete, wurde wesentlich milder bestraft als jener, der einen Muslim umgebracht hatte. Die Bestrafung der Vergehen fiel unterschiedlich aus, je nachdem, ob der Täter Muslim oder Ungläubiger war. Ein *Dhimmi*, der von einem Muslim tätlich angegriffen wurde, durfte sich nicht wehren, sondern nur um Gnade bitten. Zwei Grundrechte waren ihm gänzlich entzogen: das Recht auf Selbstverteidigung gegen tätliche Angriffe und das Recht, sich vor einem islamischen Gericht zu verteidigen, da das Zeugnis eines *Dhimmi* nicht zählte. Ein *Dhimmi* konnte zwar vor sein eigenes Gericht gehen, doch die Urteile dieses Gerichtes konnten von den muslimischen Gerichten jederzeit aufgehoben werden, da sie die Gesetze der *Dhimmi*-Gerichtsbarkeit nicht anerkannten. Ein *Dhimmi* durfte keine Autorität über einen Muslim haben, kein Land besitzen oder erwerben, keine muslimischen Frauen heiraten, keine muslimischen Sklaven oder Diener haben und nicht das arabische Alphabet benutzen (so die Recherchen von Oberst Charles Churchill in Syrien und Libanon von 1840–1860).

Im sozialen Bereich hatte der *Dhimmi* durch seine Kleidung erkennbar zu sein, deren Form, Farbe und Material von Kopf bis Fuß vorgeschrieben war, ferner auch sein Haus (Farbe und Größe) und das Viertel, in dem er wohnte. Er durfte kein Pferd oder Kamel reiten, da diese Tiere als für ihn zu edel galten. In der Stadt durfte er einen Esel reiten, jedoch nur seitlich auf einem Packsattel; begegnete er einem Muslim, musste er absteigen. Als Fußgänger hatte er zügig durch die Straßen zu eilen und einen Muslim auf dessen linker (unreiner) Seite zu passieren; von dem Muslim erwartete man, dass er ihn auf die engere Seite oder in die Gosse schob. Der *Dhimmi* musste seinen Blick gesenkt halten, durfte auf Beleidigungen nicht antworten, hatte in Gegenwart eines Muslims eine respektvoll-demütige Haltung einzunehmen und ihm stets den besten Platz zu überlassen. In einem öffentlichen Bad hatte er (falls er denn hineindurfte) Glöckchen zu tragen, um seine Gegenwart anzukündigen. Vor allem in arabisch besiedelten Regionen war es üblich, dass Juden und Christen mit Steinen beworfen wurden. Es war ganz normal, dass sie mit Verachtung behandelt wurden. Je nach Region wurden diese Muster noch verschärft; so war es den Juden in Marokko und im Jemen verboten, außerhalb ihrer Viertel eine Fußbekleidung zu tragen.

Diese Gesetze bildeten die Grundordnung, die in den klassischen Schriften über die *Dhimmis* festgelegt waren und in allen Ländern der Dhimmitude verbindlich galten. Gelegentliche Lockerungen stießen auf scharfe Missbilligung der muslimischen Rechtsgelehrten. Die Dhimmitude erstreckte sich über mehr als ein Jahrtausend christlich-jüdischer Geschichte mit ihren eigenen Sitten, Gesetzen und Verhaltensregeln und brachte eine umfassende „Lebenskultur" hervor. Sie wurde mal härter, mal milder durchgesetzt und findet sich überall im Islam, ob auf dem Balkan, in Anatolien, in der Levante, Persien, Jemen oder dem Maghreb.

Wir können mithin die zu Beginn dieser Vorlesung gestellten Fragen wie folgt beantworten: Jawohl, die Dhimmitude ist ein umfassendes juristisches System; sie wurde in allen durch den *Djihad* eroberten und islamisierten Ländern eingeführt; sie ist durch zahlreiche Texte belegt und wurde dreizehn Jahrhunderte lang von zahllosen Zeugen beobachtet oder am eigenen Leib erlebt. Dieses System durchdringt die islamische Kultur seit ihrem Beginn. Heute erlebt es in manchen Ländern durch die Re-Islamisierung und die Wiedereinführung der *Scharia* eine Renaissance. Es handelt sich also um eine Struktur, die nach wie vor lebendig ist.

Djihad und Dhimmitude: ein fortdauerndes Muster

Die zahlreichen von Muslimen wie Nichtmuslimen geschriebenen Chroniken liefern uns jede Menge Material über Methoden und Anwendung des *Djihad* im Laufe der Jahrhunderte. Diese Texte ermöglichen es uns, eine weitgehende Übereinstimmung zwischen den realen islamischen Verhaltensweisen im Krieg und den juristischen und theologischen Vorschriften des *Djihad* festzustellen. Die derzeit in Israel, Sudan, Nigeria, Kaschmir, Indonesien, auf den Philippinen und von anderen muslimischen Staaten oder deren Stellvertretern geführten Kriege reproduzieren die klassische Strategie des *Djihad*. So erwähnt Abu Yusuf die Zwangsrekrutierung von pubertierenden oder vorpubertären Kindern in *Djihad*-Kampagnen. Diese Zwangsrekrutierung finden wir in Beispielen auch heute: Der Krieg in den 8oer Jahren des 20. Jahrhunderts zwischen dem Irak und dem Iran; der *Djihad* (die sog. *Intifada*) gegen Israel und die islamistischen Milizen im Sudan. Die Weigerung, die Leichen gefallener Feinde herauszugeben (so z. B. bei der libanesischen Hisbollah), entspricht der Tradition und findet sich ebenfalls unter den Aussagen Abu Yusufs wieder. Überfälle auf Dörfer, das Töten der männlichen Erwachsenen und die Entführung und Versklavung der Frauen und Kinder (Sudan, Indonesien) sowie Terrorkampagnen gegen zivile Ungläubige und „Abtrünnige" (Algerien) entsprechen den oben erwähnten Ansichten von al-Mawardi. Die Opfer solchen Verhaltens werden sämtlicher Rechte beraubt.

Noch heute wirken viele Aspekte der Dhimmitude nach wie vor als aktive oder potentielle politische Kräfte. In modernen islamischen Staaten, in denen die *Scharia* gilt bzw. die Rechtsgrundlage bildet (wie in Ägypten, Iran, Sudan, Nigeria, Pakistan und bis vor kurzem Afghanistan), erleben wir praktisch eine Rückkehr zur Dhimmitude. Die Lage der Christen in einigen modernen muslimischen Staaten trägt die Handschrift der traditionellen Dhimmitude-Gesetze bezüglich Blasphemie, Mischehe, Abfall vom islamischen Glauben oder der Regelungen über den Bau und die Reparatur von Kirchen sowie über religiöse Prozessionen. Es kommt zu Diskriminierungen und Ungleichbehandlungen in Bildung, Beruf und Strafrecht. Ein 2002 erschienenes Buch von Kanonikus Patrick Sookhdeo[22] untersucht u. a. Formen der Leibeigenschaft in Pakistan. Dies ist für den Historiker der Dhimmitude von besonderem Interesse, weil die Leibeigenschaft das typische Schicksal jüdischer und christlicher *Dhimmi*-Bauern war. Chroniken aus der Zeit des 8. bis zum 19. Jahrhundert erwähnen dies immer wieder. Das Buch illustriert die steuerliche Ausbeutung und Verschuldung und die damit aufrecht erhaltene Unterdrückung, die zur Enteignung und in ein System der Sklaverei führte. Sookhdeo beschreibt des Weiteren den zweitklassigen Status der Nichtmuslime und wie man trotz gesetzlicher Verbote die Praktiken dennoch zu legitimieren und zementieren wusste, wie Blasphemievorwürfe und die Entführung christlicher Frauen beispielhaft zeigen. Dieses Verbrechen wird noch heute in Ägypten häufig begangen und ist von jeher ein Merkmal der Dhimmitude gewesen.

Es gibt bis heute keine öffentliche Diskussion über die Ideologie des *Djihad* gegen die Ungläubigen oder über die Dhimmitude, weil diesen Themen mit einer Strategie der Verschleierung oder der strikten Ableugnung begegnet wird. So erschien am 23. August 2002 in der gutbürgerlichen ägyptischen Wochenzeitschrift *Al-Musawwar* eine auf Arabisch verfasste Antwort von Dr. Abdel-Mo'ti Bayoumi, dem Sekretär des Islamischen Zentrums der angesehenen al-Azhar-Universität in Kairo. Bayoumi kommentierte einen Artikel, den ich über den *Djihad* geschrieben hatte (National Review Online, 1. Juli 2002), dass es den *Dar al-harb* nie gegeben habe, was natürlich bedeuten würde, dass es auch den *Djihad* und die Sklaverei im Islam nie gab. So beförderte ein angesehener islamischer Gelehrter mit einem einzigen Federstrich dreizehn Jahrhunderte islamischer Schriften und Gesetze zu diesem Thema in den Papierkorb.

Seit Ende der 1960er Jahre hört man von einigen Professoren in Europa und Nordamerika, dass die *Djihad*-Kriege keine Opfer unter der Zivilbevölkerung forderten und dass die muslimischen Eroberer von ihren künftigen *Dhimmis* mit offenen Armen willkommen geheißen

---

[22] Patrick Sookhdeo, *A People Betrayed. The Impact of Islamization on the Christian Community in Pakistan*, Schottland 2002.

wurden. Dies ist natürlich die muslimische Geschichtsversion. Es ist interessant zu sehen, wie sie heute in Europa übernommen wird. Diese Interpretation stimmt vollkommen mit der *Scharia überein*, die jegliche Kritik am islamischen Recht oder islamischen Regierungen verbietet und alles Böse in der Welt den *Muschrikun* (Ungläubigen) anlastet. Diese sind folglich durch den *Djihad* zu bekriegen, damit die islamische Gerechtigkeit im *Dar al-harb*, der Region des Krieges, zur Herrschaft kommt.

Raphael Israeli

Wenn zwei nicht dasselbe sagen: Muslimische Terminologie

Das stereotype Vokabular, das von Normalbürgern, aber auch führenden Persönlichkeiten, Geistlichen und Intellektuellen in der ganzen islamischen Welt benutzt wird, wirft die Frage auf, ob die Menschheit mit ihren verschiedenen Kulturen die gleichen Worte und Ideen benutzt, um die gleichen Phänomene zu beschreiben, oder ob wir bei jedem Wort, das von einem Mitglied einer anderen Kultur benutzt wird, fragen müssen, ob das, was wir da hören oder lesen, wirklich das ist, was wir darunter verstehen. Tatsache ist, dass Menschen sehr oft dieselben Worte benutzen, um ganz verschiedene Ideen auszudrücken. Das liegt einfach daran, dass Worte, die aus einem bestimmten Bedürfnis heraus in einer ganz bestimmten soziokulturellen Umgebung entstanden sind, in andere Kulturen und Umgebungen importiert werden (oft, weil gerade kein anderes Wort zur Verfügung steht), in denen sie ein ganzes Spektrum von neuen Bedeutungsobertönen entfalten, die anders sind als in der Ursprungskultur.

So behaupten manche nichtwestlichen (z. B. muslimische) Kulturen, dass sie solche Errungenschaften wie Toleranz, Freiheit, Demokratie, Sozialismus, Menschenrechte, die Ächtung von Gewalt und Terrorismus usw. schon lange – bevor sie zum Gütezeichen des Westens wurden – selber entwickelt hätten. Doch schaut man sich an, was sie darunter verstehen, entdeckt man recht bald, dass dies etwas ganz anderes ist als im westlich-abendländischen Kontext. Ja mehr noch: Nicht selten werfen die nichtwestlichen Kulturen dem Westen vor, diese Normen verraten zu haben, und versuchen gleichzeitig, ihre eigenen Strukturen (wie z. B. den Islam) als den einzigen Weg zu „Gleichheit und Gerechtigkeit" durchzusetzen, während sie für andere Kulturen (wie die christliche und jüdische) und für westliche Werte und Normen nur Verachtung übrig haben.

Hätten die westlichen Autoren und Kommentatoren um diese kulturellen Unterschiede gewusst und wie muslimische Gesellschaften solche Begriffe wie Terrorismus, Demokratie, Toleranz, Koexistenz, Pluralismus etc. definieren, sie wären weniger schockiert gewesen von gewissen Äußerungen muslimischer Fundamentalisten in aller Welt, wie z. B. dem Aufruf eines radikalen muslimischen Führers an Präsident Bush, sich zum Islam zu bekehren, oder der Behauptung Bin Ladens, dass Bush der Anführer der Ungläubigen sei. Diese spezifisch muslimische Terminologie wird zwar von den meisten muslimischen Ländern (mangels Macht oder weil sie selber Angst vor den Fundamentalisten haben) nicht so direkt praktiziert, aber sie ist zum Markenzeichen praktisch aller muslimischen fundamentalistischen Bewegungen in der Welt geworden, ob sie nun die Regierung stellen, wie im Iran, Sudan und Saudi-Arabien, oder gegen das herrschende Regime kämpfen, wie in Ägypten, den Palästinensergebieten, dem Libanon, Indonesien, Algerien, Pakistan usw.

Wir tun daher gut daran, einmal die Schlüsselbegriffe, die in diesem Kampf der Kulturen und der Missverständnisse von den Muslimen benutzt werden, genauer unter die Lupe zu nehmen. Die Analyse dieser Wörter in ihrem muslimischen Kontext kann uns in der Diskussion mit der muslimischen Seite viel unnötige Schererei en ersparen. Hilft sie uns doch zu erkennen, dass die Muslime sich keineswegs nach unserer Art Demokratie sehnen, dass für sie Gerechtigkeit muslimische Gerechtigkeit ist und Toleranz nicht die bedingungslose Annahme des anderen, dass den Terror immer nur die anderen machen, dass Pluralismus ein Fremdwort ist, Konflikte nur durch Kampf, nicht Kompromiss gelöst werden, die höchste Macht bei Allah und nicht beim Volk liegt, Gesetze nicht von Menschen, sondern vom Willen der Gottheit erlassen werden, die Werte des Westens dekadent sind und nur die muslimische Logik und das muslimische Denken gilt. Die Muslime fordern Respekt für ihre Religion ein, aber verachten die Religion der anderen; wenn sie schreien und demonstrieren, ist dies ein Zeichen für Stärke, wenn ihre Gegner sich höflich zurückhalten, zeigt dies nur ihre Schwäche. Die anderen schulden ihnen alles, aber sie selber sind niemand etwas schuldig. Einen Nichtmuslim anzugreifen, ist vollkommen legitim, aber wenn der Nichtmuslim sich wehrt, ist dies ein Akt der Aggression.

Diese Dinge, die dem Abendland des „Mittelalters" in seiner heftigen Begegnung mit dem Islam nur zu geläufig waren, gerieten in der modernen Welt weithin in Vergessenheit; in einer Zeit, wo ein islamisches Land nach dem anderen erobert, kolonisiert und unterjocht wurde und der Westen die Welt beherrschte, spielten sie keine Rolle mehr. Doch mit der wachsenden Welle des islamischen Fundamentalismus, der im Laufe der letzten Jahrzehnte begonnen hat, die Vorherrschaft des politisch-sozialen Weltbildes des Westens herauszufordern, erfahren sie eine Renaissance und finden neue Verbreitung. Und mit dem Einzug islamischen Gedankengutes in die politische Arena in arabischen und muslimischen Ländern, deren Regierungen zum Großteil illegitim sind, hat der muslimische Diskurs die Oberhand gewonnen als die einzige realistische Alternative, die fähig und bereit ist, den Mächtigen die Zügel aus der Hand zu reißen.

Mit einem solchen Denken setzen sich die Islamisten natürlich in den schroffsten Gegensatz zu den allgemein akzeptierten Normen der vernünftigen Diskussion, des Gedankenaustausches und des Verhaltens, sowohl in ihren eigenen Ländern als auch nach außen gegenüber anderen Nationen und Kulturen. Hier ist eine Welt, in der Relativismus durch Absolutismus, Skeptizismus durch platte Gewissheit ersetzt wird – eine Welt des Alles oder Nichts, die keine Verhandlungen oder Kompromisse kennt. Der Islamist geht davon aus, dass er und nur er die Wahrheit kennt; die anderen sind Menschen, die in der Finsternis leben und sich zum Licht bekehren müssen; jeder Versuch, sie zu verstehen und ihnen gerecht zu werden, kommt einem Verrat am eigenen Glauben gleich, einer Kapitulation vor der physischen Macht des Feindes oder, schlimmer noch, vor dem falschen Glanz seiner gottlosen Überzeugungen.

Praktisch seit seiner Gründung teilt der Islam die Menschheit in drei Kategorien ein: die Muslime, die „Schriftbesitzer" (anfangs nur die Juden und Christen, später auch andere Religionen) und die Heiden, die keinen Gott kennen. Entsprechend wurde der Erdball in zwei große Bereiche eingeteilt: den *Dar al-Islam* (die „Wohnung des Islam") und den *Dar al-Harb* (die „Wohnung des Krieges"). In der politischen Praxis wurden diese Kategorien lange nicht mehr angewandt, weil sie die internationalen Beziehungen ins Chaos gestürzt hätten, aber in den muslimisch-fundamentalistischen Kreisen (sowohl dort, wo sie an der Macht sind, als auch dort, wo sie in der Opposition stehen) erleben sie derzeit eine Wiedergeburt und werden fleißig zur Analyse der inneren wie äußeren Angelegenheiten islamischer Länder in Übereinstimmung mit der *Scharia*, also dem heiligen Gesetz des Islam, benutzt.

Man muss sich darüber klar sein, dass die Religion der muslimischen Fundamentalisten kein „neuer" Islam ist, sondern schlicht der alte, und wenn sie oder ihre Taten von anderen Muslimen als „unislamisch" verurteilt werden, ist dies nichts als eine rhetorische Abwehrfloskel, ein Versuch der Schadensbegrenzung angesichts der Exzesse übereifriger Glaubensbrüder. Da die Scharia etwas Ewiges ist, das nicht von Menschen abgeschafft oder modifiziert werden kann, kann man sie nur entweder strikt befolgen, wie die Islamisten dies tun, oder mehr oder weniger ignorieren, wie dies jene unzähligen Muslime tun, die sich mit der modernen Welt arrangiert haben. Der Unterschied ist letztlich ein quantitativer: Hier der Durchschnittsmuslim, der seinen Glauben hochhält und seine muslimische Identität und Hingabe betont, es aber in der Praxis mit gewissen Dingen nicht so ernst nimmt; dort der Islamist oder Fundamentalist, der ungeduldig darauf brennt, die Gesetze seines Glaubens hier und jetzt um fast jeden Preis voll durchzusetzen.

Wie der fundamentalistische Christ den Wortlaut der Bibel über spätere Auslegungen stellt, so verehrt der fundamentalistische Muslim den Text des heiligen Koran, der das Wort Allahs und die ewig gültige Offenbarung seines Willens ist, und den Text der Hadithe, also der Traditionen über das Leben des Propheten, der als der vollkommenste aller Menschen und für alle Generationen gültige Maßstab der Frömmigkeit und des rechten Verhaltens ist. Andere Auslegungsweisen der Scharia, wie Analogie und Konsens, wie sie von nichtfundamentalistischen *Ulamas* (Theologen, Rechtsgelehrten) gemeinhin benutzt werden, werden als menschlich-fehlbare Zusätze verworfen. Die fundamentalistischen Sheikhs befinden sich folglich meistens im Clinch mit dem islamischen „Establishment", das den Regimen dienstbar ist, gegen die sie kämpfen, womit sie zu einer natürlichen und nicht selten gewaltsamen Oppositionspartei in ihren Ländern werden.

Einerseits gefürchtet und andererseits schonungslos verfolgt, bilden diese fundamentalistischen Gruppen oft eine Art Subkultur in ihrer

Gesellschaft, was sie wenn nicht äußerlich, so doch religiös von ihrer Umwelt absetzt und die weitere Kultivierung ihres Vokabulars und Lebensstils erleichtert. Wo sich dies ergibt, werfen sie ihren Fehdehandschuh in die öffentliche Arena, kritisieren ihre Politiker als unislamisch und predigen ihren radikal muslimischen Weg als die „Lösung", „Alternative" oder „Wahrheit". Solange sie „nach den Regeln spielen" und sich religiös und sozial, aber nicht politisch artikulieren, kommen sie damit durch. Doch sobald sie gewalttätig werden und eine Bedrohung für das Regime werden, geht dieses gegen sie vor, worauf sie in anderen Ländern Asyl suchen – entweder im Westen, wo die Demokratie ihnen treffliche Möglichkeiten gibt, das System von innen zu unterminieren (vgl. die von dem ägyptischen Sheikh Abdul Rahman angeführten islamischen Bewegungen in den USA sowie die Gruppierungen in Großbritannien und im übrigen Europa), oder in gleichgesinnten fundamentalistischen Ländern wie dem Sudan, die ihnen bereitwillig Schutz gewähren (vgl. Bin Laden ehedem in Afghanistan).

Als Asylanten im Westen erleben die Fundamentalisten einen existentiellen Zwiespalt: Nach der Scharia müssen sie unter der Herrschaft des Islam leben, die es eigentlich nur im *Dar al-Islam* gibt, wo der Islam frei praktiziert wird und das ganze Alltagsleben in seinen sozialpolitischen und religiös-kulturellen Konturen prägt. Doch gerade aus dieser Umgebung mussten sie paradoxerweise fliehen, um die Lehren des Islam, wie sie ihn verstehen, frei ausleben zu können. Im *Dar al-Harb*, dem Gebiet der Ungläubigen, können die Islamisten leichter leben als in den meisten islamischen Ländern, die den *Dar al-Islam* bilden. Sie lösen dieses Dilemma dadurch, dass sie entweder behaupten, dass der *Dar al-Islam* überall dort ist, wo sie ihren Glauben frei ausleben können, oder mit den missionarischen und sonstigen Erfolgen prahlen, die sie in ihren Gastländern erzielen. Solange sie ihre Moscheen bauen, ihre Religion praktizieren, muslimische Institutionen gründen, unter dem Mantel der Gemeinnützigkeit Gelder sammeln, für die Sache der Muslime in anderen Gebieten der Welt demonstrieren, ja sogar Einfluss und Positionen im Gastland erringen und so ihre Bewegungen in ihren Heimatländern oder weltweit aktiv unterstützen können, scheint alles in Ordnung zu sein. Aber der Schein trügt.

Er trügt, weil diese Bewegungen entweder *per definitionem* den Sturz der Regierung in ihrem Heimatland (das oft gute Beziehungen zu

dem Gastland unterhält) anstreben oder sich gewaltsam gegen eine ihnen unliebsame Politik des Gastlandes wehren oder dort andere Minderheiten (z. B. die Juden), die sie als Bedrohung der muslimischen
Interessen empfinden, angreifen.

Ein eindrucksvolles Beispiel ist die Tatsache, dass die Personen, die
die verheerenden Anschläge vom 11. September 2001 durchführten,
überwiegend Araber waren, die als Immigranten in die Vereinigten
Staaten gekommen waren. Es sind im Laufe der Jahrhunderte zahlreiche andere ethnische und religiöse Gruppen in die USA gekommen,
um ihr Los zu verbessern, und alle sind sie in dem großen multikulturellen Schmelztiegel des ethnischen und religiösen Pluralismus aufgegangen. Es dauerte nicht lange, und sie waren in das soziale Gefüge und
Wertesystem des neuen Landes integriert, das jetzt auch „ihr" Land
war. Durch keine andere kulturelle oder religiöse Gruppierung, noch
nicht einmal die am meisten unterprivilegierten, enterbten, entfremdeten und ausgebeuteten wie die Nachkommen der schwarzen Sklaven
oder der der völligen Ausrottung nur knapp entronnenen indianischen
Ureinwohner, ist es zu solch furchtbaren, kaltblütigen, grausamen und
massiven Mordtaten gekommen.

Was heißt dies? Während die meisten der in die USA eingewanderten Araber und Muslime bemüht sind, ihr gutes Auskommen zu haben
und die Werte, die Amerika ihnen vorlebt, zu internalisieren, bestehen
die Fundamentalisten (ob nun die frisch eingewanderten oder Alteingesessene, die auf die radikale Linie eingeschwenkt sind) auf ihrer eigenen Deutung der alten Aufteilung der Welt in das Gebiet des Islam, in
welchem die Scharia herrscht, und das Gebiet des Krieges, das von
Nichtmuslimen regiert wird. Dass sie für eine Zeit lang in dem letzteren leben, heißt nicht, dass sie seine Normen und Regeln akzeptieren,
und dass sie seine Institutionen und den Schutz seiner Gesetze in Anspruch nehmen, heißt nicht, dass sie sich mit ihnen identifizieren. Sie
finden es einfach praktisch, das demokratische System auszunutzen,
das so viel offener ist als das System ihrer Heimatländer, um es von innen her auszuhöhlen. Der muslimische Fundamentalist, der Zuflucht
im Westen sucht oder dort wohnt, wird nicht etwa mit der Zeit immer
gemäßigter, dankbarer und pro-westlicher. Ganz im Gegenteil: Wie die
großen Leuchten des modernen muslimischen Radikalismus (etwa Saijid Kutb in Ägypten oder Hasan Turabi im Sudan, die auf westliche

Schulen und Universitäten gegangen und Kenner der westlichen Demokratien sind) wird er zum größten und erbittertsten Feind des Westens.

Viele der muslimischen Fundamentalisten, die im Westen Asyl gefunden haben, betrachten den Aufenthalt in ihren Gastländern als Gegenstück zur Übersiedelung Mohammeds von Mekka nach Medina im Jahre 622 – als geistige wie physische Auswanderung (*Hidjra*) aus einem Land der „Ignoranz" und Gottlosigkeit (*jahidiyya*), um in der Fremde eine neue Machtbasis aufzubauen, damit sie zu gegebener Zeit den Sturmangriff gegen ihr Heimatland starten und es zurück in den Schoß eines gereinigten *Dar al-Islam* holen können. Das Gastland dient als willkommener Stützpunkt, von dem aus sie den Sturz der Herrschenden in ihrer Heimat vorbereiten können. Es gibt ihnen die Möglichkeit, ihre Machtbasis zu konsolidieren und zu erweitern, indem sie Proselyten machen, ihre Anhänger indoktrinieren, Gelder sammeln und illegal Waffen horten (Beispiele dafür gibt es in den USA wie in Westeuropa). Aber wenn dieser Prozess frustrierend langsam wird und der Westen nicht schnell genug ihrer Ideologie erliegt oder wenn das verhasste Regime in der Heimat durch westliche Hilfe noch stärker wird oder wenn „Feinde" des Islam und der muslimischen Völker (etwa Russland in Tschetschenien, die Serben auf dem Balkan, Indien im Kaschmir, China in Sinkiang, Israel im Nahen Osten und neuerdings die USA in Afghanistan) ihr Unwesen treiben, dann entlädt sich die Wut der Islamisten in gewaltsamen Ausbrüchen.

In dieser Situation kommt es zum offenen Frontalzusammenstoß zwischen den fundamentalistischen Hütern des *Dar al-Islam* und ihren westlichen Gegnern. Der alte Heilige Krieg ist wieder da, der einzige Krieg, der im Islam erlaubt ist – der *Djihad*. Der Djihad ist nicht nur das historische Werkzeug, das es dem Propheten erlaubte, in den frühen Jahrzehnten des 7. Jahrhunderts ganz Arabien für den Islam zu erobern, und seine Nachfolger zur Eroberung der übrigen Welt antreten ließ; er ist heute noch die religiöse Rechtfertigung für jeden Krieg von Muslimen gegen Nichtmuslime (oft genug auch gegen andere Muslime). Sämtliche islamischen Eroberungskriege waren *Djihad*-Kriege mit dem Ziel des *Fat'h* („Eroberung", vgl. heute den Namen der Hauptströmung in der PLO), ebenso alle arabischen Kriege gegen Israel und viele Kampagnen gegen die europäischen Kolonialmächte in

Asien und Afrika. Der ägyptische Einfall in den Jemen in den 1960er Jahren war ein Djihad, ebenso der Krieg zwischen dem Irak und Iran in den 1980er Jahren. Heute befinden sich Hamas und Hisbollah im Djihad gegen Israel und die al-Quaida gegen die USA und Großbritannien. Jeder Djihad gegen Nichtmuslime ist automatisch gerecht, als Kampf des *Dar al-Islam* zur Erweiterung bzw. Verteidigung seines Territoriums und zur Unterwerfung des *Dar al-Harb*.

Von der ursprünglichen Wortbedeutung her bedeutet *djihad* zunächst einmal schlicht ein inneres, im erweiterten Sinne dann auch physisches Sich-Einsetzen für eine Sache. In der islamischen Scharia hat es jedoch im Wesentlichen die spezifische Bedeutung der militärischen Aktion des *Dar al-Islam* (oder von Teilen des *Dar al-Islam*) gegen den *Dar al-Harb* bzw. gegen jegliches Gebilde, das als *Dar al-Harb* definiert wird. Dieses Denken wurzelt in der Vorstellung, dass der Islam nicht einfach eine unter mehreren Offenbarungsreligionen ist, sondern der einzig wahre Glaube, der gekommen ist, um die anderen monotheistischen Religionen zu ersetzen. Er ist sozusagen ihre neueste, letztgültige Version, und wo ihre heiligen Schriften von der muslimischen Offenbarung abweichen, haben sie die göttliche Botschaft schlicht verfälscht. Auf diesem Hintergrund sind die Aufrufe von Hamas, Hisbollah und al-Quaida an Präsident Bush und andere Staatsmänner, zum Islam zu konvertieren und so ihre Querelen mit ihm beizulegen, nur logisch und konsequent.

So wie der Islam die Welt früher sah und die Fundamentalisten sie heute noch sehen, muss der Islam die ganze Welt unter seine Herrschaft bringen – wo möglich, mit friedlichen Mitteln, wo nötig, durch Krieg. Der Djihad gilt dabei meist als eine kollektive Pflicht *(fard kifaya)*, die für die Gemeinschaft der Muslime (die *Umma*) als Ganze bindend ist: Wenn die muslimische Obrigkeit den Djihad betreibt, hat damit auch jeder einzelne Muslim seine Djihad-Pflicht erfüllt. Die Verpflichtung zum Djihad ist universal und gilt so lange, bis die ganze Welt unter die Herrschaft der Muslime gekommen ist. Doch nachdem in der Vergangenheit die muslimischen Länder in der Praxis mit verschiedenen theologischen und praktischen Begründungen von dieser Vorstellung abgerückt sind, die sie sonst in einen Dauerkrieg gegen den Rest der Welt verwickelt hätte, betrachten heute muslimische Fundamentalisten diese Pflicht als eine nicht kollektive, sondern persönliche *(fard 'ayn)* und legitimieren ihre Aktionen gegen die Ungläubigen als Erfüllung eben dieser heiligen Pflicht. Hören wir, was, stellvertretend für alle islamistischen Gruppen, die Hamas dazu zu sagen hat:

> Wenn unsere Feinde unsere islamischen Länder besetzen, wird der Djihad eine Pflicht für alle Muslime. Um der widerrechtlichen Aneignung Palästinas durch die Juden entgegenzutreten, haben wir keine andere Wahl, als das Banner des Djihad zu erheben. Dazu ist die Propagierung des islamischen Bewusstseins unter den Massen notwendig, auf allen örtlichen, arabischen und islamischen Ebenen. Wir müssen den Geist des Djihad in die islamische *Umma* hineintragen, den Kampf mit den Feinden suchen und in die Reihen der Djihad-Kämpfer eintreten.[1]

Man findet heute verschiedene Interpretationen des *Djihad*, die die spirituellen Aspekte betonen und die gerne vom muslimischen Establishment zitiert werden sowie von manchen „Islamexperten", die „ihr eigenes Süppchen kochen", wenn sie den Djihad verharmlosen. Es kann jedoch kein Zweifel bestehen, dass die bei weitem häufigste Interpretation, vor allem unter den Radikalen, die kriegerische ist. Die bloße Vorstellung, dass Hisbollah, Hamas oder al-Quaida einen „spirituellen Djihad" im Sinn haben, wenn sie unschuldige Zivilisten ermorden und terrorisieren oder Soldaten und Institutionen von „Feindländern" mit Bomben und Granaten attackieren, ist lächerlich. Ganz im Gegenteil: Mit ihren öffentlichen Aufrufen zum „Kampf", zum „Opfer" und zur „Auslöschung" des Feindes und erst recht mit ihren mörderischen Aktionen erheben sie die Gewalt zur religiösen Pflicht. Und schaut man sich die begeisterten Sympathiekundgebungen an, die solche Gewalttaten in islamischen Ländern auslösen, so drängt sich der Verdacht auf, dass dieses Denken nicht nur in den Köpfen von ein paar Radikalen herrscht, sondern auch in denen vieler muslimischer Normalbürger.

---

[1] Artikel 15 der Hamas-Charta. Für den vollständigen Text siehe R. Israeli, „The Charter of Allah: the Platform of the Islamic Resistance Movement", in: Y. Alexander (Hg.), *The 1988–9 Annual of Terrorism*, Amsterdam: Martinus Nijhoff, 1990, S. 99–134.

Verteidiger des Islam versuchen gerne, den Koran und die islamische Lehre als „friedliebend" darzustellen. Sie können sich ihre Mühe sparen. Der Koran ruft an etlichen Stellen die Gläubigen zum Krieg gegen die Ungläubigen auf.[2] Diese Aufrufe werden in den Hadithen wiederholt und mit schöner Regelmäßigkeit von den Rechtsgelehrten aller Richtungen des Islam zitiert. Wenn die Hamas erklärt, dass sie „ein Glied in der Kette des Djihad bei der Konfrontation mit der zionistischen Invasion"[3] ist, wenn die Vertreter der Muslim-Bruderschaft die Gläubigen zum Kampf gegen den Westen auffordern, wenn Bin Laden den Djihad gegen Amerika erklärt und mit voller Wucht beginnt und wenn man anschließend kaum Stimmen in der muslimischen Welt hört, die diese Dinge verurteilen, dann muss man sich fragen, wo denn der „sanfte", „friedliche" und „spirituelle" Islam ist, von dem hier geredet wird. Wenn die Hamas-Charta den „Djihad gegen den Feind, der seinen Fuß auf muslimisches Territorium setzt", zur „persönlichen Pflicht für jeden Mann und jede Frau"[4] erklärt, dann bedeutet dies, dass jedes Gebiet, das Muslime als zum *Dar al-Islam* gehörend betrachten (z. B. auch die Iberische Halbinsel oder Israel, Kaschmir oder das westliche China, der Kaukasus oder das untere Wolga-Gebiet) ein legitimes Ziel des militärischen Djihad ist, wie die Ereignisse in der Welt täglich zeigen. Und wo der Islam nicht ein Gebiet für sich beansprucht, kann er es trotzdem mit Djihad überziehen, um die dort lebenden Ungläubigen zu bestrafen, die die muslimischen Eroberungszüge anderswo behindern und sich weigern, sich der Politik, der Logik und der Herrschaft der *Pax Islamica* zu beugen.

Die totale Ablehnung objektiver, universaler und rationaler nichtmuslimischer Kriterien in der wechselseitigen Auseinandersetzung und das Beharren auf einem rein muslimischen Bezugsrahmen macht den Djihad zur Allround-Waffe in den Händen der muslimischen Radikalen. Wenn sie etwa behaupten, dass die Probleme in Kaschmir oder Palästina nur durch den Djihad zu lösen seien,[5] bedeutet dies nichts anderes als die Ablehnung jeglicher Formen friedlicher Verhandlun-

---

[2] Vgl. dazu z. B. Sure 4,74; 3,169; 61,4; 47,4.
[3] Artikel 7 der Hamas-Charta; siehe R. Israeli, „The Charter of Allah", S. 112.
[4] Artikel 12 der Hamas-Charta, ebd., S. 114.
[5] Artikel 13 der Hamas-Charta, ebd., S. 115.

gen, entsprechend der Anweisung des Koran[6] an den Muslim, nicht den Ungläubigen als Schiedsrichter anzuerkennen. Und wenn der Djihad in der Vergangenheit gegen die Kreuzritter und die Tartaren in Palästina triumphiert hat, dann kann er bestimmt heute das Gleiche gegen die „neuen Kreuzritter" des Westens vollbringen, in Sonderheit die Amerikaner und die Zionisten, die in muslimische Länder „eingefallen" sind und die heiligen Stätten in Arabien und Palästina bedrohen. Alles, was es braucht, ist ein neuer Saladin, der dem Beispiel des legendären muslimischen Feldherrn aus dem Mittelalter folgt, der die Eindringlinge wieder hinauswarf. Oft wurde von den muslimischen Radikalen Saddam Hussein als Werkzeug des Zornes Allahs gegen die neuen Kreuzfahrer beschworen, obwohl der irakische Diktator in ihren Augen nicht gerade ein frommer Muslim war.

Dies ist der Grund, warum der Djihad zum Motto vieler dieser radikalen Bewegungen geworden ist, wie bei der Hamas: „Allah ist das Ziel, der Prophet das Vorbild, der Koran die Verfassung, der Djihad der Weg und der Tod für die Sache Allahs das höchste Bekenntnis."[7] Der Tod im Zuge des Djihad wird zu etwas Erwartetem, ja Erwünschtem, vor allem dann, wenn der Djihad zum Generalmotor der Geschichte wird. Für die radikalen islamischen Bewegungen ist der Kampf der gegenwärtigen Generation auf dem Wege Allahs nur ein Glied in der Kette des Djihad; die Kämpfer/Märtyrer der vorangegangenen Generationen haben den Weg gebahnt, und die Lebenden jeder neuen Generationen müssen in ihren Fußstapfen folgen, „egal, wie lange es dauert."[8] Das Wappen der Muslim-Bruderschaft ist ein von zwei Schwertern flankierter Koran: Die Macht (der Djihad mit dem Schwert) verteidigt die durch den Koran verkörperte „Gerechtigkeit". Ähnlich ist auf der Nationalflagge Saudi-Arabiens die *Shahada* (das islamische Glaubensbekenntnis) zu sehen, neben einem Schwert, das dieses verteidigt – beide in weiß vor einem grünen Hintergrund (der Lieblingsfarbe des Propheten).

---

[6] In Sure 2,120 heißt es: „Nicht werden die Juden und die Nazarener [Christen] mit dir zufrieden sein, es sei denn du folgtest ihrer Religion. Sprich: ‚Siehe, Allahs Leitung, das ist die Leitung.' Und fürwahr, folgtest du nach dem, was dir an Kenntnis zuteil ward, ihren Gelüsten, so würdest du bei Allah keinen Schützer noch Helfer finden."

[7] Artikel 8 der Hamas-Charta, ebd., S. 112.

[8] Artikel 7 der Hamas-Charta, ebd.

Der Aufruf zum Djihad und zur Bereitschaft, in ihm zu sterben, wird unterstrichen durch die Gesetzesvorschrift, dass alle Muslime zum Djihad verpflichtet sind, außer Blinden, sonstwie Behinderten und Alten, die zum militärischen Kampf nicht tauglich sind. In der Macho-Jugend der islamischen Welt steht die Teilnahme am Djihad für Freiheit von Gebrechen. Die Muslimbrüder in Ägypten und die anderen Islamisten rufen die Djihad-Kämpfer auf, das Banner des Heiligen Krieges in alle Welt zu tragen, bis alle islamischen Länder „befreit" und der islamische Weltstaat wiederhergestellt ist. Die Führer der Hamas haben den Djihad wiederholt als eine „sechste Säule" des Islam bezeichnet.[9] In einer in den Palästinensergebieten zirkulierenden *Fatwa* (religiöser Erlass) erklären führende Muslime den Djihad zu einer persönlichen Pflicht, die für jeden bindend ist, „bis der Eindringling durch die Macht des Schwertes aus dem Land entfernt worden ist". Frieden mit Israel lehnen sie ab, denn ein solcher Friede würde ein Ende des Djihad bedeuten und die Straße des Kampfes für die künftigen Generationen blockieren.

Auf die aggressive und universalistische Botschaft des fundamentalistischen Islam angesprochen, erwidern muslimische Apologeten gerne, dass der militärische Djihad nur zur „Selbstverteidigung" erlaubt sei. Das Problem ist nur, dass die Definition von „Selbstverteidigung" von den Muslimen selber festgelegt wird. Die USA zum Beispiel haben es verdient, mit dem Djihad bekämpft zu werden – nicht, weil sie muslimische Gebiete besetzt halten würden, sondern weil sie angeblich andere bei dergleichen unterstützen oder weil sie durch ihre subversive Kultur muslimische Tradition und Kultur aushöhlen. Ähnlich hat Indien keine Rechte auf Kaschmir, da es zum *Dar al-Islam* gehört, und Palästina ist muslimisches Territorium und damit für die Juden tabu. Selbst der historische Anspruch der Juden auf den Tempelberg in Jerusalem, der von christlichen Geschichtsschreibern, die über die Besuche Jesu an dieser heiligen Stätte berichten, bestätigt wird, wird von den Muslimen glattweg abgelehnt, weil ja in ihren Augen Juden und Christen die Heiligen Schriften verfälscht und damit jeden Anspruch auf von Muslimen beanspruchte heilige Stätten verwirkt haben. Für den Muslim sind nur die

---

[9] Die fünf anderen, traditionellen Säulen sind: Das Aufsagen des Glaubensbekenntnisses (*Shahada*), das Gebet, Fasten, Almosengeben und die Pilgerfahrt (*Hadj*) nach Mekka.

muslimische Geschichtsschreibung, muslimische Fatwas und die muslimischen Heiligen Schriften gültig und wahr; alle anderen sind gefälscht. Damit aber haben die Muslime das gute Recht, ja die Pflicht, sich durch den militärischen Djihad gegen alle Ungläubigen zu „verteidigen", die es wagen, die muslimische Souveränität über ein beliebiges Gebiet anzugreifen, oder die eine Bedrohung für islamische Werte darstellen. Kurz und gut: Jeder beliebige Grund oder Vorwand kann den Muslimen als Rechtfertigung für den Djihad gelten, und die Opfer haben sich entweder ihren Forderungen zu fügen oder aber werden mit Krieg, Terror und Gewalt überzogen, alles unter dem Banner des Djihad.

Die Vereinigten Staaten und ihre Verbündeten können hundert Mal versuchen, dem Djihad die Spitze zu nehmen, indem sie leugnen, dass es einer ist – die Muslime (und zwar nicht nur die Radikalen, sondern der ganz gewöhnliche Durchschnittsmuslim) betrachten die Konfrontation als Djihad. Viele Muslime in aller Welt betrachten Präsident Bushs Erklärung eines „Kreuzzugs" („crusade") gegen den Terrorismus als Wiederauflage der mittelalterlichen Kreuzzüge und damit als hinreichenden Grund zur Djihad-Mobilisierung gegen den Westen. Hören wir auf ein paar Autoritäten der berühmten Al-Azhar-Universität in Kairo, die die am meisten „gemäßigte" Strömung im muslimischen Establishment repräsentieren und selber eine verachtete Zielscheibe der Fundamentalisten sind:

> Wir befinden uns, ob wir dies wollen oder nicht, mitten in einer schicksalsschweren Auseinandersetzung [zwischen den USA und dem Islam]. Diese Konfrontation wurde von unseren Rivalen erklärt, und wir alle sind ihr Ziel. Überall in der Welt werden Muslime angegriffen werden, weil das Ziel der amerikanischen Attacken unser Glaube ist. Sie bekämpfen unseren Glauben unter allen möglichen Bezeichnungen, wie Terrorismus, Kampf der Kulturen und [muslimische] Rebellion [gegen den Westen]. Tatsache ist, dass das Ziel der Islam ist. … Erst fühlte der Westen sich vom Islam bedroht, dann bildete er eine Koalition gegen ihn. … Warum vereinigen wir uns nicht auch, unter dem Motto „Es ist kein Gott außer Allah, und Mohammed ist sein Prophet"?[10] … Das Bündnis mit Amerika ist Abfall von

---

[10] Dies ist das islamische Glaubensbekenntnis (*Shahada*), die erste der fünf „Säulen". Vgl. Anmerkung 9 oben.

Allah.[11] Es ist daher falsch, dass die afghanische Opposition mit Amerika zusammenarbeitet; sie sollte vielmehr ihren Landsleuten und Glaubensgenossen die Hand reichen, damit sie nicht von Allah und seinen Engeln verflucht wird.[12]

Amerika hätte ein Freund sein können, wenn es uns gerecht behandelt und uns unsere Rechte zurückgegeben hätte. Aber wenn es uns, unsere Länder und unseren Islam angreift und unschuldige Muslime beseitigt, wie kann es dann ein Freund sein? Ohne Zweifel: Wir reden hier von einem Feindstaat, der gegen uns kämpft und gegen den wir uns daher wehren müssen. ... Unser Widerstand kann alle Mittel nutzen, einschließlich des Krieges. Wenn der Feind seinen Fuß auf einen Quadratzentimeter islamischen Bodens setzt, müssen wir ihn bekämpfen. An diesem Krieg [Djihad] kann der Sohn ohne Erlaubnis seines Vaters, die Frau ohne Zustimmung ihres Mannes teilnehmen ... ein Sklave ohne Zustimmung seines Herrn. Der Islam ruft uns dazu auf, in den Djihad für Allah zu ziehen, bis eines von zwei positiven Zielen erreicht ist: das Märtyrertum oder der Sieg. ... Wenn der Islam angegriffen wird, gibt es keine Grenzen, sondern der Djihad ist eine Pflicht, die für alle Muslime bindend ist.[13]

Dieser Krieg [gegen Afghanistan] ist ein verbrecherischer Angriff, der den im Mittelalter vom Westen geführten Kreuzzügen ähnelt, die angeblich christliche Pilger schützen sollten, aber in Wirklichkeit auf den Islam und die Muslime zielten. Heute hat Amerika unter dem Vorwand des Kampfes gegen den Terrorismus einen Krieg gegen Afghanistan entfesselt, der in Wirklichkeit die Auslöschung des Islam zum Ziel hat. ... Die islamische Welt muss den Unterdrückten zu Hilfe eilen und ihre Pflichten gegenüber dem Islam und den Muslimen erfüllen. Wenn die muslimischen Armeen angesichts dieser Invasion gegen den Islam nicht ihre Pflicht tun, sollte man sie besser auflösen.[14]

Amerika kann in seinem Krieg keine amerikanischen Muslime einsetzen, weil es ihrer Loyalität nicht sicher sein kann. ... Jene Muslime,

---

[11] Auf den Abfall (*ridda*) vom islamischen Glauben steht im Islam unweigerlich die Todesstrafe.

[12] Sheikh Ali abu-al-Hassan, Führer des Fatwa-Rates, am 11. Oktober 2001. Aus der Internet-Site der Al-Azhar, *MEMRI, Terror in America*, No. 28, S. 1.

[13] Sheikh Abu-al-Hassan, 18. Oktober 2001, ebd.

[14] Dr. 'Abd-al 'Adhim al Mat'ani, Dozent an der al-Azhar, 11. Oktober 2001, ebd., S. 2.

die die Fatwa verkündeten, die den amerikanischen Muslimen die
Teilnahme an diesem Krieg erlaubt, hätten sich ihre Mühe sparen können …, denn diese Soldaten dürfen gar nicht an der Seite der Amerikaner kämpfen, selbst dann nicht, wenn ihnen dies Schaden bringen
sollte, denn dieser Schaden wäre viel geringer als der Schaden, den sie
durch einen Krieg gegen eine ganze Nation riskieren würden. Die
Nachteile, die ein paar tausend Soldaten erleiden mögen, sind nichts
gegen den Zusammenbruch eines Staates, die Vernichtung einer
Nation und das Töten ihrer Kinder, Frauen und Alten.[15]

Ein anderer religiöser Gelehrter, Dr. Abd-al-Sabur Shahin, sagt, dass
nach dem Koran das Wort *irhab* („Schrecken", „Terror") eine positive
Konnotation trage, insofern als es die Gläubigen lediglich dazu aufrufe, Schrecken in die Herzen der Feinde Allahs zu säen, während der
moderne Terrorismus eine Orgie der Zerstörung sei, die von ein paar
Einzelnen ausgeführt werde und nichts mit Nationen zu tun habe. Es
sei mithin ein Fehler, den Islam des Terrorismus zu bezichtigen; die
Muslime seien vielmehr das „Symbol des Friedens in der Welt, und die
muslimische *Umma* hat niemals ein benachbartes Land angegriffen."[16]
Man darf Dr. Shahin mit Fug und Recht fragen, wie es dann kommt,
dass der Islam sich von Anfang an durch Eroberungen ausgebreitet hat
– es sei denn natürlich, wir akzeptieren das Argument, dass ein Land,
das sich dem Islam nicht freiwillig unterwirft, diesem damit automatisch das Recht gibt, es als Akt der „Selbstverteidigung" zu besetzen.
Ähnlich schwer dürfte es Shahin fallen zu erklären, warum dann, wenn
der Islam des Terrorismus bezichtigt wird, dieser das Werk von ein
paar einzelnen Verrückten sein soll, während gleichzeitig jedes Land,
das sich gegen den Terrorismus wehrt, des „Staatsterrorismus" be-
schuldigt wird, wie in Mat'anis Behauptung, dass „Amerika eine Kampagne des Weltterrorismus gegen die Schwachen führt."[17]
Shahin sucht sein Heil in einer Unterscheidung zwischen Djihad
und Terrorismus: Der Djihad ist ein Krieg, den nur die Führung einer
Nation erklären kann, niemals aber ein Einzelner. Der Djihad (wir

---

[15] Mat'ani, 22. Oktober 2001, ebd., S. 3.
[16] Shahin, 15. Oktober 2001, ebd.
[17] Ebd.

würden sagen: Terrorismus) der Palästinenser gegen Israel ist legitim, da er der Verteidigung muslimischer heiliger Stätten dient; ähnlich ist der vom afghanischen Volk erklärte Djihad ein Akt der Selbstverteidigung gegen einen äußeren Aggressor.[18] Im Klartext heißt dies: „Terrorismus" (oder „Staatsterrorismus") liegt dort vor, wo Menschen oder Nationen (wie die Amerikaner, Israelis oder Inder) sich gegen den islamischen Terror wehren, während der Kampf von Muslimen, selbst wenn er (wie in den gerade genannten drei Beispielen) Terrorismus gegen Nichtmuslime bedeutet, immer ein Djihad ist, also ein legitimer Akt der „Selbstverteidigung". Der Gedanke, dass Terrorismus sich nach der Art des Kämpfens und der Opfer definiert und nicht danach, wer ihn gegen wen durchführt, hat im muslimischen Denken keinen Platz. Ein weiterer Al Azhar-Dozent, Dr. Abd-al-Hayy al-Farmawi, bezeichnet nicht die Gräueltaten Bin Ladens, sondern den US-Einsatz in Afghanistan als „Terrorismus, Unterdrückung, Verhöhnung der Gerechtigkeit, Barbarei und Vandalismus" und fordert seine Glaubensbrüder auf, „aufzuwachen, bevor die amerikanischen Kreuzritter zu uns kommen".[19] Andere muslimische Gelehrte kommen zu dem Schluss, dass „der Krieg sich gegen den Islam und die Muslime richtet" und dass die Muslime „den Djihad gegen die Amerikaner erklären müssen", denn das „von Amerika und dem Westen verübte internationale Verbrechen" gehe die ganze islamische Welt an.[20]

Theoretisch waren die muslimischen Herrscher, die ein neues Land für den *Dar al-Islam* erobert hatten, mit drei Arten von Untertanen konfrontiert: erstens den muslimischen Eroberern selber, die aufgrund ihrer Unterwerfung *(Islam)* unter Allah die auserwählte Elite bildeten, zweitens den „Schriftbesitzern" (d. h. Christen und Juden), denen die muslimischen Herren gegen die Anerkennung der muslimischen Herrschaft und die Entrichtung einer Kopfsteuer *(Djizya)* den Schutz *(Dhimma)* einschließlich eines religiösen Bestandsschutzes gewährten, und drittens den Götzendienern (Heiden), die vor die Wahl „Konver-

---

[18] Ebd.

[19] 11. Oktober 2001, ebd.

[20] Siehe z. B. Dr. Yihya Isma'il, Sprecher der Azhar-Doktoren des Heiligen Gesetzes, Sheikh Yussef al-Badri, ein populärer Prediger, und Dr. Zaki Uthman, Dozent in der Al-Azhar-Fakultät für *Da'wa* (Mission), 11. und 22. Oktober 2001, ebd., S. 3–4.

sion zum Islam oder Tod" gestellt wurden. Doch dies war nur die Theorie, denn das Tempo der muslimischen Eroberungen war atemberau-
bend, während die unterjochten Völker Generationen brauchten, um
sich mit ihren Eroberern zu arrangieren und aus Überzeugung, Interesse oder Zwang zum Islam zu konvertieren. Das Ergebnis war, dass
die muslimischen Gesellschaften, anders als ihre europäischen Gegenstücke, scheinbar viel offener und Andersgläubigen gegenüber toleran-
ter waren als die christlichen Länder; so konnte der Mythos von der
muslimischen „Toleranz" entstehen, dem wir uns weiter unten noch
zuwenden werden.

Die Einstellung des Islam gegenüber den „Schriftbesitzern" (Christen und Juden) war immer ambivalent. Einerseits betrachtete er ihre
heiligen Schriften als göttliche Botschaft und ihre Helden (wie die Erz-
väter, Mose und Jesus) als Propheten. Doch andererseits sah er sich
selbst nicht als eine von drei monotheistischen Religionen, die eine gemeinsame Wurzel hatten, sondern als die letzte und damit gleichsam
aktuellste Offenbarung des göttlichen Willens an die Menschen, durch
den letzten und endgültigen Propheten Gottes: Mohammed. Die zahlreichen Unterschiede zwischen Bibel und Koran wurden damit erklärt,
dass das Alte und Neue Testament Verfälschungen der heiligen Schriften seien; bis heute sind für den gläubigen Muslim die Christen und Juden die großen „Schriftverfälscher", und als solche werden sie toleriert,
solange sie in den Ländern des Islam wohnen, diesem untertan sind
und nichts gegen ihn unternehmen. Verweigern sie sich jedoch der
Herrschaft des Islam und betrachten sie sich als diesem gleichwertig
oder gar überlegen, dann sind sie nicht besser als „Götzendiener" und
verdienen als solche den Djihad.

Bat Ye'or, die große Expertin über das Los der Juden und Christen
unter dem Islam, hat für den Status der in islamischen Ländern als
Dhimmis wohnenden Christen und Juden den Begriff „Dhimmitude"
geprägt.[21] Die Dhimmitude war nicht nur ein sozialer, ökonomischer
und juristischer Zweiter-Klasse-Status, der nur durch den Übertritt
zum Islam aufgehoben werden konnte, sondern auch eine innere Be-

---

[21] Siehe Bat Ye'or, *The Dhimmi*; dies., *Der Niedergang des orientalischen Christentums unter
dem Islam*, Gräfelfing: Resch Verlag, 2002.

findlichkeit, die durch Vorsicht, geschicktes Manövrieren, um zu überleben, und eine kriecherische Unterwürfigkeit gegenüber den muslimischen Herren gekennzeichnet war. Im Laufe der Jahrhunderte führte sie zu einem chronischen Minderwertigkeitskomplex der Dhimmis. Der Dhimmi hatte kein Selbstvertrauen, dafür ständig Angst, den Anforderungen seiner Herren nicht zu genügen, und ein total verzerrtes Bild von sich selbst und seinen Unterdrückern. Diese Prägung war so stark, dass viele Christen und Juden selbst Jahre nach ihrer Befreiung aus der Dhimmitude immer noch das Denken und Handeln des Dhimmi praktizierten, der seinem muslimischen Herrn, der ihn schlug, demütigte und misshandelte, auch noch dankbar war.

Dieser Geist der Dhimmitude ist heute von vielen westlichen Gesellschaften übernommen worden, die aus schwer begreiflichen Gründen den unverhohlenen muslimischen Drohungen mit einem milden Lächeln und politisch korrektem „Verständnis" begegnen und stramm auf die religiöse und kulturelle Kapitulation und Versklavung zumarschieren. Nehmen wir die im Laufe der letzten beiden Jahrzehnte als Reaktion auf arabischen und muslimischen Terrorismus an internationalen Flughäfen eingeführten Sicherheits-Checks, die tief in die Privatsphäre der Passagiere eingreifen. Statt den Terrorismus an der Wurzel zu bekämpfen, hat der Westen vor ihm kapituliert und mit hohen finanziellen, menschlichen und moralischen Kosten Methoden entwickelt, mit ihm zu leben, ohne ihn bekämpfen zu müssen – Methoden, die auf eine riesige kollektive Bestrafung Unschuldiger hinauslaufen. Oder nehmen wir den seit einem halben Jahrhundert laufenden Wirtschaftsboykott gegen Israel durch muslimische und arabische Länder, dem die meisten westlichen Staaten sich aus kurzsichtigen ökonomischen Motiven gebeugt haben. Oder die ungeheuren, zum Teil mit Erpressung und der Ermordung unschuldiger Zivilisten gekoppelten Geiselnahmen durch muslimische und arabische Gruppen im Laufe der letzten Jahrzehnte, auf die die zivilisierte Welt nicht zu einer gemeinsamen Antwort fand. Viele dieser kriminellen Akte wurden im Namen des Islam und des Djihad begangen. Denn, wie der berühmte muslimische Historiker des 14. Jahrhunderts, Ibn Khaldun, gesagt hat:

> In der Gemeinschaft der Muslime ist der Heilige Krieg eine religiöse Pflicht, wegen des Universalismus der Mission und [der Verpflichtung], alle Menschen zum Islam zu bekehren, entweder durch Über-

zeugung oder durch Gewalt. Daher sind Kalifat und königliche Autorität [d. h. Religion und Politik] vereint, auf dass der Herrscher seine Kräfte beiden gleichzeitig zugute kommen lassen kann.[22]

Diese Regel ist zu keiner Zeit aufgehoben oder revidiert worden, und ob man sie sofort befolgt oder zunächst auf bessere Zeiten wartet, ist allein eine Frage der Zweckmäßigkeit. Bat Ye'or schreibt prophetisch:

Der Dschihad, den die Islamisten gegen den Westen führen, ist ein vielfältiger und mehrdimensionaler Kampf, der sich nicht klar definieren lässt. Er manifestiert sich im Terrorismus von ... Terroristen bestimmter Länder (Iran, Irak, Syrien, Libyen), im wirtschaftlichen Druck oder Drohungen („Ölwaffe") und in psychologischer Beeinflussung.

Geiselnahme ist eine klassische Taktik des Dschihad. Auf theologisch-juristischer Ebene ist dieses Vorgehen legal und moralisch gerechtfertigt. Militärisch gesehen ist eine Geisel als gefangener Harbi [das Wort *Harbi* ist von *Dar al-Harb* abgeleitet] ein Trumpf für den Gefangenenaustausch oder zur Erpressung von Lösegeld, um damit den Krieg zu finanzieren. In beiden Fällen wird der Harbi (Amerikaner, Europäer, etc.) aller eigentlich unveräußerlichen Rechte beraubt, zum entmenschlichten Objekt. ...

Der moderne Terrorismus ähnelt den grenznahen Beutezügen früherer Zeiten. Die modernen Verkehrsmittel ermöglichen es den [Terroristen] von heute, im Herzen des Dar al-Harb Verderben zu säen, wie ihre Vorfahren die Einwohner grenznaher Dörfer niedergemacht haben. Dem arabisch-palästinensischen Terrorismus kommt das Verdienst zu, in unserer Zeit den Heldenruhm des Ghazi wiederbelebt zu haben, der einen Hinterhalt legte, um Zivilisten zu überfallen. ... Denn historisch gesehen haben wir es beim Dschihad, sei er nun anti-israelisch oder anti-westlich ausgerichtet, mit nichts anderem als zwei miteinander zusammenhängenden und zusammenwirkenden Facetten eines und desselben Kampfes gegen die beiden ... Völker der Schrift zu tun. ...

Zuallererst steht fest, dass es sich beim Wiederaufleben traditioneller islamischer Vorgehensweisen nicht um ein vorübergehendes Phänomen handelt. Sie haben ihre Wurzeln in dreizehn Jahrhunderten his-

---

[22] Ibn Khaldun, *The Muqaddimah: An Introduction to History,* Princeton, NJ.: University Press, 1958 (3 Bde.), Bd. 1, S. 183. Übersetzung durch Franz Rosenthal, London 1967.

torischer Erfahrungen und entwickeln sich in Übereinstimmung mit unveränderlichen Realitäten ideologischer, religiöser, demographischer und politischer Natur. Der letzte Vorstoß des Dschihad wurde 1683 vor Wien zum Stehen gebracht. Die Stabilisierung der Grenzen unterbrach jedoch kaum die Islamisierungsprozesse jener Gebiete, die ursprünglich allein von Nichtmuslimen bewohnt waren. Wie schon bei der ersten arabischen Eroberung erstreckten sich die Prozesse, die zur Umwandlung des ursprünglichen Dar al-Harb in Dar al-Islam führten, über mehrere Jahrhunderte und dehnten die Ziele des Dschihad auf Vorgänge im Inneren aus. ...

Wenn auch heute einige muslimische Regierungen – Türkei, Ägypten, Marokko und andere – den Islamismus zu bekämpfen suchen, können diese Bemühungen nicht erfolgreich sein ohne eine vollständige Umformung der Mentalität, die Beseitigung des sakralen Charakters des historischen Dschihad und eine unvoreingenommene Infragestellung des islamischen Imperialismus. Ohne einen solchen Prozess wird die Vergangenheit auch weiterhin die Gegenwart vergiften und die Herstellung harmonischer Beziehungen verhindern. Alles in allem ist diese Selbstkritik keineswegs ungewöhnlich. Geißeln wie religiöser Fanatismus, Kreuzzüge, Inquisition, Sklaverei, *Apartheid*, Kolonialismus, Nazismus, etc., und in jüngerer Zeit der Kommunismus werden im Westen analysiert, überprüft und exorzisiert. ... Und es ist unvorstellbar, dass der Islam allein, der von Mekka seinen Anfang genommen hat und über drei Kontinente hinweggefegt ist, es sich ersparen kann, über die Mechanismen seiner Macht und seiner Ausbreitung nachzudenken.[23]

Aus der muslimischen Perspektive bringt der Djihad (ob nun in der friedlichen oder, häufiger, gewaltsamen Variante) der Welt „Gerechtigkeit" und „Frieden"; gemeint ist natürlich muslimische Gerechtigkeit und muslimischer Friede, wie sie allein durch das muslimische Rechtssystem im Rahmen der *Pax Islamica* möglich sind. Daher die lautstarke muslimische Forderung nach Gerechtigkeit bzw. „Frieden und Gerechtigkeit", wenn sie die USA, Indien, Israel oder andere Länder, die der Machtergreifung der muslimischen Version von Gerechtigkeit im Wege stehen, bekämpfen. Fragt sich nur, was man unter Frieden und

---

[23] Bat Ye'or, *Der Niedergang des orientalischen Christentums*, S. 246–249.

Gerechtigkeit versteht. Während die juristische und ethische Tradition des Westens eine Vision von Frieden und Gerechtigkeit entwickelt hat, die teils auf den biblischen Prophezeiungen von den Schwertern, die zu Pflugscharen werden, basiert (also keine Kriege zwischen den Nationen mehr), teils auf dem römischen *Iustitia*- und *Pax*-Verständnis, ist dem Islam die Vorstellung von der Gleichheit zwischen verschiedenen Nationen fremd, denn es gibt ja nur *ein* „von Allah erwähltes Volk": die islamische *Umma*, die den göttlichen Auftrag hat, das Wort Allahs so lange unter die Nationen zu bringen, bis diese „das Licht sehen" und sich bekehren, womit Friede und Gerechtigkeit einkehren werden.

Dieser Glaube an die Überlegenheit des Islam geht Hand in Hand mit der abgrundtiefen Verachtung, die die muslimischen Fundamentalisten gegenüber Nichtmuslimen empfinden, am meisten gegenüber Christen und Juden, die sie als die großen Konkurrenten des Islam sehen – die Ersteren wegen der allgegenwärtigen westlichen Kultur, die Letzteren wegen der nicht aufhören wollenden Konfrontation zwischen ihnen und dem Großteil der muslimischen Welt im Nahen Osten. Diese Verachtung bezieht ihre Nahrung aus dem unerklärlichen Gegensatz zwischen der Minderwertigkeit der Juden und Christen in Allahs Augen, der die Muslime zum Kampf gegen sie aufruft,[24] einerseits und ihren schockierenden Erfolgen als fortschrittliche, reiche, mächtige Länder in der heutigen Welt (obwohl doch die Muslime so viel zahlreicher sind als sie) andererseits. Ein besonderer Dorn im Auge der muslimischen Fundamentalisten ist der Status der jüdischen Gemeinschaften im Westen, vor allem in den Vereinigten Staaten, wo sie

---

[24] Siehe z. B. Sure 9,29: „Kämpfet wider jene von denen, welchen die Schrift gegeben ward, die nicht glauben an Allah und an den Jüngsten Tag und nicht verwehren, was Allah und Sein Gesandter verwehrt haben, und nicht bekennen das Bekenntnis der Wahrheit, bis sie den Tribut aus der Hand [d. h. die *Djizya*] gedemütigt entrichten." – Sure 5,51: „O ihr, die ihr glaubt, nehmt euch nicht die Juden und Christen zu Freunden; sie sind untereinander Freunde, und wer von euch sie zu Freunden nimmt, siehe, der ist von ihnen. Siehe, Allah leitet nicht ungerechte Leute." – Sure 9,30–31: „Und es sprechen die Juden: ‚Uzair [Esra] ist Allahs Sohn.' Und es sprechen die Nazarener: ‚Der Messias ist Allahs Sohn.' Solches ist das Wort ihres Mundes. Sie führen ähnliche Reden wie die Ungläubigen von zuvor. Allah schlag sie tot! Wie sind sie verstandeslos! Sie nehmen ihre Rabbiner und Mönche neben Allah und dem Messias, dem Sohn der Maria, zu Herren an, wo ihnen doch allein geboten ward, einem einzigen Gott zu dienen, außer dem es keinen Gott gibt. Preis Ihm, Er steht hoch über dem, was sie neben Ihn setzen."

einen wirtschaftlichen, kulturellen, wissenschaftlichen und politischen Einfluss genießen, der in keinem Verhältnis zu ihrer kleinen Zahl steht. Dieser Dorn wird noch spitzer dadurch, dass die muslimischen Gruppen in Amerika, mit ihrer großen arabischen Komponente, obwohl zahlreicher und zum Teil älter als ihre jüdischen Gegenstücke, nicht entfernt einen solchen Einfluss haben.

Daher die doppelt heftigen Reaktionen der Muslime auf diese Realität: Einerseits sind Juden wie Christen legitime Ziele von Gewalt und Terror, etwa wenn in Ägypten, Pakistan und Indonesien Kirchen angezündet werden und in Saudi-Arabien, Iran, Sudan und Afghanistan keine neuen errichtet werden dürfen oder wenn in der West Bank und in aller Welt, von Sydney bis Berlin und von New York bis Sao Paulo, Anschläge auf Synagogen verübt werden. Und gleichzeitig ist Israel der altböse Feind und verlängerte Arm des Westens im Nahen Osten, der zusammen mit dem Westen attackiert wird, wenn wieder einmal die israelische und die US-Flagge oder Bilder von jüdischen und westlichen Politikern gemeinsam verbrannt werden. Es ist gerade so, als ob die muslimische Version von Gerechtigkeit diesen symbolischen Ausdruck wählt, solange sie noch zu schwach ist, um sich in der real existierenden Welt durchzusetzen.

Die Muslime haben sich immer noch nicht von dem Trauma ihres Niedergangs erholt. Während der Westen in den vergangenen Jahrhunderten seine Erfolgsgeschichte der Modernisierung, Entwicklung und Machtentfaltung schrieb, sind die Kalifate nach ihren Höhepunkten im frühen Mittelalter und danach (unter den Osmanen im Nahen Osten und den Mogulen auf dem indischen Subkontinent) in der frühen Neuzeit verfallen. Nicht sie kolonisierten den Westen, sondern der Westen kolonisierte sie, und ihre Versuche, westliche Werte, Technologien und Institutionen zu übernehmen, sind meist jämmerlich gescheitert. Sie haben den Westen nicht einholen und die alten Ruhmeszeiten nicht wiederbeleben können, ja die Kluft zwischen ihnen und der Moderne gähnt schroffer denn je. Dieser Misserfolg führt in den muslimischen Köpfen zu einer tiefen Wut auf diesen Westen, den sie nicht imitieren konnten, und zu der Schlussfolgerung, dass nur die Eliminierung des Westens den Schmerz der Demütigung lindern kann: Wenn wir ihn nicht einholen können, dann müssen wir ihn zerstören ... Also Schluss mit der Öffnung gegenüber dem Westen, die doch nur Eingeständnis der eigenen Defizite bedeutet, und zurück zu einem Islam, der den Westen mit all seinem „Materialismus", seiner „Dekadenz" und „Ungerechtigkeit" abschaffen, Sieg und Rache bringen und die gute alte Zeit zurückholen wird.

Dieses Denken ist sicher am typischsten für den muslimischen Fundamentalisten, der den Zwiespalt zwischen seinem Glauben und der Realität draußen extrem schmerzlich erlebt, aber im Prinzip findet es sich auch im muslimischen Mainstream, ja sogar unter „säkularisierten" Muslimen, die an sich für einen modernen, westlich ausgerichteten Staat eintreten. Der Tag wird kommen, so glauben sie oder reden sich und anderen ein, wo ihre, die islamische Kultur siegen wird. Die Ursachen der eigenen Rückständigkeit werden verdrängt und verbrämt, denn: Die Zukunft ist unser … Hier im Originalton, was ein von der EU finanziertes Schulbuch für palästinensische Kinder über die Zukunft ihrer westlichen Wohltäter zu sagen hat:

> In der heutigen Zeit … mit ihrem beispiellosen materiellen und wissenschaftlichen Fortschritt … stehen die westlichen Wissenschaftler ratlos vor dem beunruhigenden Anstieg von Nervenerkrankungen unter den Menschen … Die entsprechenden Statistiken in Amerika sprechen eine deutliche Sprache. …
>
> Wie allgemein bekannt, war es die islamische Kultur, die der des Westens zur Blüte verhalf: durch arabische Institutionen in Spanien sowie in anderen islamischen Ländern, wo muslimische Denker und Gelehrte sich für die griechische Philosophie interessierten. …
>
> Die westliche Zivilisation hat in ihren beiden Zweigen – dem kapitalistischen und dem kommunistischen – den Menschen den inneren Frieden genommen, indem sie das materielle Wohlergehen zum Hauptziel im Leben machte … All ihr Geld brachte ihnen nichts, außer dem Selbstmord. …
>
> Es gibt keine Alternative zu einer neuen Kultur, die auf diese Phase des materiellen Fortschritts folgen und sie fortsetzen und den Menschen auch religiös zu neuen Gipfeln führen wird. … Gibt es eine Nation, die dies leisten kann? Die westliche Welt kann es nicht. … Es gibt nur eine Nation, die diese Aufgabe erfüllen kann, und das ist unsere Nation … Nur wir können das Banner der Kultur von morgen hochhalten …
>
> Wir behaupten nicht, dass der Zusammenbruch der westlichen Kultur und die Verlagerung des Zentrums der Zivilisation schon in den

nächsten 10, 20 oder auch 50 Jahren geschehen wird, denn der Aufstieg und Fall von Kulturen folgt natürlichen Gesetzmäßigkeiten, und eine Burg, deren Fundamente Risse haben, kann noch sehr lange stark und mächtig aussehen. Doch [die westliche Zivilisation] ist dabei, zusammenzubrechen und ein Trümmerhaufen zu werden. ... Wir erkannten unser Elend und die Unterdrückung des Imperialismus. Wir haben ihn aus einigen unserer Länder vertrieben, und wir werden ihn auch noch aus dem Rest vertreiben. ...[25]

Im Lichte (oder soll man sagen: der Dunkelheit) der Ereignisse vom 11. September scheint es, dass Bin Laden, des frustrierenden Wartens auf die „natürlichen Gesetzmäßigkeiten" müde, beschloss, den Arm Allahs zu bewegen und dem Zusammenbruch des Westens nachzuhelfen. Sehr wahrscheinlich hat er die Trümmer gesehen, in seinen Bart gelächelt und sich vorgenommen, weiterzumachen. Jedenfalls ist nach dem 11. September 2001 und inspiriert durch den Jahrzehnte zuvor mit der naiven Hilfe eines Großteils des auf Gerechtigkeit für die armen Muslime erpichten Westens begonnenen erfolgreichen Kampfes gegen die Juden der fundamentalistische Islam dazu übergegangen, den christlichen Westen und das jüdische Israel gleichzeitig zu bekämpfen, durch Autobomben, biologische und chemische Waffen, Entführung von Soldaten und Terror gegen die Zivilbevölkerung, bis die Menschen im Westen in ihren eigenen Städten nicht mehr sicher sind und wieder in die Dhimmitude fallen. Das wird dann die islamische „Gerechtigkeit" sein.

Dieser Kampf gegen den Westen wird erleichtert durch das immer problematischere Phänomen der islamischen Infiltration durch illegale Einwanderung. Bereits Anfang November 2001, vier Wochen nach Beginn der US-Bombenangriffe auf Afghanistan, drohten die Taliban damit, dass der muslimische Einwanderungsdruck auf Australien erst dann nachlassen würde, wenn Australien den Anti-Terror-Krieg der USA nicht mehr unterstütze. Dies bedeutet, dass es in Einwanderungsländern wie den USA, Kanada und Australien langfristig zu Ver-

---

[25] *Outstanding Examples of Our Civilization for 11th Grade* (Große Beispiele unserer Kultur, für das 11. Schuljahr), S. 3–16. Siehe R. Israeli, „Education, Identity, State Building and the Peace Process: Educating Palestinian Children in the Post Oslo Era", in: *Terrorism and Political Violence*, Vol. 12, No. 1 (Frühjahr 2000), S. 87.

schiebungen des demographischen Gleichgewichts kommen wird, wie dies in Westeuropa bereits der Fall ist, wo die Geburtenrate auf ein historisches Tief gesunken ist, während gleichzeitig Flüchtlingen aus islamischen Ländern Asyl gewährt wird. In Frankreich, Belgien, Deutschland und nicht zuletzt den USA sind etliche dieser „Flüchtlinge" bereits dabei erwischt worden, wie sie im Namen vorgeblich gemeinnütziger Organisationen Gelder für terroristische Zwecke beschafften, Waffen und Sprengstoff horteten, ja sogar Untergrundkämpfer gegen ihre Gastländer ausbildeten. Diese muslimischen Migranten (die etablierten wie die Neuankömmlinge) importieren in ihre Asylländer auch ihren Hass auf Israel und die Juden und missbrauchen die Offenheit dieser Demokratien für kriminelle Übergriffe gegen die dort lebenden (meist ebenso friedlichen wie wohlhabenden) jüdischen Gemeinden, die sie beneiden und verabscheuen.

In unseren Tagen hat die Globalisierung der Information zur Universalisierung der arabischen und muslimischen Solidarität geführt. Auf eine paradoxe Art und Weise ermöglichen die Medien in den islamischen Ländern den Ausbruch aus dem für autokratische Regime typischen Informationsmonopol. Internationale arabische und islamische Themen und Anliegen sind gleichsam gekapert worden von radikalen Gruppen, die sich nicht nur sofort zu Wort melden, wenn irgendwo in der Welt Muslime „unterdrückt" werden (etwa die Uiguren durch China, die Moros durch die Philippinen, die Palästinenser durch Israel oder Kaschmir durch Indien) oder muslimische heilige Stätten von Nichtmuslimen entweiht werden, sondern auch Spendenaufrufe organisieren, zu (gerne auch gewalttätigen) Demonstrationen aufrufen, ja sogar Instruktionen geben, wo man sich als „Freiwilliger" melden kann, wie man sich Terrorzellen anschließt oder wie man eine Bombe bastelt. Was heute in Sinkiang, Gaza, Srinagar oder Mindanao geschieht, führt sofort zu Reaktionen in den Straßen von Melbourne und London, ganz zu schweigen von den arabischen und islamischen Straßen von Rabat bis Baghdad und von Teheran bis Jakarta.

Unfähig, es mit dem Westen in einem offenen Krieg aufzunehmen, versuchen die muslimischen Fundamentalisten, ihn von innen zu destabilisieren, indem sie Chaos, Angst und allgemeine Unordnung säen. Bomben- und andere Anschläge und die Drohung mit Scharia und Djihad verfehlen ihre Wirkung auf Tourismus, Produktion und Alltagsleben nicht und führen in den modernen westlichen Wohlstandsländern, die so auf Stabilität angewiesen sind, zu empfindlichen Schäden im ganzen politischen, ökonomischen und gesellschaftlichen System. Die Terroristen haben sie gut analysiert, die Schwächen der „weichen" westlichen Staaten, die schier nicht mehr bereit sind, ihren strategischen und kulturellen Besitzstand zu verteidigen, wenn diese Verteidigung wirtschaftlich und menschlich zu „teuer" wird, und denen ein bisschen „Friede" und Atemholen wichtiger ist als die langfristigen existentiellen Interessen der westlichen Kultur. Je lauter die muslimischen Radikalen und andere aus der Dritten Welt sich als Opfer der Globalisierung, der wirtschaftlichen Ausbeutung und des „Egoismus" des Westens bezeichneten und „Gerechtigkeit" verlangten, um so mehr bemühte sich der Westen um „Verständnis", Kompromisse und Konzessionen, mehr Entwicklungshilfe usw., um die Muslime und ihre Alliierten ja zu beruhigen. Es war eine Reaktion, die ein typisches *Dhimmi*-Verhalten war und den Radikalen zeigte, dass ihre Diagnose der Schwächen des Westens korrekt und dass es mithin Zeit war, zuzuschlagen.

Weiter: Muslimische und andere Staaten haben plötzlich das Thema der „Ungerechtigkeit" in der Verteilung des Reichtums zwischen den Nationen entdeckt, während sie selber zu Hause die gleiche Ungerechtigkeit haben, nur noch schlimmer. Sie sind weiter verbittert neidisch auf den Westen, dessen Entwicklungsstand sie aufgrund ihrer eigenen mit Korruption gepaarten Unfähigkeit nicht erreichen können. Je mehr Wohlstand, Freiheit und Demokratie es im Westen gibt, um so bedrohter fühlen sie sich von ihren eigenen Bürgern, die es auch so gut haben wollen. Was tun, um den drohenden Verlust der eigenen Macht zu bannen? Klar: den Westen kaputt machen; dann ist sie weg, diese so bedrohliche, weil erfolgreiche und attraktive Alternative. Die alte Leier, dass genügend wirtschaftliche Entwicklung in der islamischen Welt dem Fundamentalismus die Spitze nehmen wird, entbehrt jeder Grundlage. Die ganze These, dass ökonomische Entwicklung stärker sein könne als der religiös-ideologische Faktor, ist ebenso falsch wie überheblich und bringt mehr Schaden als Nutzen. Das in Öl schwimmende Saudi-Arabien, das gleichzeitig neben den Taliban das wohl fundamentalistischste islamische Regime ist, und Bin Laden, der den Luxus seines Landes und des Westens gegen ein Leben in Höhlen eintauschte, um den Djihad voranzutreiben, sind gute Beispiele.

Hinter dem arabischen Wort für „Gerechtigkeit", '*adalah* oder '*adl,* steckt das Bild der Balance zwischen den beiden Höckern des Kamels, ohne die das Kamel nicht so lange Wüstenmärsche aushalten könnte.[26] Gerechtigkeit ist weiter mit Ehre verbunden, und die Ehre hängt an der Fähigkeit eines Mannes, seinen Besitz und seine Frauen zu schützen und sich wiederzuholen, wenn sie ihm genommen werden. Wo diese Fähigkeit nicht da ist, ist die Ehre für immer beschädigt. Die Ehre eines Mannes ist ständig herausgefordert. Ein Araber oder Muslim, der dieser Tradition folgt, wird nicht ruhen und rasten, bis das Unrecht, das ihm angetan wurde, behoben und sein Besitz wieder in seinen Händen ist; erst dann herrscht wieder Gerechtigkeit. Dabei gibt es für die Verletzung der Ehre und für das, was „richtig" und „falsch", „recht" und „unrecht" ist, keine objektiven Kriterien; es hängt alles an der subjektiven Befindlichkeit der Person oder des Stammes oder der Gesellschaft, die sich verletzt fühlen.

An der Spitze der Gerechtigkeitsleidenschaft der Muslime steht das Gefühl, dass sie Opfer sind, gegen die sich alle Welt verschworen hat. Dieser kollektive Verfolgungswahn bedeutet nicht, dass sie überhaupt keine Feinde hätten, aber wenn sie Tatsachen mit Phantasien wegerklären und die absurdesten Ansprüche konstruieren, um ihre Forderungen nach „Gerechtigkeit" zu belegen, betreten wir den Bereich des Irrationalen. Es war der Ägypter Saijid Kutb (hingerichtet 1966), der in den frühen 1950-er Jahren die Juden als die großen Feinde des Islam, ja der ganzen Menschheit und als verlängerter Arm des Westens in der islamischen Welt identifizierte. In seinem Buch *Our Campaign Against the Jews*[27] warnte er, der Großmeister des muslimischen Fundamentalismus, vor der weltweiten Unterwanderung des Islam durch die Juden, die für ihn die großen Rebellen gegen den göttlichen Willen, die Hintermänner hinter Revolutionen, Unruhen, Krieg, Zerstörung usw. waren. Die Juden, das waren undankbare Egoisten und Verfälscher ihrer eigenen heiligen Schriften, deren Hass auf den Islam aus ihrer Ablehnung des Engels Gabriel erwuchs, der Mohammed den Heiligen Koran geoffenbart hatte.[28]

---

[26] Siehe den aufschlussreichen Artikel von Clinton Bailey, „A Note on the Bedouin Image of 'Adl as Justice", in: *Muslim World*, Vol. 66, No. 2, 1976.

[27] *Ma'rakatuna ma'a al-Yahud,* 7th edition, Beirut 1986.

[28] Ebd., vor allem S. 20–38.

Keine Argumente der Welt hätten die Meinung dieses Mannes, für den das Böse die Juden und der Westen waren, erschüttern können, noch nicht einmal der Nachweis, dass es im Laufe der Geschichte immer wieder die Muslime waren, die auf die jüdischen (und christlichen) Minderheiten in ihrem Machtbereich eindroschen, oder dass es die Juden waren, die im Mittelalter den Schutz der muslimischen Reiche suchten und mithin gar keinen Grund hatten, sie zu hassen, oder dass der Engel Gabriel den Christen und Juden nicht weniger heilig ist als der muslimischen Tradition. Kutb's Argumente werden heute von der Hamas, die zu seinen gelehrigen Schülern gehört, weitergeführt:

> Die Feinde haben ihre Pläne lange vorbereitet ... Sie haben einen riesigen, einflussreichen materiellen Reichtum angehäuft, mit welchem sie ihre Träume erfüllen wollen: die Kontrolle der Medien und Nachrichtenagenturen, der Presse, Verlage, Radiosender usw. in aller Welt zu übernehmen ... Sie standen hinter der französischen und der kommunistischen Revolution und hinter den meisten anderen Revolutionen, von denen wir hören. Sie benutzten ihr Geld zur Gründung von Geheimorganisationen, die sich über die ganze Welt verbreiten, um Länder zu zerstören und die zionistischen Interessen voranzutreiben. Solche Organisationen sind: die Freimaurer, Rotarier, Lions Clubs, B'nai B'rith und andere, allesamt subversive Spionageorganisationen. Sie brachten auch imperialistische Staaten dazu, viele Länder zu kolonisieren, um ihren Reichtum auszubeuten und mit ihrem Virus der Verderbnis anzustecken.[29]

Dies ist nicht eine Seite aus einem Geschichtsbuch, sondern ein unappetitliches Gemisch aus Lüge und Phantasie, das in keinem zivilisierten Land vor einer Gerichtsklage wegen Verleumdung bestehen könnte. Aber Bin Laden und seine Genossen zitieren heute dieselben Mantras gegen den Westen und Israel und schaffen es, Millionen von Muslimen von ihrer Wahrheit zu überzeugen. Was einen schon nicht mehr verwundert, wenn man bedenkt, dass man in der muslimischen Welt den Menschen schon weiß gemacht hat, dass das World Trade Center in New York in Wirklichkeit von den Juden und Zionisten in die Luft ge-

---

[29] Artikel 22 der Hamas-Charta. Siehe auch R. Israeli, *Muslim Fundamentalism in Israel*, London: Brassey's, 1993, S. 101–108.

jagt wurde; als „Beweis" diente die Mär, dass vor der Explosion die Tausende von jüdischen Angestellten in den Zwillingstürmen vorgewarnt gewesen seien und den Komplex evakuiert hätten. Die islamische Welt glaubt auch seit Jahren, dass Israel allen Ernstes vorhat, „vom Nil bis zum Euphrat zu herrschen"; als „Beweis" muss die israelische Flagge herhalten, deren blaue Streifen die besagten Flüsse darstellen sollen (in Wirklichkeit ist sie dem jüdischen Gebetsschal nachempfunden).

Dem islamischen Bürger werden auch die „Protokolle der Weisen von Zion" und der Vorwurf des Ritualmordes als Fakten verkauft. Die Unterstützung Israels durch die USA beruht angeblich darauf, dass die Zionisten „die Korridore der Macht" im Weißen Haus und im Kongress fest im Griff haben – eine Behauptung, an der so viel wahr ist, dass es im Weißen Haus und im amerikanischen Kongress in der Tat Korridore gibt. Und der Knüller sind die ständig wiederkehrenden Behauptungen, Israel und die Juden (natürlich immer mit Unterstützung der USA) führten alle möglichen Vergiftungskampagnen durch, um die Menschheit auszulöschen. So werden angeblich in der West Bank palästinensische Mädchen vergiftet, „um ihre Fortpflanzungsorgane zu schädigen", im Zuge eines „Völkermords an den Palästinensern" werden palästinensische Jugendliche mit dem AIDS-Virus infiziert, ägyptische Felder werden von israelischen Experten systematisch vergiftet, „um die ägyptische Landwirtschaft zu ruinieren". Schon eher komisch ist da die Behauptung, dass die Mächte der Finsternis den muslimischen Ländern Kaugummis verkaufen, die Frauen sexuell enthemmen, um sie „zu entehren und zu verderben".

Da wird es ein moralischer Imperativ, diese finsteren Machenschaften zu bekämpfen, bevor der Tod bringende Virus zu tief in die muslimischen Gesellschaften eingedrungen ist. Um dies zu erreichen, müssen die „Invasoren" (ob es nun die Israelis in Palästina, die Christen in Indonesien und Nigeria oder die Inder in Kaschmir sind) aus den Ländern der Muslime ausgerottet werden, damit die Gerechtigkeit wiederhergestellt wird. Mit anderen Worten: Egal, was andere an historischen, juristischen, politischen, logischen oder menschlichen Gegenargumenten bringen; es zählt alles nicht, wenn die Muslime ein Territorium, eine Ressource oder einen Besitz für sich beanspruchen; sie werden nicht ruhen, bis die Gerechtigkeit – d. h. ihre Gerechtigkeit – hergestellt ist.

Verhandlung und Kompromiss sind Fremdworte, denn wenn man etwas haben will, muss man es erst an sich reißen. Bisher haben noch alle Friedensverhandlungspartner Israels, von Sadat bis zur Hisbollah, den totalen Rückzug Israels als Vorbedingung für weitere Verhandlungen gefordert – nicht, wie manche Diplomaten dachten, um das Verhandlungsergebnis schon vor Beginn der Verhandlungen zu bekommen, sondern um zu signalisieren, dass ihr Eigentum, ihre Rechte und ihre Gerechtigkeit nicht verhandelbar sind. „Alles meins", Punkt. Der Westen wird von seinen muslimischen „Alliierten" noch mehr solche Forderungen hören.

Die Islamisten benutzen gerne „moralische" Argumente, um den westlichen Intellektuellen und Bürgerrechtlern mit ihrem sensiblen Menschenrechtsgewissen Schuldgefühle einzuimpfen. Sie schwadronieren von Demokratie, Freiheit, Menschlichkeit, Gleichheit und Barmherzigkeit und produzieren mit diesen wohlbekannten Reizwörtern moralische Zerknirschung und Schuldgefühle ohne Ende in den naiven westlichen Köpfen, die nicht verstehen, dass diese Wörter und Begriffe hier etwas ganz anderes bedeuten als im Westen und nur Waffen sind, um den Gegner moralisch zu zermürben. Und diese Taktik hat Erfolg, denn es gibt nicht wenige Westler, die ihre Schuldgefühle so hegen und pflegen, dass sie mit Haut und Haaren die Position der Muslime übernehmen und zum Schaden ihrer eigenen nationalen Interessen für sie eintreten. Sie entschuldigen sich schier dafür, dass es den Westen gibt, sind entsetzt über die ach so wenig sensible Politik ihrer Regierung und stellen mit fest geschlossenen Augen ihre moralische Autorität und Sensibilität in den Dienst eben der Feinde, die gegen ihre eigene Zivilisation, ihr eigenes Land und ihre eigenen Interessen kämpfen. Sie nennen ihre eigenen Regierungen „imperialistisch", ihre Wirtschaft und den internationalen Handel „ausbeuterisch", ihre Kultur „arrogant", während sie ihre erbitterten Feinde zu schnöde „Benachteiligten" erklären, die „freundlich" und „kooperativ" sind und halt mehr Verständnis brauchen, zu „Opfern", die Wiedergutmachung verdient haben, und zu Gliedern einer edlen, aber leider ach so missverstandenen Kultur. Dies ist Dhimmitude in Reinkultur: Man leckt den Stiefel, der einen tritt.

Die muslimischen Militanten werden durch solche Sympathieadressen aus dem Lager ihrer Feinde natürlich beflügelt. Sie betrachten sie als Beweis dafür, dass ihre Botschaft wirkt und dass die Zeit kommen wird, wo ihre Feinde endlich das Licht sehen und sich zum Islam bekehren. Sehr instruktiv sind hier die Worte von Dr. Fatihi von der Medizinischen Fakultät an der Harvard University in den USA, der nach dem 11. September 2001 der arabischen Presse unter anderem Folgendes zu berichten hatte:

> Vom ersten Tag an mutmaßten die Medien, dass hinter diesem Geschehnis muslimische und arabische Kräfte lagen. Wir beriefen darauf in aller Eile ein Treffen des Islamic Center in Boston ein und beschlossen, Blutspenden zu organisieren und dies von den Medien berichten zu lassen. … Wir versuchten, jedes Stückchen Information zu greifen, das die islamischen und arabischen Hände von dieser kriminellen Tat reinwaschen konnte … um angesichts der Angriffe gegen uns, die von allen Seiten kamen, unsere Menschlichkeit zu beweisen. Wir hatten Angst, dass unsere Predigt Allahs in den USA und der ganzen Welt um fünfzig Jahre zurückgeworfen würde. …
> Am Samstag, den 15. September, nahm ich meine Frau und Kinder in die größte Kirche Bostons mit, am Copley Square, um dort auf Einladung von Senatoren aus Boston den Islam zu vertreten … Man begrüßte uns, als ob wir die Botschafter eines anderen Landes waren … Der leitende Pastor verteidigte in seiner Predigt den Islam und stellte mich der Gemeinde als den Vertreter der Muslim Association in Boston vor. Nach seiner Predigt verlas ich eine Erklärung der führenden Repräsentanten der muslimischen Religion, die die Terrorakte verurteilte … und erklärte die Prinzipien und hehren Lehren des Islam …
> Danach verlas ich englische Übersetzungen von Versen aus dem Koran … Ich werde diese Augenblicke nie vergessen, denn die ganze Kirche brach in Tränen aus, als sie die Worte Allahs hörte … Einer der Anwesenden sagte mir: „Ich verstehe kein Arabisch, aber was Sie gesagt haben, hat wie die Worte Gottes geklungen." Eine Frau legte mir am Ausgang unter Tränen einen Zettel in die Hand, auf dem geschrieben stand: „Vergeben Sie uns unsere Vergangenheit und Gegenwart. Bitte predigen Sie weiter zu uns." Ein anderer Gläubiger, der an der Tür stand, sagte, ebenfalls weinend: „Ihr seid ja wie wir, ach was, ihr seid besser!" …
> Am Sonntag, den 16. September, luden wir die Öffentlichkeit zu einem Besuch des Islamic Center ein, das zwischen der Harvard University und dem MIT liegt. Wir hatten hundert Besucher erwartet; es kamen tausend … darunter Professoren und Priester … Wir luden sie ein, zu uns zu sprechen, und alle gaben sie ihrer Solidarität mit den Muslimen

Ausdruck ... Es gab viele Fragen über die Lehren des Islam aus dem Publikum. Keine einzige war feindselig, ganz im Gegenteil: Den Leuten kamen die Tränen, als sie die hehren Prinzipien des Islam hörten. ... Viele von ihnen hatten vom Islam bisher nur über die Hetze in den Medien gehört ... Noch am gleichen Tag konnte ich zu einer anderen Versammlung in der Kirche reden und erlebte dort das Gleiche ...

Am Donnerstag besuchte eine Delegation von dreihundert Professoren und Studenten von der Harvard University, begleitet von dem amerikanischen Botschafter in Wien, das Islamic Center. Sie setzten sich auf den Fußboden der Moschee ... Wir sprachen zu ihnen, erklärten ihnen den Islam und zeigten ihnen, dass das, was man ihm vorwarf, nicht stimmte. Wieder las ich aus dem Koran vor, und ihre Augen füllten sich mit Tränen. Viele der Besucher waren so begeistert, dass sie fragten, ob sie die einmal pro Woche stattfindenden Stunden, die das Center Nichtmuslimen anbietet, besuchen durften. Am Freitag, den 21. September, traf sich eine muslimische Delegation hinter verschlossenen Türen mit dem Gouverneur von Massachussetts; man sprach über eine mögliche Einführung des Islam in die Lehrpläne der Schulen, um dem anti-islamischen Rassismus, wie er sich aus dem Unwissen der Amerikaner über den islamischen Glauben ergibt, entgegenzuwirken. ...

Das ist nur ein Beispiel dafür, was heute in Boston und anderen amerikanischen Städten geschieht. Unsere Missionsbemühungen wurden nicht nur nicht, wie wir erst gefürchtet hatten, um fünfzig Jahre zurückgeworfen ... Ganz im Gegenteil: In den elf Tagen, die seit dem 11. September vergangen sind, geschah so viel wie sonst in elf Jahren. Ich schreibe dies in der vollen Zuversicht, dass der Islam sich durch den Willen Allahs über ganz Amerika, ja die ganze Welt ausbreiten wird, viel schneller als je in der Vergangenheit, weil die Welt es nicht erwarten kann, ihn kennen zu lernen.[30]

So weit, so gut. Doch derselbe Dr. Fatihi, der so beredt die hehren Lehren des Islam feierte und damit prahlte, dass er wie Mohammad selber

---

[30] Artikel von Dr. Fatihi in *Al-Ahram al-'Arabi* (der New York Times der arabischen Welt, Kairo), 20. Oktober 2001. Das Phänomen des spontanen Weinens beim Hören von Versen aus dem Koran findet sich schon in der frühen Geschichte des Islam, als die Christen in Najran (Südarabien) angeblich in Tränen ausbrachen, als Mohammad ihnen das Wort Allahs zitierte, und auf der Stelle zum Islam übertraten. Siehe Report No. 36 (Hebräisch) von *MEMRI*.

Nichtmuslime zu Tränen rühren konnte, konnte mit seinen antijüdischen Ressentiments nicht lange hinter dem Berg halten. Schon drei Wochen nach seinem oben zitierten Artikel jubelte er, der Verfechter von Toleranz und Harmonie zwischen den Religionen, über den Niedergang des christlich-jüdischen Dialogs. Lassen wir ihn wieder selber sprechen:

> Trotz der von der zionistischen Lobby, die viele der Medien für sich mobilisiert, in Gang gesetzten Verdrehungskampagnen gibt es Anzeichen dafür, dass unsere intensive Aufklärungskampagne Früchte trägt. So hat sich die Zahl der Übertritte zum Islam seit dem 11. September verdoppelt ... und viele Nichtmuslime haben an amerikanischen Universitäten Solidarität mit den Muslimen bekundet. So haben an der Wayne University Dutzende nichtmuslimischer Studentinnen sich verschleiert, aus Solidarität mit den muslimischen Studenten auf dem Campus und anderswo ...
>
> Jüdische Organisationen haben uns einen Dialog angeboten, weil sie vor dem christlich-muslimischen Dialog in den Kirchen, Moscheen und Universitäten Angst haben. ... Es gibt bereits erste Früchte des christlich-muslimischen Dialogs: Ein Radiosender hat eine positive Sendung über das Leiden der Palästinenser ausgestrahlt ... sehr zur Verärgerung der Juden, die den Sender boykottierten, was die pro-muslimischen Sendungen nur verstärkte. ... Der Sender interviewte zum Beispiel junge amerikanische Studentinnen, die dank der Bemühungen der Boston Islamic Association zum Islam konvertiert waren. ... Diese Studentinnen, die Absolventen der Universitäten Boston und Harvard sind, sprachen über die Größe und Macht des Islam und über den hohen Status der Frauen in ihm, der der Grund für ihre Bekehrung war. ...
>
> So ist die muslimische Gemeinschaft in Amerika im Allgemeinen und in Boston im Besonderen der zionistischen Lobby ein Dorn im Fleisch geworden. Was der Koran über die Juden sagt, es ist wahr: „Mit Schmach werden sie geschlagen, wo immer sie getroffen werden, außer sie seien in der Fessel Allahs und in der Fessel der Menschen. Und sie ziehen sich Zorn von Allah zu und werden mit Armut geschlagen. Solches darum, dass sie Allahs Zeichen verleugneten und die Propheten ungerechterweise ermordeten. Solches darum, dass sie rebellierten und Übertreter waren."[31]

---

[31] Sure 3,112. Der Artikel von Fahiti erschien in *Al-Hayat* (London), 11. November 2001. Siehe *MEMRI*, ebd.

Fatihi ist klug genug, die Juden nicht direkt anzugreifen; schließlich will er das positive Bild, das der Islam angeblich unter den Christen der USA genießt, nicht stören. Also spricht er von der „zionistischen Lobby", wohl wissend, dass sein Zitat aus dem Koran sich gegen die Juden allgemein und nicht die Zionisten richtet. Mit der „Fessel Allahs", die der zitierte Koranvers erwähnt, ist nichts anderes als der Status des „Schutzbefohlenen" (*Dhimmi*) gemeint, den der Islam traditionell für die Juden wie Christen vorsieht. Sofern die Christen und Juden sich nicht zum Islam bekehren (was das Ziel der muslimischen Missionstätigkeit im Westen ist), bleibt ihnen als einzige Alternative der Status des *Dhimmi* unter islamischer Herrschaft. Dieser aufgeklärte Autor, der im Herzen westlicher Gelehrsamkeit und Forschung tätig ist und nicht verhehlt, dass er am liebsten ganz Amerika islamisieren würde, sagt am Ende seiner Salve gegen die Juden voraus, dass ihre Bande zum christlichen Amerika viel schwächer sind als sie denken und früher oder später ganz reißen werden, womit sie ihre Hauptstütze verlieren werden.[32] Hier spricht, wohlgemerkt, kein zweiter Bin Laden oder mittelalterlicher Großinquisitor, sondern ein moderner Professor der Medizin, der im Westen ausgebildet ist und die Religionsfreiheit genießt, die es ihm erlaubt, in seinem toleranten Gastland, das er transformieren möchte, Menschen zum Islam zu bekehren, islamische Institutionen zu pflegen und unter dem Feigenblatt des Antizionismus die Juden, die er zurück in die Dhimmitude befördern möchte, zu hassen. Dies ist kein Fanatismus oder Extremismus, dies ist der islamische Mainstream, der heute laut und klar durch die islamische Welt klingt, Tag für Tag, auch z. B. in Ägypten, das vor über zwei Jahrzehnten Frieden mit dem jüdischen Staat schloss.[33] Dies ist milde Kost verglichen mit dem, was die muslimischen Radikalen denken und sagen, die mit aller Gewalt Dinge durchsetzen wollen, die (hoffentlich) zivilisierteren Muslimen wie Dr. Fatihi zuwider sind.

Das islamische hierarchische Welt- und Menschenbild, in welchem die Muslime oben stehen, die „Schriftbesitzer" (Juden und Christen)

---

[32] Ebd.

[33] Siehe z. B. R. Israeli, *Peace Is in the Eye of the Beholder,* Berlin u. New York: Mouton, 1985; ders., *Arab and Islamic Antisemitism,* Tel Aviv: Ariel Center for Policy Research, 2001.

„schutzbefohlene" *Dhimmis* sind und der Rest entweder muslimisch werden oder sterben muss, diktiert auch, was unter „Toleranz" zu verstehen ist. Sicher, verglichen mit dem Christentum des Mittelalters, das keinen Raum für Nichtchristen hatte, waren die Muslime offener gegenüber Andersgläubigen; sie waren eher geneigt, christliche und jüdische Minderheiten oder sogar (wie in Spanien) Mehrheiten bestehen zu lassen – solange diese die Herrschaft des Islam anerkannten und sich in ihren *Dhimmi*-Status fügten. Doch darf man dies nicht mit dem Bild der modernen pluralistischen Gesellschaft, in der viele Gruppen als im Prinzip gleichberechtigt nebeneinander bestehen, verwechseln. Für das westliche Denken ist eine Gesellschaft dann pluralistisch und „tolerant", wenn alle Bürger in ihr gleichberechtigt sind und niemand aufgrund seiner Kultur, Religion, Rasse oder politischen Überzeugung höher als die anderen steht. Im Islam dagegen bedeutet Tolerierung lediglich, dass man den anderen (d. h. den *Dhimmi*) nicht totschlägt, sondern ihm innerhalb bestimmter Grenzen ein Existenzrecht gewährt, *obwohl er minderwertig ist*. Der muslimische Toleranzbegriff enthält also, ganz anders als der westliche, ein deutliches Werturteil. Wenn die Menschen sich nur zum Islam bekehren, werden sich alle Probleme lösen, ja es ist unausweichlich, dass sie sich bekehren werden, und was kann schöner sein, als dass Nichtmuslime in Tränen ausbrechen, wenn sie das erlösende Wort Allahs hören?

Dieses Toleranzverständnis führt nicht nur nicht zu einer egalitären, pluralistischen Gesellschaft, es zementiert eine Von-oben-herab-Haltung gegenüber Nichtmuslimen. Was genau die soziopolitische Schablone ist, in welche die mit der Welteroberung liebäugelnden Muslime die Juden und Christen pressen möchten. Die zahlreichen Bekehrungen zum Islam in den USA und dem Westen allgemein, ob sie nun alle echt sind oder nicht, passen gut zu diesem Traum. Wenn da nur nicht die in den westlichen Demokratien so fest etablierten jüdischen Gemeinden mit ihrem überproportionalen Einfluss im ökonomischen, kulturellen und politischen Establishment wären. Folglich muss man versuchen, diesen Einfluss zurückzudrängen, ja besser noch: die Juden gefügig zu machen. Die großen muslimischen antisemitischen Ausbrüche, die seit Oktober 2000, also zeitgleich mit der neuen palästinensischen Intifada, den Westen schütteln, sind praktisch der Export des arabisch-israelischen Konflikts in die liberalen Demokratien und ein

Signal an die dort lebenden Juden, dass ihre führende Rolle im Westen nicht mehr garantiert ist.

Mit Demokratie hat diese Linie gegenüber Nichtmuslimen natürlich herzlich wenig zu tun. Nicht einem der heute existierenden 56 muslimischen Staaten ist es gelungen, das westliche Modell der liberalen Demokratie auf die Regierung der eigenen Bevölkerung zu übertragen. Manche muslimischen Länder rufen zwar laut nach „Demokratie" oder sind des ehrlichen Glaubens, dass sie sich auf dem Weg der „Demokratisierung" (was immer dies bedeutet) befinden, doch andere (vor allem die muslimischen Radikalen) lehnen die westliche Demokratie rundweg als ungeeignet ab und preisen ihre eigenen muslimischen Modelle eines angeblich gerechten Regimes. Alle haben sie hochtrabende Verfassungen, aber bis auf wenige Ausnahmen kümmern die Herrschenden sich nicht um sie und regieren diktatorisch. Parlamente werden gewählt, die anschließend Marionetten der Regierung sind. Die Häufigkeit neuer „Verfassungen" marschiert im Gleichschritt mit der der Staatsstreiche. Die neue Verfassung soll nicht etwa dem Land das so dringend nötige rechtliche Gerüst zur Eindämmung und Kontrolle der Regierungsmacht geben, sondern dem neuen Machthaber das begehrte Feigenblatt der Legitimität verschaffen. Im Westen sind Verfassungen Anker der Stabilität und Berechenbarkeit angesichts immer wieder wechselnder Regierungen; in den islamischen Ländern sind sie gewöhnlich Ausdruck der Instabilität und Unberechenbarkeit.

In den meisten islamischen Ländern hat der die Macht, der gerade an der Macht ist. Selbst die moderne Türkei, bis vor kurzem das einzige Beispiel für so etwas wie eine funktionierende Demokratie im islamischen Lager, hat drei Militärputsche erlebt, und noch 1997 musste der gewählte islamistische Premierminister Erbakan unter dem Druck des Militärs zurücktreten. In den nicht islamisierten muslimischen Ländern, die von Militärjunten, Monarchien oder sonstigen nicht vom Volk legitimierten Regimen regiert werden, gilt eine islamische Legitimierung der Regierung als heißes Eisen, das es wegen seines subversiven Potentials tunlichst zu meiden gilt. Das macht eine solche Regierung natürlich nicht legitimer, auch wenn sie als Verbündeter des Westens und als würdiges Mitglied westlicher Koalitionen gilt; vielmehr facht es den Zorn der islamistischen Opposition an, der sich sowohl gegen das heimische Regime (in Pakistan, Ägypten, Syrien, Jordanien, Marokko, Saudi-Arabien etc.) richtet als auch gegen den bösen Westen, der es stützt. Was all diese illegitimen Machthaber nicht daran hindert, zu behaupten, dass sie ihr Volk vertreten und dass die (meist manipulierten) Wahlen in ihrem Land doch ein sicheres Zeichen ihrer „Demokratie" seien.

Wo eine Opposition in diesen Ländern erlaubt ist, hat sie „loyal" zu sein und keine „Unruhe" zu schüren. Sobald die Opposition anfängt, ihre Rolle ernst zu nehmen, wird sie oft als „Feind des Volkes" und umstürzlerisch stigmatisiert und entsprechend behandelt. Als 1992 in Algerien zum ersten Mal freie Wahlen stattfanden und sich ein Sieg der Islamisten abzeichnete, wurden die Wahlen kurzerhand annulliert, und eine Militärregierung übernahm die Macht. „Demokratische" Regime wie das Mubaraks in Ägypten oder König Husseins in Jordanien lassen keine islamistischen Gruppen (selbst gemäßigtere wie die Muslim-Bruderschaft) zu den Wahlen zu, aus Angst vor algerischen Zuständen. Heute rufen ausgerechnet die Islamisten laut nach Demokratie, Menschenrechten, Freiheit, freien Wahlen und Mehrparteiensystemen – weil sie nur so Zugang zu den Hebeln der Macht und Sympathien im Ausland bekommen können. Kehrt der Westen ihnen ein taubes Ohr zu, beschuldigen sie ihn prompt der Heuchelei: Die Leute, die uns unterdrücken, unterstützt ihr auch noch ... Doch ihr demokratisches Vokabular hat ihren Führern und deren Sprachrohren nicht selten politisches Asyl im Westen verschafft (z. B. Umar Abdul Rahman in den USA und *Filastin al-Muslima*, das Organ der Hamas, in Großbritannien), wo sie Spenden sammeln (unter dem Deckmantel gemeinnütziger Organisationen), Broschüren und Zeitschriften, die in ihren eigenen Ländern verboten sind, publizieren und gegen ihre Heimatregimes agitieren können. Worauf diese (vom Westen als legitim anerkannten) Regimes dem Westen vorwerfen, den subversiven Kräften, die ihren Sturz betreiben, Unterschlupf zu gewähren.

In diesem Labyrinth „demokratischer" Erklärungen und Gegenerklärungen fällt es den westlichen Gesellschaften nicht leicht, die „Demokratisierungsprozesse", die angeblich in manchen muslimischen Ländern laufen, richtig einzuordnen. Die in einigen dieser Länder stattfindenden „Wahlen" werden von den westlichen Medien unbekümmert nach Prozentzahlen, Mehrheiten und Minderheiten, Parteien und politischen Programmen dokumentiert und kommentiert, als handele es sich um Wahlen in Deutschland oder im Saarland. Begriffe wie „Demokratie", „Pluralismus" und „Mehrparteiensystem" machen fröhlich die Runde, obwohl sie eine völlig andere Bedeutung haben, wenn Wahlfälschungen an der Tagesordnung, Parteien verboten sind und unliebsame Kandidaten nicht aufgestellt werden dürfen oder im Gefängnis landen. Der Westen spricht mit der islamischen Welt seit Jahren in einer Sprache, die sie nicht versteht und auch nicht zu lernen bereit ist. Im Endergebnis setzt er sich so zwischen mehrere Stühle: Indem er mit seinen Demokratieforderungen halbherzig ist, zieht er den Zorn der Fundamentalisten auf sich, die bei wirklich demokratischen Wahlen siegen würden; indem er besagten Fundamentalisten großzügig Asyl gewährt, verärgert er die von diesen bekämpften Regime, die er eigentlich unterstützt; und nicht zuletzt rekrutiert sich aus den muslimischen politischen „Asylanten" sehr oft der harte Kern eben jener Islamisten, die den Westen von innen her sturmreif machen wollen.

Schließlich sollten wir noch einige andere Schlagwörter unter die Lupe nehmen, die die muslimische Welt in ihrer Konfrontation mit dem Westen fleißig benutzt und die dann, wenn man sie allzu sehr für bare Münze nimmt und nicht sorgfältigst mit der Realität vergleicht, den unvoreingenommenen Beobachter verwirren und Fakten und Geschehnisse verdrehen und maßlos übertreiben, ja manchmal glatt erfinden können. Manche dieser Äußerungen entpuppen sich, wenn man sie in ihrem Kontext untersucht, als bloße Projektionen der muslimischen Psyche, die dem Feind flugs das unterschiebt, was sie in ähnlichen Umständen selber gemacht hätte, mit dem Ergebnis, dass dem Westen Dinge vorgeworfen werden, die er nie getan oder auch nur vorgehabt hat. Diese Taktik ist zumindest teilweise die Folge einer grassierenden Blindheit für die Not des anderen, einer tief sitzenden Überzeugung, dass ein Nichtmuslim kein Mitleid verdient, eines fundamentalen Mangels an Hilfsbereitschaft und Einfühlungsvermögen. Muslimische Prinzen geben Millionen und Abermillionen für ihre Luxuspaläste aus, aber man wird es selten erleben, dass einer von ihnen Spenden in Hunger-, Kriegs- oder Katastrophengebiete schickt, es sei denn natürlich, die Opfer sind Muslime oder es lässt sich persönliches oder politisches Kapital aus der Hilfsaktion schlagen. Der „großzügige" Scheck, den der saudische Prinz nach dem 11. September den Bürgern von New York schickte, ist ein gutes Beispiel für ein solches Manöver; Bürgermeister Giuliani hat es prompt als billigen Versuch, mit dem Elend der anderen politisch zu punkten, durchschaut.

Man muss lange suchen, um einen saudischen Prinzen (oder eine saudische Regierung) zu finden, der einen Scheck in die Hungergebiete Äthiopiens oder Ruandas oder für die Kriegsopfer im Sudan oder die neuesten (und wenig medienwirksamen) Flutopfer in Bangladesh schickt. Noch nicht einmal einen Bruchteil der 100 Millionen Dollar, die der saudische Staat jedes Jahr an die Hamas auszahlt, oder der Milliarden, die in die Paläste, hochmoderne Waffensysteme oder die Kauforgien im Westen gehen, wird man hier finden. Das Gleiche gilt für den Iran, der Milliarden in den Export der islamischen Revolution und die Bewaffnung der Hisbollah steckt, aber keinen Cent für die Linderung der Not in der Welt übrig hat. Ähnlich verhalten sich Libyen, Brunei und andere finanzstarke Diktaturen in der muslimischen Welt. Nehmen wir nur den Dauerbrenner der palästinensischen Flüchtlingslager, wo die Menschen seit drei Generationen in Dreck und Elend sitzen und auf die nächsten Lebensmittellieferungen warten, die von den Vereinten Nationen, Europa oder den verhassten USA finanziert werden, während die Saudis und anderen Muslime kaum einen Finger für ihre „Brüder" rühren, ja ihr Elend noch verlängern, um politisches Kapital für sich selber daraus zu schlagen.

Muslimische Staaten haben selten eine Ader für den humanitären Bereich. Während der Westen einen Teil seines Budgets in Entwicklungs- und Katastrophenhilfe steckt und bemüht ist, das Los der ärmeren Länder durch technische Hilfe zu verbessern, besteht die „Auslandshilfe" reicher muslimischer Staaten wie Saudi-Arabien oder Libyen in der Subventionierung von Waffenkäufen durch Staaten und Gruppen, die sich diese Waffen eigentlich nicht leisten können, in „islamischen" Projekten wie dem Bau von Moscheen und islamischen Zentren (zur Ehre des Islam wie des Spenders), in der Zahlung von Schutzgeldern an militante Gruppen, die anderenfalls eine Gefahr für den Spender darstellen würden, sowie in der Finanzierung terroristischer Gruppen, die den muslimischen bzw. arabischen Aktivismus ins Ausland exportieren. Was westliche Technologie, Wohlstand, Entwicklung und Lebensstandard betrifft, sind sie viel mehr Empfänger als Geber. Es gibt eine Minderheit echt assimilierter und gebildeter Muslime, die entweder im Westen leben oder (vergeblich) versuchen, seine

Werte in ihre eigenen Gesellschaften einzubringen, aber die große Mehrheit ihrer Glaubensbrüder ist zwar an der Technologie und der Wirtschaftsmacht des Westens interessiert, nicht jedoch an seinen Werten, die sie nicht versteht und denen sie nichts Ebenbürtiges entgegenzusetzen hat. Offene Gesellschaft, Gleichheit, Rechtsstaatlichkeit, Freiheit für den Einzelnen und für die Gruppe, geregelter Regierungswechsel, Pluralismus, Toleranz, Demokratie, soziale Solidarität, Meinungsfreiheit usw. sind alles Fremdwörter für sie.

Die Abwesenheit, ja Ablehnung dieser Werte führt zu erschreckenden Praktiken. Der Feind (etwa die USA oder Israel) wird in den staatlich kontrollierten muslimischen Medien, die der Gegenseite in aller Regel kein Gegendarstellungsrecht gewähren, so dämonisiert und entmenschlicht, dass er zum leichten Opfer und legitimen Ziel von Terror und Gewalt wird. Dies ist der Grund dafür, warum muslimische Gesellschaften so zur Gewalt neigen. Innenpolitisch sind Gewehrkugeln oft wichtiger als Wahlurnen, und der außenpolitische Gegner ist mit Terror zu bekämpfen. Wagt er es, sich zu wehren, ist er natürlich der „Aggressor", der Gegenangriff gegen Muslime ist „Rassismus", der Krieg gegen sie automatisch „Völkermord", „ethnische Säuberung", „Staatsterrorismus", „Arroganz der Macht", „Massaker an unschuldigen Zivilisten" usw. Die Muslime sind immer die unschuldigen Opfer, denn der Fremde kann ja gar nicht Recht haben und hat daher kein Recht auf einen Gegenangriff. Muslimische Terroristen nehmen Geiseln, entführen Flugzeuge, verüben Bombenattentate, ermorden Zivilisten, überziehen ganze Völker mit Kollektivstrafen, verstümmeln die Leichname ihrer Opfer, verweigern den verzweifelten Angehörigen Informationen , verbrennen Flaggen und Bilder ihrer Gegner, demonstrieren vor johlenden, jubelnden Massen ihre Untaten – und all dies im Namen Gottes und mit dem besten Gewissen der Welt.

Man mag hier einwenden, dass diese Schwindel erregende Unmenschlichkeit doch nur das Werk und Weltbild einer kleinen terroristischen Minderheit ist. Schaut man sich die jubelnden Sympathiekundgebungen an, an denen selbst Kinder teilnehmen, sind Zweifel an dieser großzügigen Deutung angebracht. Diese Dinge kommen nicht aus dem luftleeren Raum; sie sind das Ergebnis systematischer Verhetzung in Schulbüchern und Medien, der Verdummung der eigenen Leute und der Degradierung des Gegners zum Untermenschen. Bis zum

11. September 2001 war „nur" Israel das Ziel dieser Scheußlichkeiten, so dass der Westen wenig auf sie achtete – mit dem Ergebnis, dass die muslimischen Extremisten sich in ihrem Kurs, den ja niemand stoppte, bestärkt fühlten und ihre teuflische Botschaft zum ideologischen Mainstream des Durchschnittsmuslims wurde. Wenn im November 2001, ganze zwei Monate nach den Anschlägen vom 11. September und im Ramadan noch dazu, „gemäßigte" muslimische Golfstaaten ihr Fernsehpublikum mit einer Serie unterhalten konnten, die die Juden als Unmenschen darstellte, die das Blut arabischer Kinder trinken, dann deswegen, weil andere muslimische Staaten (wie das „gemäßigte" Ägypten und das „unkomplizierte" Syrien) seit Jahrzehnten die Geschichte der Juden leugnen, selber die Mär vom Ritualmord propagieren, von „Wissenschaftlern" „beweisen" lassen und bis zum Überdruss wiederholen, während der Westen nachsichtig und milde lächelnd zuschaut.

Auch Hitler fing mit phantastischen Anschuldigungen gegen die Juden an, und die Westmächte reagierten mit ihrer Appeasement-Politik: Gebt Hitler, was er will, dann lässt er uns in Ruhe. Erst als der Krieg begann, wachten sie auf, aber da war es zu spät. Heute sind wir schon weiter als 1938: Die radikalen Muslime haben ihren offenen Angriff auf den Westen bereits begonnen – einen Westen, der jahrelang tapfer die Augen zugedrückt hatte, obwohl die Zeichen auf Sturm standen. Es sind ihre Garaudys, Faurissons, Irvings und Konsorten, die den Holocaust leugneten und in der muslimischen Welt als Helden gefeiert wurden und viele gelehrige Schüler fanden. Der Film *Schindlers Liste* durfte in den meisten islamischen Ländern nicht gezeigt werden, weil er ihre antisemitischen Kreise gestört hätte – ein gutes Beispiel des muslimischen Toleranzverständnisses. Und was tat der Westen? Übte er Druck auf diese Länder aus, bekämpfte er sie, boykottierte er sie, zwang er sie, die Grundregeln eines zivilisierten Umgangs miteinander einzuhalten? Nein, er schaute fleißig weg, bis seine eigenen Bürger ins Visier der Terroristen gerieten. Auf den Philippinen, im Libanon, in Kaschmir und anderswo haben Islamisten westliche Geiseln genommen – und anstatt zum Angriff gegen die Terroristen überzugehen, hat jedes Land seine Leute freigekauft, zum Teil zu extravaganten Bedingungen.

Es sollte uns nicht erstaunen, dass Dinge, die uns absolut scheußlich und furchtbar erscheinen, zur Standardstrategie jener muslimischen Terrorbanden geworden sind, die sich die Vernichtung der Zivilisation zum Ziel gesetzt haben. Der Westen wachte schließlich doch auf, aber lange Zeit begriff er nicht, dass das, was mit den Juden beginnt, früher oder später die westliche Kultur als Ganze trifft. All die Argumente, die man Israel in seinem Überlebenskampf gegen den Terrorismus entgegengehalten hat (z. B.: „gezieltes Töten", „übertriebener Einsatz von Gewalt", „Töten unschuldiger Zivilisten", „Probleme lieber durch Verhandeln lösen", „den Terrorismus kann man nicht militärisch abschaffen" und „die eigentlichen Ursachen des Terrorismus angehen") fielen in sich zusammen, als die USA, mit der offenen oder stillschweigenden Zustimmung ihrer Verbündeten, sich nicht mehr an sie hielten. Was den zivilisierten Teil der Menschheit heute am meisten beunruhigen sollte, ist die furchtbare Möglichkeit, dass diese Terroristen eines Tages mit Massenvernichtungswaffen die ganze Welt, wie wir sie kennen (einschließlich sich selber), zerstören könnten. Die Terroristen selber kennen diese Sorge nicht, denn sie haben im Laufe der Jahre einen neuen Kämpfertypus gezüchtet, der nicht nur den Tod nicht fürchtet, sondern bereit, ja gierig darauf ist, seinen Weg zum „Paradies" durch furchtbare Mordtaten, bei denen er selber mit umkommt, abzukürzen.

Johannes Kandel

Vorwort zu Ralph Ghadban, Das Kopftuch in Koran und Sunna

Das „Kopftuchproblem" beschäftigt seit einiger Zeit deutsche Gerichte, weil Musliminnen sich in ihren individuellen Rechten auf Religionsfreiheit beeinträchtigt sehen. Warum ist es überhaupt in der Wahrnehmung der Mehrheitsgesellschaft ein Problem? Dahinter verbergen sich ungeklärte Fragen des Verhältnisses von Religionen und säkularem Staat, das gibt der Sache ihre gesellschaftspolitische Brisanz. Mir scheint, dass sich der öffentliche Diskurs darüber im wesentlichen auf die Kommentierung von Rechtsstreitigkeiten verengt. Muslime klagen Gleichbehandlung in puncto Religionsausübung ein, Gerichte entscheiden so oder so und hinter den Gerichtsbeschlüssen sammeln sich die streitenden Bataillone.

Zwei deutsche Obergerichte, das *Bundesverwaltungsgericht* und das *Bundesarbeitsgericht*, haben jüngst zwei Urteile gefällt, die sehr unterschiedlich ausgefallen sind. Im Falle der Lehrerin Fereshda Ludin hat das Bundesverwaltungsgericht die individuelle Religionsfreiheit (symbolisiert im Begehren, das Kopftuch in der öffentlichen Schule zu tragen) dem Prinzip der Neutralität des Staates und der negativen Religionsfreiheit von Schülern und Eltern *nachgeordnet*. Frau Ludin darf das Kopftuch im Unterricht an einer öffentlichen Schule *nicht tragen*. Dagegen hat das Bundesarbeitsgericht die individuelle Religionsfreiheit einer muslimischen Einzelhandelskauffrau der Wirtschaftsfreiheit einer hessischen Unternehmerin *vorgeordnet*. Die Muslimin Fadime C. begehrte das Tragen des Kopftuches in der Parfümerie-Abteilung eines Kaufhauses, was ihr von der Unternehmerin mit Verweis auf die wirtschaftliche Betätigungsfreiheit versagt worden war. Frau C. darf das Kopftuch *tragen*. Beide Urteile dürften für die weitere Diskussion von Gewicht sein.

Doch auf dieser juristischen Ebene ist ein offener Austausch von pro- und contra-Positionen nur noch begrenzt möglich. Die Grundfrage lautet: Welche und wieviel religiöse Praxis darf es in der Öffentlichkeit geben? Welche und wieviel religiöse Praxis darf es in zentralen Funktionsbereichen unserer Gesellschaft geben – in Schule und Behörden? Der Zentralrat der Muslime in Deutschland fordert in These 20 der „Islamischen Charta" schlicht: *„Respektierung islamischer Bekleidungsvorschriften in Schulen und Behörden."*

Gerichte haben konkrete Streitfälle zu entscheiden. Sie haben in dem uns interessierenden Falle zu prüfen, ob eine bestimmte religiöse Praxis in unserer Rechtsordnung zulässig ist. Sie haben zu entscheiden, ob es ggfs. Grundrechtskollisionen gibt und sie treffen nach Verfassungsprinzipien, Recht und Gesetz Entscheidungen in der Form von Güterabwägungen. Gerichte haben nicht zu fragen, warum eine Muslima meint, das Kopftuch in der gewerblichen Arbeitswelt und im öffentlichen Dienst tragen zu müssen. Sie haben sich nicht in theologische Streitigkeiten einzumischen. Ihr Ausgangspunkt ist die individuelle Berufung auf ein Grundrecht – das der Religionsfreiheit.

Doch in einem zivilgesellschaftlichen Zusammenhang können wir, ja müssen wir weitergehende Fragen stellen:

• Wir können nach Begründungen religiöser Praxis fragen und den „Sitz im Leben" zu erkunden versuchen.

• Wir können nach theologischen und politischen Begründungen fragen und die Stimmigkeit von Behauptungen überprüfen.

Es ist keine Einmischung in innere Angelegenheiten, wenn wir das tun. Wenn es offensichtlich in der gegenseitigen Wahrnehmung von Mehrheitsgesellschaft und einer religiösen Minorität konfliktträchtige Potentiale gibt, dann sollten wir ihnen nachgehen. Warum? Wenn wir unter „Integration" eine „kulturelle Doppelorientierung an der Kultur des Herkunfts- wie des Aufnahmelandes bei möglichst gleichberechtigter Teilnahme am gesellschaftlichen Leben" (Heitmeyer, Bedrohte Stadtgesellschaft, S. 19) verstehen, dann sind die in diesem Prozess entstehenden Konflikte von höchster integrationspolitischer Bedeutung. Wilhelm Heitmeyer und sein Team haben empirisch Konfliktkonstellationen (in Münster, Duisburg, Wuppertal) untersucht, die sich auf die, wie sie es nennen, „türkisch-islamische Präsenz" beziehen.

Sie haben herausgefunden, dass es offenbar große Einstellungs- und Bewertungsunterschiede zwischen Türken und Deutschen gibt, wenn man fragt, welche Bedeutung die beiden Gruppen bestimmten Symbolen und Gegenständen islamischer Präsenz beimessen. 22,2 Prozent der befragten Deutschen sagen, dass sie sich durch das Kopftuch in ihrem Lebensraum eher/sehr stark beeinträchtigt fühlen. Fast 74 Prozent sagen auch, dass sie die Bereitschaft der muslimischen Minorität, darauf zu verzichten, für sehr gering halten. Umgekehrt ist 52,1 Prozent der Türken das Kopftuch sehr wichtig. 70 Prozent sagen, dass sie die Bereitschaft der Deutschen, dies anzuerkennen, für sehr gering halten (Heitmeyer, Bedrohte Stadtgesellschaft, S. 131).

Offensichtlich gibt es hier einen Konflikt im Blick auf eine spezifische religiöse Praxis. Es geht also um einen Konflikt in bezug auf *Anerkennung religiöser Differenz*, der – wie die Praxis zeigt – in konkreten sozialen Räumen sehr heftig werden und unter bestimmten Konstellationen eskalieren kann. Deshalb ist es notwendig, sich damit zu beschäftigen.

Wir fragen nach den Gründen für den islamischen Grundsatz, das Kopftuch gehöre unverzichtbar zur islamischen religiösen Praxis und müsse daher auch in allen Bereichen der Gesellschaft, wenn gefordert, anerkannt werden. Wie ist das Frauenbild gemäß den islamischen Quellen, nach *Koran* und *Sunna* zu beurteilen? Was wird zum Kopftuch gesagt? Was ist möglicherweise überlieferte kulturelle Praxis? Gibt es im inner-islamischen Diskurs zu der „herrschenden Meinung" (das Kopftuch als religiöse Pflicht!) alternative Deutungen? Wenn ja, worauf stützen sich diese?

Ralph Ghadban

Das Kopftuch in *Koran* und *Sunna*

Der berühmte Aufklärer Qassem Amin schreibt in seinem im Jahre
1899 erschienenen Buch „Die Befreiung der Frau": „Hätte es in der islamischen Scharia Texte gegeben, die den *Hijab* vorschreiben, wie es
heute bei manchen Muslimen geläufig ist, wäre es meine Pflicht gewesen, die Behandlung dieses Themas zu vermeiden und keinen einzigen
Buchstaben zu schreiben, der diesen Texten widerspricht, selbst wenn
diese Texte schädlich erscheinen, weil wir die göttlichen Befehle ohne
Wenn und Aber befolgen müssen. Diese Texte finden wir aber auf diese Art nicht." (S. 62).

Seitdem haben Generationen von Islam-Reformern versucht, die
Texte neu zu lesen und neu zu interpretieren. Meine Absicht hier ist
vordergründig, nicht an diesem Unterfangen teilzunehmen, sondern
ausgehend von *Koran* und *Sunna* das Verständnis der traditionellen
Muslime darzustellen, um eine Grundlage für eine sachbezogene Diskussion zu liefern. Die moderne und liberale Sicht der Frauenproble-
matik wird nur zur Klarstellung der ersten Position hinzugezogen.

Die muslimischen Gelehrten stützen sich in der *Hijab*-Frage auf
fünf Verse im Koran. Sie gehören alle der medinesischen Periode an,
wie übrigens alle Scharia-Vorschriften. Der erste Vers 33:53 lautet:

> „O ihr, die ihr glaubt, tretet nicht ein in die Häuser des Propheten –
> es sei denn, dass er es euch erlaubt – für ein Mahl, ohne auf die rech-
> te Zeit zu warten. Wenn ihr jedoch eingeladen seid, dann tretet ein.
> Und wenn ihr gespeist habt, so gehet auseinander und beginnt keine
> vertrauliche Unterhaltung. Siehe, dies würde dem Propheten Ver-
> druss bereiten, und er würde sich eurer schämen; Allah aber schämt
> sich nicht der Wahrheit. Und wenn ihr sie (seine Frauen) um einen
> Gegenstand bittet, so bittet sie hinter einem Vorhang; solches ist rei-
> ner für eure und ihre Herzen. Und es geziemt euch nicht, dem Ge-
> sandten Allahs Verdruss zu bereiten, noch nach ihm je seine Gattin-

nen zu heiraten. Siehe, solches wäre bei Allah ein gewaltig (Ding)."
(Übersetzung von Max Henning).

Den Anlass für diesen Vers bildet die Hochzeit Mohammads mit Zeinab bint Jahsch. Nach dem Hochzeitsessen erhob sich Mohammad, worauf die Gäste aufstanden und gingen, außer dreien, die sich weiter unterhielten. Mohammad verließ den Raum, die Leute blieben. Später erzählte Anas bin Malek Mohammad, die Leute wären gegangen. Er kam zurück, bin Malek folgte ihm. An der Schwelle, als er schon im Raum war, ließ er den Vorhang zwischen ihnen fallen. Danach wurde der Vers herabgesandt.

Der Vers in seiner Formulierung und seiner Erklärung bezweckt den Schutz der Privatsphäre Mohammads. Der Vorhang betrifft nur die Frauen Mohammads. Viele Bittsteller suchten die Vermittlung der Frauen des Propheten und störten seinen privaten Bereich. Nach diesem Vers war es ihnen verboten, in Mohammads Haus ohne dessen Erlaubnis hineinzugehen. Er verbot ihnen weiter, die Räume seiner Frauen zu betreten und mit ihnen von Angesicht zu Angesicht zu sprechen.

Das Wort *Hijab* hat mit dem Schleier nichts zu tun. Er ist kein Kleidungsstück, kommt achtmal im Koran vor (7:46, 33:53, 38:32, 41:5, 42:51, 17:45, 19:17, 83:15) und hat nirgends diese Bedeutung. Das hat die Gelehrten trotzdem nicht daran gehindert, aus dem Vorhang einen Schleier zu machen und das nicht nur für die Frauen des Propheten, wie es im Vers ausdrücklich steht, sondern für alle Musliminnen. Die Frauen des Propheten sind die Mütter der Gläubigen und was für sie gilt, gilt erst recht für alle Musliminnen, argumentierten sie. Der zweite Vers 33:32–33 lautet:

> „O Frauen des Propheten, ihr seid nicht wie eine der (anderen) Frauen. Wenn ihr gottesfürchtig seid, so seid nicht entgegenkommend in der Rede (mit fremden Männern), so dass der, in dessen Herz Krankheit ist, lüstern wird, sondern sprecht geziemende Worte. 33. Und *sitzet still in euren Häusern* und schmücket euch nicht wie in der früheren Zeit der Unwissenheit (Djahiliya: Vorislamisches Heidentum) und verrichtet das Gebet und entrichtet die Armenspende und gehorchet Allah und seinem Gesandten. Siehe, Allah will von euch als den Hausleuten den Greuel nehmen und euch völlig reinigen." (Henning).

Eine Gruppe von Frauen kam zu dem Propheten und sagte: „Die Männer haben einen Verdienst bei Gott, weil sie für ihn in den Heiligen Krieg ziehen. Was können wir machen, um einen ähnlichen Verdienst zu gewinnen?" Mohammad antwortete den Frauen, ihr Verdienst bestehe darin, zu Hause zu bleiben. Diese Geschichte bildet nicht den Anlass für die Herabsendung des Verses, sie ist ein *Hadith* (Überlieferung) und gehört zur *Sunna*. Es ist wichtig zu wissen, dass die religiöse Wissenschaft, die die Gründe der Offenbarung untersucht (*asbab an-nuzul*), weit davon entfernt ist, alle Verse des Koran begründet zu haben.

Dieser Vers hat wie der vorherige nichts mit der Verschleierung zu tun. Die Gelehrten sehen jedoch eine Verbindung zwischen den beiden, indem die Verdeckung durch den Vorhang im ersten Vers nun vertieft und erweitert wird durch den zweiten Vers. Die Frauen des Propheten, die durch den Vorhang in ihren Räumen verborgen waren, müssen nun zu Hause bleiben und werden vor der Öffentlichkeit versteckt.

Hier handelt es sich wieder ausdrücklich um die Frauen des Propheten. Die Exegeten allerdings sahen darin eine Verpflichtung für alle Musliminnen. Ibn Qasir z. B. schreibt: „Diese Sitten hat Gott den Frauen des Propheten vorgeschrieben; und die Frauen der *Umma* folgen ihnen darin ..." Die Gelehrten verstanden den Vers als Pflicht für alle Musliminnen, zu Hause zu bleiben und arbeiteten einen Katalog der Ausnahmefälle aus, in denen die Frau ihr Haus verlassen durfte, wie z. B. zum Pilgern, zum Freitagsgebet, zum Gericht usw.

Der dritte Vers 24:30–31 lautet:

> „Sprich zu den Gläubigen, dass sie ihre Blicke zu Boden schlagen und ihre Scham (*Furug*) hüten. Das ist reiner für sie. Siehe, Allah kennt ihr Tun. 31. Und sprich zu den gläubigen Frauen, dass sie ihre Blicke niederschlagen und ihre Scham (*Furug*) hüten und dass sie nicht ihre Reize (*Zinat*) zur Schau tragen, es sei denn, was außen ist, und dass sie ihren *Schleier* (*Khimar*) über ihren Busen schlagen und ihre Reize nur ihren Ehegatten zeigen oder ihren Vätern oder den Vätern ihrer Ehegatten oder ihren Söhnen oder den Söhnen ihrer Ehegatten oder ihren Brüdern oder den Söhnen ihrer Brüder oder den Söhnen ihrer Schwestern oder ihren Frauen oder denen, die ihre Rechte besitzen (*die Sklavinnen*), oder ihren Dienern, die keinen Trieb haben, oder Kindern, welche die Blöße der Frauen nicht beachten. Und sie sollen

nicht ihre Füße zusammenschlagen, damit nicht ihr verborgener Zierrat bekannt wird. Und bekehret euch zu Allah allzumal, o ihr Gläubigen; vielleicht ergeht es euch wohl." (Henning).

Das ist der einzige Vers, in dem ausdrücklich der Schleier, der *Khimar*, erwähnt wird. Von dem Wort *Khimar* kommt Khamr, Wein, weil der Wein den Geist verschleiert. Der *Khimar* ist ein Stück Stoff, das den Kopf bedeckt und nach hinten tief auf den Rücken fällt.

Den Anlass der Offenbarung bildet ein Treffen bei einer Asma, Tochter von Murtad, auf dem die Frauen in ihren traditionellen Kleidern ohne zusätzliche Bedeckung erschienen sind. Da waren ihre Brüste und der Schmuck an ihren Füßen sichtbar. Das soll Asma angeekelt haben, sie sagte: „Wie häßlich ist das!", darauf wurde der Vers herabgesandt.

Die Botschaft ist an alle Muslime gerichtet. In diesem Vers werden die Frauen genau wie die Männer im vorigen Vers aufgefordert, mit Anstand zu schauen und ihre Schamgegenden zu schützen. Dafür wird der Begriff *Furug*, Plural von Farg angewandt. *Furug* sind die Falten am Körper. Das sind die Achsel, der Raum zwischen Beinen und Pobacken und bei der Frau zusätzlich zwischen den Brüsten. Für Mann und Frau gilt dieselbe Aufforderung zum Schutz der *Furug*. Die Aufforderung, die *Furug* mit dem *Khinar*, dem Schleier, zu bedecken, gilt aber nur für die Frau. Das liegt an der Kleidung. Mann und Frau haben in Arabien ein Kleid ohne Unterkleider und eine Kopfbedeckung getragen. Das Kleid war weit und an der Brust tief ausgeschnitten. Das war unproblematisch für den Mann, bei der Frau dagegen konnte man die Brüste sehen. Daher die Aufforderung, die Brüste mit dem Schleier zu bedecken, d. h., den Schleier über die Schulter nach vorne über die Brüste zu ziehen.

Der Vers will ein neues sittliches Benehmen etablieren und ein neues sexuelles Schamgefühl einführen, das dem Zivilisationsstandard jener Zeit entspricht, anstelle der rohen und gleichzeitig freizügigen Sitten der Beduinen. Das wird noch klarer in dem nächsten, dem vierten Vers.

Der vierte Vers 33:59 lautet:

> „Prophet! Sag deinen Gattinnen und Töchtern und den Frauen der Gläubigen, sie sollen (*wenn sie austreten*) sich etwas von ihrem Ge-

wand [*Gilbab*] (*über den Kopf*) herunterziehen. So ist es am ehesten gewährleistet, daß sie (*als ehrbare Frauen*) erkannt und daraufhin nicht belästigt werden. Allah aber ist barmherzig und bereit zu vergeben." (Sakhr).

Zum Anlass der Offenbarung: Die Frauen des Propheten gingen wie alle anderen Frauen nachts abseits der Siedlung, um ihre Notdurft zu erledigen; dabei wurden sie von Männern belästigt. Diese wurden zur Rede gestellt, wobei sie behaupteten, sie hätten sie mit den Sklavinnen verwechselt. Da wurde der Vers herabgesandt. In der Tat trugen freie Frauen und Sklavinnen dieselben Kleider.

Um die freien Frauen von den Sklavinnen zu unterscheiden, wurden die Musliminnen aufgefordert, ihren *Gilbab*, den sie normalerweise beim Ausgehen über dem *Khimar* tragen, über ihr Gesicht zu ziehen und nur ein Auge freizulassen. Diese Bekleidung war bei den freien Jüdinnen und Christinnen, aber vor allem bei den Perserinnen verbreitet, daher kommt der *Tschador*. Diese Art von Bedeckung sollte den sozialen Stand der Frauen zeigen und ihnen daher mehr Respekt und Schutz verschaffen. Nach einer Überlieferung soll Omar den Sklavinnen verboten haben, einen *Gilbab* zu tragen und den Kopf wie die Musliminnen zu bedecken.

Der fünfte und letzte Vers 24:60 lautet:

> „Und für diejenigen Frauen, die alt geworden sind und nicht (mehr) darauf rechnen können, zu heiraten, ist es keine Sünde, wenn sie ihre Kleider ablegen, soweit sie sich (dabei) nicht mit Schmuck herausputzen. Es ist aber besser für sie, sie verzichten darauf (sich in dieser Hinsicht Freiheiten zu erlauben). Allah hört und weiß (alles)." (Henning).

Der Vers zeigt am besten die Intention des Korans. Die Sexualität der Frau soll in Schranken gehalten werden, um die legale Vaterschaft nicht zu gefährden. Nach Montgomery Watt war die arabische Gesellschaft im Umbruch, das Patriarchat löste langsam das Matriarchat ab (Mahomet à Médine, S. 332). Die neuen Besitzenden, Mekka war eine Handelsstadt, waren sehr daran interessiert, ihr Eigentum an ihre eigenen Kinder zu vererben. Deshalb gibt es neben den drei Versen über die Verhüllung der Frau mindestens sechs Verse (2:228, 2:231, 2:232, 33:49, 65:1, 65:4), die die Wartezeit vor dem Geschlechtsverkehr in den Fällen

der Ehe, der Scheidung, der Wiederheirat usw. regeln. Es ging darum
sicherzustellen, dass das Kind von dem legalen Vater ist.

Diese Sorge wird verständlich, wenn man die Verhältnisse vor dem
Islam kennt. Es gab über zehn Arten von sexuellen Beziehungen (al-
Tarmanini, S. 19–40). Es herrschte mehr als Libertinage, beinahe Pro-
miskuität. Es war z. B. üblich, dass die Frau fremdging, wenn der Mann
aus irgendwelchem Grund abwesend war. Bei diesem Durcheinander
wussten alle nur eines mit Sicherheit, nämlich, wer ihre Mutter war. Die
zweite Intention ist eine moralische. Wenn die Frau keine Kinder mehr
bekommen kann, ist ihre Sexualität nicht mehr kontrolliert, sie soll
aber Selbstkontrolle üben. Im Sinne des Patriarchalismus wurde auch
die Hierarchie unter den Geschlechtern festgelegt.

Im Vers 4:34 heißt es:

> „Die Männer sind den Frauen überlegen wegen dessen, was Allah
> den einen vor den andern gegeben hat, und weil sie von ihrem Ver-
> mögen (*für die Frauen*) auslegen. Die rechtschaffenen Frauen sind
> gehorsam und sorgsam in der Abwesenheit (*ihrer Gatten*), wie Allah
> für sie sorgte. Diejenigen aber, für deren Widerspenstigkeit ihr fürch-
> tet – warnet sie, verbannt sie aus den Schlafgemächern und schlagt sie.
> Und so sie euch gehorchen, so suchet keinen Weg wider sie; siehe, Al-
> lah ist hoch und groß.“ (Henning).

Im Koran sind Mann und Frau vor Gott gleich; im Leben ist die Frau
dem Mann untergeordnet. Die Sexualität der Frau wurde zugunsten
des Mannes kontrolliert. Früher gab es z. B. ebenso Polyandrie wie
Polygamie. Mit dem Islam gibt es nur Polygamie. Trotzdem wurde die
Wesensgleichheit zwischen Mann und Frau nicht angetastet, das Moralische war maßgebend, und im Großen und Ganzen handelt es sich um
eine Aufforderung zur Dezenz. Deshalb sehen die Islamreformer in ihrer Bekämpfung der Kleidervorschriften eine moralische Erneuerung
des Islam. Mit der *Sunna* wurde später die Botschaft des Koran in eine
andere Bahn gelenkt.

Die *Sunna*, die aus der Überlieferung von Aussagen und Taten des Propheten besteht, entstand lange nach dessen Tod im Jahre 10 der Hijra.
Die früheste *Hadith*sammlung ist von Anas bin Malik, er starb 179 h.
Der späteste Autor An-Nisa'i starb 303 h. Al-Bukhari, dessen Sammlung nach dem Koran maßgebend für den Glauben gilt, starb 256 h. und

der zweite bedeutende *Hadith*sammler, Muslim, starb 261 h. Nach dem Tod des Propheten führte u. a. der Streit um seine Nachfolge zu einer riesigen *Hadith*produktion, die alles Mögliche zu belegen versuchte. Die größte Sammlung von ibn Hanbal z. B., die 26.363 *Hadithe* umfasst, hat der Autor aus einem Fundus von 750.000 *Hadithen* ausgewählt. Die Echtheit der *Hadithe* wird allgemein angezweifelt, was aber irrelevant ist, weil die Muslime an ihre Echtheit glauben. Und das ist hier allein von Bedeutung, weil die Muslime bis heute danach handeln.

Über zweihundert Jahre nach dem Tod des Propheten nahm die *Sunna* als zweite Quelle des Glaubens ihre endgültige Form an und reflektierte das Frauenbild der hiesigen patriarchalischen Gesellschaft. Die Frau war nun eine *Aurah*. Der Prophet soll gesagt haben: „Die Frau ist eine 'Aurah, wenn sie ihr Haus verlässt, der Teufel kommt ihr entgegen." (at-Tarmudhi 1093).

'Aurah bedeutet Mangel. Es kann Mangel an Sehfähigkeit, daher A'war, d. h. Einäugige, oder Schwachpunkt in den Verteidigungslinien im Krieg oder Mangel an Schutz des eigenen Hauses oder der Privatsphäre heißen. Das Wort bedeutet auch die Schamgegend am Körper, die aus den Geschlechtsteilen besteht. Im Koran kommt der Begriff 'Aurah viermal vor, zweimal im Bezug auf Häuser (33:13), einmal im Bezug auf die Privatsphäre (24:58) und einmal im Bezug auf die Geschlechtsteile (24:31). Die Gelehrten definierten den Begriff 'Aurah neu und unterschieden zwischen 'Aurah im engeren Sinn, das sind Geschlechtsteile und Rectum (und bei der Frau zusätzlich die Pobacken), und 'Aurah im weiten Sinn. Diese umfaßt beim Mann die Gegend zwischen Nabel und Knie, wobei die Gelehrten darüber streiten, ob Nabel und Knie dazu gehören oder nicht, manche schließen sogar die Oberschenkel aus. Bei der Frau ist ihr ganzer Körper eine 'Aurah und die Gelehrten streiten darüber, ob Gesicht und Hände auch verdeckt sein müssen oder nicht.

Wie man sieht, entspricht die 'Aurah beim Mann ungefähr der Gegend, in der die Geschlechtsteile liegen. Die Frau dagegen wird als ganze auf ihre Sexualität reduziert. Im *Hadith* heißt es, die Frau ist eine 'Aurah, nirgends steht, dass der Mann eine ist, der Mann hat eine 'Aurah. Diese Reduzierung der Frau auf ihre Sexualität verwandelte sich bald in ihre Gleichstellung mit den Geschlechtsteilen. In der Erläuterung des *Hadith*s „die Frau ist eine 'Aurah", schreibt z. B. al-Ahwazi

(798/1169): „... die Frau selbst ist eine 'Aurah, weil man sich für sie schämt, wenn sie sich zeigt, genau wie man sich schämt, wenn es sichtbar wird." Al-Manawi schreibt in seiner Erläuterung desselben (2467): „(Die Frau ist eine 'Aurah) bedeutet, dass ihre Erscheinung und Entblößung vor den Männern verwerflich ist. Und die 'Aurah ist das Geschlechtsteil des Menschen und alles, wofür man sich schämt." Ende des 19. Jahrhunderts widmet Mohammad Saddiq Hassan Khan sein berühmtes Buch über die Frau im Koran seiner, wie er schreibt, „Scham" und meint seine Ehefrau (S. 4).

Aus diesem Grund wurde die Frau verteufelt, weil allein ihre Erscheinung die Männer verführt. Die Verbindung zwischen der Verteufelung und der Verführung bringt folgender *Hadith* zum Ausdruck: „Der Prophet sah eine Frau, da ging er zu seiner Ehefrau Zeinab und schlief mit ihr. Er sagte, wenn eine Frau entgegenkommt, dann kommt sie mit dem Antlitz des Teufels. Wenn einer von euch eine Frau sieht, und sie gefällt ihm, er soll zu seiner Frau gehen, weil sie auch hat, was diese Frau hat." (at-tarmudhi 1078).

Die Frau ist ein sexuelles Objekt. Sie ist verführerisch und teuflisch. Sie stellt eine ernsthafte Bedrohung für die Männer dar. Außerdem ist sie schlecht. Ali soll gesagt haben: „Die Frau als ganzes ist böse. Und das Böseste an ihr ist, dass man nicht auf sie verzichten kann." (Charour 353). Ein *Hadith* bei Buchari besagt, dass die Mehrheit der Menschen in der Hölle aus Frauen besteht (Buchari 28). Aus diesen Gründen muss sie eingesperrt werden, das ist auch gut für sie. In einem *Hadith* steht: „Die Frau ist eine 'Aurah, wenn sie ausgeht, dann kommt ihr der Teufel entgegen. Sie ist am nächsten zu Gott, wenn sie in ihrem Haus tief steckt (al-Hindi 45158, al-Haithami 7671).

Die Sexualisierung der Frau erreicht einen Höhepunkt mit dem Begriff *Al-Fitna. Al-Fitna* bedeutet Unruhe stiften. Das geschieht, wenn die Frau etwas zeigt, was im Prinzip nicht ausdrücklich verboten ist, aber den selben Effekt wie das Verbotene hat, z. B. das Gesicht. Die Verschleierung des Gesichtes ist umstritten, alle Gelehrten sind sich aber darüber einig, dass das Gesicht, wenn es hübsch ist, verschleiert werden muss, um die *Fitna* zu vermeiden. Das wirft einen Blick auf das Männerbild. Der Mann ist offensichtlich ein triebhaftes Wesen, das im Angesicht der Frau nicht mehr zu kontrollieren ist, und wenn sie noch dazu hübsch ist, dann fängt er an zu randalieren. Der Mann ist so schwach, dass er in der Frau nicht eine, sondern zehn ʿ*Aurah* sieht. Der Prophet soll gesagt haben: „ Die Frau hat zehn ʿ*Aurah*. Wenn sie heiratet, schützt ihr Mann eine von ihnen und wenn sie stirbt, schützt das Grab alle zehn ʿ*Aurah*" (al-Hindi 45856). Dasselbe soll auch Ali gesagt haben.

Trotz der Gefahr, die von den Frauen ausging, mussten sie sich nicht alle gleich verhüllen. Die ʿ*Aurah* der Sklavin war wie beim Mann vom Nabel bis zum Knie. Die Gelehrten begründeten es damit, dass sie sich anbieten muss, um gekauft zu werden. In der Tat stand sie dem Mann sexuell zur Verfügung, und er durfte ihr sogar seine Geschlechtsteile zeigen wie seiner Frau. Die Frau durfte sich natürlich nicht zeigen vor ihren männlichen Sklaven. Die freien Christinnen und Jüdinnen durften genau wie die Sklavinnen Kopf und Gesicht nicht verhüllen. Der Muslim darf ihren Anblick genießen. Das gehört zum Bereich der sexuellen Herrschaft. Die Muslimin ist beschützt, daher der Begriff Muhassanat, Husn heißt Festung. Die anderen Frauen sind mehr oder weniger Freiwild.

Hier wird klar, dass die Sorge um Anstand, die im Koran herrscht, längst verloren gegangen ist. Es geht nur um entfesselte Sexualität, die nur mit äußerem Zwang in Schranken zu halten ist. Hieß es im Koran noch „Schau mit Diskretion", dann heißt es später „Du darfst nicht schauen". Der Anstand ist eine Kontrolle von innen, bei seinem Fehlen und bei herrschender Sexualisierung muss die Kontrolle von außen kommen. Daher die krankhafte Geschlechtertrennung in der islamischen Gesellschaft. Wenn Mann und Frau in Kontakt kommen, dann ist das Sündigen unvermeidlich. In einem *Hadith* heißt es, wenn eine Frau und ein Mann sich treffen, dann ist der Teufel der Dritte. Mustafa al-Sibai, der Gründer der Muslimbrüder in Syrien, schreibt 1962, dass die Zivilisation des Islam auf der Basis der Geschlechtertrennung entstanden ist, und das mache ihre Größe aus. Dagegen habe die Geschlechtervermischung in der griechischen, der römischen und der westlichen Zivilisation zu ihrem Niedergang geführt (S. 186–187). Auch so kann man die Weltgeschichte erklären.

Die Gelehrten begnügten sich nicht damit, aus der Frau ein bösartiges sexuelles Wesen zu machen, sie versuchten aus ihr ein minderwertiges Wesen zu machen. Die Frau wurde aus der „Rippe Adams" erschaffen, und die Rippe ist krumm. Wenn man die Rippe gerade biegen will, dann bricht sie. Das heißt, dass die Frau per Beschaffenheit mangelhaft ist. Ad-Daremi schreibt: „Er sagte, die Frau sei aus seiner Rippe erschaffen worden. Wenn man sie gerade biegt, dann zerbricht sie. So nimm Rücksicht auf sie" (ad-Daremi 2124). Buchari (4787) schreibt: „Seien sie mit den Frauen fürsorglich, sie wurden aus einer Rippe erschaffen. Das Krummste an ihr ist ihr Oberteil, wenn du sie gerade biegen willst, bricht sie. Wenn du sie lässt, dann bleibt sie krumm. Seien sie mit den Frauen fürsorglich."

Diese andere Beschaffenheit der Frau stellt einen Mangel in ihrer Natur dar, der von einem *Hadith* erläutert wird. Nach Buchari soll der Prophet gesagt haben, den Frauen fehle es an Vernunft und an Religion. Die Frauen fragten nach dem Grund. Er antwortete: „Ist die Zeugenaussage der Frau nicht halb so viel wert wie die des Mannes? Das kommt von ihrem Mangel an Vernunft. Muss sie nicht während der Menstruation aufhören zu fasten und zu beten? Das kommt von ihrem Mangel an Religion." (Buchari 293)

Die letzte Aussage führt zur Biologisierung der Frau. Die Frau mag eine Seele haben wie der Mann, ihre Biologie bringt ihr aber Nachteile. Sie kann z. B. keine gesellschaftliche Verantwortung tragen. In einem *Hadith* heißt es: „Ein Volk kann keinen Erfolg erzielen, wenn es von einer Frau geführt wird. Es ist so, weil die Frau mangelhaft und unfähig ist, sich eine richtige Meinung zu bilden. Und weil der Herrscher verpflichtet ist, in der Öffentlichkeit aufzutreten, um die Angelegenheiten seiner Untertanen zu verwalten. Die Frau ist aber eine 'Aurah und ist dafür nicht geeignet. Deshalb darf sie weder Immam noch Qadi werden". (al-Manawi 7393).

Diese auf die Biologie gestützte Auffassung der Frau hat in einer anderen Form in der modernen Zeit überlebt. Beim Polemisieren mit dem Westen in der Frage der Menschenrechte für Mann und Frau unterscheiden die Muslime zwischen Gleichheit und Ähnlichkeit. Im Islam sind Mann und Frau als Menschen vor Gott gleich und genießen dieselben Rechte. In der Gesellschaft sind sie aber nicht ähnlich. Ihre Unähnlichkeit beruht auf ihren biologischen Unterschieden, was zu Konsequenzen führt. Ayatollah Murtada al-Mutahiri z. B. schreibt: „Die Welt der Frau ist anders als die Welt des Mannes, die Beschaffenheit und die Natur der Frau sind anders als die Beschaffenheit und Natur des Mannes. Das führt natürlich dazu, daß viele Rechte, Pflichten und

Strafen nicht einheitlich sind." (S.109). Dann kritisiert er den Westen, der krampfhaft versucht, für beide Geschlechter dieselben Gesetze und Institutionen durchzusetzen; trotz der, wie er schreibt, „instinktiven und biologischen Unterschiede " der beiden.

Seit den 1970er Jahren findet weltweit eine Reislamisierung statt. Die alten islamischen Vorstellungen sind unter weiten Teilen der muslimischen Bevölkerung in Deutschland und im Westen verbreitet. Unter dem Vorwand der Religionsfreiheit wird versucht, eine Gesellschaftsordnung einzuführen, die höchst problematisch ist. Das Kopftuch ist ein zentrales Element dieser Ordnung und symbolisiert die Position der Frau. Es ist nicht, wie im Diskurs ständig wiederholt wird, allein ein Zeichen ihrer Unterdrückung, denn man kann die Frau auch ohne Kopftuch unterdrücken, es ist vor allem ein Zeichen ihrer Entwürdigung, weil es die Frau auf ihre Sexualität reduziert. Sie ist eine *'Aurah*, und da man nicht mit entblößten Geschlechtsteilen auf die Straße geht, muss sie sich verhüllen. Deshalb sprechen die Muslime davon, dass die Frau durch das Kopftuch ihre Würde gewinnt. Sie sagen auch, dass das Kopftuch sie beschützt. Wer sich als sexuelles Objekt betrachtet, braucht natürlich einen Schutz, vor allem, wenn man die Männer als unkontrollierte triebhafte Wesen sieht.

In einer Gesellschaft, in der die Erwartungen an die Selbstkontrolle der Menschen so hoch sind, dass auch die Vergewaltigung in der Ehe bestraft wird, ist es berechtigt zu fragen, ob diese Gesellschaft solche Vorstellungen akzeptiert und verkraftet. Es heißt schließlich im Grundgesetz Art. I: „Die Würde des Menschen ist unantastbar. Sie zu achten und zu schützen ist Verpflichtung aller staatlichen Gewalt."

Bibliographie

Abdul Salam al-Tarmanini, *Al-Zwag 'indal 'Arab*, Damaskus 1996.
Ad-Daremi, *Al-Musnad*.
Al-Buchari, *Al-Gami' as-sahih*.
Al-Haithami, *Magma' al-Zawa'id wa Manba' al-Fawa'id*.
Al-Hindi, *Kanu al-'Ummal*.
Al-Manawi, *Faid a-Qadir*.
Anas bin Malek, *Al-Mauta'*.
At-Tarmudhi, *Al-Gami'*.

Ayatollah Murtada al-Mutahiri, *Nizam Huquq al- Mar'a fil Islam*, Teheran 1985.

Der Qoran, Sakhr CD-ROM.

Der Koran, Übersetzung von Max Henning, Stuttgart 1991.

Heitmeyer, Wilhelm (Hrsg.), Bedrohte Stadtgesellschaft, Weinheim 2000.

Ibn Hanbal, *Al-Musnad.*

Ibn Kasir, *Tafsir ibn Kasir.*

Ibn Mandhur, *Lisanul 'Arab.*

Mohammad Al-Mabar Kfuri, *Tihfatul Ahwazi.*

Mohammad Charour, *Nahwa Usul gadida lil fiquil islami. Fiqhul Mar'a*, Damaskus 2000

M. Siddiq Hassan Khan, *Husnul Iswa bima thabata min Allah wa Rasulihi fin Niswa*, Kairo.

Montgomery Watt, *Mahomet à Médine*, Paris 1959.

Mustafa As-Siba'i, *Al-Mar'a bainal Fiqh wal Qanun*, Beirut 1984.

Qassem Amin, *Tahir al-Mar'a*, Kairo 1993.

Bat Ye'or

Israel, das Christentum und der Islam: Die Herausforderung der Zukunft

Anders als bei den meisten anderen Kriegen ist die Lösung des Nahostkonflikts nicht nur eine Frage der Verschiebung von Grenzen, denn Israel ist auch ein Brennpunkt uralter religiöser Hassgefühle. Diese Hassgefühle sind so gravierend, dass man nicht gerne über sie redet, aber sie sind die Basis des Konflikts.

Von seinen ersten Anfängen ging es bei dem arabisch-israelischen Konflikt nicht nur um die Nahostregion, sondern auch um Europa und die christliche Kirche. Das Heilige Land wurde nicht deswegen zum Zankapfel, weil es so groß oder so reich gewesen wäre, sondern weil es der Ort war, an dem theologische Extremismen aufeinanderprallten. Nur hier, in ihrer alten Heimat, konnten die Juden frei werden von dem Fluch, mit dem die Christen sie belegt hatten – ein Fluch, der nach seinem Import über christliche Kanäle in den Islam von diesem in den Kontext des *Djihad* eingebaut wurde und jetzt Juden *und* Christen traf. Die auf die frühen Kirchenväter zurückgehende Vorstellung einer göttlichen Verfluchung des jüdischen Volkes wurde im islamischen Dogma übernommen und zu einer Verfluchung der Juden und Christen ausgebaut.

Trotz der islamischen Verfolgung der Christen hat die dem Christentum und dem Islam gemeinsame Judäophobie vielerorts zu einer engen Allianz zwischen Kirche und Islam zugunsten der Sache der Palästinenser geführt. Die Juden im Land Israel sehen sich so nicht nur den aus der christlichen Lehre stammenden Vorurteilen gegenüber, sondern auch den islamischen. Die Überwindung dieser aus der Doktrin des *Djihad* entspringenden muslimischen Vorurteile gegen die Juden würde zugleich auch die Überwindung der entsprechenden muslimischen Vorurteile gegen die Christen bedeuten. Die Wiedereinsetzung

Israels in seine Rechte auf sein biblisches Heimatland ist der diametrale Gegensatz der Vorstellung, dass es Völker gibt, die von Gott gehasst und zu ewiger Demütigung verflucht sind, so lange, bis sie sich bekehren. Friede im Nahen Osten – das bedeutet Gleichheit zwischen den Religionen. Um die heutige Gestalt des Konflikts zwischen ihnen zu verstehen, müssen wir die Geschichte ihrer Konfrontation und Interaktion untersuchen.

Beschreibung des Konflikts: Der arabisch-israelische Konflikt ist nur ein begrenzter, regionaler Aspekt des historischen, weltumspannenden Konflikts, den die Ideologie des *Djihad* geschaffen hat. Über ein Jahrtausend hatten Muslime auf drei Kontinenten (Afrika, Asien, Europa) von Christen und Juden bewohnte Gebiete erobert und besetzt. In Ostasien kolonisierten und islamisierten sie auch buddhistische und hinduistische Reiche. Kalifen und Sultane regierten das eroberte Volksgemisch durch ein juristisch-politisches System, das auf Interpretationen des Korans und der *Hadithe*[1] basierte. Es integrierte die vorislamischen Gesetze und Sitten der eroberten Völker in das islamische Lehr- und Begriffsystem und ordnete sie ihm unter. Dieses System der Regierung eroberter Bevölkerungen, für das ich den Ausdruck „Dhimmitude" geprägt habe,[2] war bestimmend für die demographischen, re-

---

[1] Die Hadithe sind dem Propheten Mohammed zugesprochene Aussprüche und Handlungen, die als normativ und bindend gelten. In verschiedenen Sammlungen zusammengefasst, bilden sie zusammen mit dem Koran die Basis des islamischen Rechtssystems, der *Scharia*. Nach der muslimischen Lehre sind Koran, Hadithe und Scharia Ausdrücke des Willens der Gottheit und mithin heilige Norm, die unabänderlich gültig ist.

[2] Mit „Dhimmitude" (nach dem Wort *Dhimmi*) meine ich den im *Djihad* eroberten nicht-muslimischen Völkern von ihren muslimischen Eroberern zugewiesenen Status. *Dhimmi* bedeutet wörtlich „beschützt"; die eroberten Völker waren theoretisch vor Tod und Sklaverei geschützt, wenn sie sich dem Islam und seinen Gesetzen unterwarfen. Für einen historischen Überblick vgl. Bat Ye'or, *Der Niedergang des orientalischen Christentums unter dem Islam*, (Resch Verlag), Gräfelfing 2002. Die muslimische Sicht von Juden- und Christentum als Religion ist ganz von der Dhimmitude geprägt, deren Regeln in verschiedenen muslimischen Ländern zum Teil heute noch gültig sind (mal strikt, mal weniger strikt). Für eine Analyse dessen, was ich die „Dhimmitude-Kulturen" nenne, siehe mein Buch *Islam and Dhimmitude. Where Civilizations Collide*, Madison, Fairleigh Dickinson University Press, 2002.

ligiösen und ethnischen Veränderungen in den eroberten Ländern. Der Begriff „Dhimmitude" umfasst alle Aspekte und Komplexitäten eines politischen Systems, während das Wort „Toleranz" eine subjektive Meinung zum Ausdruck bringt. Das System der Dhimmitude beinhaltet zwar unter anderem auch den Begriff der Toleranz, aber der Begriff der Toleranz vermag nicht das komplexe Zusammenspiel politischer, religiöser und juristischer Faktoren zum Ausdruck zu bringen, die im Laufe der Jahrhunderte die Kultur der Dhimmitude prägten.

Die Ideologie des *Djihad* verlangt, dass die *Scharia* – das Gesetz, das in den islamischen Ländern gilt – auch auf alle im *Djihad* eroberten Länder angewandt wird. Unter den von der *Djihad*-Ideologie ins Visier genommenen nichtmuslimischen Völkern bildeten die Juden eine kleine Minderheit. Das islamische Recht ordnet Juden und Christen in die gleiche Kategorie der „Schriftbesitzer" („Schrift" = Bibel) ein. Als solche werden sie verhältnismäßig schonend behandelt; die Unterdrückung der Nicht-Schriftbesitzer („Heiden", z. B. die Anhänger des Zoroastrismus) war noch wesentlich schärfer.

Im islamisch-christlichen Kontext sind die ab dem 7. Jahrhundert über ein Jahrtausend lang geführten *Djihad*-Kriege im Laufe der letzten Jahrzehnte im Balkan, Kaukasus, Armenien, Sudan, Nigeria, Kaschmir, den Philippinen und Indonesien wiederaufgeflammt. Der arabisch-israelische Konflikt ist damit nur ein relativ neuer und kleiner Mosaikstein in dem über ein Jahrtausend alten geographischen *Djihad*-Kampf. Aus der Perspektive des Islam betrachtet, umfasst die Position der Juden (ähnlich wie die der Christen) zwei Ebenen: die Juden als Juden und als Israelis. Der erste Aspekt betrifft ihre rechtliche Stellung als tolerierte religiöse *Dhimmi*-Minderheit in einem islamischen Land, der zweite entspringt aus der komplexen Situation eines *Dhimmi*-Volkes, das sein Land vom Gesetz des *Djihad* mit seiner zwangsweisen Dhimmitude befreit.

Diesen Prozess der Befreiung aus der Dhimmitude finden wir in der Geschichte bei verschiedenen christlichen Ländern und Völkern, von Portugal bis zum Kaukasus. Sie befreiten sich nach und nach aus dem Griff der muslimischen Eroberer. Es ist diese Befreiung, die der Situation dieser christlichen Staaten und der Israels bei allen sicher bestehenden Unterschieden eine gewisse Ähnlichkeit verleiht – eine Ähnlichkeit, die nicht einer Unterstützung Israels durch die Europäer entspringt, sondern der islamischen Doktrin, die Juden und Christen gleich behandelt.

Israel und Europa: Gemeinsamkeiten

Ohne ins historische Detail zu gehen, soll hier daran erinnert werden, dass die durch den *Djihad* islamisierten christlichen europäischen Länder erst nach Jahrhunderten blutiger Kämpfe ihre Freiheit zurückgewinnen konnten. Dieser Prozess der Deislamisierung begann im Mittelalter, zunächst in Spanien, Portugal und den Inseln des Mittelmeers. Ab dem 18. und im gesamten 19. Jahrhundert setzte er sich auf dem Balkan fort. In Mitteleuropa war der Islam bis nach Südpolen und Ungarn vorgedrungen und beherrschte im 19. Jahrhundert noch Griechenland, Serbien, Montenegro, Bulgarien und die halbautonomen rumänischen Fürstentümer. Die nationalen Befreiungskriege dauerten bis zum Ersten Weltkrieg an. Mit den kürzlich blutigen, noch andauernden Konflikten auf dem Balkan haben sie sich in Erinnerung gebracht.

Vom Standpunkt des muslimischen Dogmas und Gesetzes aus gesehen, unterscheidet sich die heutige Situation Israels nicht grundsätzlich von den Befreiungskriegen auf dem Balkan im 19. Jahrhundert. Wie die Israelis waren auch diese Völker von der Vernichtung durch einen *Djihad* bedroht, der ihnen jedes Recht, sich vom Machtbereich des Islam (*Dar al-Islam*) loszusagen, verweigerte. Palästina wie die eroberten Gebiete auf dem Balkan waren nach islamischem Recht *waqf* oder *fay*, d.h. eine der islamischen Gemeinschaft von Allah zur Verwaltung durch den Kalifen gewährte Beute.

Das Prinzip des *Waqf* ist dabei, wohlgemerkt, nicht auf durch den *Djihad* eroberte Territorien begrenzt. Vielmehr ist die ganze Welt ein den Muslimen von Allah verheißenes *Waqf*. Es ist eine religiöse Pflicht, es zu gegebener Zeit zu besetzen und der *Scharia* zu unterstellen. Es ist diese Pflicht, die hinter dem Aufruf zum *Djihad* steht, durch welchen diese Gebiete, die gleichsam illegal von den Ungläubigen besetzt gehalten werden, „heim ins muslimische Reich" geholt werden. Hier liegt die Quelle, die Rechtfertigung und die treibende ideologische Kraft hinter den islamischen Eroberungskriegen. Die heute von manchen

politischen Kommentatoren zu hörende Behauptung, der Aufruf zur
Welteroberung sei eine neumodische extremistische Deutung des Islam
durch ein paar Fanatiker, ist schlicht falsch. Diese Deutung bildet vielmehr seit der Formulierung ihrer Prinzipien durch muslimische
Rechtsgelehrte und Theologen des 8. und 9. Jahrhunderts die Basis für
den *Djihad*. In diesem Kontext ist die Anwendung des *Waqf*-Prinzips
auf Israel nur ein kleiner Mosaikstein in einem weltweiten geopoliti-
schen Konzept. Wenn Israel (egal, wie groß oder klein es ist) angeblich
illegal auf „arabisch-muslimischem Boden" existiert, dann halten auch
das heutige Spanien, Portugal, die Balkanstaaten etc. Gebiete besetzt,
die „eigentlich" den Muslimen gehören. Ja mehr noch: *Alle* nichtmuslimischen Staaten in der Welt sind „illegal", da sie ja auf potentiellem
muslimischem *Waqf*-Territorium liegen.

Die Befreiungskriege des 19. Jahrhunderts gaben verschiedenen
südosteuropäischen Völkern ihre nationale territoriale Souveränität
zurück. Ähnlich wie das jüdische Volk 1948 einen Teil seines Landes Israel („Palästina") zurückerhielt. Dieser Prozess erlaubte diesen Völkern die freie Entwicklung ihrer Kultur und ihres Rechtssystems. Die
Wiedergeburt dieser christlichen Staaten führte zur Flucht von Millionen Muslimen, die das menschenunwürdige System der Dhimmitude
getragen hatten. Sie flohen nach Anatolien, Syrien und Palästina. Es
wäre absurd, heute plötzlich zu behaupten, dass den Nachkommen
dieser Muslime damals ein „Unrecht" widerfahren sei und sie daher ein
„Recht auf Rückkehr" nach Spanien, Portugal, Sizilien, den Balkan
oder anderswo hätten. Eine solche Rückkehr würde eine massive Destabilisierung der Folgestaaten eben jener Völker bedeuten, die jahrhundertelang unter dem Joch der Dhimmitude gelebt und gelitten hatten.

Die Befreiungskriege, die zur Abschaffung des Systems der Dhimmitude führten, schafften ein Unrecht ab, das durch eine Rückkehr zu
der alten Situation wiederaufleben würde. Dies gilt nicht nur für Europa, sondern auch für Israel. Ein „Recht auf Rückkehr" in den Staat Israel für palästinensische Araber – also für Menschen, die die Werte des
Djihad geradezu verkörpern – würde die Weichen für eine erneute
Dhimmitude für die Juden stellen. Zur Dhimmitude gehört von jeher
die Enteignung der einheimischen Völker. Nachdem ihr Land ein *Waqf*
für die muslimische Gemeinschaft (*Umma*) geworden ist, bekommen

sie den *Dhimmi*-Status. Als *Dhimmis* sind Juden wie Christen lediglich Geduldete – solange sie sich an die Gesetze ihrer Eroberer halten, zu denen auch das Verbot von Landbesitz im eigenen Heimatland gehört.

Kurz und gut: Vom Gesichtspunkt der islamischen Lehre aus kann man die Situation Israels durchaus mit der jener europäischen Völker von Portugal bis zur Krim vergleichen. Ihnen gelang es, sich im Laufe jahrhundertelanger Kämpfe, von dem Joch der Gesetze der Dhimmitude, das ihnen der *Djihad* und die *Scharia* auferlegt hatten, zu befreien. Es war die Abschaffung dieser Gesetze, die es diesen Menschen ermöglichte, ihre nationale Unabhängigkeit und ihre Rechte wiederzuerlangen. Freiheit oder Tod im Griff der Dhimmitude – das waren ihre Alternativen.

Israel und Europa: Unterschiede

Die geographische Situation Israels ist anders als die der Balkanvölker, denn Israel (wie im Übrigen auch der Libanon, Georgien und Armenien) ist eine Enklave in einer ansonsten gänzlich muslimischen Region. Hinzu kommen wichtige theologische und politische Unterschiede.

Theologische Aspekte: Auf der theologischen Ebene besteht eine Konvergenz zwischen der christlichen Lehre von einem angeblichen göttlichen Fluch, der den Juden dazu verdammt, ein ewiger Wanderer zu sein, und der muslimischen Lehre, die das Verfluchtsein der Juden übernimmt und anschließend auch auf die Christen anwendet. Für die Juden des Mittelalters bedeutete die islamische Position eine gewisse Verbesserung gegenüber der christlichen, die ja Israel alleine in die dämonisierende Schublade des Bösen gesteckt hatte. Für die Christen aber war es eine zusätzliche Demütigung, plötzlich auf die gleiche Ebene mit dem Volk gestellt zu sein, für das sie nur Hass und Verachtung empfanden. Dieser Schock war einer der Gründe dafür, die Geschichte der Dhimmitude, der gesetzlichen und theologischen Entrechtung der Juden und Christen, so lange unter den Teppich zu kehren.

Tatsache ist, dass das Christentum sich aus dem Judentum entwickelt hat. Der Ausbruch aus dieser engen Symbiose war von einer erbitterten Ablehnung der Mutterreligion begleitet. Man darf hier nicht vergessen, dass der Konflikt zwischen der frühen byzantinischen Kirche und dem palästinensischen Judentum am heftigsten im Heiligen Land selber tobte, das seit dem 2. Jahrtausend v. Chr. die Heimat der Juden gewesen war. Die Christianisierung des Römischen Reiches im frühen 4. Jahrhundert gab dem Patriarchat die Gelegenheit, das seit dem Bar-Kochba-Aufstand 135 n. Chr. von Kaiser Hadrian für die Juden erlassene Verbot, in Jerusalem zu wohnen (das offenbar inzwischen nicht mehr galt), wieder einzuführen. Im 5. Jahrhundert führte das Bündnis zwischen einer stark vom Heidentum beeinflussten Kirche und dem byzantinischen Staat zur Institutionalisierung des antijüdischen Dogmas der Kirchenväter. Es war Augustinus (gest. 430), Bischof von Hippo (heute Bône in Algerien), der die kirchliche Lehre über die Juden am deutlichsten formulierte: Sie waren ein „Volk von Gottesmördern", dazu verdammt, heimat- und ruhelos in Schmach und Schande durch die Welt zu wandern.

Das Dogma, dass der Status der Erwählung von den Juden auf die Christen übergegangen war, bildete das Fundament der kirchlichen Haltung gegenüber dem Judentum und der Entjudaisierung Jerusalems. Der Hüter dieses Dogmas war vor allem die Kirche im Heiligen Land selber. Es war diese Kirche, welche die Vertreibung der Juden aus Jerusalem, ihre Demütigung und Verfolgung überwachte. Nur wenige Jahre vor der arabischen Eroberung, nach der kurzen persischen Besetzung, ordnete Kaiser Heraklios auf Betreiben des Patriarchen Sophronius das erste Judenmassaker im Byzantinischen Reich an. Als die muslimischen Eroberer eintrafen, bat Sophronius sie inständig, die Entjudaisierung Jerusalems nicht zurückzunehmen. Es waren also die Kirchen im Heiligen Land, die das Dogma des Judenhasses an den Islam weitergaben. Dessen wohlbewusst, dass sie die Wächter dieser Lehre waren, überhäuften sie die Juden in Palästina und die wenigen, denen die Muslime die Rückkehr nach Jerusalem erlaubten, mit Demütigungen und Leiden.

In diesem theologischen Kontext gaben die zionistische Bewegung und die Balfour-Erklärung von 1917, die den Juden eine „nationale Heimstätte" in Palästina versprach, dem blindwütigen Antisemitismus, der im christlichen Europa den Boden für die Shoah vorbereitete, neue Nahrung. Die christliche Lehre von der Verfluchung der Juden durch

Gott blieb bis zum Zweiten Vatikanischen Konzil (1963–1965) unverändert. Ihre Abschaffung entfachte vor allem bei den arabisch-orientalischen *Dhimmi*-Kirchen erbitterten Widerstand. Sie betätigten sich als Sprachrohre der Staaten der Arabischen Liga.

Trotz aller Bemühungen christlicher Geistlicher und Laien, die sich den Juden und dem Judentum verbunden fühlten, waren die Ergebnisse des Zweiten Vatikanischen Konzils eher uneindeutig und bedeuteten einen Erfolg für die antisemitische Mehrheit in der Katholischen Kirche. Die Delegitimierung und Dämonisierung des Staates Israel und der Ruf nach seiner Ersetzung durch einen Staat Palästina blieben bestehen. Der Jude blieb der unstete Wanderer. Dazu war die Verurteilung des Antisemitismus nicht von einer totalen Rehabilitation der Juden begleitet. Diese Doppeldeutigkeit ermöglichte es den Christen, die armen Juden zu bedauern, die an ihrem Elend doch nur selber schuld waren.[3] Sie hat es möglich gemacht, dass sich in ein- und denselben Köpfen Mitleid mit den Juden mit der heftigsten Ablehnung Israels paaren konnte. Der Ersatz des Feindbildes „die Juden" durch das Feindbild „Israel" wurde von den der PLO verbundenen palästinensischen Kirchenführern mit unermüdlichem Aktivismus betrieben.

Dieser ganze Prozess der Dämonisierung des Staates Israel wurde von den arabischen *Dhimmi*-Kirchen eingeleitet, durchgeführt und nach Europa vermittelt. Die Befreiung Jerusalems im Sechs-Tage-Krieg 1967 verstärkte diese Tendenz zusätzlich; es begann eine wahre Welle der antiisraelischen Indoktrination in den europäischen Medien.[4] Es ist

---

[3] Der eifrigste Verfechter dieser These wurde der mittlerweile verstorbene Abbé Youakim Moubarac, ein syrisch-katholischer Priester und Generalsekretär des Rates der katholischen Patriarchen im Orient; siehe dazu in seiner *Pentalogie Islamo-Chrétienne*, 5 Bde., Beyrouth: Editions du Cénacle Libanais, 1972–1973 den Band 3: *L'Islam et le Dialogue Islamo-Chrétien*, S. 155–170. In meinem Buch *Islam and Dhimmitude* stelle ich die Position Moubaracs sowie die von Kanonikus Naim Stifan Ateek und Bischof Kenneth Cragg, einem ehemaligen anglikanischen Kirchenmann in Jerusalem, genauer dar.

[4] Binnen einer Woche nach Beginn der al-Aqsa-Intifada im Oktober 2000 begann mit dem Segen des Jerusalemer Patriarchen Michael Sabbah Pater Raed Awad Abusaliah, Sekretär des Lateinischen Patriarchats in Jerusalem, eine heftige antiisraelische Kampagne mit der Publikation von zweimal pro Woche erscheinenden 12-seitigen „Botschaften" unter dem Titel *Olive Branch from Jerusalem*, mit denen Kirchen und kirchliche Gruppierungen im Westen dazu gebracht werden sollten, bei ihren Regierungen für die palästinensische Sache vorstellig zu werden und möglichst großen Druck auf Israel auszuüben. Ich behandele dieses Thema am Schluss meines Buches *Islam and Dhimmitude*.

richtig, dass in den Erklärungen nationaler Bischofssynoden in Europa andere, positivere Meinungen zum Ausdruck kamen. Doch die antizionistische Phobie die 1975 in der UN-Resolution 3379, die den Zionismus zu einer Form des Rassismus erklärte, ihren Höhepunkt erreichte, begann erst abzuebben, als diese Resolution im Dezember 1991, nach dem ersten Golfkrieg, annulliert wurde. Als im Dezember 1993 der Vatikan Israel formell anerkannte, erkannte er fast zeitgleich auch die Palästinensische Nationalbehörde (PNA) an; es entstand der Eindruck, dass es für nötig erachtet wurde, die verspätete Anerkennung Israels durch die Anerkennung der PNA „auszugleichen".

Diese Situation war eine Folge des Gewichtes der antisemitischen und proislamischen Tendenzen in einem beträchtlichen Teil der Kirche. Den gleichen Strömungen war es gelungen, beim Zweiten Vatikanischen Konzil 1965 eine exakt symmetrische Position der Kirche bezüglich der Juden und Muslime zu erreichen. Doch diese Symmetrie stürzte die Kirche in ein Dilemma, da die Beziehung des Christentums zu den Juden eine völlig andere, ja gegenteilige war als die zu den Muslimen. Das christliche Dogma von der theologischen Enterbung betrifft die Juden, aber nicht die Muslime, während der Islam dieses Dogma auf Juden- *und* Christentum anwendet. Nach der islamischen Lehre existierte der Islam sowohl schon vor diesen beiden Religionen und löste sie beide ab. Die im Koran erwähnten biblischen Gestalten (u. a. Abraham, Mose, David, Salomo und Jesus), die zum Teil kaum Ähnlichkeiten mit den Originalen haben, gelten als Muslime. Das Fehlen eines entsprechenden Räsonnements gegenüber dem Christentum im Judentum schafft eine falsche Symmetrie zwischen Judentum und Islam.

Auch auf der historisch-politischen Ebene ist diese falsche Symmetrie nicht zu halten. Kein christliches Land ist je von den Juden erobert worden, aber auf drei Kontinenten (Afrika, Asien, Europa) wurden christliche Länder islamisiert und der *Scharia* unterworfen. Dazu hat die islamische Rechtslehre von ihren ersten Anfängen an einen theologisch begründeten spezifischen Status für die Christen entwickelt. Es besteht also zwischen Islam und Judentum in ihrer Beziehung zu den Christen eine absolute Asymmetrie im theologischen, juristischen, politischen und historischen Bereich. Die Weigerung der Kirchen, diese radikale Asymmetrie zwischen den jüdisch-christlichen und muslimisch-christlichen Beziehungen anzuerkennen, erschwert den Weg zur Versöhnung. Zudem tut sie den Juden Unrecht, weil sie die offensichtlichen Unterschiede zwischen Judentum und Islam leugnet.

Trotz vieler hervorragender Arbeiten christlicher Theologen und Denker, die sich unermüdlich für eine jüdisch-christliche Annäherung einsetzen, nehmen der Antijudaismus und Antizionismus nach wie vor eine dominierende Stellung im europäischen Denken ein. Ja mehr noch: Die proislamischen Lobbys benutzen die jüdische Tragödie der Shoah (des Holocaust), um eine europäische Schuld am Los der palästinensischen Araber und muslimischen Immigranten in Europa zu konstruieren. Diese Schuld soll angeblich jener der Shoah entsprechen. Hier wird die Shoah genau für die Menschen instrumentalisiert, die sie ansonsten leugnen und auf die Zerstörung Israels hinarbeiten. Am Ende dieses Bildes von den bösen Christen, die sich an dem Islam schuldig gemacht haben, steht eine Stärkung des Antisemitismus. Diese Taktik ist in gewissen Kreisen der „islamisierten" Kirchen im Osten wie im Westen weit verbreitet und zeigt sich vor allem in ihrem Eintreten für die freie Einwanderung von Muslimen in die Europäische Union.

Politische Aspekte: Seit den 1970er Jahren ist die Politik mancher europäischer Regierungen gegenüber Israel durch Feindseligkeit geprägt. In dieser Politik verbinden sich die allgemeinen ökonomischen und politischen Interessen dieser Staaten. Sie kämpfen für die Erschließung von Märkten in der arabischen Welt, vor allem für Waffengeschäfte im militärischen Sektor. Diese zynische Politik scheint keine Skrupel zu kennen und bedeckt ihre Ziele mit dem Mantel des humanitären Engagements – vor allem für die Palästinenser.

In diesem Kontext erleidet Israel das gleiche Los wie jene christlichen Völker, deren Forderungen den Interessen der europäischen Großmächte des 19. Jahrhunderts im Wege standen. Auch damals mussten humanitäre Solidaritätsüberlegungen hinter die Staatsräson zurücktreten. Erst die europäische öffentliche Meinung bewog diese Mächte, wenn auch reichlich spät, zu einer Intervention. Damit wurde den Massakern an den Christen, die sich im Laufe der vielen Befreiungskämpfe auf dem Balkan ereigneten, ein Ende gemacht. Gegen Ende des 19. Jahrhunderts wurden die Armenier von Europa fallen gelassen, da keine europäische Macht, noch nicht einmal Russland, ein Interesse an einer weiteren Destabilisierung der Türkei hatte.

Nach dem Ersten Weltkrieg opferten Frankreich und Großbritannien die Interessen der Armenier und (im Irak) der Assyro-Chaldäer zugunsten einer promuslimischen Politik. Ein halbes Jahrhundert danach reagierten Europa und Amerika kaum, als die christlichen politischen Strukturen im Libanon von der muslimisch-palästinensischen Allianz zerstört wurden. Diese christliche Tragödie wurde von den meisten europäischen Intellektuellen und Medien mit einem schändlichen Schweigen bedacht. Vor allem von all jenen, die jahrzehntelang Tag für Tag das Los der Palästinenser bedauerten. Das Gleiche gilt übrigens auch für die Opfer in Ost-Timor und die Molukken (Indonesien) sowie für die Christen und Animisten im Südsudan. Sie sind seit vielen Jahren die Zielscheibe von *Djihad* und Versklavung durch arabische Muslime aus dem Norden des Landes, ohne dass die Europäische Union ihre Stimme dagegen erheben würde. Dieses Schweigen ist umso bemerkenswerter, angesichts einer Medienkampagne, die für die Muslime in Bosnien, im Kosovo und später in Tschetschenien geführt wurde. Der Genozid an den Christen in Indonesien ist der heutigen Presse kaum eine Randnotiz wert.

Auch die verschiedenen Formen der Diskriminierung, denen immer mehr Christen in muslimischen Ländern ausgesetzt sind, führen selten zu einer Medienkampagne oder zu einem dauerhaften Engagement größerer humanitärer Organisationen. Man kann die antizionistische Linie Europas ohne Übertreibung in die Kategorie des politischen Zynismus einordnen. Dies wirft die Frage auf, welche politischen Kriterien die „Selektion" von Information durch die Medien bestimmen: Auslassung, Desinformation und systematisches Desinteresse (Algerien, Sudan, Nigeria, Ost-Timor, Molukken, Philippinen etc.) und/ oder sogar ökonomische und geostrategische Interessen?

In seinen Beziehungen zur muslimischen Welt verfolgt der Westen also gegenüber Christen wie Juden eine ähnliche Linie. Es darf auch nicht unerwähnt bleiben, dass sich der Umgang der Türkei mit ihren ehemaligen *Dhimmi*-Völkern stark von dem der Araber unterscheidet. Die Osmanen des 19. Jahrhunderts und die Türkei des 20. Jahrhunderts nahmen Millionen muslimischer Flüchtlinge auf und schlossen Frieden mit ihren ehemaligen unterworfenen Völkern. Doch mit Ausnahme Jordaniens (das 77 Prozent des ehemaligen Palästina-Mandat-Gebiets des Völkerbundes ausmacht) weigern sich die 20 Staaten der Arabischen Liga, deren Territorium 10 Prozent der Erdoberfläche umfasst, bis heute, ihre palästinensischen Vettern aufzunehmen und ihnen Wohnraum und Staatsbürgerschaft zu gewähren. Zudem haben nur Ägypten und Jordanien Israels *De jure*-Existenz anerkannt.

Kurzsichtige ökonomische Interessen

Die europäischen Demokratien werden von Parteien regiert, die nur bis zur nächsten Wahl Zeit haben, ihre Politik umzusetzen, wobei in dieser Politik ökonomische und soziale Verbesserungen an erster Stelle stehen. Die Ziele von Demokratien sind in der Regel eher kurzfristig. Der durchschnittliche Diktator in der Dritten Welt dagegen (wie Syrien oder Libyen) verfolgt langfristige ideologische Ziele. Weiter: Westliche Experten behaupten gerne, dass wirtschaftliche Entwicklung ein Schlüssel zur Erreichung von Frieden und Gerechtigkeit sei. Aber in Saudi-Arabien, einem der reichsten Länder der Welt, hat sich in der Behandlung der Frauen und Nichtmuslime in den letzten Jahrhunderten kaum etwas bewegt. Pauschalbehauptungen wie jene bezüglich der wirtschaftlichen Entwicklung verkennen auch signifikante kulturelle Unterschiede; es gibt eben Länder, in denen religiös inspirierte Strategien zur Welteroberung einen höheren Stellenwert genießen als die wirtschaftliche Tagespolitik. In der *Djihad*-Kultur ist Friede nur eine Atempause vor einer Wiederaufnahme der Feindseligkeiten.

Die europäische und vor allem französische Politik gegenüber den Arabern ist von ökonomischen und politischen Interessen bestimmt und wird in den vor uns liegenden Jahren zu signifikanten politischen und kulturellen Veränderungen in Europa führen. Hier sind vor allem der Status der Frau in der Gesellschaft, die Polygamie und der von Millionen muslimischer Neueinwanderer geforderte Einbau einzelner *Scharia*-Bestimmungen in das europäische Rechtssystem zu nennen. Die Araberpolitik der Europäischen Union wurzelt in einem geplanten politischen Projekt. Dieses sieht die Schaffung eines ökonomischen und geostrategischen euro-arabischen Kontinents als Gegengewicht zum Einfluss Amerikas vor. Sie beinhaltet die Verschmelzung der Bevölkerungen aus dem Norden und dem Süden und die Intensivierung der europäischen ökonomischen Interessen in der arabischen und muslimischen Welt. Seit den 1960er Jahren hat sich in diesem ökonomisch-strategischen Kontext eine europäische Einwanderungspolitik entwickelt.

Dieses euro-mediterrane Nord-Süd-Projekt beruht auf der Utopie des „Andalusischen Paradieses" der perfekten muslimisch-christlichen Symbiose: Wie schön war doch alles, als die Araber Spanien beherrschten ... Dieser Mythos half bei der Konsolidierung der europäisch-arabischen Allianz und bei der Abschiebung der Verantwortung für die Diskriminierung von Christen in muslimischen Ländern auf den „ewigen Blockierer" Israel. Die Europäische Union weigert sich, die religiöse Unterdrückung in islamischen Staaten beim Namen zu nennen, und lässt ihre hilflose Frustration lieber an Israel aus, obwohl es offenkundig ist, dass die Unterdrückung und Diskriminierung in den Gesetzen der *Scharia* wurzelt. Seit den 1970er Jahren kann man es des öfteren hören: Wenn erst einmal ein demokratisches arabisches Palästina Israel abgelöst hat, dann, ja dann wird das Andalusische Paradies wiederkommen. Aber dieses andalusische multikulti – Paradies ist ein reiner Mythos. In Wirklichkeit wurden die andalusischen Harems ständig mit bei Grenzüberfällen erbeuteten christlichen Sklavinnen aufgefüllt, und die Macht des muslimischen Staates beruhte auf Streitkräften mit Tausenden von zwangsislamisierten christlichen Sklavensoldaten. Alle Nichtmuslime waren und blieben allerdings *Dhimmis*. Andalusien wurde mit der Faust der malakitischen Rechtsschule regiert. Es war ein typisches Beispiel eines *Djihad*-Landes und erlebte immer wieder Aufstände der Christen, während die muslimischen Herren alle Spuren des Christentums vernichteten. Erst Ende des 15. Jahrhundert war die christliche Rückeroberung des Landes („Reconquista") abgeschlossen.

Die Rolle der palästinensischen christlichen Dhimmis

Der Beitrag der palästinensischen arabischen Christen in diesem Kontext ist auf drei Gebieten beträchtlich:

1. Die muslimische Einwanderung nach Europa
2. der fortdauernde Vernichtungskampf gegen das Christentum in der arabischen und übrigen muslimischen Welt

3. der wachsende Antizionismus in Europa.

Mit dem Traum von der großen muslimisch-christlichen Symbiose, dem „goldenen Zeitalter", das einst bestand, bevor der „Sündenfall" in Gestalt des israelischen Staats dazwischen kam, wird Geschichte durch Mythos verdrängt. Dieser Mythos, der einer der Grundpfeiler des arabischen Nationalismus ist, wurde vor allem ab den 1920er Jahren propagiert und lag in der Levante (besonders im Mandatsgebiet Palästina) einer Politik der muslimisch-christlichen Kollaboration gegen den Zionismus zugrunde. Nach 1948 wurde er zur ideologischen Waffe, welche die Vernichtung des neugegründeten jüdischen Staates rechtfertigte.[5] Er lieferte eine Strategie, welche die arabische Welt von jeder Schuld freisprach. Für das Leiden der Christen in der Region war ja Israel verantwortlich. Dieses Arrangement erlaubte ungehinderte Handelsbeziehungen zwischen dem Westen und der arabisch-muslimischen Welt. Es stärkte die antizionistische Kampagne und bremste die jüdisch-christliche Annäherung.[6] Doch diese von den palästinensisch-arabischen Christen (Laien wie Theologen) praktizierte Linie gibt keineswegs die Meinung aller Christen wieder. Der seit den 1960er in Europa erzielte Erfolg dieser Propaganda beruht auf Allianzen mit antisemitischen Lobbys und steht in keinem Verhältnis zur geringen demographischen Bedeutung der palästinensisch-arabischen Christen, die keine 5 Prozent der gesamten palästinensisch-arabischen Bevölkerung ausmachen. Heute sehen sich die gleichen Christen mit dem Vormarsch der Hamas-Bewegung in den jetzt unter Arafats Administration stehenden Gebieten konfrontiert.

Die arabische Einwanderung nach Europa wurde seit den frühen 1960er Jahren von europäischen Politikern und ihren arabistischen Beratern geplant und gefördert. In ihr setzte sich die pro-arabische und pro-muslimische Linie, der die europäischen Mächte und Kirchenhie-

---

[5] Zu dieser Symbiose siehe Robert Brenton Betts in *Christians in the Arab World. A Political Study*, London, SPCK, 1979, S. 226–227. Dieser Mythos vom „Goldenen Zeitalter" wurde regelmäßig von arabischen Politikern und Kirchenmännern vorgetragen, z. B. von Moubarac, der in seiner *Pentalogie*, Bd. 4 (*Les chrétiens et le monde arabe*, Beyrouth, Editions du Cénacle Libanais, 1972–1973), S. 139, den damaligen syrischen Patriarchen Sayegh zitiert.

[6] Die Arabische Liga stellte sich strikt gegen die Bewegung zur jüdisch-christlichen Aussöhnung, indem sie durch ihre *Dhimmi*-Kirchen den alten Mythos vom „Gottesmördervolk" aufrecht erhielt.

rarchien seit Beginn des 20. Jahrhundert gefolgt waren, fort. Die Öffnung gegenüber anderen Religionen nach dem Zweiten Vatikanischen Konzil bedeutete eine echte Neuerung, die mit den Vorurteilen der Vergangenheit brach. Doch die Annäherung zwischen Juden- und Christentum fand ihr Gegengewicht im Antizionismus und der Verteidigung der palästinensischen Interessen; Hand in Hand mit der Verurteilung des Antisemitismus ging die Propagierung des Antizionismus. In dem einseitigen Engagement des Vatikans und vieler protestantischer Kirchen für die Sache der Palästinenser setzte sich die theologische Enterbung Israels, die den Staat Israel delegitimiert hatte, praktisch fort.

Nach dem Zweiten Vatikanischen Konzil und auf Betreiben der palästinensischen Kirchen verstärkten katholische und protestantische Theologen ihren Dialog mit dem Islam.[7] Die Annäherung an den Judaismus wurde überlagert von christlichen Interessen in der muslimischen Welt und von der eisernen Opposition der arabischen Kirchen. Diese Dhimmi-Kirchen sind vollständig in das Denken des Dhimmitude-Systems eingebettet, das sie 13 Jahrhunderte hindurch bewahrt haben. Ihr Überleben ist ganz davon abhängig, dass sie willige Diener muslimischer Interessen sind.

Die „Palästinenserfrage" hat die Geschichte der Dhimmitude an den Rand gedrängt und ihre kritische Untersuchung verhindert. Das Wissen um diese Realitäten hätte die Desakralisierung der traditionellen muslimischen Vorurteile gegenüber den „Schriftbesitzern" gefördert; ein solcher Schritt hätte zu einem muslimischen Aggiornamento geführt, also einer „Modernisierung" und Anpassung des Islam an die heutige Welt. Doch die muslimisch-christliche Symbiose, die (nach Israels Abgang) in einem künftigen demokratischen Palästina Gestalt gewinnen sollte, wurde zu einem Dogma, das jede Auseinandersetzung mit Geschichte und Wesen der muslimisch-christlichen Beziehungen in dem sie so entscheidend prägenden Kontext von *Djihad* und Dhimmitude verhinderte. Die verbotene Kritik an dieser muslimisch-christlichen Symbiose breitete den Mantel des Tabus über die immer schlim-

---

[7] Moubarac gibt Details in seiner *Pentalogie*, Bd. 5 (*Palestine et arabité*, Beyrouth, Editions du Cénacle Libanais, 1972–1973), S. 28.

mer werdende Lage der Christen in vielen muslimischen Ländern.[8] Um die euro-muslimische Allianz nicht zu stören, wird Israel zur Verkörperung des Bösen. Dieses Schweigen hat auch die eigene Situation der Christen im Nahen Osten geschwächt, indem es zu verstärkten, irreversiblen Übertritten von Christen zum Islam und zu einer massiven Auswanderung aus arabisch-muslimischen Ländern in den Westen führte.[9]

Die Behauptung, dass Israel Schuld an der Lage der Christen in der arabischen Welt sei, ist – aus kommerziellen wie aus theologischen Motiven – heute nach wie vor gang und gäbe. Diese Behauptung ist Teil einer Tradition von Dreiecksbeziehungen zwischen Juden, Christen und Muslimen im Kontext der Dhimmitude. In der Vergangenheit machten die von muslimischen Mächten bedrängten Christen ihrem hilflosen Frust oft durch Übergriffe auf die Juden Luft. So manche Judenverfolgung im Mittelalter war eine Reaktion auf die Verfolgungen, welche die Christen in Spanien und der Levante durch die Muslime erlitten. Wenn heute der Staat Israel als Sündenbock dient, ist dies eine Fortsetzung dieser Tradition. Da sich die europäischen Politiker nicht trauen, die Araber zu konfrontieren, greifen sie Israel an. Aber die Rechtlosigkeit und Diskriminierung der Christen in arabischen Ländern ist eindeutig eine Folge der *Scharia* und traditioneller islamischer Vorurteile.

Die palästinensisch-arabische Sache ist ein zentrales Element im europäischen Antizionismus. Mehr als einmal erlebte das Kirchenväter-Dogma vom „Volk der Gottesmörder" seine Auferstehung in dem Bild eines muslimisch-christlichen Palästina, das von dem jüdischen Staat „gekreuzigt" wird. Am 11. Dezember 2000, zwei Wochen vor der Zweijahrtausendfeier des Weihnachtsfestes, brachte *Intifada*, eine neue palästinensische Tageszeitung, auf ihrer Titelseite eine über die halbe Seite reichende Karikatur, die eine gekreuzigte junge Frau mit dem Na-

---

8 Michel Hayek, ein libanesischer maronitischer Priester, erklärte: „Lasst uns ein Tabu und ein politisches Verbot brechen und offen bekennen, was wir im Fleisch und im christlichen Bewusstsein leiden: nämlich, dass der Islam die schlimmste Geißel ist, die die Kirche je erlebt hat, eine Geißel, die das christliche Bewusstsein bis heute traumatisiert." (In: „Nouvelles approches de l'Islam", *Les Conférences du Cénacle*, Beyrouth, 1968, n. 970, XXII année; englische Übersetzung in Bat Ye'or, *Islam and Dhimmitude*, S. 333.)

9 Siehe *Middle East Quarterly*, vol. 8, no. 1, Winter 2001. Das gesamte Heft ist dem Thema „Das Verschwinden der Christen im Mittleren Osten" gewidmet.

men „Palästina" über ihrem Kopf zeigte. Aus ihrem gemarterten Körper schießt Blut in ein Trio karikierter Juden, die zu der Frau, die für Jesus/Palästina stehen soll, aufschauen. Drei Tage später brachte die Zeitung ein massives Kreuz, diesmal ohne die übrige Kreuzigungsszene, aber mit einem Gebet an „meinen verratenen Herrn – verraten durch den Kuss des Verräters", das so endete: „O Sohn der Jungfrau, sie können dich nicht zweimal bezwingen."[10]

Von den arabischen Staaten gedrängt, torpedierten die palästinensischen *Dhimmi*-Kirchen den jüdisch-christlichen Annäherungsprozess in Europa. Als Erben und Wächter einer jahrhundertelangen Tradition der Erniedrigung, ja der Ermordung von Juden in ihrem Heimatland rechtfertigten sie lautstark die internationale Terrorkampagne der PLO. In dem politischen Kampf gegen Israel setzte sich der theologische Kampf in gleichsam modernisierter Form fort.

Dieses Phänomen ist unabhängig von manchen Aspekten der israelischen Politik, die mit Recht kritisiert werden können, wie bei jedem anderen Staat auch. Es entspringt vielmehr einem zwanghaften Drang zum Hass und zur Diffamierung. In den muslimisch-christlichen Medien des Nahen Osten (einschließlich der palästinensischen) gehören Anspielungen auf die „Gottesmörder" und auf Ritualmorde, Behauptungen einer zionistischen Weltverschwörung, die theologische Enterbung der Juden und die Holocaust-Leugnung zum ganz normalen Alltag. Die Europäische Union finanziert währenddessen das Schulsystem der PNA, auf dessen Landkarten der Staat Israel nicht existiert.

Und so stehen wir vor dem Phänomen, dass zeitgleich zu der Aussöhnung Europas mit den jüdischen Gemeinden in seinen Ländern (winzige Überreste der jüdischen Bevölkerung vor dem Genozid der Shoah) der Antizionismus all seine traditionellen Klischees auf den Staat Israel projiziert, der das neue Symbol des „bösen Juden" gewor-

---

[10] Ein langer Speer geht durch den Leib der Frau und das Kreuz; auf seiner Spitze prangt der Davidsstern, am Ende des Schaftes hängt die Flagge der USA (*Palestinian Media Watch,* pmw@netvision.net.il, 13. und 15. Dezember 2000). Zu Ostern 1997 ließen sich drei palästinensische Araber bei Har Homa, von dem aus man nach Jerusalem schaut, an Kreuze binden; die Kreuze trugen die Aufschrift: „Die Kreuzigung des Friedensprozesses, Jerusalems und Bethlehems". Der palästinensische Dichter Mahmoud Darwish ist dafür bekannt, dass er (wohl mit Hilfe von Christen) die traditionellen christologischen antijüdischen Themen der Kreuzigung benutzt.

den ist. Es stimmt, dass die Katechismen der Kirchen gereinigt worden sind, aber täglich tönt uns die Verachtung der Juden in einem anderen Register entgegen. Je heftiger der Antisemitismus verurteilt wird, desto mehr wird in einer Art perverser Mimikry der Antizionismus entfesselt – eine Aufwärmung alter Hassklischees, welche die Verbrechen der Täter auf den Rücken der Opfer wirft. Je mehr die christlichen Freunde Israels die Lehren ihrer Kirchen zu modifizieren versuchen, desto stärker wird die Unterstützung für die Sache der Palästinenser und die theologische Enterbung der Juden. Arabien und Palästina werden zum Erben des biblischen Israel und zur Wurzel des Christentums. Die Leugnung der Identität und Geschichte Israels hat die Theologie der Enterbung auf Hochglanz poliert.

Es ist kein Zufall, dass der Antizionismus gerade in Europa, also auf dem Kontinent, auf dem die Shoah geschah, solch ein Ausmaß erreicht hat. In manchen Ländern hatten noch jahrzehntelang nach dem Krieg Nazi-Kollaborateure und Sympathisanten hohe Ämter im Staat, im Finanzwesen und in den Medien inne. Versuche, die Verantwortlichen zur Rechenschaft zu ziehen, wurden nicht selten blockiert. Nur Deutschland hat, gleichsam international dazu verpflichtet, den Mut besessen, seine eigene Vergangenheit kritisch zu bewältigen. Mit seinem Engagement für die Palästinenser hat der europäische Antisemitismus sich selbst die Absolution erteilt und indem er den Staat Israel dämonisiert und „nazifiziert" hat, hat er die Schuldflecken auf seiner Weste frech den Juden untergeschoben.

Die genaue Stärke des heutigen politischen europäischen Antisemitismus ist schwer einzuschätzen, auch wenn das Zögern, prozionistischen Meinungen in der Presse Gehör zu geben, ein Anzeichen dafür sein mag. Alles in allem kann der Erfolg des Antizionismus mit Sicherheit nur durch die verdeckte oder auch offene politische Unterstützung erklärt werden, die er auf der höchsten politischen und religiösen Ebene genießt. Trotzdem: Die katholische Enzyklika *Nostra Aetate* (1965), der unermüdliche Kampf vieler katholischer und protestantischer Theologen gegen den Antisemitismus, die Anerkennung Israels durch den Vatikan und der allgemeine Wunsch, die jüdisch-christliche Annäherung beizubehalten und zu vertiefen (vgl. die Pilgerfahrt Papst Johannes Paul II. nach Israel im März 2000), haben neue Verhaltensweisen geschaffen. Die Säkularisierung der westlichen Gesellschaften und der wachsende Individualismus haben zudem in allen Bereichen der Gesellschaft ein breites Spektrum der Meinungsvielfalt entstehen lassen. Ohne das dauernde Trommelfeuer der Medien wie in den vergangenen Jahren – vor allem seit Oktober 2000 mit der zweiten Intifada – wäre es schwierig, einen Konsens in der europäischen öffentlichen Meinung zu erkennen. Und das, obwohl die Tendenzen und die politische Linie der Europäischen Union klar sind. Wohin die Reise künftig gehen wird, mag man aus Folgendem ersehen: 1. den äußerst feindseligen Reaktionen auf die Wahl Netanjahus zum israelischen Premierminister 1996; 2. dem Boykott der Dreitausendjahrfeier Jerusalems durch die Europäische Gemeinschaft (der einer Leugnung der biblisch-jüdischen Geschichte dieser Stadt gleichkommt); 3. der Weigerung, Jerusalem als Hauptstadt Israels anzuerkennen (eine symbolische Erinnerung an das Verbot jüdischer Souveränität über die Stadt); 4. dem Lob für Ehud Barak, solange er in dem „Friedensprozess" immer wieder palästinensische Forderungen erfüllte; 5. dem anti-israelischen Propagandakrieg in den Medien, nachdem Arafat die zweite Intifada losgetreten hatte; 6. der fast einhellig negativen Reaktion auf die Wahl Ariel Sharons; 7. der wachsenden Tendenz, die Wiege des Christentums bei den palästinensischen Arabern zu sehen.

Das Ende des Christentums?

Führt die Straße der „palästinensischen Befreiungstheologie" zur totalen Trennung zwischen Juden- und Christentum? Die Leugnung der jüdischen Wurzeln ist ein Leitmotiv der Kirchengeschichte. Dieses Problem erscheint deutlich auf zwei Ebenen. Die erste hat zur Eliminierung der Juden geführt, die durch ihre Dämonisierung gerechtfertigt wurde. Viele Christen haben sehr wohl begriffen, dass die Shoah und die Rückkehr zum Heidentum unter den Nazis in gewissem Sinne das Ende des Christentums war. Mit anderen Worten: Im Tod seines Opfers erleidet der Henker selber den inneren Tod.

Die zweite Ebene äußert sich in einem Prozess der Entchristlichung, der auf dem Hass auf das das christliche Denken strukturierende und tragende jüdische Wesen und seine Spiritualität beruht. Die totale Austreibung des Judentums aus dem christlichen Bewusstsein vollzieht sich durch die Formulierung einer Theologie, welche die Bibel (einschließlich des Neuen Testaments) zu entjudaisieren versucht. In Europa macht sie sich bereits durch eine „Palästinisierung" der Bibel bemerkbar.[11]

Die palästinensische Befreiungstheologie ist mithin Teil einer historischen Bewegung zur Schaffung eines „judenreinen" Christentums. Jesus wird nicht mehr als ein in Judäa geborener Jude gesehen, sondern als Araber aus Palästina, ebenso seine Mutter und ganze Verwandtschaft, seine Jünger und die Apostel. Kindisch? Nicht ernst zu nehmen? Aber hinter dieser Bibelverdrehung steht der sehr ernst zu nehmende Wunsch, alles Jüdische aus dem Christentum zu entfernen und sein Erbe einem muslimisch-christlichen Palästinensertum zuzuschlagen.

Die Entjudaisierung des Christentums entspringt aus einer selbstzerstörerischen Dynamik und der Unmöglichkeit, den Hass auf die Juden mit den jüdischen Wurzeln des Christentums zu verbinden. Dieser Hass ist besonders stark in den historischen palästinensischen heidnisch überprägten Kirchen (also im Land Israel selber). Das erklärt den neuen Träger der theologischen Enterbung der Juden. Für den christlichen Araber, der tief im Antijudaismus steckt, ist das Judentum als „Mutter" des Christentums völlig inakzeptabel, ja ein Skandal. Aus diesem Konflikt zwischen den nun einmal vorhandenen jüdischen Wurzeln des Christentums und der schroffen Ablehnung des Judentums ergeben sich die „Bibelprobleme" der palästinensischen Kirchen. Die zur Zeit unternommenen Versuche, das Neue Testament vom Alten abzutrennen, indem Jesus, seine Jünger und die Apostel entjudaisiert (d. h. zu Palästinensern, Arabern oder gar Muslimen gemacht) werden, sind symptomatisch für diese Kontroverse.

Doch der positive Wandel in der Linie des Vatikans gegenüber Israel und die allgemeine jüdisch-christliche Annäherung sind dabei, die traditionellen judäophobischen Dogmen der syrisch-palästinensischen Kirchen zu untergraben. Diese Kirchen sehen sich heute mit einer neu-

---

[11] Moubarac schlägt in seinem Buch *L'Islam et le dialogue Islamo-chrétien* (Pentalogie, Bd. 3), S. 124–125 die „Entbiblisierung" der Bibel vor. In meinem Buch *Islam and Dhimmitude* gehe ich ausführlicher auf dieses Thema ein.

en Theologie konfrontiert, die ihnen die so bequeme und in alle Welt hinausposaunte Rolle der „Opfer" Israels wegnimmt und sie stattdessen als zweitausendjährige Verfolger der Juden in deren alter Heimat darstellt. Und diese Rolle – für die sie bisher keine Buße getan haben – nimmt ihnen das Recht, sich in Bezug auf die Juden und Israel als Hüter der „Gerechtigkeit" aufzuspielen.

In der Entjudaisierung der Evangelien und der übrigen biblischen Texte zeigt sich das Unvermögen, Judentum und Christentum miteinander in Einklang zu bringen, und das in einer Kirche, die einst der heidnischen Welt die Ethik der Juden brachte. Der Rückfall ins Heidentum, wie er sich in der Judäophobie des Kommunismus und Nationalsozialismus zeigte, wurde im 20. Jahrhundert zum größten Totengräber des Christentums. Heute zeigt sich die gleiche Judäophobie erneut in der Arabisierung der Evangelien und der Tendenz zur Islamisierung der christlichen Theologie. Es ist schwer einzuschätzen, ob diese Entwicklung auf der Judäophobie selber beruht oder auf der Intoleranz der islamischen Umgebung (die ja Juden- wie Christentum gleichermaßen ablehnt; daher die Islamisierung der arabischen *Dhimmi*-Kirchen in ihrem Kampf um das Toleriertwerden). Wie dem auch sein mag, dieser Trend, der zur Zeit in Europa von einem pro-islamischen und judäophobischen Klerus pausenlos propagiert wird, fügt sich nahtlos in die Kette der andauernden Kapitulationen der *Dhimmi*-Mentalität ein.

Bei allen mit Sicherheit vorhandenen historischen Unterschieden: Die Situation nach der Shoah erinnert in mancher Hinsicht an jene, die im Orient am Vorabend der Geburt des Islam im 7. Jahrhundert und seines nachfolgenden Eroberungszuges herrschte. Auf die auf Betreiben des palästinensischen Klerus von Kaiser Heraklios befohlenen Judenmassaker folgte schon ein paar Jahre später die arabische Eroberung und Islamisierung großer Teile des orientalischen Christentums. Sie wurde begünstigt durch den virulenten Antijudaismus, blutige Kämpfe um die reine Lehre zwischen den Kirchen, durch eine Allianz von Christen und Muslimen gegen die Juden und gegen andere Christen sowie durch ein allgemeines spirituelles Vakuum und durch korrupte Führer in Kirche und Staat.

Was geht uns die Geschichte an?

„Wer braucht schon Geschichte?" heißt es oft. Tatsache ist, dass die Geschichte für den zur Falle wird, der sie vergisst. Und ebenso für den, der sich in ihr verfängt und sie um jeden Preis wiederholen will. Die befreiende Dimension der Geschichte kann sich nur dort entfalten, wo man miteinander wetteifernde Wahrheiten relativiert und entschlossen ist, Vergangenheit nicht zu wiederholen, sondern Zukunft zu bauen. Aber Zukunft bauen kann nur, wer um die Geschichte weiß; wer sie vergisst, der stürzt in ihre Fallgruben.

Die tragischen Entwicklungen im Libanon seit Mitte der 1970er Jahre waren möglicherweise nichts als Folgen der zu Beginn des 20. Jahrhunderts gewählten politischen Optionen.[12] Auch die Wiederherstellung des Staates Israel war das Ergebnis eines langen Prozesses. In 20 oder 30 Jahren werden die in den 1960er und 1970er Jahren vorgenommenen politischen Weichenstellungen das Gesicht Europas verändert haben. So projiziert die Geschichte sich ständig in die Zukunft hinein; sie ist nicht ein belangloses Stück Vergangenheit, sondern ein aktiver Katalysator unserer Gegenwart und Zukunft.

Die Geschichte sollte uns dazu bringen, darüber nachzudenken, wie wir sie überwinden können, um Konflikte durch Strategien des Friedens und der Versöhnung zu lösen. Solche Strategien haben mit territorialen Aspekten und Grenzen zu tun, aber auch mit Ideologien. Der Friede, der zwischen Israel und seinen arabischen Nachbarn (einschließlich der palästinensischen Araber) Gestalt zu gewinnen schien, bedeutete eine vollständige Veränderung der Mentalitäten. Doch die Arabisierung der biblischen Geographie und Geschichte setzt in den palästinensischen *Dhimmi*-Kirchen die alte Theologie der Enterbung gegenüber dem Judentum fort. Diese Kirchen scheinen zum ewigen Hass auf die Juden verurteilt zu sein oder zu einer Islamisierung, wie sie ihrem Selbstbild von dem palästinensisch-arabischen Ursprung des Christentums letztlich zugrunde liegt.

Aber Friede bedeutet auch, dass ich den Anderen in seinem Sosein

---

[12] Walid Phares, *Lebanese Christian Nationalism. The Rise and Fall of an Ethnic Resistance*, Boulder, Colorado/London, Lynne Rienner, 1995.

akzeptiere. Friede bedeutet damit aufzuhören, ihm seine Geschichte und sein Erbe wegzunehmen und so auf die perverseste Art die Verschiedenheit der Menschen zu leugnen. Für die palästinensischen Araber kann Friede nur bedeuten, dass sie Israels Legitimität anerkennen – *de jure* und nicht als bloße „Duldung". Sie müssen seine Geschichte in seiner alten Heimat akzeptieren. Für Israel bedeutet Friede unter anderem, die Anerkennung von Christentum und Islam als Weltreligionen, die fundamentale Beiträge zur Zivilisation geleistet haben. Friede bedeutet Anerkenntnis und Achtung ihrer Legitimität innerhalb des Staates Israel. Die Befreiung der Juden im Land Israel von der theologischen Verfluchung durch die Christen und von der islamischen Dhimmitude würde für alle Völker das Ende der Irrlehre vom ewigen Hass Gottes bedeuten.

Diese konfliktbeladene Geschichte beenden heißt, mit gegenseitiger Achtung aufeinander zugehen. Dann kann der Friede zwischen den Religionen und zwischen den Menschen von Israel und dem Nahen Osten in die ganze Welt ausstrahlen und die Finsternis des Fanatismus überwinden. Denn die Wiederherstellung des Staates Israel und seine Anerkennung mit seiner Hauptstadt Jerusalem durch die Nationen, bedeutet das Ende der Vorstellung von dem Volk, das kollektiv verflucht, von der göttlichen Liebe ausgeschlossen und theologisch enterbt ist. In der Sühne für dieses größte aller Unrechte liegt der Same der Versöhnung zwischen Juden, Christen und Muslimen.

Raphael Israeli

Islamisches Kamikazetum (Fida'i, Shahid, Islamikaze)

Einer der merkwürdigsten Aspekte des islamischen Terrorismus – fast ohne Parallelen in anderen Kulturen – ist die Bereitschaft der Täter, sich beim Angriff auf den Feind selber mit in die Luft zu jagen, was zu dem unscharfen Begriff des „Selbstmordattentäters" geführt hat. Diese Bereitschaft zur Selbstaufopferung ist umso erstaunlicher, als dem Muslim der Selbstmord strikt verboten ist: Das Leben des Menschen gehört seinem Schöpfer, Allah, und Allahs Willen darf sich niemand widersetzen. Der Selbstmord *(intihar)* ist in der muslimischen Tradition etwas Verwerfliches, das Reaktionen ungläubigen Entsetzens und hilfloser Wut hervorruft, vor allem dann, wenn er die Form eines Massenselbstmords annimmt (wie am 11. September 2001, als gleich neunzehn Selbstmordattentäter ein nie da gewesenes Blutbad unter Tausenden von unschuldigen Zivilisten anrichteten).

Morde und andere gezielte Tötungen, z. T. auch für politische Ziele, hat es natürlich schon immer gegeben. Aber noch nie hatte die Welt es erlebt, dass so viele Menschen gleichzeitig umgebracht wurden – Menschen, die nichts mit den krankhaften Wahnvorstellungen der Täter, ihrer pathologischen Rachsucht oder dem mörderischen Wesen ihrer Ideologie zu tun hatten. So unbegreiflich war die Tat, dass Regierungen und Bürger mit nackter Hilflosigkeit reagierten, ja versuchten, die Mörder zu besänftigen, statt sie zu bekämpfen, mit dem Argument, dass man gegen unberechenbare Wahnsinnige halt machtlos sei. Man versuchte ebenso fleißig wie vergeblich, ein Profil des typischen „Selbstmordattentäters" zu zeichnen, um besser vorhersagen zu können, was für Leute das waren, die da freiwillig ihr Leben einsetzten, um die ihnen eingeimpften Ziele zu erreichen. Das Ergebnis war schlicht, dass so gut wie jeder (in jedem Alter, jeder Herkunft und mit jeder Art von Bildung und Beruf) sich in diesem mörderischen Netz verfangen kann.

Sind diese Mörder lauter arme, seelisch labile Verzweifelte? Aber woher nehmen sie die Kraft, die Entsagung, das Talent, die Mittel und die Motivation, sich lange Zeit etwa als Ingenieur oder Pilot schulen zu lassen oder sich in unwirtlichen Höhlen zu verstecken, statt ein schönes „normales" Leben zu führen? Mit anderen Worten: Wie kommt es, dass junge Männer, die nicht selten eine vielversprechende Zukunft vor sich haben und die ganz offensichtlich gesund und geistig normal sind, sich freiwillig Gruppen anschließen, die sie in Einsätze schicken, die ihr Leben und ihre Träume sehr wahrscheinlich abrupt beenden werden? Wenn sie ihrem Volk dienen und gleichzeitig vielleicht ihren Hunger nach Abenteuer stillen oder eine gewisse Macho-Neigung austoben wollen, warum gehen sie dann nicht z. B. als Nahkampfspezialisten zum Militär? Aber nein, es ist gerade so, als ob eine unsichtbare Hand sie in den Tod treibt. Oder ist es vielleicht das rosige Versprechen eines Schlaraffenlandes jenseits des Todes, das ihre Leidenschaft so erweckt? Klar ist, dass der Tod des so genannten Selbstmordattentäters kein natürlicher ist, aber auch nicht jene „Fluchtreaktion", als die man so manchen Selbstmord in unserer westlichen Kultur beschreiben muss.

Um jeden Zweifel über die Motive dieser Mörder auszuräumen, schauen wir uns einmal die Faktoren an, die in der Sicht der westlichen Psychiatrie den „normalen" Selbstmörder definieren:[1]

1. Die Person trägt sich mit dem Gedanken, sich umzubringen.
2. Sie hat einen Plan, wie sie vorzugehen gedenkt, was für Schritte zu welchem Zeitpunkt und in welcher Reihenfolge nötig sind, usw.; diesen Plan entwirft sie selbständig und im Geheimen.
3. Der Selbstmordkandidat muss ein bestimmtes Maß an Energie haben, d. h. die Fähigkeit, seinen Plan auch auszuführen.

Bei den „Selbstmordattentätern", über die wir hier sprechen, ist das treibende Motiv dagegen nicht die Selbsttötung, sondern die Tötung des Feindes. Und der Plan bezieht sich auf diese Tötung des Feindes

---

[1] Für die folgenden Ausführungen bin ich meiner Kollegin Dr. Daphne Burdman, einer Psychiaterin in Jerusalem, die Forschungen über den islamischen Terrorismus betreibt, zu Dank verpflichtet.

und wird oft nicht vom Täter selber, sondern von seinen „Vorgesetzten" festgelegt. Denn anders als der normale Selbstmörder trägt der Täter die Last der Entscheidung nicht allein und benötigt daher auch nicht das gleiche Maß an „Selbstmordenergie". Nach Meinung vieler Psychiater[2] sind die oben genannten drei Faktoren mit die wichtigsten, um die Wahrscheinlichkeit eines Selbstmordes vorhersagen zu können. Der „normale" Selbstmord kann zudem plötzlich erfolgen (wie bei schweren Depressionen oder bei extremen Frusterlebnissen bei Personen mit zwanghaftem Profil) oder von langer Hand vorbereitet sein (etwa wenn bei chronischen Depressionen der Betreffende die Tat sorgfältig plant und z. B. seinen kostbarsten Besitz verschenkt oder einen Abschiedsbrief schreibt). Dies gilt ganz sicher nicht für den Terroristen, der typischerweise einer größeren Gruppe angehört, die ihn zusammen mit anderen Gesinnungsgenossen körperlich wie geistig sorgfältig und systematisch vorbereitet und trainiert.

Die Massenmörder von al-Qaida, Hamas und Co. suchen nicht den „spontanen Tod"; ihre Taten sind immer sorgfältig geplant, und dies nicht notwendigerweise von ihnen persönlich. Doch so schwierig es auch ist, in diesen Fällen das Motiv in persönlichen Depressionen, Frustrationen oder Zwangshandlungen zu suchen (diese Art von Persönlichkeit würde sich wohl kaum als Freiwilliger für ein von anderen entworfenes, strategisch orientiertes Programm melden) – ganz auszuschließen ist es nicht, dass zumindest einige der „Selbstmordattentäter" ihre eigene private Agenda haben, diese Welt zu verlassen und vorzeitig in ein besseres Jenseits zu gehen.

Ein weiterer Unterschied zum „normalen" Selbstmord: Die Verwandten und Freunde des normalen Selbstmörders sind über seine Tat entsetzt und bestürzt; nicht selten schämen sie sich, dass es in ihrer Familie jemanden gab, der so charakterschwach war, dass er vor seinen Problemen davongelaufen ist, anstatt ihnen ins Auge zu sehen. Dagegen ist der Selbstmordterrorist ein Objekt der Verehrung; seine Verwandten sind stolz darauf, dass jetzt auch einer von ihnen in das Pantheon der Märtyrer aufgestiegen ist. Und noch weiter: Finanziell werden besagte Verwandte meistens von der Terrororganisation unter-

---

[2] Ebd.

stützt, während der „normale" Selbstmord nicht selten ein Davonlaufen vor finanziellen Problemen ist, das die Hinterbliebenen nicht nur emotional, sondern auch ökonomisch trifft.

Diese hoch motivierten Terroristen verfassen zwar auch „Abschiedsbriefe" (in unserer Zeit in Form von Videos) und verteilen manchmal auch ihren Besitz vor der Tat, aber die Bedeutung dieser Signale ist völlig anders als bei dem klassischen Selbstmordsyndrom. Ein Selbstmordattentäter, der sich per Brief oder Video verabschiedet, will damit gewöhnlich nicht seine Tat verteidigen, die hinterbliebenen Verwandten und Freunde um Gnade und Verständnis bitten oder sie auch „bestrafen". Seine Abschiedsbotschaft hat vielmehr einen gleichsam erzieherischen Sinn; es geht in ihr darum, anderen jungen Leuten, die vielleicht später selber Terroristen werden, Ermutigung und positive Rollenvorbilder zu geben. Die Videobotschaft wird von der Terrororganisation aufgenommen, die anschließend die Aufgabe übernimmt, dieses „Erbe" des Verstorbenen unter die Leute zu bringen. Die verstorbenen Selbstmordterroristen werden ohne Ausnahme zu Märtyrern und Helden, die von Freunden, Nachbarn und Verwandten als leuchtende Beispiele gefeiert werden; die Familie ergeht sich (jedenfalls nach außen) nicht in Trauer, sondern in Stolz über die Ehre, die der Tote ihnen hinterlassen hat. Und auch eine finanzielle Hinterlassenschaft gibt es: die „Pension", mit der die Terrororganisation die Familie versorgt. Dies ist nicht ein Verteilen der Habseligkeiten des Selbstmörders *vor* der Tat, wie bei dem „normalen" Selbstmörder, sondern ein Versprechen an die Hinterbliebenen, dass sie *nach* dem Tod des Märtyrers nicht vergessen sein werden. Da die Märtyrer meist sehr jung sind, ist ihre Hinterlassenschaft gewöhnlich sehr gering, aber was sie hinterlassen (etwa Fotos, Kleidungsstücke, Schriftstücke usw.), bekommt nicht selten den Status von regelrechten „Reliquien".[3]

Im Islam haben sich zur Bezeichnung für einen Muslim, der für Allah oder den Islam in den Tod geht, traditionell die beiden Begriffe *Shahid* und *Fida'i* herausgebildet, die beide den im Rahmen einer ehrenhaften Tat (gewöhnlich dem Djihad) erlittenen Tod bezeichnen. Doch

---

[3] Zu diesem Thema siehe R. Israeli, „Islamikaze and Their Significance", in: *Journal of Terrorism and Political Violence*, Vol. 9, No. 3 (Herbst 1997), S. 96–121.

es gibt in Bedeutung und Gebrauch dieser beiden Wörter auch Unterschiede. *Shahid* kann dreierlei bezeichnen: den Märtyrer, der für die Sache Allahs gestorben ist, die Gefallenen im Djihad oder einen Muslim, der vor einem tragischen Tod großes Leiden erlitten hat. Das allen drei Nuancen gemeinsame Moment ist die religiöse Vorstellung, dass es sich um einen Tod handelt, der bei der Ausführung einer vom islamischen Glauben empfohlenen ehrenhaften Handlung erlitten wird. Bereits der Koran bezeugt, dass es einen solchen Tod gibt, auch wenn dort mit dem Wort *Shahid* eher ein „Zeuge" im allgemeinen Sinne gemeint ist. *Fida'i* (auch: *Fedajin*) dagegen war, wie Bernard Lewis uns informiert, die Selbstbezeichnung der ismailischen Assassinen *(Hashishiyun)* im Mittelalter. Für ihre Opfer waren sie kriminelle Fanatiker, aber für ihre Herren waren sie – wie Bernard Lewis schreibt:

> die Elitetruppe im Krieg gegen die Feinde des Imams, die, indem sie Unterdrücker und Usurpatoren niederstreckten, den äußersten Beweis für ihre Glaubensstärke und Loyalität lieferten und den direkten Eingang ins Paradies verdienten. Die Ismailiten selbst benutzten den Ausdruck *fida'i* (etwa: Geweihter) für den in aktueller Mission begriffenen Mörder. Ein interessantes ismailisches Gedicht, das erhalten blieb, rühmt Mut, Loyalität und selbstlose Hingabe der fida'is. In den ismailischen Lokalchroniken von Alamut … gibt es eine Ehrentafel der Meuchelmorde, mit den Namen der Opfer wie der frommen Exekutoren. … Ismailische Autoren sehen die Sektenmitglieder als Wächter der heiligen Mysterien, zu denen der Gläubige nur nach einer langen, durch zunehmende Grade der Einweihung gekennzeichneten Phase der Vorbereitung und Instruktion gelangen konnte.[4]

Man sieht: Bis auf die „Ehrentafel", eine Art Heldengalerie, wie es sie heutzutage für große Sportler oder andere Berühmtheiten gibt, ist der *Fida'i* in Auftrag, innerer Verfassung, Verhalten und Ausbildung ganz ähnlich wie die heutigen islamistischen Mörder. Es ist sicher kein Zufall, dass die Palästinenser in den 1950er und 1960er Jahren eben diesen

---

[4] Bernard Lewis, *Die Assassinen,* (Eichborn) Frankurt 2001, S. 75–76. Siehe auch Ignaz Goldziher, *Vorlesungen über den Islam,* (Wissenschaftl. Buchgesellschaft) Darmstadt 1963, S. 245; A.J. Wensick, „The Oriental Doctrine of the Martyrs", in: Med Akad, *The Martyrs,* Amsterdam 1921, Series A, No. 6, S. 1; S.G. Hodgson, *The Order of Assassins,* The Hague 1955, S. 133–136.

Namen für ihre eigenen Todesboten wählten, die Terroranschläge auf israelische Kindergärten, Schulen, Straßen und andere zivile Ziele verübten. (In der in den Zeitungen damals üblichen Schreibweise sind sie dem Leser als *Fedajin* in Erinnerung.) Doch während der klassische *Fida'i* sich ein Opfer wählte, das als Tyrann oder Usurpator galt, führen die heutigen Mörder im Namen des Islam wahllose Massenmorde an unschuldigen Zivilisten durch, die ihnen zu Recht den Namen „Terroristen" eingetragen haben. Dieser Unterschied im Vorgehen hat sicher auch mit der Entwicklung der zur Verfügung stehenden Waffen zu tun. Während der mittelalterliche Assassine bis auf Tuchfühlung zu seinem Opfer gehen und es buchstäblich erstechen musste, was einigen Mut und sehr hohe Motivation erforderte, trägt der Terrorist von heute Bomben bei sich, deren Sprengkraft ausreicht, alle Umstehenden zu töten, ohne dass er eine bestimmte Person ins Visier nehmen müsste.

Sowohl *Shahid* als auch *Fida'i* sind also durch einen tiefen religiösen Fanatismus motiviert, der den Täter zu Handlungen treibt, die wir gemeinhin als „Selbstmordattentate" beschreiben, obwohl sie mit dem klassischen Selbstmord nichts zu tun haben. Während jedoch der *Shahid* ein Märtyrer in dem Sinne ist, dass er im Dienste einer Sache steht, verkörpert der *Fida'i* mehr die Treue zu einem Führer, mag dieser nun eine religiöse Persönlichkeit (wie Sheikh Ahmed Yassin von der Hamas, Sheikh Fadallah von der Hisbollah oder Bin-Laden) sein oder ein Laie (wie Arafat oder Habash). In der Praxis überschneiden sich die beiden Bezeichnungen; palästinensische Killer haben in verschiedenen Phasen ihrer Tätigkeit mal die eine, mal die andere Bezeichnung für sich gewählt. In beiden Fällen jedoch kann der sich selbst opfernde „Held" des Märtyrerstatus sicher sein wie auch einer sehr konkreten Belohnung im Jenseits, die nicht nur für ihn selber, sondern auch für seine Verwandten gilt. Es ist durchaus nichts Ungewöhnliches, wenn die Hinterbliebenen eines solchen „Märtyrers" scharenweise Besuch von Leuten bekommen, die ihnen nicht etwa ihr Beileid bekunden, sondern ihnen gratulieren – dazu, dass ihr Verwandter ihnen den Weg ins Paradies geebnet hat. Und ob *Shahid* oder *Fida'i*, der Kämpfer durchläuft in jedem Fall ein sorgfältiges psychologisches Training, das ihm den normalen menschlichen Selbsterhaltungstrieb wegnimmt und ihn in Stand setzt, dem Tod nicht nur zu trotzen, sondern ihn geradezu herbeizusehnen.

Die totale Hingabe des *Fida'i* an seinen Führer, bis hin zur völlig skrupellosen Verübung von Mordtaten, erinnert einen an die legendäre Loyalität der japanischen Samurai mit ihrer Praxis des *Junshi* („den Herrn in seinen Tod begleiten"), d. h. des Selbstmordes nach dem Tod des Herrn oder (häufiger) des Kämpfens für ihn bis in den Tod, gemäß dem *Bushido* (Moralkodex der Samurai). Bevor der Samurai für seinen Herrn in den Kampf zog, zog er prächtige Kleider an, wie er sie im Alltag nie trug, und parfümierte sich, damit er „anständig" in den Tod gehen konnte. Oft band er sich ein weißes Tuch (das *Chimaki*) um seine Stirn, damit ihm in der Schlacht nicht der Schweiß in die Augen fließen konnte. Es wundert nicht, dass die muslimischen „Selbstmordattentäter" sich oft ebenfalls vor ihrem Einsatz reinigen und bessere Kleider anlegen, um sich auf den Einzug ins verheißene Paradies vorzubereiten. Wir kennen auch die Bilder von den Prozessionen der Hisbollah- und Hamas-Mitglieder durch die Städte im Libanon und den Palästinenser-Gebieten mit ihren weißen (zur Feier des Todes), grünen (die Lieblingsfarbe Mohammeds) und roten (die Farbe des Blutes) Tüchern um ihre Stirn, auf denen *Allahu akbar!* („Allah ist größer", der Kriegsschrei der muslimischen Kämpfer) steht oder die *Shahada* (das muslimische Glaubensbekenntnis und erste Säule des Islam: „Es ist kein Gott außer Allah, und Mohammed ist sein Prophet").

Wir können die Parallele zum alten Japan noch weiter ausführen, wenn wir an die bekannteste Form des japanischen rituellen oder Pflichtselbstmordes, das *Harakiri*, denken. In der japanischen Tradition war das Harakiri Ausdruck des Protestes gegen einen Zustand, den man nicht verhindern oder ändern konnte, oder der Rache an einer Person oder Gruppe, mit der man gebrochen hatte, aber von der man sich nicht auf andere Weise trennen konnte. Harakiri begehen war eine Methode, in solchen ausweglosen Situationen sein Gesicht zu wahren. Das wohl berühmteste Beispiel war das Massen-Harakiri vor dem kaiserlichen Palast in Tokio im August 1945, nachdem der Kaiser die Kapitulation vor den USA verkündet hatte. Die wichtigste Form des Harakiri war jedoch der rituelle Selbstmord des Samurai, den dieser auf Befehl seines Herrn beging, als ehrenhafte Selbstbestrafung, um einer erniedrigenden Hinrichtung zuvorzukommen, die er sich durch sein Fehlverhalten verdient hatte.

Bei den islamischen „Selbstmordattentätern" ist das Element des

Protestes gegen die herrschenden Verhältnisse bzw. der Verzweiflung angesichts einer Situation, an der man nichts ändern kann, ebenfalls vorhanden, obwohl es schwierig sein kann, es aus der bombastischen Rhetorik der Selbstgerechtigkeit nach solchen Anschlägen herauszuhören.

Hier müssen wir auch einen Aspekt der Kultur der Schande ansprechen. In Japan war sowohl die persönliche als auch die nationale Ehre etwas, das bis zum Äußersten verteidigt werden musste. Der Selbstmord war der Demütigung vorzuziehen. Keine andere Kultur hat je die (individuelle oder kollektive) Selbsttötung zu solch einem hohen Ideal und Werkzeug der Gesichtswahrung erhoben. Zahllose Samurai begingen Harakiri, um nicht von ihrem Herrn bestraft zu werden; Politiker und Generäle, die versagt hatten, begingen Selbstmord oder wurden von anderen Japanern, die sich durch ihr Versagen gedemütigt fühlten, ermordet; und viele Japaner gingen lieber in den Tod, als die Schande der Demütigung durch den Feind zu erleben. Kurz: In Japan war der Selbstmord traditionell ein Ausweg aus Situationen, in denen man moralisch, politisch oder in der Ausübung seiner Pflichten versagt hatte.

Die muslimischen „Selbstmordattentäter" haben mit den Japanern Elemente dieser Kultur der Schande gemeinsam, aber vor allem gehören sie zu einer Tradition der Rache, die an das schon vor dem Islam in Arabien herrschende *lex talionis* (Gesetz der Vergeltung) anknüpft. Der Mann, dessen Ehre geschändet worden war, ging – wenn nötig – bis an die Enden der Erde, um zu demonstrieren, dass er nicht ruhen und rasten würde bis das Übel, das ihm da widerfahren war, gesühnt war. Es galt, den Feind dort zu treffen, wo es ihm am meisten wehtat, und wo nötig, war man auch zu Selbstmordmissionen bereit.

Bei den japanischen Soldaten, die im Zweiten Weltkrieg als Mitglieder von „Sondereinheiten" dazu ausgebildet wurden, sich zusammen mit ihren Feinden in die Luft zu jagen, war die Motivation etwas anders als bei den üblichen Harakiri-Fällen. Diese Soldaten waren nicht nur von der gerade beschriebenen Kultur der Schande geprägt, sondern vor allem von der unbedingten Hingabe an Kaiser und Vaterland. Die Verbindung von Protest und Harakiri hatten sie mit der Muttermilch ihrer Kultur aufgesogen. Dieser neue Kämpfertyp, der im Volksmund als *Kamikaze* (wörtlich: „Winde der Götter") bekannt wurde,[5] trug den US-Streitkräften in den letzten Phasen des Pazifik-Kriegs (1944-45) schwere Verluste ein. Diese Sondereinheiten, die vom japanischen Staat ausgebildet, indoktriniert und ausgerüstet wurden, folgten nicht, wie der typische Harakiri-Fall, persönlichen Motiven; sie gehörten einer größeren Gruppe Gleichgesinnter an. Sie betrachteten ihren Einsatz als letztes und höchstes Opfer für eine Sache, die nicht nur politisch-ideologisch war, sondern auch eine starke religiöse Färbung („Winde der Götter") hatte und es wert war, dass man ohne Zögern sein Leben für sie hergab.

Will man sie typologisch einordnen, so entsprechen die muslimisch-fundamentalistischen „Selbstmordattentäter" nicht dem normalen Selbstmörder, aber auch nicht dem Harakiri-Typ, sondern kommen in ihrer Organisation, Ideologie, der Ausführung ihrer Aufträge, dem Ruhm nach dem Tod, dem historischen Hintergrund der unbedingten Loyalität, dem mörderischen Fanatismus (Samurai und *Fida'i*, Kamikaze und *Shahid*) sowie der Kultur der Ehre und Schande den Kamikaze am nächsten. Ich schlage daher zu ihrer Beschreibung den Ausdruck *Islamikaze* vor, der ihre innere islamische Motivation mit den äußeren Merkmalen der Kamikaze verbindet. Interessanterweise wird in einem Bericht aus einem afghanischen Ausbildungslager der Islamikaze aus der Mitte der 1990er Jahre, das als „Kamikaze-Kaserne" in die Geschichte eingegangen ist, erwähnt, dass der Haupteingang des Lagers folgende Inschrift trug: „Djihad – Istishhad – Paradies – Islamische Kamikaze – Menschliche Bomben",[6] was wie folgt zu lesen ist:

---

[5] Der Ausdruck *Kamikaze* meinte ursprünglich einen vor der japanischen Küste häufig anzutreffenden starken Wind. Er wurde im übertragenen Sinne auch auf die Stürme angewandt, die zweimal (1274 und 1281) den Großteil der mongolischen Invasions-Armada vor der Nordwestküste von Kiushu vernichteten und den Rest der Flotte zum Rückzug nach Korea zwangen. Die Japaner deuteten diese Stürme als ein Eingreifen der Götter. Im Zweiten Weltkrieg griff das japanische Militär auf die Kamikaze-Legende zurück, als es die Sondereinheiten von Soldaten schuf, die sich mit ihren Flugzeugen als menschliche Bomben auf die amerikanischen Flugzeugträger stürzten, die den japanischen Inseln immer näher kamen und von der besiegten japanischen Marine und Luftwaffe nicht mehr gestoppt werden konnten. *Kodansha Encyclopedia of Japan*, Tokyo und New York: Kodansha, 1983, S. 126.

[6] Siehe *Al-Watan al-'Arabi*, London, Artikel übersetzt und zitiert in *Ha'aretz*, 28. Juni 1996, S. 6b.

„Der Heilige Krieg des Islam – Tod als Märtyrer – Das verheißene Jenseits – Errungen durch muslimische Kamikaze – Die menschliche Bomben sind." Mit anderen Worten: Die Botschaft des Islamismus, auf einen Nenner gebracht.

Vor dem 11. September 2001 berichteten Medien und Regierungen über den Terrorismus von Hisbollah und Hamas im Nahen Osten, später auch über die Aktionen der al-Qaida in Ostafrika, aber es war wenig zu hören über die Islamikaze-Lager in Afghanistan, in denen Ausbilder und Ausgebildete alle Muslime waren und die (in krassem Gegensatz zur Rückständigkeit des Landes) über die neuesten Technologien des Todes und Terrors verfügten, die sie den aus der ganzen muslimischen Welt herbeiströmenden Freiwilligen beibrachten. Vergleichbare Lager gibt es auch im Libanon, im Iran, im Sudan und anderen islamischen Ländern, die nicht viel in die Schlagzeilen kommen, deren Einfluss auf den Weltterrorismus aber erheblich ist. Doch der ideale Standort für solche Lager war bis vor kurzem Afghanistan, was mehrere Gründe hat:

1. Viele dieser Lager sind Ableger des stetigen Zustroms von Immigranten aus der ganzen arabischen und islamischen Welt, die in den 1980er Jahren in das Land kamen, um (angestachelt durch die Amerikaner und die Saudis) an der Seite der Mujahedin gegen die russische Besatzungsmacht zu kämpfen. Als sie nach dem Krieg in ihre Heimatländer zurückkehrten, wurden diese kampferprobten „Afghanis" oft die Speerspitze der muslimischen Opposition gegen die illegitimen Regime in ihren Ländern. Bin-Laden und die vielen Araber und anderen Muslime, die sich ihm anschlossen, als er seine Organisation al-Qaida nach Afghanistan verlegt hatte, sind durch die Schule dieser Lager gegangen.

2. Während des Afghanistan-Krieges gegen die Russen (1979–1989) mauserte sich die schläfrige pakistanische Grenzstadt Peshawar zu einem Auffanglager für Millionen afghanischer Flüchtlinge. Sie wurde auch Ausgangsbasis von Gegenangriffen der Mujahedin gegen die Sowjets sowie (unter dem Schutz Pakistans und mit dem stillschweigenden Einverständnis der USA) ein reges Zentrum internationaler terroristischer und anderer Aktivitäten: Waffenschmuggel und andere Geschäfte, Spionage, Drogenhandel usw. Dort in Peshawar plante der blinde Sheikh Abdul Rahman, offiziell ein politischer

Flüchtling aus Ägypten, den ersten Anschlag auf das World Trade Center (1993) und wurde von einem ahnungslosen Amerika ins Land gelassen, um ihn auszuführen.

3. Afghanistan ist ein ethnisch zerrissenes Land,[7] doch nach der sowjetischen Invasion 1979 bildete sich (mit Unterstützung durch die USA und Pakistan) rasch eine geschlossene Mujahedin-Bewegung gegen die „gottlosen kommunistischen Invasoren". Solange die Kämpfe andauerten und die US-Hilfe floss, waren alle Parteien beschäftigt und glücklich, denn alle waren sie dem Islam verschrieben und wild entschlossen, die Sowjets aus ihrem Land hinauszuwerfen, egal, wie lange es dauern und wie viel es kosten würde, was den Amerikanern und dem Westen gerade recht war. Als die Russen des endlosen Abnutzungskrieges endlich müde wurden und die Aussichtslosigkeit ihrer Afghanistanpolitik erkannten, sahen sie auch, dass ihr Versuch, den radikalen Islam in Afghanistan zu ersticken, bevor er auf ihre eigenen muslimischen Republiken übergriff, das genaue Gegenteil hervorgebracht und die Entschlossenheit und Widerstandskraft ihrer Gegner nur gestärkt hatte. Der sowjetische Rückzug aus Afghanistan führte zur Aufteilung des Landes unter verschiedenen Warlords (die Zentralregierung in Kabul spielt eine eher untergeordnete Rolle), welche die Errichtung von Islamikaze-Lagern auf ihrem Territorium wegen der Vorteile, die sie ihnen brachten, begünstigten.

4. Während die Ausländer, die an der Seite der Mujahedin gekämpft hatten, in ihre Heimatländer zurückkehrten, um dort zu agitieren, bereiteten die afghanischen Milizen den Sturm auf Kabul vor. Die jetzt entbrennenden Kämpfe zwischen den verschiedenen Parteien eskalierten zu einem blutigen, sinnlosen Bürgerkrieg, der von 1992 bis zur Machtübernahme durch die Taliban 1996 andauerte und das Land und die Hauptstadt Kabul großenteils in Schutt und Asche

---

[7] Nach neueren Schätzungen machen die Paschtunen etwa 50 Prozent der Gesamtbevölkerung von 20 Millionen Menschen aus; sie siedeln im Süden des Landes sowie im Grenzgebiet zu Pakistan, wo mehrere Millionen von ihnen leben. Im Norden leben die Tadschiken (ca. 20–30 Prozent der Gesamtbevölkerung), und den Rest bilden Minderheiten wie die schiitischen Hasara, die Usbeken, Turkmenen und andere. Viele der letzteren waren in der Nordallianz organisiert, die 1996–2001 gegen das Taliban-Regime kämpfte, und unterstützten den Angriff der USA Ende 2001.

legte. In diesem Chaos nutzten die Milizen alle Einnahmequellen: Entwicklungs- und andere Hilfen aus befreundeten Ländern (Iran, Saudi-Arabien, Pakistan), Drogenhandel und Hilfsgelder für Islamikaze-Lager.

5. Nach dem Sieg der Taliban, die die al-Qaida einluden, ihre Basis nach Afghanistan zu verlegen, kehrte Bin-Laden bereitwillig zu seinen militanten Wurzeln zurück und wurde ein rühriger Sponsor und Geldgeber der Islamikaze-Lager, der die alten Kameraden einlud, sich ihm wieder anzuschließen.

Die nach dem 1996 erschienenen Bericht in *al-Watan al'Arabi*, (dem schriftlichen Gegenstück zum heutigen Fernsehsender *al-Djaziera*, das der Westen sträflich ignorierte) ans Licht kommenden Fakten über die Islamikaze-Lager, die 1997 publiziert und ebenfalls ignoriert wurden,[8] zeigten sämtliche Komponenten des internationalen islamischen Terrorismus auf, die den Westen am 11. September 2001 so brutal „überraschten". Die Reporter, die diese Übersicht über die Lager verfassten, waren Islam- und Arabien-Experten und wahrscheinlich selber Araber und/oder Muslime, und ihre Warnungen hätten eigentlich die Toten aufwecken sollen. Sie schrieben unter anderem Folgendes:

• Das Lager, das sie sahen, lag in einer entlegenen Gegend nahe der afghanisch-pakistanischen Grenze, und die Ausbildung dort war äußerst anspruchsvoll. Die künftigen Kämpfer mussten zum Beispiel jeden Tag Langstreckenläufe mit großen Sand- und Steinsäcken auf den Schultern machen, was natürlich bedeutet, dass sie nicht einfach in den Tod geschickt, sondern im Kämpfen und Überleben unter schwierigsten Bedingungen geschult wurden.

• Die Ausbilder in dem Lager kamen aus Ägypten, Saudi-Arabien und dem Jemen und waren als besonders zähe Burschen bekannt. Zumindest die Ägypter und Saudis kamen aus Staaten, die offiziell freundschaftliche Beziehungen zu den USA hatten, und die meisten von ihnen dürften für die Geheimdienste ihrer Heimatländer kein unbeschriebenes Blatt gewesen sein.

• Bei der Ausbildung mit der Waffe kamen alle möglichen Typen von Waffen zum Einsatz: chinesische, amerikanische, türkische, sogar

---

[8] Siehe Israeli, „Islamikaze and their Significance".

die berühmten israelischen Uzi-Maschinenpistolen. Das Kaliber reichte von normalen Gewehren und Pistolen bis hin zu „Stinger" (Boden-Luft-Raketen). Was nicht nur bedeutet, dass als Folge des ersten Afghanistan-Krieges große Mengen dieser Waffen noch im Umlauf und offensichtlich in die falschen Hände geraten waren, sondern auch, dass die Terrorrekruten im Umgang mit ihnen geschult wurden und zum Beispiel lernten, „feindliche" (durchaus auch zivile) Flugzeuge abzuschießen.

- Die künftigen Islamikaze wurden auch im Kampf als Stadtguerilla, in Sabotage sowie in der Herstellung und dem Einsatz von Sprengstoff und Autobomben geschult – ein weiterer Hinweis auf das hohe Niveau dieser neuen Terroristen und auf ihre Rolle als ausgeklügelte Kriegs- und Todesmaschinen und nicht bloß menschliche Bomben.

- Die ausgebildeten Männer waren sämtlich von ihren heimischen islamischen Organisationen ausgewählt, rekrutiert, indoktriniert, ausgesandt und finanziert. Es waren die unter Mitwirkung diverser devisenhungriger Regierungen nach Afghanistan strömenden ausländischen Devisen, die die Islamikaze-Lager ermöglichten. Die islamischen Organisationen und ihre Sponsoren (letztere entweder Regierungen oder reiche Privatmänner wie u. a. Bin-Laden) entschieden darüber, wo und wie die Absolventen dieser Lager eingesetzt werden sollten, unter was für einer Tarnung und bei welchen konkreten Aktionen. Und all dies unter den Nasen der geräuschvoll schnarchenden Sicherheitsdienste jener Länder, aus denen die künftigen Mordexperten kamen bzw. in denen sie Asyl suchten oder die sie unterwandern wollten, darunter natürlich auch die USA und andere nichtsahnende westliche Demokratien.

- Die Rekruten der Lager kamen nicht nur aus arabischen und mehrheitlich islamischen Ländern, sondern auch aus Ländern, in denen muslimische Minderheiten bzw. von Nichtmuslimen regierte muslimische Gebiete sich unterdrückt fühlten, zum Beispiel aus Frankreich (meist Nordafrikaner), aus Deutschland (überwiegend Türken) und aus den Palästinensergebieten; es gab Muslime aus Bosnien und Tschetschenien, philippinische Moros und andere. Als der Westen endlich aufwachte und merkte, dass es weltweit mittlerweile nicht weniger als 60 al-Qaida-Stützpunkte gab, war der Katzenjammer darüber, was er da in seinen eigenen Ländern hatte gedeihen lassen, groß. (Was ein gutes Beispiel für den Unterschied zwischen Gewissen und Bewusstsein ist: Bewusstsein ist, wenn man die Realität erkennt, Gewissen ist, wenn man sich wünscht, sie lieber nicht erkannt zu haben.)

- Die „Absolventen" dieser Terrorausbildung betätigten sich anschließend in solchen islamischen Ländern wie Jordanien und Ägypten oder schlichen sich über die Grenze nach Pakistan, um den Sturz von Premierministerin Benazir Bhutto zu betreiben. Die genannten Länder sind als enge Verbündete der USA bekannt, und ihre Sicherheitsapparate waren im Allgemeinen in der Lage, diese subversiven Elemente zu entdecken, bevor sie größere Aktionen gegen die herrschenden Regime unternehmen konnten. Waren die betroffenen Regierungen eine Zeit lang nicht wachsam genug oder wollten sie ihre muslimischen Radikalen nicht unnötig vor den Kopf stoßen, solange sie keine direkte Bedrohung darstellten?

- Andere Absolventen gingen nach Kaschmir, um bei dem Terrorkampf gegen Indien mitzuhelfen, viele nach Bosnien, um mit der freundlichen Genehmigung des Westens, der die Muslime unterstützte, gegen die Serben zu kämpfen. Die Sabotage-Experten unter ihnen ließen (um nur ein paar Beispiele zu nennen) Bomben in Delhi, Bahrain und New York hochgehen. All dies bedeutet, dass diese Elitekämpfer des Islam schon lange vor dem 11. September begonnen hatten, in ihren Zielländern in Stellung zu gehen.

- Die Rekruten waren zwischen 16 und 25 Jahre alt. Die Fortgeschrittenen, die bereits auf Islamikaze-Einsätze vorbereitet wurden, unterzogen sich einer besonders strikten Schulung. So durften sie nicht miteinander reden, um der Gefahr, im offenen Dialog in ihren Überzeugungen schwankend zu werden, entgegenzuwirken. Zu den körperlichen Ausdauerübungen kam eine schier endlose religiöse Indoktrination, meist durch ägyptische und saudische Ulamas (Theologen). Die Identität dieser Theologen lässt darauf schließen, dass ihnen die engen Beziehungen zwischen ihren Regierungen und dem verhassten Westen ein Dorn im Auge waren.

- Das Lager, über das berichtet wurde, war von einem pakistanischen Gelehrten dieses Typs gegründet worden. Dies lässt darauf schließen, dass ähnlich wie die „Ulamas", die die Taliban (wörtlich:

„Schüler", „Studenten") in den puritanisch anmutenden Medresen (religiösen Schulen) in Pakistan ausbildeten, die pakistanischen Geistlichen in den Lagern ihre Lehren zunächst nach Afghanistan und von dort aus in die ganze islamische Welt exportierten.

- Die für Islamikaze-Einsätze vorgesehenen „Absolventen" waren in den Augen ihrer Ausbilder von ganz besonderer Qualität; sie wurden für „würdig" befunden, die allerhöchste Stufe der Ausbildung zu durchlaufen. Ihre einsamen Meditationen sollten sie befähigen, sich aus eigener Kraft das letzte Stück der Straße zum Paradies zu öffnen.

- Die in die Machtübernahme durch die Taliban mündenden bürgerkriegsähnlichen Kämpfe in Afghanistan gaben den ausländischen Terrorschülern Gelegenheit, ihre Waffen wie ihre Kampftechniken im realen Einsatz zu testen, und dies ohne jede Einmischung von außen – ganz anders als bei ähnlichen Lagern im Libanon, Syrien, Irak, Iran, Libyen, Sudan und Algerien, wo solche Lager oft an der langen Leine der Obrigkeit hängen, die sie für ihre eigenen Bedürfnisse und Interessen manipuliert.

- Jeder der Terror-Kurse dauerte mehrere Monate und kostete pro Teilnehmer ca. 3.000 US-Dollar; kein Wunder, dass es in dem armen Afghanistan so viel ausländische Devisen gab. Aber laut Berichten betätigten sich Ausbilder wie Rekruten auch als Drogenhändler und Schmuggler – entweder „nebenbei" oder um sicherzustellen, dass das Lager gut funktionierte. Zumindest bis zur Machtübernahme der Taliban kollaborierten die afghanischen Warlords mit diesen Lagern und sicherten sich so ein gewisses Einkommen, während sie ihrerseits den Islamikaze und ihren Ausbildern freie Hand ließen. Sämtliche Gruppen und Parteien in Afghanistan, von dem Papierpräsidenten Rabbani bis zu dem Erzrebellen Hekmatiar, konnten für ihren Bedarf nach ausländischen Devisen auf die Terrorlager in ihrem Machtbereich zählen. Es gibt keinen Grund zu der Annahme, dass sich hieran unter den Taliban viel änderte oder dass die auf die Taliban folgende neue Regierung in Kabul fähig und bereit ist, diese Zustände zu beenden.

Auf den ersten Blick erscheint es unverständlich, warum Länder wie das vor-talibanische Afghanistan, Pakistan, Iran, Libyen, Jordanien,

Saudi-Arabien, Ägypten und der Sudan – lauter Länder, die in der Vergangenheit enge Beziehungen zu den USA und dem Westen hatten, die sie z. T. (wenigstens offiziell) heute noch pflegen – plötzlich so fanatisch antiwestlich werden, nicht nur rhetorisch, sondern auch im Bereich des Terrorismus. Aber man darf nicht vergessen, dass diese Länder natürlich etwas gemeinsam haben, nämlich den Islam, der quer durch die diversen ethnischen, sprachlichen, nationalen, politischen und sozialen Systeme geht und das Aufkommen eines internationalen, in erster Linie anti-westlichen und anti-israelischen Terrorismus begünstigt. Bedenkt man außerdem, dass es Afghanen und ihresgleichen in fast allen islamischen Ländern (einschließlich der „gemäßigten" oder pro-amerikanischen) gibt, so liegt der Kurzschluss nahe, dass Islam gleich Terrorismus sei oder dass der Islam *per definitionem* stärker als alle anderen Faktoren sei, wenn es um den internationalen Terrorismus geht.

Doch dieser Schluss wäre vorschnell. Die Realität ist wesentlich differenzierter und von den spezifischen Bedingungen vor Ort abhängig. In den meisten islamischen Ländern sind die Islamikaze nicht Teil des Establishments, sondern stehen in Opposition zu ihm. Und obwohl sie sich laut auf den „wahren" Islam berufen, den die korrupten Regime in ihren Ländern verraten haben, stehen sie nicht für den islamischen Hauptstrom (der gewöhnlich eher pragmatisch ist und Kompromisse mit der herrschenden Obrigkeit eingeht, frei nach dem sunnitischen Motto, dass ein schlechter Herrscher besser sei als ein Chaos, in welchem kein Muslim mehr seinen Glauben ausüben kann), sondern mehr oder weniger für Randgruppen – Randgruppen, die in der Gesellschaft allgemein viele Sympathisanten haben mögen, aber vor allem von den Enttäuschten, Benachteiligten, Verunsicherten, sich überrollt Fühlenden leben, die mit dem raschen gesellschaftlichen Wandel nicht mitkommen und einen Widerwillen gegen alles „Moderne" haben. Sie üben heftige Kritik an ihren Regierungen, beschuldigen sie (durchaus nicht zu Unrecht) der Korruption und des Ausverkaufs islamischer Ideale und Traditionen zugunsten westlicher „Unmoral" und betreiben (mit Aufrufen und manchmal auch mit Taten) den Sturz besagter Regierungen. Mit anderen Worten: Anders als der etablierte Islam, der die Islamisierung der Gesellschaft auf allmählichem und friedlichem Wege und im Zusammenwirken mit dem Regime sucht, wollen diese

Radikale alles sofort, hier und jetzt, gleichsam „mit der Brechstange".
Ihre Leidenschaft ist von der ungeduldigen Sorte.

Diese Islamisten, wie sie im Westen manchmal genannt werden,
scharen sich um charismatische Führer, wie die Sheikhs Yassin und
Fadlallah oder Bin Laden und Mullah Omar – Führer, die äußerst populär sind und gewöhnlich für absolute Schlichtheit, Bescheidenheit
und Ehrlichkeit stehen, Luxus und Verschwendung verabscheuen und
ihren Anhängern leuchtende Vorbilder populistischer Aufrichtigkeit,
väterlicher Hingabe und Fürsorge und weiser Gelehrsamkeit sind, er-
habene Rollenvorbilder, die (nicht unähnlich dem Rabbi bei den jüdischen Chassidim) als Inbegriff wahrer Frömmigkeit und geistlicher
Wegweisung geradezu verehrt werden. Der Islamist distanziert sich
von der ach so sündigen Gesellschaft und folgt nur noch dem Wort,
dem Vorbild und dem steinigen Weg seines Führers, in denen der Wil-
le Allahs verbindlich Gestalt gewinnt. Der Führer erlässt bei Bedarf die
nächste *Fatwa* (religiöser Erlass), um seine Maßnahmen zu rechtfertigen. Man kann verstehen, wie ein rastlos angetriebener, von seiner Umgebung bestärkter und von einer quasi göttlichen *Fatwa* eines verehr-
ten Führers sanktionierter radikaler Muslim die Welt der Normalität
verlassen und in die mystisch-magnetische Sphäre der Islamikaze eintreten kann.

Um ihr Selbstbild als die einzige Alternative zur bestehenden Ordnung zu kultivieren, verbreiten diese Revolutionäre nicht nur Parolen
wie „Der Islam ist die Lösung!", „Der Islam ist die Alternative!", „Der
Islam ist die Wahrheit!", sondern sprechen den Regimen, unter denen
sie leben, und den Feinden, gegen die sie kämpfen (die gottlosen Kom-
munisten, der sittenlose Westen, das aggressive Amerika, Israel usw.)
jede Legitimität ab. Die rhetorische Gewalt gegen Gegner, Feinde und
Rivalen ist nur die Vorstufe ihrer Eliminierung. Und wenn man sie
nicht in der offenen Schlacht vernichten kann, weil sie (noch) die bes-
seren Waffen und die bessere Technologie haben, dann ist vielleicht das
Selbstopfer des Islamikaze die Antwort. Noch einmal: Was diese Menschen antreibt, ist nicht die Sehnsucht nach dem Selbstmord, sondern
der rasende, fanatische Wunsch, den Feind zu vernichten, und wenn es
einen selber das Leben kostet.

Um einen jungen Muslim zum Islamikaze zu machen, müssen seine
Instruktoren ihm als Erstes die natürliche Angst vor dem Tod, die je-

der Mensch hat, wegnehmen. Sie tun dies zum Beispiel dadurch, dass sie dem naiv-atemlos lauschenden Novizen das dem islamischen Märtyrer verheißene Paradies nach dem Tod in den leuchtendsten Farben schildern und das himmlische Schlaraffenland sinnlicher Freuden, das auf ihn wartet, mit den Mühen seines Lebens auf dieser Erde vergleichen, das so voller Gefahren, Ungewissheit, Frust und Vergänglichkeit ist. Warum nicht den Weg zum Himmel abkürzen?

Im April 1995 brachte eine Zeitung in Israel einen bewegenden Bericht über einen 15-jährigen Palästinenser aus dem Gaza-Streifen, der vergeblich versucht hatte, sich unter israelischen Zivilisten in die Luft zu jagen. Den Polizisten, die ihn verhörten, sagte er: „Wir werden geboren, um zu sterben, und unser Leben ist nur ein Übergang zum Tod und zum ewigen Leben im Paradies ... Der Tod ist etwas Gutes, und nicht schlimm und hässlich, wie man uns immer einreden will."[9]

Kaum zu glauben? Wohl wahr. Es kommt selten vor, dass man – wie hier – den Täter selber *nach* seiner versuchten Tat über seine Motive befragen kann, weil die Tat verhindert werden konnte. In der Regel hat man mangels Möglichkeiten, den Täter vor oder erst recht nach seiner Tat klinisch-psychologisch zu untersuchen, keine bis gar keine Basis für eine Rekonstruktion der Persönlichkeit des Märtyrers oder seiner Biographie vor der Tat. Und selbst in Fällen, wo der Anschlag fehlschlug oder der Täter selber nicht mit ums Leben kam (was dann den Ausdruck „Selbstmordattentäter" von vornherein Lügen straft), kann es unmöglich sein, die psychische Verfassung vor der Tat zu rekonstruieren, weil das Überleben des Täters kein Jota verändert an seiner Selbstwahrnehmung als Held (der erfolgreich war, auch wenn er noch lebt, oder der sein Ziel durch höhere Gewalt nicht erreichen konnte) oder an dem Bild, das die anderen von ihm haben (kein Märtyrer, denn er lebt ja noch, aber auf jeden Fall ein Held und Vorbild). Doch vielleicht kommt es auch vor, dass der Täter, dem Tod so knapp entronnen, auf einmal anfängt, die Welt und das Leben mit anderen Augen zu sehen, als etwas, das man nicht einfach wegwerfen sollte – wer will das wissen?

Wenn man Persönlichkeitsprofile von künftigen Attentätern nach

---

[9] *Kol Ha'ir*, Jerusalem, 20. April 1995, S. 45.

ihrer Rekrutierung erstellen könnte, würden sich dann nicht gewisse gemeinsame Charaktermerkmale, Familienbiographien und sozioökonomische Milieus ergeben, aus denen man eine Prädisposition zu diesem freiwilligen Märtyrertum herleiten könnte? Aber noch einmal: Dies ist kein Selbstmord im konventionellen Sinne, und kein Mensch kann auf Selbsttötungsneigungen untersucht werden, wenn er eigentlich nie vorgehabt hatte, sich umzubringen, oder bevor er die Tat (und dann aus ganz anderen Motiven als beim normalen Selbstmord) begangen hat. Die derzeit landläufige Meinung scheint davon auszugehen,[10] dass die Personen, die am ehesten Kandidaten für solche Djihad-Missionen (oder für die Mitarbeit in anderen gefährlichen Sekten oder umstürzlerischen Gruppen) sind, gewisse Eigenschaften gemeinsam haben, die für sich genommen nicht notwendig auf eine psychische Erkrankung schließen lassen:

1. Sie sind jung und daher relativ ungebunden in Beruf, Familie und materiellem Besitz. – In der realen Welt jedoch gibt es viele Ausnahmen zu dieser Regel: Sowohl viele palästinensische Terroristen in Israel als auch viele, die bei al-Qaida und den Anschlägen vom 11. September mitwirkten, hatten familiär, beruflich und finanziell einiges zu verlieren, zuallererst Bin Laden selber (der bis jetzt noch keine Neigungen zeigt, ein Märtyrer zu werden, aber doch sehr gefährlich lebt), der mehrere Frauen und etliche Kinder hat, aber lieber in Höhlen lebt und ständig um sein Leben rennt. Halste er sich diese Risiken auf, als er die Entschlossenheit der USA, ihn zu kriegen, nicht ernst genug nahm? Oder ist ihm die Sache des Islam schlicht wichtiger als Geld, Familie und ein schönes Leben? Wer will das wissen?

2. Viele der Möchtegern-Märtyrer waren in ihrem Leben (Schule, Arbeit, persönliche Beziehungen) nicht sehr erfolgreich gewesen bzw. waren in Familie und Bekanntenkreis Einzelgänger. – Doch man findet auch palästinensische Täter, die einen hohen Lebensstandard hatten oder eine gute Arbeitsstelle und ein erfüllendes Familienleben und die trotzdem dem Ruf in den Märtyrertod folgten. Was die neunzehn Täter des Massakers vom 11. September 2001 betrifft, so

---

[10] Siehe Anmerkung. 1.

wissen wir, dass einige von ihnen (vor allem jene, die sich zur Vorbereitung ihres Einsatzes technisch fortbildeten und eine Pilotenausbildung machten) mitnichten zu den Armen gehörten und weder beruflich noch familiär Versager waren; keiner kann erklären, warum sie den Tod wählten.

3. Man nahm ferner gemeinhin an, dass der typische Selbstmordattentäter in seiner Selbstachtung gestört sei. – Aber die talentierten jungen Leute, die die Anschläge vom 11. September in New York und Washington mit solch atemberaubender Präzision planten und ausführten, nach langen Jahren geduldiger Vorbereitung und Training, sehen uns überhaupt nicht wie Menschen aus, die an Minderwertigkeitskomplexen litten; eher war das Gegenteil der Fall.

Nach dieser landläufigen Meinung haben sich solche Täter auf ihrer Suche nach Anerkennung eine verfolgte, mit Risiken und Problemen behaftete soziale Randgruppe ausgesucht, die ihnen diese Anerkennung liefert. Ihre Rolle als Islamikaze gibt ihnen die Gelegenheit, ihr Ich aufzubauen, und die neuen Kameraden tun ihrem Selbstwertgefühl gut. Sie sind Menschen, die depressiv und auf der Suche nach einfachen Lösungen für ihre Probleme sind. Von Misserfolgen, ja Selbstverachtung geplagt, suchen und finden sie Trost in der Märtyrerrolle, die wie durch Zauberhand Frust in Ruhm, Versagen in Sieg und Selbstverachtung in öffentliche Anerkennung verwandelt. Vielleicht gilt diese Theorie für einen gewissen Prozentsatz dieser jungen Leute, vielleicht sind andere Betrogene wie damals ihre *Fida'i*-Vorgänger und wieder andere Romantiker oder Idealisten (was immer man darunter versteht). Tatsache ist, dass wir nach dem 11. September 2001 vor der Erkenntnis stehen, dass wir es mit einem ganzen Spektrum von Persönlichkeiten zu tun haben. Strategisch gesehen ist der springende Punkt schlicht der, dass wir es mit einer hochstrukturierten Organisation zu tun haben, die diese Menschen für ihre eigenen finsteren Ziele ausbildet, prägt und benutzt.

Weiter: Während das durchschnittliche Mitglied einer extremen Sekte in seinem Leben und Sterben vor allem den eigenen Seelentrost sucht, bereiten die Islamikaze durch ihren Tod ihrer Verwandtschaft mit ihren Weg ins Paradies, was ihre Tat für ihre Angehörigen erträglich, um nicht zu sagen wünschenswert macht. Und nicht nur für die Angehörigen; die ganze Gesellschaft steht mit Ehrfurcht und Bewunderung vor diesen „Bahnbrechern" und ihren Familien, was man von normalen Selbstmord- oder Sektenopfern kaum sagen kann. Und die Unterschiede zum normalen Selbstmord werden noch größer, wenn man sich anschaut, wie nach ihrem Tod ihre Tat gleichsam verewigt und wiederholt wird: in Liedern, die auf Video und Kassetten, in Broschüren und auf Postern die Runde machen, in mündlich weitergegebenen Geschichten, ja in kleinen Theaterstücken, ganz ähnlich wie bei dem *Ta'zia* der Schiiten.[11]

In der Welt der Islamikaze ist das Jenseits nicht Flucht, sondern Erfüllung. Das Paradies wird auf eine Weise beschrieben, die überraschend plastisch, weltlich, erregend sinnlich ist, so ganz anders als die schattenhafte, entkörperlichte Seligkeit der Mystiker und Heiligen anderer Traditionen. Sex und Wein, die beiden größten Tabus in der traditionellen islamischen Gesellschaft, gibt es in der Volksliteratur der Islamikaze in unbegrenzten Mengen, denn im Jenseits ist alles reichlich vorhanden und die Fesseln der Scharia sind nicht mehr da. Und das Publikum, das diese Märtyrer preist, ist nicht schockiert oder angewidert (wie bei den Massenselbstmorden von Psychosekten oder beim normalen Selbstmord), es sagt begeistert Ja zu diesen Verletzungen seiner irdischen Scharia.

Das von den westlichen Medien und Politikern bemühte Konstrukt vom „Selbstmordattentäter" führt letztlich dazu, dass ein hoch signifikantes Phänomen kleingeredet, trivial gemacht und verzerrt wird. „Selbstmordattentäter" – das Wort riecht nach Geistesgestörtheit, aber es ist nicht von Fachpsychologen in die Welt gesetzt worden. Wenn wir

---

[11] Das *Ta'zia* ist eine Art „Passionsspiel", das am Ashura-Tag aufgeführt wird, zur Erinnerung an das Massaker an Hussein, dem Dritten Imam der Shia und zweiten Sohn des Kalifen Ali, der zusammen mit seinen Leuten von Yazid, dem Sohn des Mu'awiyya, des Gründers der Omaijaden-Dynastie in Damaskus und Rivalen Alis ermordet wurde. Die Tat geschah 680 in der Nähe von Kerbela im Südirak und markierte den Übergang des schiitischen Islam von einer bloß politischen Strömung, die sich für die Legitimität des Kalifats von Ali einsetzte, zu einer religiösen Bewegung. Man beachte, dass seitdem das ganze Konzept des Märtyrertums durch individuelle Selbstmordakte eines der Kennzeichen der Schiiten ist. Die weiter oben behandelten „Assassinen" waren ismailische Schiiten, und die Ersten, die diese Tradition in der Moderne wiederaufleben ließen, waren die schiitischen Hisbollah-Kämpfer, die im ebenfalls schiitischen Iran ausgebildet und indoktriniert worden waren. Erst später zog dieses makabre Phänomen auch in das Lager der sunnitischen Mehrheit ein.

die wirklichen Motive hinter dieser frappierenden Variante der Selbstaufopferung finden wollen, müssen wir Definition und Diagnose des
Phänomens an seinen islamischen Wurzeln festmachen. Als Sheikh
Absallah Shami, ein geachteter Führer des „Islamischen Djihad" im
Gazastreifen, von einem Reporter über die „Selbstmordattentate" be-
fragt wurde, antwortete er, dass – solange seine Gruppe nicht über die
gleiche militärische Ausrüstung verfügte wie der Feind – „Selbstmordattentate" schlicht die effektivste Waffe wären, womit sie für ihn legitimiert waren.[12]

Mit anderen Worten: Absallah Shami stellt klar, dass der Grund dafür, dass seine Gruppe „menschliche Bomben" einsetzt, schlicht die
allgemeine militärische Unterlegenheit gegenüber einem gut bewaffne-
ten, übermächtigen Feind ist. Hier ist keine Spur von einer Idealisie-
rung oder Rechtfertigung von „Selbstmordattentaten" als Ziel in sich
selber. Und mehr noch: Während beim normalen Selbstmord der Täter, um den „Erfolg" sicherzustellen, sich selber möglichst viel Schaden
zufügt, gilt hier das Umgekehrte: Die Verluste der Täter sind möglichst
klein zu halten (und die des Feindes möglichst hoch). Und der Täter,
der bei seinem Einsatz umkommt, ist wie gesagt, des ewigen Paradieses gewiss. Das Niedrighalten der eigenen Verluste bedeutet, dass diese Terroristen durchaus „ökonomisch" denken. Die Zahl der Märtyrer
pro Operation soll nicht größer sein als nötig, damit für spätere Operationen noch genügend Kämpfer zur Verfügung stehen. Wäre der Tod
selber das große Ziel, dann würden diese Gruppen für ihre Operationen so viele Kämpfer wie möglich (und nicht so wenige wie möglich)
einsetzen. Auch dies ist ähnlich der Situation bei den Kamikaze, bei denen der Tod für den Kaiser, so idealisiert und irrational er auch war,
doch unter dem rationalen Imperativ stand, mit den vorhandenen
„Ressourcen" so ökonomisch wie möglich umzugehen, um sie optimal
nutzen zu können.

Der Aufbau der ideologischen Hingabe des Islamikaze-Kämpfers
erfolgt in drei Stufen: Identifizierung des Feindes; Stärkung der religiösen Überzeugung gegen den Feind im Allgemeinen und des Über-
zeugtseins vom Djihad im Besonderen; Aufruf zum vollen, bis zur

---

[12] Israel TV, Kanal 1 (auf Hebräisch), 19.00 MEZ, 9. Dezember 1994.

Selbstaufopferung gehenden Einsatz, um das Ziel zu erreichen. Im Folgenden wollen wir uns die Psyche des Islamikaze-Kämpfers etwas genauer ansehen. Diese Märtyrer-Kandidaten gehören zu drei konzentrischen Identitätskreisen, die mit den drei Kreisen zusammenfallen, in denen sie operieren: der größeren gesellschaftlichen Umgebung, dem inneren Kreis von gleichgesinnten Aktivisten und dem harten Kern derer, die auch zum letzten Opfer bereit sind:

1. So wie die Kamikaze die Herzen der Kriegs-Japaner gewannen, genießen die Islamikaze die Sympathien ihrer islamischen Umgebung – einer Umgebung, die (wie die Japaner im Zweiten Weltkrieg) massiv vom Hass auf den Feind geprägt ist und damit gleichsam das Wasser ist, in welchem diese Guerilla-Märtyrer schwimmen können. Die klare Identifikation dieses Feindes und das ebenso klare Wissen des Märtyrers, dass sein Volk hinter ihm stehen und ihn verehren wird (vor allem dann, wenn er im Kampf stirbt), bilden das Fundament für das erste Element der Islamikaze-Weltsicht: eine hohe Motivation und die Bereitschaft, für die „gute Sache" in den Tod zu gehen.

2. Islamikaze wie Kamikaze gehören zu radikalen, kampferprobten und hoch indoktrinierten Gruppen, die der Sache, für die sie kämpfen (hier der muslimische Fundamentalismus, dort die kaiserlich-japanischen Streitkräfte), grenzenlos ergeben sind. Für die Muslime ist der Djihad, der Kampf für den Weg Allahs, wie er von ihren fundamentalistischen Gurus aktiv gedeutet und propagiert wird, das Zentrum und der richtige Weg, und der Tod im Djihad ist der Schlüssel zum Märtyrerstatus und zum Paradies.

3. Die Islamikaze-Kämpfer sind gleichsam der innerste Kreis der muslimischen Djihad-Krieger, die auserwählten Edlen, die Besten der Besten, die sich auf die höchste Form des Opfers vorbereiten. Anders als die normalen Djihad-Kämpfer, die zusammen kämpfen (gewöhnlich als Teil der Streitkräfte eines islamischen Landes und unter der religiösen Sanktion von dessen islamischer Hierarchie) und einander Mut und Hilfe geben, bereiten die Islamikaze, wie die Kamikaze, sich allein auf ihren Einsatz vor, in der Abgeschiedenheit der Isolation und inneren Reinigung. Kein Wunder, dass von ihnen das äußerste Maß an Kühnheit, Hingabe, Frömmigkeit, Konzentra-

tion und der Fähigkeit, alles diese Eigenschaften irgend Störende beiseite zu schieben, erwartet wird.

Wie ist dieser Übergang vom Status des normalen Djihad-Kriegers zu dem des Islamikaze zu verstehen? Hören wir uns eine weit verbreitete Tonbandkassette an:

> I. Komm, Bruder, komm zum Djihad,
> nimm schon morgens deine Maschinenpistole
> und komm zum Djihad! Entscheide dich und wähle:
> Entweder der Sieg und ein Leben der Freuden
> oder der Tod und ein Leben mit einem Mädchen im Paradies.[13]
> (Refrain)
> O Bruder! Dein Land ruft dich!
> Steh auf, um es zu befreien.
> O, Aksa-Moschee, wir alle trauern
> wegen deiner Entweihung durch die,
> die Allah verflucht hat [die Juden].
>
> II. Aber wenn die Muslime aufmerken,
> wirst du wieder blühen wie der Jasmin.
> O Bruder! Wir haben Erniedrigung erlitten.
> Sieh Sabra an und Mia Mia.[14]
> Männlichkeit und Eifer sind weg,
> wenn du nicht deine Maschinenpistole nimmst
> und in den Djihad gehst.[15]

Das Gefühl „Wir haben nichts mehr zu verlieren" ist genau der richtige Auslöser, um in den sicheren Tod zu gehen, sei es durch Selbsttötung

---

[13] In der islamischen Volksfrömmigkeit, die sich oft auf populäre Sheikhs und Zitate aus islamischen Quellen berufen kann, darf der Märtyrer sich im Jenseits mit den Paradiesjungfrauen (*Huriya*, bis zu 72 an der Zahl nur für ihn) verlustieren; nach jedem Geschlechtsverkehr gewinnt die Gespielin ihre Jungfräulichkeit zurück. Auch der Wein (Alkohol ist das zweite große Tabu in der islamischen Gesellschaft) fließt in Strömen.

[14] Sabra und Mia Mia: Palästinensische Flüchtlingslager im Libanon, die während des libanesischen Bürgerkrieges (1975–86), beim israelischen Einmarsch 1982 und danach durch israelische Vergeltungsmaßnahmen und innerpalästinensische Kämpfe viel zu leiden hatten.

[15] Für die arabische Version dieses Textes bin ich meinem Kollegen Meir Bar-Asher von der Hebräischen Universität in Jerusalem zu Dank verpflichtet.

im Herzen des Feindes, sei es im waghalsigen Kampf ohne Aussicht auf Überleben. „Hier" ist nur Demütigung und Leiden, aber „dort", im Jenseits, winken herrliche Aussichten, und die Versuchung ist groß, den Weg dorthin abzukürzen, um so früh wie möglich ans Ziel zu kommen. Daneben kann man in diesem Song alle drei typischen Islamikaze-Merkmale finden: die Delegitimierung des Feindes (die Entweiher der al-Aksa, die von Allah verflucht sind), den Aufruf zum Djihad, der für alle muslimischen Kämpfer gilt und erst recht für die Fundamentalisten, die nicht mehr warten wollen, bis das Establishment ihn erklärt, und den letzten Schritt: die Aufforderung, ohne Angst in den Tod zu gehen, um die Belohnung zu erhalten, die auf den mutig Entschlossenen wartet. Hier ein zweites Lied dieses Typs:

> Die Lösung liegt in deinem Glauben, deinem Islam, deinen Waffen, o Bruder! Bleibe auf deinem Weg, gehe ihn mutig und entschlossen. Wie lieblich klingt die Stimme, die zum Djihad ruft!
> Wenn du diese Lieder der Kühnheit singst,
> dann ordne die Pfeile in deinem Köcher.
> Wir werden die Bastionen der Ungerechtigkeit zermalmen und zu Asche machen.
> Dann werden wir das Banner des Glaubens schwingen,
> fest und voller Stolz.
> Wir sind zu dir gekommen, der Landschaft unseres Landes, bereit, dem Tod zu trotzen und den Schmutz
> der zionistischen Feinde zu entfernen.[16]

Die Verbindung zwischen Selbstopferung und Kampfesmut und dem Jenseits geht auf eine Passage im Koran zurück, in der der Prophet seine Anhänger auffordert, keine Angst vor dem Kampf zu haben, und die jenseitige Welt preist, die „unvergleichlich besser als diese" ist.[17] Weiter ausgeführt wird dieses Thema in der Tradition der Engel *Munkir* und *Nakir*, die angeblich den frisch verstorbenen Muslim prüfen, indem sie ihn durch das reinigende Himmelsfeuer gehen lassen, bevor er ins Pa-

---

[16] Wie der vorhergehende Song wurde auch dieser 1994–95 von Hamas-Sympathisanten auf Audiokassetten unter die Leute gebracht. Siehe auch die vorangehende Anmerkung.

[17] Siehe Sure 9,38. Zur Haltung Mohammeds zum Tod in der Schlacht siehe allgemein Thomas O'Shaughnessy, *Muhammad's Thoughts on Death*, (Brill) Leiden 1969, S. 61–66.

radies darf.[18] Den Märtyrern bleiben die Qualen dieser Prüfung erspart
– sowohl bei ihrem Einzug in den Himmel, wo sie direkt ins Paradies
dürfen, als auch am Tag der Auferweckung der Toten, wenn alle Menschen durch dieses furchtbare Feuer müssen. In einem den Propheten
selber zitierenden Hadith heißt es, dass dem *Shahid*

> ... [seine Sünden] durch Allah vergeben werden. Er wird seinen Platz
> im Paradies einnehmen, mit dem Tuch des Glaubens bekleidet werden, schönäugige Frauen heiraten, den Qualen des Grabes und dem
> Tag des Gerichtes entgehen und in seiner Krone einen der kostbarsten Edelsteine der Welt tragen.[19]

Im Paradies erhalten die Märtyrer ihren seligen Lohn, indem sie eine
höhere Stellung bekommen als alle anderen Paradiesbewohner und
ständig die ewigen Freuden, die dieser Ort zu bieten hat, genießen dürfen. Der Koran ist voll von Beschreibungen des Gartens Eden, wo das
Klima gemäßigt ist – keine Kleinigkeit für Menschen, die aus den Wüsten Arabiens stammen – und wo die Seligen, angetan mit kostbarer Seide und silbernen Juwelen, den Wein, der frei in den Bächen fließt, aus
silbernen Bechern trinken.[20] Es ist ein himmlisches Schlaraffenland
ewiger Freuden – ein krasser Gegensatz zu dem so unsicheren, leidvollen Leben hier unten. Mohammad selber feuerte seine Djihad-Kämpfer an, ihr Äußerstes in der Schlacht zu geben und an die himmlische
Belohnung zu denken, die so bald auf sie wartete.[21] Der Märtyrer im
Himmel wohnt über den übrigen Seligen, direkt unter Allahs Thron.[22]
Die Hadithe werden nicht müde, das Paradies in den höchsten Tönen
auszumalen; es ist ein Ort göttlichen Lichtes, duftender Bäume, murmelnder Bäche, großer Paläste, erlesener Früchte, kostbarer Kleider
und der allerschönsten Frauen.[23]

---

[18] Ragnar Eklund, *Life Between Death and Resurrection According to Islam*, Uppsala 1941, S. 4–6.

[19] Siehe Ibn abi-'Isam, *Kitab al-Jihad* [Das Buch vom Djihad], Al-Madina 1989, Bd. 2, S. 533 (Hadith Nr. 204).

[20] Vgl. z.B. die Suren 9, 47 und 55.

[21] Vgl. Sure 9,20–22.

[22] Für die Stellung des *Shahid* im Paradies nach den Hadithen siehe Wensick, „The Oriental Doctrine", S. 2–3 und Anm. 2 sowie Eklund, *Life Between Death and Resurrection*, S. 16–20 und Anm. 11.

[23] Abu Abi-Asem, a.a.O., Bd. 1, S. 128, Hadith Nr. 1.

Doch dieses atemberaubende Paradies, das den künftigen Märtyrer ohne Zweifel unwiderstehlich anzieht, hat auch eine spirituelle Seite. Der *Shahid* ist auch ein Mittler, der nach seinem Eingang ins Paradies für andere Menschen ein Wort beim Höchsten einlegen kann. Dieses Eintreten für andere, das im Islam als *Shafa'a* („Fürbitte") bekannt und in der muslimischen Tradition gemeinhin ein Vorrecht des Propheten selber ist, wurde von Gelehrten wie Abu Talib aus Mekka und dem berühmtem Mystiker al-Ghasali auf die Märtyrer ausgeweitet.[24] Es ist genau diese Kombination von seligem Leben und großer geistlicher Macht, die das Märtyrertum so attraktiv und beneidenswert macht – schon im normalen Islam und erst recht unter den fundamentalistischen Militanten, deren Vorliebe für diese Verheißungen sie zu solch populären, nachahmenswerten Vorbildern macht. Um es noch einmal zu sagen: Dies ist es, was den Islamikaze über den „normalen" Djihad-Kämpfer erhebt und auch von dem normalen Selbstmörder oder Attentäter, wie ihn nichtmuslimische Gesellschaften kennen, unterscheidet. In diesem kulturellen Rahmen ist das Märtyrertum nicht ein übereilter Verzweiflungsakt eines Geistesgestörten, der seinen richtigen Platz in der Gesellschaft nicht finden konnte, sondern eine Heldentat eines Würdigen und Erwählten, der mit einem kühnen Schlag das erringt, was selbst die Frömmsten sich noch nicht einmal mit einem ganzen Leben guter und heiliger Taten verdienen können.

Wie Fat'hi Shqaqi, Generalsekretär des Islamischen Djihad,[25] in einem Presse-Interview zum Thema „Selbstmordattentate", in welchem er im Wesentlichen alle oben aufgeführten Elemente wiederholte, erklärte:

---

[24] Siehe Wensick, „The Oriental Doctrine", S. 5 sowie Mahmoud Ayoub, *Redemptive Suffering in Islam*, The Hague, 1978, S. 197–216.

[25] Shqaqi wurde 1995 auf Malta liquidiert; seine Gruppe bezichtigte Israel dieser Tat. Shqaqi war ein Palästinenser, der wie viele andere muslimisch-fundamentalistische Führer das Bir Zeit College auf der West Bank besuchte, wo er Naturwissenschaften und Mathematik studierte. 1968 trat er in das Islamic Movement ein, 1974 begann er ein Medizinstudium in Kairo, wo er wegen seiner Aktivitäten verhaftet wurde, als die ägyptischen Behörden erkannten, dass er nicht nur für Israel, sondern auch für ihr Land eine Gefahr darstellte. 1981 kehrte er zur West Bank zurück, wo er als Arzt arbeitete, bis er 1988 von den Israelis verhaftet und ausgewiesen wurde. Danach gründete und leitete er den Islamischen Djihad von Damaskus aus, bis zu seiner Ermordung.

Unser Kampf mit dem Feind in Palästina zielt darauf, alle möglichen Djihad-Methoden ... einschließlich Märtyreroperationen, einzusetzen. Der Feind dachte, dass er mit der Unterzeichnung der Oslo-Abkommen die Akte „Palästina" geschlossen hatte, und war drauf und dran, sie zu liquidieren. Dies verlangt von uns besondere Anstrengungen, um diesen Plan zu vereiteln. Daher die derzeitige Bedeutung von Märtyreroperationen. ... Was die Hilfe aus dem Iran betrifft, so besteht sie im Wesentlichen aus Hilfen an die Familien der Märtyrer und Gefangenen. ... Ansonsten ist die iranische Unterstützung rein politisch und moralisch. ...

Die jungen Leute, die in den frühen 1980er Jahren den Islamischen Djihad in Palästina begannen, waren Jugendliche aus Primar- und Sekundarschulen. ... Ich war einer dieser jungen Leute, die extreme Bitterkeit und Traurigkeit verspürten nach der Niederlage von 1967 ..., die uns in den Abgrund warf. ... Damals verloren ich und andere ... unser ganzes Gleichgewicht. ... Damals konnten wir, um aus dieser Sackgasse heraus und wieder ins Gleichgewicht zu kommen, nichts anderes tun als uns an Allah zu halten. ... Die Idee des islamischen Djihad kam später und wuchs während unserer Studien in Ägypten in den 1970er Jahren zur Reife. ...

Was Saijid Kutb angeht, steht sein Einfluss auf unsere Generation außer Zweifel. ... Die Islamischer-Djihad-Bewegung arbeitet auch auf die Vereinigung der arabischen und islamischen Palästina-Bemühungen hin, während sie gleichzeitig den Islam und sein Glaubensbekenntnis, seine Gesetze, seine Kultur und Disziplin und die Erweckung seiner kulturellen Botschaft an die Nation wie an die ganze Menschheit predigt und auf ihren Triumph hinarbeitet. ... Diese Ziele liegen in dem Rahmen unserer Erkenntnis der wachsenden Beziehung und des Dialogs zwischen der Konfrontation mit Zionismus und Imperialismus einerseits und der Erweckung der Nation andererseits; denn wir könnten den Plan der Wiederbelebung des Islam unmöglich ausführen, wenn nicht die Frage der Befreiung Palästinas sein Kern und das Grundfundament seines Kampfes wäre. ...

Israel ist eine imperialistische Einheit ... eine Frucht des Expansionismus. Es ist auch eine imperialistische Basis und ein Verbündeter und Partner des Westens und hilft diesem bei seinem Vordringen in das arabische und islamische Lager, um es zu beherrschen und seinen Reichtum zu plündern. ... Es stimmt, dass das materielle Machtgleichgewicht nicht zu unseren Gunsten ist. ... Doch dies sollte uns nicht davon abhalten, ein Gleichgewicht des Terrors mit dem Feind herzustellen. Hier liegt die Bedeutung der Märtyreroperationen, die

beweisen, dass die ungerechten Machtgleichgewichte nicht ewig sind
... und dass wir die Option besitzen, den Kampf und nicht die Kapitulation zu wählen. ... Die Veränderung wird unweigerlich kommen, denn sie ist ein göttliches Gesetz und ein göttlicher Weg, und es ist besser, dass sie uns fest in unseren Kampfpositionen vorfindet als auf unseren Knien mit der Urkunde unserer Kapitulation vor dem zionistischen Gebilde und der NATO in unseren Händen.[26]

Diese Zitate, die aus islamischen Quellen bzw. von direkt in Islamikaze-Aktivitäten verwickelten Personen stammen, geben uns Einblick in die islamische Begründung dieser Taten. Was in ihnen fehlt, ist die formelle religiös-juristische Sanktionierung dieser Gedankengänge und der Islamikaze-Operationen selber, in denen so viele Unschuldige zu Tode kommen. Solche Sanktionierungen sind von verschiedenen islamischen Rechtsgelehrten in Form von *Fatwas* (religiös bindende Erlasse) vorgenommen worden. Stellvertretend für diese Fatwas sei hier der von Yussef al-Qardawi erwähnt, der eine 2.000 Wörter lange Abhandlung publizierte, die die „Märtyreroperationen im besetzten Palästina" zu „einer der größten Formen des Djihad für die Sache Allahs" erklärt.[27] Die Fatwas waren sozusagen das noch fehlende Glied in der Legitimationskette der Islamikaze, denn normalerweise verbietet (wie oben erklärt) der Islam den Selbstmord; der Gläubige als bloßes sterbliches Geschöpf kann die Seele, die Allah ihm gegeben hat, nicht einfach in den Tod geben. Qardawi weiß um die Ermahnung des Korans, sich nicht durch die eigene Hand das Leben zu nehmen, aber er weiß auch um den Konsens unter den meisten muslimischen Rechtsgelehrten, dass „Fast-Selbstmord-Attacken" eines Einzelnen gegen eine große Zahl von Feinden erlaubt sind, wenn der Einzelne entweder glaubt, dass er eine gute Chance hat, zu überleben, oder wenn er glaubt, dass er, obwohl sein eigener Tod sicher ist, dem Feind schwere Verluste zufügen wird. Qardawi zieht folgenden Schluss:

---

[26] Auszüge aus einem langen Interview, das Shqaqi der Zeitung *Al-Sharq al-Awsat* [Der Mittlere Osten] (London) gab, 17. März 1995, S. 10.
[27] Siehe FBIS-NES-96-132, 9. Juli 1996. Auf der West Bank und im Gaza-Streifen kursierten ähnliche Fatwas von Führern der Hamas und ähnlicher Gruppen.

Es ist irreführend, diese Operationen selbstmörderisch zu nennen. Sie sind Akte der Aufopferung und des Heldentums und als Märtyreroperationen völlig getrennt von dem Begriff des Selbstmordes. Der Selbstmörder nimmt sich das eigene Leben, aber dieser [Kämpfer] tötet sich um des Besten seiner Religion und Nation willen. Ein Selbstmörder ist jemand, der an sich selber und an Allah verzweifelt, aber dieser *Mujtahid* ist voller Glauben an die Gnade und Güte Allahs.

Die israelische Gesellschaft ist eine militaristische Gesellschaft [und darf daher angegriffen werden]. Ihre Männer und Frauen sind Soldaten in ihrer Armee und können jederzeit zum Dienst verpflichtet werden. Wenn bei diesen Operationen ein Kind oder ein alter Mensch getötet wird, ist dies nicht absichtlich, sondern zufällig. Die Erfordernisse des Krieges erlauben Aktionen, die [normalerweise] verboten sind. ...

Alles, was wir verlangen, ist, dass diese Märtyreroperationen nach sorgfältiger Überlegung ausgeführt werden. Am besten ist es, wenn sie durch den kollektiven inneren Einsatz [*jitihad*] verlässlicher Muslime ausgeführt werden. Wenn sie zu dem Schluss kommen, dass es gut ist, zur Tat zu schreiten, sollten sie dies tun und ihr Vertrauen auf Allah setzen.[28]

---

[28] Ebd.

Bat Ye'or

War Jesus ein Araber?
Christliches Selbstverständnis ohne
jüdische Wurzeln[*]

In einem Interview im Dezember 1997 erklärte Sheikh Yousef al-Qaradawi, das geistliche Oberhaupt der Muslim-Bruderschaft, dass das islamische Recht die „Schriftbesitzer" – also die Juden und Christen – in
drei Kategorien einteilt: 1. Nichtmuslimische Schutzbefohlene (die
Dhimmis), die in islamischen Ländern (*Dar al-Islam*) wohnen;
2. Nichtmuslime in Ländern, in denen ein vorübergehender Waffenstillstand herrscht; 3. Nichtmuslime in Kriegsgebieten (*Dar al-harb*),
die *Harbis*.

Der Sheikh erläuterte, dass das islamische Recht für jede dieser drei
Kategorien unterschiedliche Regeln vorsehe,[1] und gab eine kurze Zusammenfassung der Lehre vom *Djihad*, welche die Beziehungen zwischen Muslimen und Nichtmuslimen bestimme.

Djihad

Nach der Lehre des *Djihad* sind Bewohner von Kriegsgebieten (*Dar
al-harb*) Ungläubige, die sich gegen die Einführung des islamischen

---

[*] Originaltitel: „Juifs et chrétiens sous l'islam. Dhimmitude et marcionisme", in: *Commentaire* 97, Frühjahr 2002, Paris, S. 105–116. *Commentaire* ist eine von Raymond Aron ge-
gründete Vierteljahreszeitschrift. Die folgende deutsche Übersetzung des Artikels von Bat
Ye'or folgt der englischen Übersetzung von Nidra Poller.

[1] Sheikh Yousef al-Qaradawi, *Saut al-Haqq wal-huriyya*, 9. Januar 1998. Siehe MEMRI (The
Middle East Media and Research Institute, Washington, D.C.), „Special Report: The
Meeting between the Sheik of al-Azhar and the Chief Rabbi of Israel", Dezember 1997, aus
dem Arabischen übersetzt, 8. Februar 1998, S. 15.

Gesetzes in ihren Ländern wehren und daher zu bekämpfen sind. Als Feinde Allahs besitzen sie keinerlei Rechte, sondern sind stattdessen samt ihrem ganzen Besitz für alle Muslime etwas, das diesen rechtlich zusteht (*mubah* ist). Die Muslime können sie, der jeweiligen Situation entsprechend, versklaven, zur Erpressung von Lösegeldern als Geiseln nehmen, berauben oder töten. Gegen die Ungläubigen tobt ein Krieg zur Islamisierung ihrer Länder, welche dem Willen Allahs gemäß zur Gemeinschaft des Islam zu gehören haben. Wehren sie sich dagegen, so sieht das islamische Gesetz die Deportation oder die Massakrierung der Männer und die Versklavung der Frauen und Kinder vor.

Ungläubige aus Ländern, in denen gegenwärtig ein Waffenstillstand herrscht, befinden sich in einer Atempause zwischen zwei Kriegen. Der Waffenstillstand sollte prinzipiell nicht länger als zehn Jahre dauern; danach ist der *Djihad* wieder aufzunehmen.

Für einen Waffenstillstand mit den Ungläubigen kann es zwei Gründe geben:

1. Die Muslime sind gegenwärtig nicht stark genug, um die Ungläubigen zu besiegen, und der Waffenstillstand verschafft ihnen die nötige Zeit, um zu erstarken.

2. Die Länder der Ungläubigen zahlen den Muslimen einen Tribut oder tragen mit zahlreichen anderen Diensten zur Förderung des Islam bei.

Mit anderen Worten: Ein Waffenstillstand ist nur dann einzugehen, wenn er ein Mittel zur Stärkung der Muslime und zur Schwächung der Ungläubigen darstellt. Der Waffenstillstand ist kein natürlicher Zustand, da er mit Tributzahlungen erkauft wird. Falls die Ungläubigen den Muslimen als Gegenleistung für den Waffenstillstand keine ökonomischen Vorteile bieten können, wird der Krieg wieder aufgenommen. Des Weiteren sind nur solche Waffenstillstandsverträge gültig, die den islamischen Vorschriften entsprechen; alle anderen Verträge sind wertlos.

Die in muslimischen Ländern unter Schutz stehenden Ungläubigen, *Dhimmis genannt*, sind ehemalige *Harbis*, die ihr Gebiet widerstandslos für einen Frieden unter islamischem „Schutz" (*Dhimma*) aufgegeben haben. Der „Schutz" bewahrt die Dhimmis vor den ewigen Gesetzen des *Djihad*, der ihnen droht, sollten sie sich jemals gegen ihre neuen Herren erheben. Das ist es, was ich „Dhimmitude" nenne: ein Zustand der Unterwerfung und des Beschütztseins, in den Nichtmuslime eintreten, wenn sie ihr Territorium unter die Autorität des Islam stellen. Der Unterwerfung, weil die „Ungläubigen" sich in ihrem eigenen Land dem Gesetz des Islam unterstellen, das sie enteignet, und des Schutzes, weil das gleiche Gesetz sie vor dem *Djihad* beschützt und ihnen gewisse Rechte garantiert. Die Dhimmitude ist eine direkte Folge des *Djihad*.

Die Menschen im Westen wissen wenig oder gar nichts über den islamischen Eroberungskrieg des *Djihad*. In gewissen Kreisen, die sich als progressiv bezeichnen, hat das Wort *Djihad* einen exotischen, manchmal geradezu angenehmen Klang. Einige Intellektuelle lassen sich angesichts scheinbarer Ähnlichkeiten sogar dazu verführen, den *Djihad* mit den Kreuzzügen zu verwechseln. Tatsache ist jedoch, dass der erste Kreuzzug im Jahre 1096 begann, der *Djihad* aber bereits 624. Auf seine erste Phase, den „Ur-Djihad" des 7. Jahrhunderts, folgte die theologische, theoretische und juristische Systematisierung, die im 8. Jahrhundert begann.

Die erste Phase umfasst die militärischen Aktivitäten Mohammads nach seinerÜbersiedlung nach Medina im Jahre 622 sowie ihre Niederschrift in Form von Kommentaren und Befehlen im Koran.

Die zweite Phase beginnt nach seinem Tod (632), als die arabischen Armeen damit begannen, Asien und die christlichen Gebiete im Mittelmeerraum zu erobern. In dieser zweiten Phase (8.–9. Jahrhundert) erarbeiteten die muslimischen Rechtsgelehrten das theologische System des *Djihad* und seine Institutionen. Als Grundlage diente das Leben Mohammads, seine Biographien (die im 8. und 9. Jahrhundert entstanden) und seine von angeblichen Augenzeugen festgehaltenen Worten und Taten *(Hadithen)*. Die Unterscheidung dieser beiden Phasen soll verdeutlichen, dass der *Djihad* und seine Entwicklung zu einem gefestigten System, nicht direkt Mohammad zugeschrieben werden können, da seine Institutionen erst nach dessen Tod eingeführt wurden.

Der *Djihad* und die Kreuzzüge gingen aus zwei zutiefst verschiedenen Religionen und Kulturen hervor, und es gibt zahlreiche Unterschiede zwischen ihnen. Wir können hier nur einige erwähnen.

Seit dem 8. Jahrhundert war der *Djihad* für die muslimischen Theologen ein untrennbarer Bestandteil und eine direkte Konsequenz der islamischen Lehre, da er seinen Ausdruck in den Militäraktionen Mohammads fand. In dem durchaus komplexen Begriff *Djihad* manifestiert sich das Bemühen des Muslims, nach Allahs Geboten zu leben, die er seinem Propheten Mohammad offenbart hat. Mohammad ist im Islam der große Mittler zwischen Mensch und Gottheit, deren bindende und normative Gebote der Koran durch seine Worte und Taten verkündet. Er verkörpert das normative Modell der Gottesfurcht, dem sich alle Menschen, auch unfreiwillig, zu unterwerfen haben (Koran, Sure 2. 193). Der *Djihad* formuliert die militärischen, politischen und ökonomischen Taktiken zur Erreichung dieses Ziels.

Seit seinen ersten Anfängen nimmt der *Djihad* einen zentralen Platz im Denken und in den Schriften muslimischer Theologen und Rechtsgelehrter ein. Die im 8. Jahrhundert festgelegten Regeln und Bestimmungen werden von der Mehrheit der Muslime heute noch als unumstößlich betrachtet. Der *Djihad* ist ein organischer Bestandteil der heiligen koranischen Offenbarung in ihrer Bedeutung für die diesseitige Welt.

Die Kreuzzüge hingegen sind innerhalb des Christentums lediglich eine historische und zudem noch eine höchst umstrittene Episode.

Zunächst ist hervorzuheben, dass der Kreuzzug keinerlei Basis in den heiligen Schriften des Christentums hat, weder im Alten noch im Neuen Testament. Die Eroberung Kanaans durch die Israeliten betrifft ein sehr begrenztes Gebiet, nicht die ganze Erde; es handelt sich dabei nicht um einen Krieg, der erst dann endet, wenn die ganze Menschheit dem gleichen religiösen Gesetz unterworfen ist. Die beschriebenen Praktiken der Kriegsführung gelten nur im Kontext einer bestimmten Epoche.

Zweitens haben Bibel und Koran nicht die gleiche Einstellung zum Heidentum. Die Bibel verurteilt die blutigen, unmenschlichen Praktiken der heidnischen Kulte, aber sie ruft an keiner Stelle zum ewigen Krieg gegen die Heiden auf. Die Kreuzzüge waren, historisch betrachtet, eine Reaktion auf eine komplexe Kombination von Faktoren, die alle zentral mit dem *Djihad* in Verbindung standen. Die muslimischen Armeen waren dabei, die verbliebenen christlichen Gebiete zu umzingeln. Im Osten überzogen die türkischen Seldschuken nach der byzantinischen Niederlage bei Manzikert (1071) Armenien mit Feuer und Schwert und verwüsteten das byzantinische Territorium. Im Westen waren die almoravidischen Berberstämme nach Spanien und nördlicher vorgedrungen und massakrierten Christen, wo sie sie fanden. Die Pilgerreisen ins Heilige Land wurden durch Zwangsbekehrung, Entführung und Ermordung christlicher Pilger sowie die allgemeine Unsicherheit, in der sich der Nichtmuslim befand, empfindlich beeinträchtigt. Man kann die Kreuzzüge deshalb nicht von den immer wiederkehrenden antichristlichen *Djihad*-Kriegen trennen, da sie diese überhaupt erst provozierten.

Die im Westen herrschende Ignoranz über die Lehre des *Djihad* ist so tief, dass dieser nicht selten als „Kreuzzug" apostrophiert wird, geradezu so, als ob die Muslime für das Kreuz kämpften. (Tatsache ist, dass das Kreuz im islamischen Machtbereich, dem *Dar al-Islam*, im späten 7. Jahrhundert durch den Kalifen Abd al-Malik verboten wurde.) Die Leugnung der Geschichte des *Djihad* bedeutet automatisch auch die Leugnung der Geschichte der Dhimmitude, dem Ziel des *Djihad*. Die Geschichte der von mir so genannten Dhimmitude erstreckt sich über mehr als ein Jahrtausend. Sie betrifft die von muslimischen Armeen auf drei Kontinenten – Afrika, Asien und Europa – eroberten Länder und existiert auch heute noch ungebrochen weiter. Sie lebt in den Sitten und Gesetzen all jener Länder fort, in denen die *Scharia* praktiziert wird. Der historische Ignorant sieht dies natürlich nicht, genauso wie der Analphabet außerstande ist, einen geschriebenen Text zu verstehen, doch dies ändert nichts an der objektiven Realität. Da der *Djihad* als angeblicher Ausdruck des Willens der Gottheit etwas Heiliges und Ewiges ist, wird auch sein unmittelbares Ergebnis, die Dhimmitude, als heilig und ewig angesehen. Eigenschaften und Umfang der Dhimmitude sind durch den *Djihad* definiert.

Dhimmitude

Die Dhimmitude ist die Lebensform, die sich bei nichtmuslimischen Bevölkerungsgruppen und Kulturen entwickelte, die nach der Eroberung ihrer Länder durch den *Djihad* einen Sonderstatus unter dem islamischen Gesetz (der *Scharia*) erhielten. Die gleiche Gestaltung dieses Status für Juden wie Christen verleiht der Kultur der Dhimmitude ein homogenes, von ganz spezifischen Eigenschaften bestimmtes Gepräge.

Die durch den *Djihad* islamisierten Territorien erstreckten sich von Spanien bis zum Indus sowie vom Sudan bis nach Ungarn. Wir beschränken uns hier auf die Dhimmitude von Juden und Christen, die im Islam als „Schriftbesitzer" (*Ahl al-kitab*, will sagen: Besitzer der Bibel) bezeichnet werden.

Die in der *Scharia* für diese Bevölkerungsgruppen formulierten Gesetze und Regelungen sind zahlreich und betreffen alle Bereiche des Lebens. Wie oben bereits erwähnt, ist der *Dhimmi* ein ehemaliger *Harbi*, also Bewohner eines Gebietes, mit dem der Islam sich im Krieg befindet. Er besitzt folglich keine Rechte. Es ist die islamische Obrigkeit, die dem zum Dhimmi gewordenen *Harbi*, religiöse und bürgerliche Rechte, Schutz und Sicherheit verleiht. Es ist somit allein das islamische Recht, das die Rechte der in der Dhimmitude lebenden Nichtmuslime definiert und garantiert. Diese bis ins Kleinste von muslimischen Rechtsgelehrten und Theologen ausgearbeiteten Rechte und Pflichten definieren den Status des *Dhimmi*; wir beschränken uns hier auf eine kurze Zusammenfassung.

Der *Dhimmi*-Status ist doppelt bestimmt: militärisch und religiös; militärisch, weil der *Dhimmi* in einem Krieg besiegt worden ist, religiös, weil dieser Krieg ein göttlicher, heiliger Krieg ist. Die Lage des *Dhimmi* wird ausschließlich durch diese beiden Prinzipien determiniert.

Der militärische Aspekt ist aus den Kriegssitten einiger arabischer Stämme abgeleitet, die nach der Eroberung eines riesigen Reiches von den ersten Kalifen zum Teil modifiziert wurden. So wurden die *Dhimmis* beispielsweise nicht, wie von einigen Stämmen eigentlich gefordert, alle einzeln versklavt und unter die Sieger verteilt. Stattdessen enteignete man sie kollektiv und sprach ihre Länder als Ganze dem *Dar al-Islam* zu. Die *Dhimmis* hatten den Status einer Kriegsbeute *(fay)*, die der islamischen Gemeinschaft gehörte und vom Kalifen verwaltet wurde. In dem erbeuteten Land war der Landbesitz Nichtmuslimen, aber auch eingewanderten muslimischen Kolonisten verboten. Der Kalif konnte seinen militärischen Befehlshabern, die zum Zwecke der Weiterführung des *Djihad* Truppen aufstellen und versorgen mussten, jedoch zeitweise Ländereien übertragen. Diese auf das 7. Jahrhundert zurückgehenden Regeln blieben im Osmanischen Reich lange unverändert bestehen. Erst die im 19. Jahrhundert verkündete, aber selten umgesetzte Agrarreform brachte eine Änderung mit sich. Die christlichen *Dhimmis* auf dem Balkan konnten in ihren eigenen Ländern allerdings erst wieder Land besitzen, nachdem sie ihre Unabhängigkeit wiedergewonnen hatten.

Als im 19. Jahrhundert der osmanische Stern zu sinken begann und auf dem Balkan neue christliche Staaten entstanden, flohen Millionen Muslime – die so genannten *Muhagir* („Emigranten") – aus den ehemaligen osmanischen Provinzen Serbien, Griechenland, Bulgarien, Rumänien, Bosnien-Herzegowina, Thessalien, Epirus und Mazedonien. Der Sultan siedelte die Flüchtlinge zum Teil in Judäa, Galiläa, Samarien und Transjordanien an. Er folgte dabei dem traditionellen Prinzip der islamischen Kolonisierung und erhoffte sich dadurch ein Gegengewicht zur wachsenden zionistischen Bewegung zu bekommen. Dies waren die gleichen Muslime, die gegen die Rechte, die Emanzipation und die Unabhängigkeit der christlichen *Dhimmis* in Europa gekämpft hatten. In Anatolien, Syrien, dem Libanon und eben Palästina bekamen sie zu günstigen Konditionen und nach dem seit Beginn der arabischen Eroberungszüge gültigen Prinzip der islamischen Kolonisierung Land. Etwa zeitgleich wurden vor dem russischen Vormarsch im Kaukasus flüchtende tscherkessische Stämme in der Levante angesiedelt. Die meisten von ihnen ließen sich um die armenischen Dörfer in Mesopotamien nieder, wo sie bald damit begannen, die einheimische Bevölkerung zu dezimieren. Andere tscherkessische Kolonisten ließen sich in Palästina (dem heutigen Israel, der „Westbank" und Jordanien) nieder, wo sie Siedlungen in Judäa und in der Nähe Jerusalems (z. B. Abu Gosh) oder in Kuneitra (Golanhöhen) gründeten. Heute sind ihre Nachfolger miteinander verschwägert, und in Jordanien stellen sie die Leibgarde des Königs. Am Vorabend des Ersten Weltkriegs waren 95 Prozent des Territoriums Palästinas Ländereien des osmanischen Sultans.

Der Begriff des *Fay*-Territoriums, also der Beutegebiete, die man den Ungläubigen entreißt, um sie der muslimischen Gemeinschaft anzueignen, hat für die Arabische Liga noch heute Bestand. Insbesondere die PLO spricht Israel jedes Recht auf „arabisches" Land ab. Es ist merkwürdig, dass dieses Denken, das dem arabisch-israelischen Konflikt zugrunde liegt, heute von vielen arabischen Christen und Europäern verteidigt wird. Sie scheinen zu vergessen, dass es nicht nur für Israel, sondern grundsätzlich für alle Länder gilt, die jemals unter islamischer Herrschaft gestanden haben. Mehr noch: Dieses Prinzip ist ein Korrelat des allgemeineren Prinzips des weltumspannenden *Djihad* und daher eine generelle Verneinung jeglicher nichtislamischen Legitimität. Das islamische Recht macht einen fundamentalen Unterschied zwischen Arabien (dem Heimatland der Araber und Wiege der koranischen Offenbarung) und den von den Ungläubigen eroberten Beutegebieten (sprich: allen Ländern außerhalb Arabiens). Nichtmuslime werden innerhalb der Beuteländern toleriert, nicht jedoch in Arabien.

Die militärischen Aspekte der Dhimmitude basieren auf den Kategorien des *Harbi* und des *Dhimmi* und folgen den allgemeinen Regeln der Kriegsführung, welche die Versklavung, Massakrierung und Plünderung der Ungläubigen autorisieren. Diese Regeln sind ein integraler Bestandteil der Dhimmitude. Die *Dhimmis* können jederzeit wieder zu *Harbis* werden: dann nämlich, wenn sie ihr Land von dem islamischen Joch befreien, worauf die Gesetze des *Djihad* wieder Anwendung finden. Historische Beispiele für diesen Vorgang finden wir im 19. und 20. Jahrhundert gegen die aufständischen Serben, Griechen, Bulgaren und Armenier oder heute gegen die Israelis und Südsudanesen. Die verschiedenen Regeln, ergänzt durch die Modalitäten für Schutzverträge (*Dhimma*; verstanden als Waffenstillstandsverträge, denn der Friedensschluss mit Ungläubigen ist verboten), sind in exakte Gesetze gefasst, die bis heute in der islamischen *Djihad*-Literatur unverändert Geltung haben.

Die ökonomischen und sozialen Regelungen für eroberte nichtmuslimische Bevölkerungsgruppen *(Dhimmis)* enthalten modifizierte Versionen der vorislamischen Gesetze dieser Länder. Sie werden in ein innovatives System der Unterscheidung zwischen Muslimen und Nichtmuslimen integriert, das den Grundpfeiler des islamischen Regimes darstellt. Die islamischen Rechtsgelehrten rechtfertigen diese Unterscheidung, die für sämtliche Lebensbereiche gilt, indem sie sich auf Passagen im Koran und in den *Hadithen* berufen. So beruft sich die im Dhimmitude-System den Ungläubigen auferlegte Kopfsteuer auf Sure 9,29: Kämpfet wider jene von denen, welchen die Schrift gegeben ward, die nicht glauben an Allah und an den Jüngsten Tag und nicht verwehren, was Allah und Sein Gesandter verwehrt haben, und nicht bekennen das Bekenntnis der Wahrheit, bis sie den Tribut [*djizya*] aus der Hand gedemütigt entrichten.

Der „Tribut" (die *Djizya*), ursprünglich eine Kollektivabgabe, wurde im System der Dhimmitude zu einer Kopfsteuer, die der Einzelne für die Gewährung begrenzter religiöser und bürgerlicher Rechte sowie der persönlichen Unversehrtheit und des Schutzes vor der eigentlich vom *Djihad* vorgeschriebenen Versklavung oder Tötung zu entrichten hatte.

Die *Dhimmis* hatten darüber hinaus weitere Steuern in Form von Geld oder Sachleistungen zu zahlen und mit verschiedenen Dienstleistungen für die Bedürfnisse der muslimischen Herren (ursprünglich nur der Soldaten) zu sorgen. Trotz der im Laufe der Geschichte eintretenden Veränderungen im demographischen Proporz zwischen Muslimen und Nichtmuslimen blieben diese Abgaben in einigen Regionen bis in das 20. Jahrhundert hinein bestehen.

Diese kurze Zusammenfassung verdeutlicht, wie die militärischen und die ökonomischen Aspekte der Dhimmitude zusammengehörten. Obwohl die Besteuerung der *Dhimmis* teilweise auch auf vorislamische Regime zurückging, liegt die Besonderheit der Dhimmitude darin, dass der ganze ökonomische Bereich in einen umfassenden militärischen und religiösen Kontext der Ungleichheit und Diskriminierung eingebettet ist. Dieses Prinzip führte zu demütigenden Unterschieden zwischen Muslimen und *Dhimmis*, die bis ins kleinste Detail des täglichen Lebens reichten. Auf welche Weise der *Dhimmi* seine Schuhe zu schnüren hatte, wie er sich kleidete und welche Frisuren er tragen durfte, was für Reittiere ihm erlaubt waren, wie er sich zu verhalten hatte – all das war festgelegt.

Was die Bürgerrechte betraf, so übernahmen die muslimischen Herren das gesamte Spektrum antijüdischer Gesetze aus den Kodizes der byzantinischen Kaiser Theodosius II. (5. Jahrhundert) und Justinian (6. Jahrhundert). Seit dem 8. Jahrhundert wurden diese Gesetze von den muslimischen Rechtsgelehrten „islamisiert" (und dabei nicht selten noch verschärft) und auf Juden wie Christen angewandt. Diese Diskriminierungsgesetze, die als Ausdruck des göttlichen Willens galten, unterwarfen den *Dhimmi* einer unerbittlichen und unwandelbaren Rechtsstruktur, die Demütigungen, Erniedrigungen und Schutzlosigkeit nach sich zog. Zusammen mit den bereits erwähnten militärischen Faktoren führte dies zum Rückgang, ja mancherorts zum völligen Verschwinden der jüdischen und vor allem der christlichen Bevölkerungsgruppen. Der im Jahre 640 erlassene Befehl zur Ausweisung der Juden und Christen aus dem Hijaz (Hedschas) führte zur völligen Auslöschung des Christentums in Arabien; im Jemen überlebte das Judentum unter abenteuerlichen Bedingungen.

Unter dem Kalifat von Abd al-Malik (685–705) wurden die christlichen Araberstämme gezwungen, zum Islam zu konvertieren oder in byzantinische Regionen zu fliehen. Andere akzeptierten die Islamisierung ihrer Kinder, um von der *Djizya* befreit zu werden. In weniger als einem Jahrhundert hatte der Islam das Christentum in Arabien ausgelöscht. Die heutigen christlichen arabischen Bevölkerungsgruppen (Griechisch-orthodoxe, Unierte und Katholiken) sind jene *Dhimmis*, die im Rahmen der in den 1830er Jahren begonnenen französischen Kolonialpolitik arabisiert wurden. Die französische Politik zielte auf die Errichtung eines von Algier bis Antiochien reichenden arabischen Reiches unter französischer Hegemonie ab.

Die islamischen Eroberungen wären ohne die Mithilfe zahlloser christlicher Fürsten, Offiziere und Patriarchen, die zum Verrat und zur Kollaboration bereit waren, nicht zu halten gewesen. Diese Kollaboration wurde durch innerchristliche dynastische und religiöse Rivalitäten sowie persönliche Ambition und Machtkämpfe genährt. Da sie auf höchster Ebene stattfand, an den Spitzen von Staat, Armee und Kirche, führte sie zur Islamisierung großer Zahlen von Christen.

Der *Dhimmi*-Status war manchmal mehr, manchmal weniger hart als jener der Juden im Christentum, aber er war mit dem Antijudaismus zutiefst verbunden. Viele der Dhimmitude-Gesetze – etwa das Verbot des Neubaus, der Erweiterung und Instandsetzung von Kirchen und Synagogen, die obligatorische Zurückhaltung bei der Religionsausübung, die Nichtzulässigkeit von *Dhimmis* als Zeugen vor Gericht, die Todesstrafe für das Heiraten einer muslimischen Frau sowie für das Missionieren von Muslimen, Ausschluss aus Ämtern und Positionen, die mit der Autorität über Muslime verbunden waren, Verbot des Haltens von muslimischen Sklaven oder Dienern – hatten ihr Äquivalent und ihren Ursprung in den antijüdischen Gesetzen, die einst in den frühen christlichen Reichen, von Byzanz bis zum westgotischen Spanien, erlassenen worden waren.

Dhimmitude in innerchristlichen Beziehungen

Konflikte zwischen den Patriarchen von Konstantinopel, Antiochien, Alexandrien und später Rom führten zu ethnisch-religiösen Spannungen und Spaltungen im orientalischen Christentum. Sie leisteten christlichen Bündnissen mit den arabisch-islamischen und später türkischen Invasionsarmeen Vorschub. Die diesen Konflikten zugrunde liegenden Motive waren sowohl politischer als auch theologischer Natur. Allianzen mit arabischen Kalifen befreiten so manchen Patriarchen von der lästigen Aufsicht durch einen christlichen Herrscher und gaben ihm endlich ungeteilte Macht über seine Gemeinden. Das System der Dhimmitude, das die Zerstörung aller nichtmuslimischer politischen Macht beinhaltete, kam dem Streben der Kirchen nach ungeteilter Macht über ihre Glieder entgegen.

In der frühen Phase der muslimischen Eroberung existierte in der *Dhimmi*-Gesellschaft eine privilegierte christliche Klasse. Kirchenobere und Notabeln, die als Finanziers tätig waren, verwalteten den Reichtum des Kalifen, politische Berater und Gelehrte aus denselben Kreisen verbreiteten die vorislamische Kultur weiter. Als Gegenleistung für die Dienste, die sie der islamischen Gemeinschaft (*Umma*) leistete, konnte eine Elite von Honoratioren, Kirchenleuten, Bankiers, Gelehrten und Intellektuellen die christliche *Dhimmi*-Mehrheit gemäß den Interessen der herrschenden Krieger-Minderheit verwalten. Diese Situation entwickelte sich jedoch nicht über Nacht, und ihre perversen Auswirkungen waren nicht sofort spürbar; sie erwuchsen vielmehr allmählich aus einer Kombination verschiedener Faktoren, von denen wir hier nur drei anführen möchten:

1. Die fortschreitende Abnahme des Widerstandswillens in den Gesellschaften, die als Waffenstillstandsgebiete an den islamischen Herrschaftsbereich angrenzten. Die Bewohner, obwohl sie noch nicht erobert waren, wurden dem ständigen Djihad-Terror ausgesetzt. Sie zahlten für die Waffenruhe einen finanziellen Tribut, was sie ökonomisch schwächte. Sodann wurden sie im Fortgang schrittweiser Eroberungen durch Überfälle demographisch dezimiert, indem man sie versklavte oder auch verschleppte.
2. Die allgemeine Unsicherheit vergrößerte sich durch die anhaltende

Einwanderung fremder und feindlich gesinnter Stämme unter die einheimische Bevölkerung.

3. Der Aufbau kollaborierender Gruppierungen, die ökonomisch und politisch an die muslimischen Regimes gebunden waren. Das gesamte System der christlichen Dhimmitude entwickelte sich somit durch die politische, wirtschaftliche, intellektuelle und religiöse Spaltung innerhalb der christlichen Gesellschaft, was eine Kultur der Kapitulation ausbildete.

Die von persönlichen und finanziellen Interessen beherrschte Führungselite, die der Umma nicht schnell genug ihre Dienste anbieten konnten, erklärte Ruhe und Stillhalten zur ersten Bürgerpflicht.

Nach der islamischen Kolonisierung der christlichen Gebiete in Asien, der Levante, Nordafrika und Europa kam es dort zu jahrhundertelangen innerchristlichen Konflikten, während denen die rivalisierenden Kirchen jeweils die Hilfe des Kalifen zur Bekämpfung des Gegners anforderten. Diese Animositäten verschärften sich im 18. Jahrhundert noch zusätzlich mit der Bewegung der „unierten" Kirchen nach Rom, wodurch es in jeder orientalischen Kirche zur Abspaltung einer „abtrünnigen" römischen Kirche von der autokephalen Mutterkirche kam. Nationalistische Aufstände christlicher *Dhimmis* auf dem Balkan im 18. Jahrhundert wurden mit Massakern und Versklavung niedergeschlagen. Das verstärkte die Angst der *Dhimmis* im Osmanischen Reich und die Neigung zu Verrat und Kollaboration. Die europäischen Mächte verstärkten und manipulierten diese tausend Jahre alten innerchristlichen Konflikte noch und benutzten die osmanischen Christen als Figuren auf dem Schachbrett ihrer jeweiligen ökonomischen und politischen Interessen. Frankreich förderte ab den 1830er Jahren die Arabisierung der *Dhimmi*-Christen in der Levante. Sie war Teil seiner anti-osmanischen und anti-britischen Politik und Ausdruck des Versuchs, die aufkeimende zionistische Bewegung durch eine „säkulare" nationalistisch-arabische Gegenbewegung zu ersticken.

Dass die durch dreizehn Jahrhunderte der Konfrontation und Kollaboration in den christlich-islamischen Beziehungen bestehenden Spannungen heute fortdauern, liegt auch darin begründet, dass die sie hervorbringenden Systeme des *Djihad* und der Dhimmitude bewusst verschleiert und unter den Teppich gekehrt worden sind. Schuld daran ist ein komplexes Zusammenspiel von politischen, religiösen und ökonomischen Interessen und Kollusionen (unerlaubter Verabredungen), auf das wir hier nicht näher eingehen können. Aber sicher ist, dass Europa ab den 1970er Jahren in einen Status hineinrutschte, der dem der „Länder des Waffenstillstands" vergangener Jahrhunderte nicht unähnlich ist: Zahlreiche Staaten boten im Austausch gegen eine fragwürdige „Sicherheit" eine ausgesprochen liberale Einwanderungspolitik. Sie schauten dezent weg, während unter ihren Augen Terrornetzwerke und die dazugehörigen finanziellen Infrastrukturen sich auf ihrem Territorium organisierten. Sie hofften darauf, ihre Sicherheit durch Entwicklungshilfe an jene Länder, die sich nie von dem dämonisierenden Weltbild der *Djihad*-Kultur losgesagt hatten, erkaufen zu können. Das heutige Europa bietet der *Umma* seine Dienste an, indem es darauf hinarbeitet, den Staat Israel zu delegitimieren und die USA in das anti-israelische *Djihad*-Lager hineinzuziehen. Das besorgte Verständnis für die Motive palästinensischer und islamistischer Terroristen, die Meinung, dass Israel und die USA doch eigentlich selber schuld seien an den Terroranschlägen – all das ist charakteristisch für die Dhimmitude. Hinzu kommen tiefsitzende unterbewusste Dhimmitude-Symptome, die Folge einer totalen Verdrängung historischer Realitäten und Fakten sind – einer Verdrängung, die notwendig ist, um eine auf Geschichtsleugnung basierende Politik zu rechtfertigen.

Eine erschöpfende Studie der Entstehung dieser Verdrängung würde den Rahmen dieses Artikels sprengen; drei Beispiele mögen zur Illustration genügen.

Das erste Beispiel ist das bereits erwähnte Verschleiern und Totschweigen der Ideologie und Geschichte des *Djihad* und der Bedeutung der juristischen und religiösen islamischen Prinzipien für die Geschichte der christlich-islamischen Beziehungen. Prinzipien, die bis heute nicht revidiert worden sind. Die historischen Fakten werden unter einen dicken Teppich der Selbstkritik – die ach so bösen Kreuzzüge, der ach so reiche Westen – und der Anklagen gegen Israel gekehrt. Christen und Juden werden fleißig als die Bösen dargestellt, um der muslimischen Welt ja nicht zu nahe zu treten – einer Welt, die ihrerseits jede Kritik an ihrer eigenen gewaltsamen Vergangenheit der Eroberung und Kolonisierung zurückweist. Das ist Kennzeichen einer typischen Dhimmitude-Beziehung; dem *Dhimmi* ist es bei Androhung der Todesstrafe verboten, den Islam oder eine islamische Regierung zu kritisieren. Unter islamischer Herrschaft mussten die *Dhimmi*–Notabeln ihre Gemeinden der Selbstzensur unterwerfen. Genau dieses System der Dhimmitude mit seiner permanenten Unsicherheit, Demütigung und kriecherischen Unterwerfung, um sich das Überleben zu erkaufen, erlebt in Europa gegenwärtig eine Renaissance.

Das zweite Beispiel ist die politisch korrekte Weigerung, sich zu den jüdisch-christlichen Fundamenten der westlichen Kultur zu bekennen. Der Westen hat Angst, die Muslime vor den Kopf zu stoßen. Dies ähnelt der klassischen Einstellung des *Dhimmis*, der seine eigene Geschichte verleugnen und in der Nichtexistenz verschwinden muss, damit sein Unterdrücker existieren kann. Diese Leugnung des jüdisch-christlichen Erbes, also einer Kultur, die auf dem Boden der Bibel gewachsen ist, wird mit schöner Regelmäßigkeit von europäischen Kabinettsmitgliedern vollzogen, wenn sie in Erklärungen die enormen Beiträge betonen, welche die arabische und die islamische Kultur zur Entwicklung der europäischen Zivilisation geleistet hätten. Diese Beteuerungen entsprechen dem Geist der Resolutionen, die in der zweiten Sitzung der vierten Konferenz der Academy of Islamic Research (Akademie für Islamforschung) im September 1968 an der Al Azhar-Universität in Kairo verabschiedet wurden. Beispielsweise jener Resolution, die zu einer historischen Studie über „die Auswirkungen der muslimischen Zivilisation und Lehren auf die politischen, sozialen und religiösen Reformbewegungen im Westen seit der europäischen Renaissance" aufrief.[2] Solche Äußerungen, welche die Überlegenheit der muslimischen Kultur über die europäische beteuern, fügen sich bestens in das islamische Weltbild ein. Die besagten europäischen Minister glauben, muslimischen Immigranten die Integration in den jüdisch-christlichen Westen erleichtern zu können, indem sie westlicher Wissenschaft und westlichen Institutionen einen islamischen Ursprung zusprechen. In Wirklichkeit lehren muslimische Theologen jedoch, dass der Koran die Übernahme von Ideen und Sitten der Ungläubigen verbietet.[3]

---

[2] Al-Azhar (Academy of Islamic Research) (Hg.), *The Fourth Conference of the Academy of Islamic Research*, General Organization for Government Printing, Cairo, 1970, S. 927.

[3] Abbasali Amid Zanjani, *Minority Rights According to the Law of the Tribute Agreement. A Survey of Some Purports of the International Rights from the Viewpoint of the Islamic Jurisprudence*, International Publishing Co., Teheran, 1997, S. 250–262.

Das dritte Beispiel dieser modernen Dhimmitude des Westens sind die Reaktionen auf die Rede des italienischen Präsidenten Silvio Berlusconi im September 2001, in welcher er öffentlich die Überlegenheit der europäischen politischen Institutionen über die islamischen feststellte. Die Rede führte zu heller Entrüstung bei Berlusconis Kollegen in der Europäischen Union und bei dem Generalsekretär der Arabischen Liga, Amr Moussa. Er verlangte im Anschluss eine förmliche Entschuldigung. Moussa ist ehemaliger Außenminister Ägyptens, also eines Landes mit einer langen, leidvollen Geschichte der Verfolgung jüdischer und christlicher *Dhimmis*, die in unseren Tagen mit einer Kultur des Hasses weitergeführt wird. Die Mitgliedsländer der Arabischen Liga sind genau jene Länder, die den Werten des *Djihad* und der Dhimmitude am treuesten geblieben sind und die ihre nichtmuslimischen Bürger in wechselndem Ausmaß entsprechend behandeln. Berlusconis Entschuldigungskotau vor diesen Ländern, von denen einige heute noch die Sklaverei praktizieren und Eunuchen und Harems haben, erinnert an das Los des christlichen *Dhimmi* vergangener Zeiten, der von seinem Esel abzusteigen oder (wie im osmanischen Palästina noch im 19. Jahrhundert) in die Gosse auszuweichen hatte, wenn er einem Muslim begegnete. Dass solche Gesten der Unterwürfigkeit wie Berlusconis Entschuldigung von europäischen Regierungsvertretern verlangt werden können, zeigt das Versagen einer Politik, die den sie betreibenden Ländern ihre Ehre nimmt. Diese Politik hat sie in eine Lage gebracht, in der islamische Länder als Gegenleistung für Maßnahmen gegen den Terrorismus finanzielle und andere Dienstleistungen von ihnen verlangen – ähnlich wie bei den Tribut zahlenden *Dhimmis* vergangener Jahrhunderte.

Wenden wir uns nun einem besonderen der vielen komplexen Dhimmitude-Prinzipien zu – dem Antijudaismus, also der Fortsetzung des Antisemitismus. Wir wollen die Entwicklung der „Enterbungstheologie" untersuchen, die auf diesem antijüdischen Terrain virulent ist (in ihrer christlichen Version, die sich gegen die Juden wendet, wie in der islamischen, gegen Juden und Christen gerichteten Variante), sowie die heute wieder zu beobachtenden marcionitischen Häresien im Christentum.

Dhimmitude, Christen und Juden

Wenn wir die Dhimmitude als eigenständige Kategorie in der Geschichte und als Erfahrung der Menschheit betrachten, deren juristische und theologische Artikulationen sich über große zeitliche und geographische Räume erstrecken, sollte es uns möglich sein, im Hier und Jetzt der Gegenwart die Weichenstellungen für die zukünftige Entwicklung vorzunehmen. Wir sahen oben, wie die heidenchristlichen Kirchen durch ihre theologische Enterbung der Juden, die sich in diskriminierenden Gesetzen niederschlug, eine Schlüsselrolle für die Formulierung der Fundamente der Dhimmitude spielten und wie die Kollaboration und Kollusion gewisser klerikaler Kreise mit den islamischen Mächten den Niedergang der christlichen politischen Macht beschleunigte.

Das Aufkommen des Zionismus ließ eine islamisch-christliche Gegenallianz entstehen, wobei die Motive und die Konsequenzen des Antizionismus trotz gewisser Ähnlichkeiten bei Christen und Muslimen unterschiedlich sind. Wir wollen hier kurz beleuchten, wie im christlichen Antizionismus die alte marcionitische Häresie (also der Bruch mit dem Alten Testament und den Juden) wiederauflebt und ein Klima schafft, in dem Dhimmitude-Strukturen gedeihen. Die Grundmerkmale des christlichen Antizionismus lassen sich aus der Kampagne der arabisch-palästinensischen Kirchen gegen Israel ablesen, dem sie jeden historischen Anspruch auf das Land und auf Jerusalem absprechen.

Die Politik der arabisch-palästinensischen Kirchen gegenüber Israel hat drei Stoßrichtungen:

1. Marcionismus: Die Kirchen verleugnen ihre eigene Verwurzelung im Judentum und eignen sich die islamische Vision eines arabisch-palästinensischen Jesus an.

2. Gnostizismus, mit Parallelen zur islamischen Vision eines ewigen Korans, der schon vor Erschaffung der Menschheit bestand.

3. Die völlige Enterbung eines dämonisierten Israels, dessen Erbe und Geschichte einem arabischen Palästina zugeschlagen wird, das durch die verklärende Brille eines vereinten Islamo-Christentums betrachtet wird. Diese Verschmelzung mit dem Islam wünschen sich die christlichen Palästinenser so sehr, dass sie sich weigern, als religiöse

Minderheit innerhalb der islamischen Mehrheit zu gelten. Sie beteuern ihre ganze Zugehörigkeit zur Mehrheit – ein für das *Dhimmi*-Syndrom typisches, auf Angst beruhendes Anpassungsverhalten; der Unterdrückte versucht, ja nicht als „anders" aufzufallen.

Man muss an dieser Stelle erwähnen, dass einer der Faktoren, die den Schutz des *Dhimmi* aufheben, Hilferufe an ausländische Mächte sind. Dies war eines der Argumente für das Massaker (1895–1896) und den späteren Genozid (1915–1917) der Türken an den Armeniern. Ähnliche Behauptungen der Kollaboration mit dem Feind haben in späteren Jahrzehnten zur Rechtfertigung von Pogromen gegen die Juden und ihrer Vertreibung aus arabischen Ländern gedient. Christliche *Dhimmis* sind ganz besonders sensibel gegenüber dieser Gefahr, die sie aus über tausend Jahren der islamisch-christlichen Konfrontation nur zu gut kennen.

Dies erklärt die extreme Zurückhaltung arabischer Christen, einschließlich der Kopten, und ihre Weigerung, externe Hilfe entgegenzunehmen. Die einzige Möglichkeit, ihre Lage als *Dhimmis* zu verbessern, besteht darin, den Westen dazu zu bewegen, die Forderungen der *Umma* zu erfüllen. Sie selber werden so zu Kanälen und Botschaftern der Dhimmitude für die westlichen Länder. Dass manche Kirchenleute sich willig in die islamische Politik einbinden lassen, ist eine wohlbekannte und in muslimischen Kreisen geschätzte historische Tatsache. So lobt der iranische Jurist Zanjani die Kollaboration christlicher Kirchenoberer bei der Propagierung und Stärkung des Islam und betont ausdrücklich die Nützlichkeit von *Dhimmi*-Minderheiten für die Förderung islamischer Interessen unter den Nationen.[4]

Marcionismus und Dhimmitude, an sich zwei verschiedene Phänomene, werden im Kontext der palästinensischen Araber komplementär. Die Methode des Marcionismus besteht darin, die jüdischen Wurzeln des Christentums zu kappen, indem ein vollständiger Bruch mit dem Alten Testament vollzogen wird. In einem 1987 in Paris gehaltenen Vortrag forderte Pater Youakim Moubarac die Wiederherstellung der „Kirche von Antiochien". Er definierte sie als Inbegriff „unserer Beru-

---

[4] Ebd., S. 263–271.

fung als Christen, die aus den Nationen herausgerufen und vom Judentum und seinen Gesetzen befreit worden sind". „Dies ist es, was unsere Väter ‚die Ordnung des Mysteriums' nannten. Es ersetzt die ‚heilsgeschichtliche' Theologie mit ihrer Zwangsjacke der ‚jüdisch-christlichen Tradition'."[5]

Auf demselben Kolloqium sagte Mgr. Georges Khodr, griechisch-orthodoxer Metropolit von Mont Liban, dass die Botschaft des Evangeliums für die Kirche von Antiochien nicht „auf wie auch immer geartete Verwechslungen mit dem Alten Testament und seinen heutigen zionistischen Deformationen" reduziert werden kann. Er erklärte: „Kein Wort der Erlösung wird aus unserem Mund kommen ohne eine grenzenlose Liebe zum Muslim."[6]

Die „Reinigung" des christlichen Evangeliums von seinen jüdischen Wurzeln soll der universalen christlichen Kirche also eine Liebe für den Araber und für dessen „Befreiung" ermöglichen. Dieser araberfreundliche antiochische Marcionismus entwickelte sich im arabisch-palästinensischen Klerus als Teil eines Prozesses der Aufpfropfung des Christentums auf angebliche arabische Wurzeln. Pater Raed Abusahlia, Sekretär des Lateinischen Patriarchats in Jerusalem, benennt diese Argumente in großer Ausführlichkeit in seiner nach der Wiederaufnahme des palästinensischen *Djihad* im Oktober 2000 gegründeten Publikation *Olive Branch from Jerusalem*. Für Abusahlia liegen die Wurzeln des palästinensischen Christentums und damit des Christentums im Allgemeinen in dem Arabismus eines palästinensischen Jesus. Palästina gehört den (arabischen) Christen, weil das Christentum und nicht Israel der Erbe der Propheten, Apostel und Heiligen ist. Dieser arabisch-christliche Ursprung wurzelt in der Erscheinung Gottes unter den Menschen, in den Frommen, die zu Pfingsten in Jerusalem versammelt waren und jeweils eine andere Sprache sprachen, darunter auch Arabisch.[7] Das Problem besteht nur darin, dass diese versammelten Frommen alle Juden waren, die aus aller Herren Länder (einschließlich

---

[5] *Actes du Colloque des CMA à Paris,* September 1987, „Les Chrétiens du monde arabe. Problématiques actuelles et enjeux", Vorwort von Pierre Rondot, Maisonneuve et Larose, Paris, 1989, S. 34.

[6] Ebd., S. 28–29.

[7] *Olive Branch from Jerusalem,* Newsletter aus dem Heiligen Land, 9. Oktober 2000.

Arabien) zur jährlichen Feier der Erneuerung des Bundes Israels gekommen waren. Die Behauptung eines historischen Anspruchs der Christen auf das Heilige Land und die gleichzeitige Zurückweisung aller Ansprüche Israels ist eine eindeutige Demonstration der fortdauernden theologischen Enterbung der Juden.

Seit diese Theologie auf dem Zweiten Vatikanischen Konzil (1965) aufgehoben wurde, haben sich die *Dhimmi*-Kirchen eine eigene Theologie aus arabischen und nichtjüdischen Quellen zurechtgezimmert. Der Kanzler des Lateinischen Patriarchats in Jerusalem sieht die dort lebende Kirche in einem arabischen Zelt und mit einer palästinensischen Identität. Dieser Arabismus wird in das mystische Gewand eines Retters der Christen vor Israel, der Verkörperung des Bösen, gehüllt.

Den sich hier vollziehenden Mechanismus erwähnte Alain Besançon bereits in einem anderen Kontext (dem des Nationalsozialismus und Stalinismus). Er bezeichnete ihn als *perversa imitatio* (perverse Imitation): die Konstruktion einer Pseudorealität, bei der die jüdische Geschichte zu einer arabisch-palästinensischen Version umgebaut wird, die durch das Verzerren der Wirklichkeit zu einer „Lügenpädagogik" wird.[8] Die arabischen Palästinenser nehmen die Stelle des historischen jüdischen Volkes ein, das sie damit zur Nichtexistenz verdammen. Islam und Christentum miteinander vermischend, malen sie das Bild eines von Israel „gekreuzigten" Palästinas – ein Bild, das in ihrem Krieg gegen die Juden des öfteren Anwendung findet. Christliche Antizionisten bezeichnen die in ihre Heimat zurückgekehrten Israelis als *Kolonisten, Kolonisierung, Besatzer*. Das entspricht der Logik der theologischen und historischen Enterbung, die das Naturrecht der Juden auf ihr Heimatland auf die arabischen Palästinenser überträgt. Die Wiederherstellung Israels in seinem eigenen Land ist deswegen und nur deswegen ein „Unrecht", weil sie gegen diese Enterbung verstößt. Nur am Rande wollen wir hier erwähnen, wie problematisch die Übertragung westlicher Kolonisierungs-Modelle auf den islamischen Kontext eines imperialistischen *Djihad* ist, der den *Dhimmi*-Völkern ihr Land und ihre Identität nimmt. Zu erwähnen ist auch, dass in Palästina zeitweise

---

[8] Alain Besançon, *Über die Shoah, den Nationalsozialismus und den Stalinismus*, Klett-Cotta, Stuttgart 2001, S. 58 und 92.

die hanbalitische Version des muslimischen Gesetzes , das Gesetz der Taliban, herrschte. Die Unterschiede zwischen den vier Rechtsschulen des sunnitischen Islam sind jedoch minimal, wenn es um den *Djihad* und die *Dhimmis* (Ungläubigen) geht.

Das Prinzip der theologischen Enterbung hat für das Christentum nicht dieselbe Bedeutung wie sie es für den Islam hat, weil dieser dieses Prinzip auch auf die Christen anwendet. Für die muslimischen Theologen entstand der Islam nicht erst im 7. Jahrhundert durch Mohammed, also *nach* dem Juden- und Christentum. Er geht vielmehr auf die Erschaffung der Welt zurück. In diesem theologischen Modell sind Adam und Eva, Abraham, Mose, die Propheten und Könige Israels, Jesus, Maria und die Apostel Muslime. Jesus war angeblich ein muslimischer Prophet, der ausschließlich den Islam verkündete. Mit anderen Worten: Die jüdische und christliche Heilsgeschichte vor Mohammed ist eigentlich die Geschichte des Islam, die in ihrer korrekten Form im Koran erzählt wird. Das Alte Testament der Juden und die Bibel der Christen sind von Fälschungen und Aberglauben durchsetzte Verzerrungen der Urversion, die sich allein im Koran findet. Das Prinzip der Enterbung gewinnt konkrete Gestalt in der Pflicht zum *Djihad* gegen die Ungläubigen und deren Unterwerfung unter die (für Juden wie Christen gleichen) Gesetze der Dhimmitude, bis zu dem Tag, an dem sie sich endlich zum Islam bekehren.

Die große Geschichtsfälschung

Die Islamisierung der Menschheit, der hebräischen Propheten und anderer Philosophen ist nicht nur eine Islamisierung der Geschichte vor Mohammed, sie beraubt die Juden und Christen auch all ihrer historischen Bezugspunkte; ihre Religionen bleiben gleichsam im luftleeren Raum hängen. Es ist offensichtlich, dass die Islamisierung der Bibel, Jesu und der Evangelisten die Christen ebenso betrifft wie die Juden. Die Islamisierung Jesu muss zwangsläufig zur Islamisierung der gesamten christlichen Theologie, ja des ganzen Christentums führen. Auch die Delegitimierung Israels bleibt nicht ohne Folgen für die christliche Theologie und Identität. Liegen die Ursprünge des Christentums nun in der Bibel oder im Koran? Waren die Apostel und der historische Jesus Juden oder waren sie muslimische Propheten des Koran, die kaum etwas mit den biblischen Originalen verbindet? Der jüdisch-christliche Konflikt über die Wiederherstellung Israels führt parallel zu einem islamisch-christlichen Konflikt. Derjenige, der die christliche Version der Enterbungstheologie bejaht, muss auch die islamische Version akzeptieren, die auch die Christen mit einbezieht. Es ist offenkundig: Solange die arabischen und vor allem die palästinensischen Kirchen die Legitimität Israels und seine Geschichte abstreiten und sie stattdessen auf das Volk des *Djihad* übertragen, das Juden- und Christentum mit den beschriebenen Methoden eliminiert hat, werden sie und die Menschen, für die sie stehen, das ganze Unterdrückungssystem ihrer eigenen Dhimmitude und Vernichtung rechtfertigen. Anders formuliert: Das christliche Prinzip der theologischen Enterbung der Juden führt zu einer entsprechenden Behandlung der Christen durch den Islam bzw. in dem System des *Djihad*. Man kann heute des öfteren Äußerungen pro-palästinensischer Propagandisten lesen, die behaupten, Palästina sei die Wiege aller drei Religionen (Judentum, Christentum und Islam). Diese Behauptung ist jedoch absurd. Der Islam stammt aus Arabien und entwickelte sich in Mekka und Medina; der Koran erwähnt keine einzige Stadt des Heiligen Landes, noch nicht einmal Jerusalem. Wäre Palästina wirklich die Wiege des Islam gewesen, hätte dieser es allen Nichtmuslimen verboten, dort ansässig zu werden. Keine christliche Kirche würde dort toleriert werden. Mit Hilfe dieser Geschichtsfälschung, deren Verbreitung keineswegs im Interesse der Christen liegt, wird der Versuch unternommen, die Legitimität Israels mit einer fiktiven Gegenlegitimität der Christen zu kontern – einer Gegenlegitimität, die sich im Kontext der Dhimmitude gegen ihre christlichen Urheber selber richtet und damit der Islamisierung biblischer Gestalten entgegenkommt.

Die palästinensischen *Dhimmi*-Kirchen haben der *Umma* erhebliche Dienste erwiesen – Dienste, die dem Wesen und der Aufgabe des *Dhimmi* entsprechen und die ihm sein Überleben garantieren. Diese Kirchen haben das biblische Fundament des Christentums ausgehöhlt und seine Position gegenüber einem immer selbstbewusster agierenden Islam zunehmend geschwächt. Sie haben die völkermörderische Legitimierung der Dhimmitude noch bekräftigt, indem sie ihre Anwendung auf das jüdische Volk, dem das Christentum so verbunden ist, gerechtfertigt haben. Wenn Israel sein eigenes Land tatsächlich „besetzt" hält, dann ist das Christentum ebenfalls ein „Besatzer", wie jeder andere „Ungläubigenstaat" in der Welt auch. Es bezieht seine Legitimität aus der Geschichte Israels.

Zwei strategische Achsen

Es gibt in diesem Kontext zwei strategische Achsen: eine politische auf der europäischen Ebene und eine theologische. Letztere wird von keinem Geringeren als Mgr. Michel Sabbah, dem Lateinischen Patriarchen von Jerusalem und Befürworter von Arafats *Djihad*, vertreten. Im Herbst 1999, als Arafat den Ausstieg aus den Oslo-Abkommen plante, wurde Mgr. Sabbah in Amman zum Präsidenten der einflussreichen, dem Vatikan nahestehenden Organisation Pax Christi International gewählt. Die Wahl führte zu einem internationalen antizionistischen Echo, das sich in Form von kriminellen antisemitischen Attacken in Europa äußerte, die an die 1930er Jahre erinnerten.

Wie wir bereits gesehen haben besteht die theologische Achse darin, dass das Christentum aus seiner jüdischen Verwurzelung herausgerissen und in den arabisch-palästinensischen Boden eingepflanzt wird. Der palästinensische *Djihad* bekommt damit den Heiligenschein eines Kampfes für „Frieden und Gerechtigkeit". So erklärte Mgr. Sabbah, ein eifriger Verfechter der palästinensischen Sache, vor der Bischofssynode in Rom im Oktober 2001: Die Kirche muss auf der Seite von Wahrheit und Gerechtigkeit stehen. Und heute sagen die Wahrheit und die Gerechtigkeit, dass das palästinenische Volk unterdrückt, seines Landes beraubt und ins Elend gestürzt ist [. . .] Die Europäer sollten nicht vergessen, dass sie einst unter deutscher Besatzung standen und die Invasoren mit Gewalt bekämpften, bis sie sie hinausgeworfen hatten. Gerade die Europäer sollten verstehen, warum die Palästinenser zu den Waffen greifen und so lange weiterkämpfen werden, bis sie ihre Freiheit wiederbekommen haben.[9]

---

[9] Missionary Service News Agency (MISNA), 5. Oktober 2001.

Dieser „Friede" und diese „Gerechtigkeit" sind eine Rechtfertigung und Beschönigung des islamischen Systems des *Djihad,* des Systems von Arafat, der Israel jede historische Legitimität abspricht sowie seine Vernichtung anstrebt. Diese Interpretation von Gerechtigkeit lässt Israelis zu Nazis und palästinensische Terroristen zu Opfern werden. Tatsache ist, dass während des Zweiten Weltkrieges der damalige Palästinenserführer Haj Amin al-Husseini, seines Zeichens Mufti von Jerusalem, mit Hitler bei dem Völkermord an den Juden zusammenarbeitete. So schreibt Alain Besançon, die nationalsozialistische Verfälschung des moralisch Guten kommentierend:

> „Signum des Dämonischen [der Judenvernichtung] ist in unseren Augen, dass diese Taten im Namen eines Guts, unter dem Deckmantel einer Moral begangen wurden."[10]

Auch der iranische Präsident Muhammad Khatami hat zum „Aufbau einer Welt der Gerechtigkeit und des Friedens" aufgerufen und gleichzeitig die amerikanischen Reaktionen auf die Terroranschläge vom 11. September verurteilt. Eine Stellungnahme, die im System der Dhimmitude Sinn ergibt: Einem *Dhimmi,* der von einem Muslim angegriffen wird, ist es untersagt sich zu wehren. Ebenso darf ein Muslim nicht wegen Tötung eines Christen hingerichtet werden. Das Talionsprinzip (Gleiches wird mit Gleichem vergolten) gilt nur zwischen Muslimen, nicht jedoch zwischen dem Muslim und dem diesem gegenüber minderwertigen Ungläubigen. Nur ein Muslim ist einem anderen Muslim ebenbürtig. Auf dieser Basis werden im iranischen Strafrecht Muslime und Nichtmuslime unterschiedlich behandelt.[11] Die Worte „Friede" und „Gerechtigkeit" müssen hier entsprechend der Ethik des *Djihad,* und im Kontext einer Ungleichheitsbeziehung interpretiert werden. Letztere verlangt die Unterwerfung des als minderwertig definierten Ungläubigen.

---

[10] Besançon, *Über die Shoah ...,* S. 38.

[11] Das iranische Strafgesetzbuch sieht eine unterschiedliche Behandlung von Muslimen und Nichtmuslimen in Mordfällen vor. Siehe den Report von Maurice Copithorne, Sonderberichterstatter für die UN-Menschenrechtskommission (Genf) für das Jahr 1998, E/CN.4/1999/32 § 35–39; siehe Anhang 4 dieses Reports, der bezüglich dieser Diskriminierungen das iranische Bürgerliche Gesetzbuch 121, 297, 300, 881 sowie den Artikel 163 der iranischen Verfassung zitiert.

Die politische Ebene der Dhimmitude geht mit einer theologischen Transformation einher, die mit der bereitwilligen Zusammenarbeit europäischer Kirchen geschieht. Das Ziel dieser Transformation ist die Abschaffung des klassischen europäischen Christentums und seinen jüdischen Wurzeln zugunsten eines Euro-Arabismus. Dies soll durch eine islamisch-christliche Religionsökumene gelingen, die letztlich auf eine weltweite Symbiose und Globalisierung abzielt. Ein System, in welchem ein islamisch-christliches euro-arabisches Palästina das Herz und Zentrum der Vernichtung Israels ist. „Palästina" ist eine europäische Erfindung, die in den 1970er Jahren mit dem Ziel der Zerstörung Israels erschaffen wurde. Es stellt eine bloße Hilfskonstruktion dar, die selbständig verschwinden wird, sobald sie ihre Schuldigkeit getan und das Christentum seiner jüdischen Wurzeln beraubt hat.

Des weiteren wird eine islamisch-christliche Fusion angestrebt, die Europa über die PLO zurück in das Heilige Land und nach Jerusalem bringen soll. Die Prämissen dieser Strategie gehen in das 19. Jahrhundert zurück; ihre Vertreter, darunter auch der deutsche Nationalsozialismus, haben sich die Zerstörung Israels zum Ziel gesetzt. Sie werden von einer von starken politischen und ökonomischen Kräften durchsetzten Strömung innerhalb des Christentums getragen.[12]

Dieses Euro-Palästina existiert bereits in den antijüdischen Synergien und der Hasskultur, die von einer Europäischen Union finanziert werden, die Israel seine Grenzen und seine Hauptstadt (Tel Aviv) diktiert und dadurch sein bereits begrenztes Territorium noch mehr beschneidet. In den internationalen Medien verbreitete Diffamierungen durch die Europäische Union haben dem arabischen Terrorismus nicht nur in Israel Rückendeckung gegeben, sondern auch in Europa, wo eine neue Welle des kriminellen Antisemitismus weder auf politischen noch auf religiösen Widerstand trifft. Mythologien einer *perversa imitatio* ziehen das Christentum in einen Dhimmitude-Sumpf des Vergessens.

---

[12] Bat Ye'or, „L'antisionisme euro-arabe", Autorenkollektiv: *[Nouveaux] Visages de l'antisémitisme, haine passion – ou haine historique?*, NM 7 éditions, Paris, 2001, S. 23–70.

Islam und Islamismus

Unwahrheiten und Stillschweigen bilden ein psychologisches Netz von Lügen und Fallen. Dreißig Jahre lang hat Europa vor dem in aller Welt real existierenden *Djihad* die Augen verschlossen und sich geweigert, die Quellen des islamischen Terrorismus zu sehen. Die Erklärungen Bin Ladens sind ausschließlich religiös begründet und fügen sich nahtlos in das Bild der islamischen Eroberungskriege gegen die Ungläubigen ein. Die arabisch-muslimische Welt wird nicht durch die Politik Israels und des Westens gedemütigt, sondern allein durch ihre Existenz. Für die islamische Welt ist die Tatsache, dass es freie und souveräne Nationen gibt, ein Schlag ins Gesicht. Nach ihrer Auffassung muss der Islam herrschen und darf nicht beherrscht werden. Es ist die Nichterfüllung des unbedingten Willens zur Macht, welche die Gefühle der Demütigung und der Gewalt in den islamischen Ländern heraufbeschwört – nicht Armut und wirtschaftliche Ungleichheit, die es überall auf der Welt gibt, ohne zu dieser Art von Hass und Terrorismus zu führen. Der *Djihad* ist im Grunde eine Nostalgieveranstaltung, ein Zurücksehnen nach dem geistigen Universum der Dhimmitude, in welchem die „Ungläubigen" permanent gedemütigt werden und nur durch Unterwürfigkeit überleben können. Die Sünde des *Dhimmi* ist seine bloße Existenz. Für diesen Fehler muss er büßen und zahlen – durch Tribut, durch Dienst, durch Schmeichelei. Demütig, verborgen und klein hat er zu sein, ohne eigene Geschichte und Kultur; seine Leistungen können ihm nur verziehen werden, wenn er sie in den Dienst seines Unterdrückers stellt.

Die antiamerikanischen Terroranschläge vom 11. September 2001 offenbaren die Kluft zwischen den besänftigenden Bewunderungsadressen europäischer Politiker an den Islam und den hasserfüllten Demonstrationen gegen den Westen durch muslimische Massen, die Bin Ladens Verbrechen gutheißen. Die Reaktionen europäischer Politiker illustrieren, wie sehr sie sich bereits wie echte *Dhimmis* verhalten: Sie lassen keine Gelegenheit aus, die Überlegenheit der islamischen Kultur über ihre eigene zu loben, sich selbst aufgrund der Kreuzzüge zu geißeln und sich generell zu erniedrigen. Arabische Gefühle dürfen dabei nicht verletzt werden. Der westliche Steuerzahler sieht sich in seinem eigenen Land als Zielscheibe wachsender Unsicherheit und unkontrollierbarer illegaler Einwanderung. Er liest mit Schrecken von den neuesten Selbstmordanschlägen und ist dazu gezwungen, seine Sicherheit mit ungewissem Ausgang zu erkaufen. Ehrenvollere Mittel stehen ihm zu seiner Verteidigung nicht zur Verfügung.

Israel wird zum Schuldigen erklärt. Eine Wiederauflage des uralten Reflexes der Christen, die ihren hilflosen Hass immer dann an den jüdischen Minderheiten ausließen, wenn sie in ihren eigenen Ländern vom *Djihad* bedroht wurden und unfähig oder unwillig waren, diesen Feind wirksam anzugreifen.[13] So wie in Bosnien, dem Kosovo und Mazedonien die sezessionistischen Forderungen muslimischer slavischer Minderheiten die Beziehungen zwischen katholischen, protestantischen und orthodoxen Christen vergifteten, haben die arabischen Länder den Krieg des Westens gegen den islamischen Terrorismus in einen Kampf gegen Israel umgewandelt, das angeblich die Schuld an allem tragen soll. In den 1960er Jahren begann der Westen, sich das Bild eines Wunschislams der Liebe, des Friedens und der Toleranz zu malen. Dieses schöne, durch eine strikte Zensur geschützte Bild führte zu einer Politik der zynischen Kollaboration und zu schändlichen Zugeständnissen. Heute ist die Maske weggerissen, und wir sehen die Fratze Bin Ladens, Ausdruck eines blutrünstigen Hasses auf Christen und Juden.

Schon bald nach dem 11. September 2001 kam es in den Vereinigten Staaten zu einer Kontroverse über den Islam. Für Professor David Forte, einen glühenden Katholiken, der angeblich Präsident Bush beeinflusst haben soll, ist der Islam eine Religion der Liebe, des Friedens und der Toleranz, die leider von Bin Laden, der angeblich nur eine verschwindende Minderheit repräsentiert, missbraucht worden ist.[14] Forte rief den Westen dazu auf, den wahren Islam aus den Klauen Bin Ladens und seiner Komplizen zu befreien.

Es ist sicher nicht möglich, die Gefühle und Meinungen der Millionen Muslime in der Welt auszuloten oder für alle islamischen Kulturen

---

[13] Bat Ye'or, *Juifs et chrétiens sous l'islam, les dhimmis face auf défi intégriste,* Berg International, Paris, 1994. Dieses Thema wird weiterentwickelt in Bat Ye'or, *Islam and Dhimmitude. Where Civilizations Collide,* Madison, Fairleigh Dickinson University Press, Cranbury, NJ/ Associated University Presses, 2002.

[14] David D. Forte, „Religion is not the enemy", *National Review Online,* 19. Oktober 2001 (http://www.nationalreview.com/comment/comment-forte101901.shtml).

zu sprechen, aber Tatsache ist, dass die Ideen Bin Ladens seit dem 8. Jahrhundert in allen klassischen Schriften muslimischer Rechtsgelehrter ausgeführt und beständig wiederholt werden. Diese Ideen und Vorschriften waren all die Jahrhunderte hindurch die Basis der Beziehungen zu Nichtmuslimen, und sie werden noch heute gelehrt.

Pater Henri Boulad, ein ägyptischer Jesuit und Islamexperte, drückte es folgendermaßen aus: „Islamismus ist gleich Islam."[15]

Ein Artikel in *al-Muhajiroun*, einer in London erscheinenden islamistischen Zeitung, vom Januar 2001 verdeutlicht uns, „wie der Islam die Länder einteilt":

> Sobald der islamische Staat besteht, ist das Leben und der Besitz aller Menschen im *Dar al-Harb* nicht mehr heilig, so dass ein Muslim nach *Dar al-Harb* gehen und den dort lebenden Menschen ihren Reichtum wegnehmen kann, außer es gibt einen Vertrag mit diesem Staat. Wo es keinen Vertrag gibt, kann ein Muslim sogar nach *Dar al-Harb* gehen und sich Frauen als Sklavinnen holen.[16]

Man mag diese Sätze als eine provokative Manipulation bezeichnen, die bei vielen Muslimen helle Empörung auslösen würde. Wir zitieren Sie dennoch, da sie eine völlig korrekte Beschreibung der Theorie des *Djihad* und seiner historischen Realität darstellen.

Die in der christlichen Welt über solche Details der islamischen Lehre geführten Diskussionen (weder im Hinduismus noch im Buddhismus kommen solche Fragen auf) beziehen sich nur auf die politischen Probleme des Westens und sind ohne jeden Einfluss auf die Evolution des religiösen und politischen Denkens im Islam. Ob Professor Forte versucht, seinen Wunschislam zu retten oder nicht. Es ändert nichts an den eindeutigen Koranversen, welche die Vernichtung oder Demütigung der „Ungläubigen", einschließlich der Christen, fordern. Und es ist genau diese leidenschaftliche Hingabe an den Islam, die als Einfallstor der Dhimmitude in den Westen fungiert und die innere Lähmung muslimischer Intellektueller fördert. Man findet religi-

---

[15] Henri Boulad, „A propos de l'islamisme et de l'islam", *Choisir*, Genf, April 1997, S. 26–28.
[16] Al-Muhajiroun, *The Voice, the Eyes, the Ears of the Muslims*, London, 27. Januar 2001 (http:/ /www.onlyam.com/islamicstopics/foreign_policy/land_classification.html).

ösen Extremismus in verschiedenen Religionen, aber wir müssen begreifen, dass sowohl Juden- als auch Christentum exegetische Instrumente entwickelt haben, die sich als fähig erwiesen haben, durch eine rationale Auseinandersetzung mit dem eigenen Glauben den Extremisten den Boden zu entziehen. Diese Entwicklung, die besonders im Christentum zu konstatieren ist, sucht man im Islam vergebens, da er nicht die gleiche religiöse Struktur wie die biblischen Religionen hat. Fortes Strategie fördert den eklatanten Mangel an Selbstkritik im muslimischen Lager noch zusätzlich. Warum sollten muslimische Intellektuelle sich darum bemühen, die Ethik einer Religion zu ändern, deren Werte von genau jenen Menschen in den höchsten Tönen gelobt werden, die sie angreift? Wenn die islamische Religion und Kultur so rein und vollkommen sind, kann das Übel ja nur von außen kommen – eben von den Ungläubigen. Das ist die logische Folge aus Fortes Ansichten.

Trotz aller offizieller gegenteiler Beteuerungen durch westliche Regierungen befinden wir uns inmitten eines Kampfes der Kulturen. Die Konfrontation zwischen einander diametral gegenüberstehenden unterschiedlichen Deutungen und Systemen der Geschichte, der Gerechtigkeit und der Menschenrechte wird so lange fortdauern, bis die Ideologie des *Djihad* und die mit ihr einhergehende Dämonisierung der „Ungläubigen" anhält. Diese Dämonisierung rechtfertigt die gegen sie geführten *Djihad*-Kriege.

III. Religiöser Friede ohne Differenzen?

Eberhard Troeger

Die Bedeutung des Lebens Muhammads für die islamische Rechtswissenschaft

Eine kritische Analyse der Studie von Prof. Dr. Muhammad Said Ramadan Al Buti: „Rechtswissenschaft in der Biographie Muhammads". Wissenschaftliche, systematische Studien zu Lehren, Grundsätzen und Aufbau, übersetzt und gekürzt von Prof. Ali Rustum, Damaskus, 2. Aufl. 1992 [1]

Vorbemerkungen

Es ist für Menschen des Westens dringend nötig, nicht nur auf solche islamischen Stimmen zu hören, die im Westen für den Dialog mit Nichtmuslimen eintreten[2], sondern auch auf Quellentexte aus der islamischen Welt selbst. Der Verfasser (kurz Vf.) des oben genannten Buches, Ramadan al Buti, ist in Syrien eine anerkannte Autorität. Er hat lange an der Abteilung für Islamisches Recht der Rechtswissenschaftlichen Fakultät der Universität Damaskus gelehrt. Insofern können seine Aussagen als einigermaßen repräsentativ für den zeitgenössischen sunnitischen Islam gelten.[3]

---

[1] Jurisprudence in Muhammad's Biography. Scientific and Systematic Studies of Lessons, principles and constitution. By Dr. M. Said R. Al Buti. Damaskus 1992, 2. Auflage. Ich zitiere aus dem Englischen, der arabische Text lag mir nicht vor.

[2] Vgl. den Kommentar von Michael Molthagen zur Charta des Zentralrates der Muslime in Deutschland, in: „Islam und Christlicher Glaube" Nr.2/2002, S.3ff.

[3] Der Autor hat Syrien in den letzten Jahren wiederholt besucht und die dortige Diskussionslage verfolgt.

Ich lasse die Aussagen des Vf. weitgehend unkommentiert, damit sich der Leser sein eigenes Urteil bilden kann. Dabei ist immer zu bedenken, dass der Vf. im sozialistischen Syrien gelehrt hat, in dem die Muslimbrüder (eine islamistische Gruppierung) unterdrückt werden. Seine Rechtsauffassungen sind ein Beleg dafür, dass die islamische Rechtstheorie und die konkrete Lebenssituation sehr weit auseinander liegen können. Trotzdem ist festzuhalten, dass die vom Vf. vertretenen Meinungen viele Muslime in ihrem Denken prägen.

Aus Platzgründen beschränke ich mich auf die juristischen Lehrmeinungen des Vf.. Sein Buch enthält auch viele erbauliche und allgemein-ethische Aussagen, die er aus dem Vorbild Muhammads ableitet. Sehr interessant sind auch seine Ausführungen zum Verständnis des Koran und der Muhammad-Biographien und seine Polemik gegen die westliche Geschichtswissenschaft.

1. Grundsätzliche Überlegungen

Der Verfasser will aufzeigen, dass „das muslimische Glaubensbekenntnis bzw. die muslimische Lehre vollständig im Leben Muhammads enthalten" sei (S. 9). Denn „sein Leben war ein strahlendes und reales Bild aller Ordnungen und Prinzipien des Islam" (ebd.). Muhammad sei ein vorzüglicher Lehrer gewesen, denn er tat sein Bestes, um die fortschrittlichsten Methoden zu erkunden (S. 10). Der Vf. räumt aber ein, dass nicht alles Tun Muhammads göttlicher Offenbarung entsprungen sei (S. 93). Muhammad habe manchmal in seiner Eigenschaft als Staatsoberhaupt recht menschlich gehandelt (ebd.).

„Sein Leben und seine überlieferten Befehle und Anweisungen sind die unverzichtbaren Schlüssel zum Verständnis des Koran" (S. 11). Der Vf. betont, dass das Leben Muhammads (kurz M. bzw. Ms.) mit zuverlässigen historischen Methoden erforscht sei und die richtigen von den falschen Traditionen unterschieden worden seien. Diese Erforschung des Lebens Ms. habe es ermöglicht, „generell historische Ereignisse zu studieren und aufzuschreiben" (S. 11). Die muslimischen Historiker hätten dabei eine „objektive Erzählmethode" angewandt (S. 12), „frei von jeder subjektiven Analyse und frei von launischem Eingehen auf Umwelt und Dogmatismus" (ebd.).

Auf der Basis dieser exakten Überlieferung hätten dann die Rechtswissenschaftler „allgemeine Regeln, Urteile und Gesetze" (S. 12) abgeleitet. Deshalb seien „die Gesetzgebung und die Rechtswissenschaft des Islam von Gott gegeben und nicht von ungebildeten Menschen geschaffen worden" (S. 16).

Der Vf. begründet auch, warum das islamische Recht frühere Offenbarungen überbiete: „Es gibt keine verschiedenen himmlischen Religionen, aber es gibt unterschiedliche himmlische Gesetze. Die vorausgehenden wurden abgelöst, als die letzten, von Muhammad gebrachten himmlischen Gesetze in Kraft gesetzt wurden" (S. 20). Konsequenterweise fährt er fort (S. 21): „Die Juden und Christen haben abweichende Glaubensbekenntnisse angenommen und erfunden, die sie ihre Propheten nicht gelehrt haben." Damit postuliert er die islamische Auffassung von der Verfälschung der jüdisch-christlichen Offenbarung (AT und NT).

Im Gegensatz zu den seiner Meinung nach objektiven historischen Methoden der muslimischen Historiker bezeichnet der Vf. die modernen westlichen Methoden historischer Forschung als „subjektiv" (S. 13). Sie seien im 19. Jahrhundert erfunden worden, wobei Sigmund Freud ihr hauptsächlicher Verfechter gewesen sei. Der Vf. bedauert, dass viele Muslime diese subjektiven Methoden übernommen hätten: „Wir sehen Tatsachen verdreht, Ruhmreiches verunstaltet und niedergetreten und Unschuld unterdrückt oder verfolgt" (S. 13). Der Vf. datiert diese Entwicklung auf das Jahr 1888[4], den Beginn der britischen Besetzung Ägyptens, und unterstellt den Briten, sie hätten sich mit ihren liberalen Ideen in die muslimische Gelehrtenschaft, z. B. der Al-Azhar in Kairo, eingeschlichen. Das sei möglich gewesen, weil die Muslime unter einem starken Minderwertigkeitskomplex gelitten hätten (ebd.). Natürlich werden vom Vf. auch die westlichen Orientalisten scharf kritisiert, da sie „alles missachten, was ein Hinweis oder ein Bezug auf sein [Muhammads] Prophetenamt und die göttliche Offenbarung sein könnte" (S. 14). „Den Islam seiner metaphysischen Seite zu

---

[4] Diese Behauptung ist historisch nicht haltbar. Denn bereits die Besetzung Ägyptens durch Napoleon (1798) setzte im Orient die Auseinandersetzung mit dem westlichen Denken in Gang, und schon Mitte des 18. Jahrhunderts hatten sich die Briten in Indien festgesetzt.

entkleiden, heißt, ihn zu zerstören, denn die göttliche Offenbarung, die wesentliche Quelle des Islam, ist in sich selbst die Spitze aller metaphysischen Wunder" (S. 15).

Heute sei jedoch diese falsche Entwicklung überwunden: „Die kultivierte, gebildete heutige Generation stimmt zu, dass Wunder und außerordentliche Taten den wissenschaftlichen Tatsachen und logischen Standards nicht wirklich widersprechen" (S. 15). Andererseits gäbe es Dinge „jenseits unseres Intellekts; der Glaube muss Dinge als gegeben annehmen, wenn sie zuverlässig berichtet worden sind" (S. 94). Allerdings folgert der Vf. aus der Niederlage bei einer Schlacht der ersten Muslime bei Uhud (S. 97ff.), die durch das Fehlverhalten einer Minderheit von Muslimen verursacht wurde, dass aus dem gleichen Grund „heute die Muslime durch ausländische nichtmuslimische Staaten überwältigt werden" (S. 101). Über die Gefahr der Verweltlichung im eigenen Lager urteilt der Vf. gegen die sich modern gebenden Muslime, dass sie unter dem Vorwand der Anpassungsfähigkeit und Reformation oder Modernisierung falsche Rechtsmeinungen zu religiösen Fragen abgeben, um die Wünsche ungerechter Herrscher zu erfüllen (S. 141). Muslime müssten vor ihnen mehr auf der Hut sein als vor den Feinden des Islam.

2. Allgemeine Frömmigkeit, Ethik und Apologie

Viele Schlüsse, die der Vf. aus dem Leben M.s zieht, sind mehr allgemein ethischer als juristischer Natur, wie z. B. seine Ausführungen zu M.s Meditationen am Berg Hira: „Zurückgezogenheit erleuchtet und läutert das Herz und gibt ihm Reinheit, die es im abgestandenen und dreckigen Morast dieser Welt verliert. Eine andere wichtige Erfordernis ist die Steigerung der Herzensliebe zu Gott als dem Eckstein des Opfers. In die Liebe Gottes vernarrt zu sein, ist nicht das Ergebnis des verstandesmäßigen Glaubens an Gott. Was dazu führt, ist – nach dem Glauben – das Nachsinnen über die unendliche Freigebigkeit und majestätische Herrlichkeit (Gottes) und Seine Erwähnung zu Zeiten periodischer Absonderung, weg von den Versuchungen, genannt Sufismus" (S. 36).

Bei den Ausführungen zu M.s langer Zeit der Einehe mit seiner ersten Ehefrau Khadidja kann der Vf. nicht unterlassen zu bemerken:

„Diese Tatsache müsste die Zunge von Missionaren, Orientalisten und ihren Trabanten zügeln, deren Herzen vor Missgunst und Böswilligkeit gegen den Islam brennen" (S.32) „Es ist gut bekannt, dass Missionare und manche Orientalisten professionelle Gegner des Islam sind. Die einfachen Menschen, welche diese eingefleischten Feinde des Islam nachahmen, sind Agenten eines intellektuellen Imperialismus, die sich ohne den Versuch der Argumentation und Diskussion selbst ausverkauften" (S. 33).

Aus M.s Kampf gegen den vorislamischen Götzendienst der Araber folgert der Vf.: „Die Religion bekämpft die (bloße) Nachahmung und unterstützt freies Denken und den gesunden Menschenverstand" (S. 48). Da Muhammad bei der Eroberung Mekkas im Jahre 631 die Götzen des größten Heiligtums, der Kaaba, zerstörte, soll „Mekka … das Zentrum einer neuen Zivilisation und Kultur sein, welche die ganze Menschheit einschließt" (S. 134).

Der Vf. preist den Opfermut der Muslime bei ihrer Verteidigung M.s; der Grund sei die „Liebe zu Muhammad". Ohne diese Liebe sei ihr Glaube unvollständig (S. 104). Zwischen dem bloßen Islam und dem wahren Glauben bestände ein großer Unterschied (S. 132). Aus einer der siegreichen Schlachten des muslimischen Heeres bei Hunein im Jahr 630 folgert der Vf., dass Muslime angeblich keinen Hass gegen ihre Feinden hegten. Sie kämpften nur, um den Feinden eine nicht endende Qual in der Hölle zu ersparen (S. 137).

3. Rechtsfragen

a. Zur Solidarität innerhalb der islamischen Gemeinschaft

Das gemeinsame Gebet gilt dem Vf. als Grundlage der muslimischen Bruderschaft, Gleichheit und Solidarität. „Bruderschaft und gegenseitige Zuneigung führen zu Einheit und Solidarität als Voraussetzung für jeden Staat. Das Gefühl der Bruderschaft muss auf einem Glauben gegründet sein, der diesen Staat vereint." „Muhammad begründete das größte und wunderbarste soziale System auf soziale Gerechtigkeit, indem er alle Muslime zu Brüdern machte" (S. 85).

Die von Muhammad verfasste „Gemeindeordnung von Medina"
(der Versuch M.s, die erste muslimische Gemeinschaft auch zu einer
Rechtsgemeinschaft zu verbinden) zeige, dass die muslimische Rechtsgemeinschaft stärker sei als die familiären und stammesrechtlichen
Loyalitäten. Fromme Muslime müssten Übertreter der Gesetze strafen, selbst wenn es ihre eigenen Kinder seien. Ein Muslim dürfe keinen
Muslim töten, um Rache für den Mord an einem heidnischen Verwandten zu nehmen, noch dürfe er einem heidnischen Verwandten gegen einen Muslim beistehen (S. 86). Es sei einem Muslim nicht erlaubt,
einen Abtrünnigen oder einen Sektierer (der unerlaubte Neuerungen
einführe) zu beherbergen oder zu unterstützen. Wer immer dies tue,
auf den falle Allahs Zorn (S. 86).

Der Vf. zieht deshalb folgende Schlüsse aus der Gemeindeordnung
von Medina: „Sie ist ein Grundgesetz, das alle Beziehungen innerhalb
und außerhalb des (islamischen) Staates regelt. Sie ist göttlich inspiriert.
Ihre gesetzgeberischen und administrativen Bestandteile gründen sich
auf die Einheit der islamischen Nationen. Sie weist die Forderungen
derer zurück, die behaupten, dass der Islam eine Religion (zur Regelung der Fragen) zwischen Mensch und Gott sei und dass er der
Grundlagen entbehre, auf die sich ein Staat gründet" (S. 86). Aus der
Gemeindeordnung folgert der Vf: „Muslimischer Glaube ist der einzige Faktor, der Muslime in einem Staat vereint sein lässt und damit die
Basis der muslimischen Gesellschaft" (S. 87).

Eindeutig ist die Meinung des Vf., dass die erste Loyalität von Muslimen immer der islamischen Gemeinschaft zu gelten hat. Dass solche
Auffassungen die Integration von Muslimen in die westliche Gesellschaft unmöglich machen, ist offensichtlich. Der Vf. lehnt einen säkularen Staat ab, obwohl er in Syrien in einem Land lehrt und schreibt, in
dem offiziell eine Trennung zwischen Religion und Staat propagiert
wird.

b. Zum Umgang mit Nicht-Muslimen

Der Vf. zieht aus dem Umstand, dass M. – als seine Anhängerschar
noch klein war – nicht öffentlich predige, folgende Schlüsse: „Religiöse Verkündiger sollen sich den Umständen entsprechend verhalten,

zurückhaltend oder eindringlich, indem sie die Geheimhaltung oder die Öffentlichkeit wählen. Muslime Theologen stimmen darin überein, dass Vorsicht und Diskretion nötig sind, wenn die Zahl der Gläubigen unzureichend ist, denn dann ist ihr Sieg zweifelhaft, und das liegt auch im Interesse der Religion selbst. Zusammengefasst heißt das: Es ist nötig, friedlich zu sein und im Geheimen zu arbeiten, wenn Kämpfen und öffentliches Wirken nicht vorteilhaft sind. Sobald Muslime die Macht und Mittel zur Verteidigung haben, müssen sie die Ungläubigen innerhalb ihres Territoriums bekämpfen" (S. 44).

Der Vf. geht auf den Umstand ein (S. 45), dass die ersten Muslime einfache Leute waren und unter der Herrschaft der Ungläubigen litten. Ihr Ziel war es, sich von dieser Herrschaft zu befreien. Spätere Eroberungskriege können damit gerechtfertigt werden, dass sie unterdrückten Muslimen die Gelegenheit gaben, sich zum Islam zu bekennen. Der Vf. nennt als Beispiel den muslimischen Kämpfer Ribi'i Ibn Amir, den der persische General Rustum vor einer Schlacht befragte: „Was brachte euch dazu, uns zu bekämpfen und in unser Gebiet einzudringen?" Der muslimische Kämpfer antwortete: „Wir sind gekommen, um diejenigen herauszuholen, die sich von der Verehrung menschlicher Wesen zur Verehrung Gottes allein abwenden wollen."

Aus der Eroberung der Oase Khaibar (628), deren überwiegend jüdische Bewohner die Muslime nicht angegriffen hatten und die deshalb nicht als Verteidigungskrieg gelten kann, folgert der Vf., dass es erlaubt sei, ohne erneute Vorwarnung oder erneuerten Aufruf zum Islam in solche Volksgruppen einzudringen, die bereits über den Islam informiert worden waren (S. 122).

Aus der Vertreibung des jüdischen Stammes der Banu Qainuqâ'a aus Medina folgert der Vf., dass es im Konfliktfall „Muslimen verboten ist, Nicht-Muslime zu beschützen oder ihnen zu helfen ... Sie dürfen nicht zu Bundesgenossen oder Busenfreunden genommen werden – es sei denn, die Muslime sind zu schwach und gezwungen, das zu tun" (S. 96). Zwar sollen Nicht-Muslime fair und gerecht behandelt werden, aber „Muslime sind unter sich eine einzige Gemeinschaft. Ihre Brüderlichkeit und Freundlichkeit muss ausschließlich auf Muslime beschränkt bleiben" (S. 97).

Aus der gewaltsamen Unterjochung des jüdischen Quraiza-Stammes in Medina folgert der Vf., dass es für Muslime legitim sei, diejenigen zu bekämpfen, mit denen sie einen Vertrag oder ein Schutzbündnis geschlossen hätten, das von jenen gebrochen worden sei (S. 116). Aus der Schlacht von Badr (624) folgert er, dass ein muslimischer Herrscher mit den Feinden Frieden schließen dürfe, bis sich ihm die günstigste Gelegenheit bietet, sie zu bekämpfen. Friede dürfe aber nicht geschlossen werden, wenn der Feind in muslimisches Territorium eingedrungen ist (S. 93).

Aus dem Friedensvertrag, den M. im Jahre 628 mit den heidnischen Mekkanern in Hudaibija abschloss, folgert der Vf., dass es für Muslime nicht verboten sei, mit den Feinden einen befristeten Friedensvertrag abzuschließen. Damit dürfen allerdings keine demütigenden Geldzahlungen verbunden sein, es sei denn, dass die Muslime fürchten, in Gefangenschaft zu geraten oder getötet zu werden (S. 120). Der Friedensvertrag dürfe höchstens für zehn Jahre abgeschlossen werden. Die Bedingungen des Vertrages dürften die Ehre und Macht der Muslime nicht schmälern, z.B. durch die Abgabe ihrer Waffen oder die Zahlung von Geld (S. 121).

Aus der Eroberung Mekkas im Jahr 630 trotz des Vertrages von Hudaibija folgert der Vf., dass ein Friedensvertrag aufgehoben werde, wenn die Vertragspartner Verbündete der Muslime bekämpften (S. 131). Muslimische Herrscher dürften in das Land eines verräterischen Feindes eindringen, wenn dieser plötzlich den Friedensvertrag breche (S. 132). Er zitiert in diesem Zusammenhang Sure 8,58, nach der sogar der Verdacht auf Vertragsbruch zur Aufhebung des Vertrages führt: „Und wenn du von (gewissen) Leuten Verrat fürchtest, dann wirf ihnen (den Vertrag) ganz einfach (?) hin!" Muslime dürften unter keinen Umständen die Feinde Allahs zu Verbündeten nehmen, Freundschaft mit ihnen schließen oder ihnen helfen. „Das ist heute ein Problem für viele so genannte Muslime. Sie beten, verehren Allah und geloben, die Rituale zu vollziehen, aber weltliche Interessen, Gewinne, Wünsche und Ungerechtigkeit sind ihre Hauptanliegen. Diese Menschen sind die Heuchler, welche die Rückständigkeit, die Uneinigkeit und die Orientierungslosigkeit des Islam verursacht haben" (S. 132).

Der Vf. meint, es sei nur die Behauptung von Orientalisten, dass der Heilige Krieg im Islam nur ein Verteidigungskrieg sei (S. 143). Dieser könne vielmehr drei verschiedene Formen annehmen: 1. Rat, Anweisung und Anleitung, 2. in anderer Situation ein Verteidigungskrieg gemeinsam mit Rat, Anweisung und Anleitung und 3. ein Angriffskrieg, welcher der ehrenwerteste Kampf sei. Der aufrichtige, gerechte muslimische Herrscher könne entscheiden, welche Form der Situation angemessen sei (S. 144).

c. Zu Fragen der Glaubenspraxis

Da die erste Moschee aus Ziegeln gebaut wurde, schließt der Vf. daraus, dass dies erlaubt sei, damit die Moschee ein festes Gebäude sei, das aber nicht mit Ornamenten und Inschriften verziert werden solle. „Selbst Koraninschriften über der Gebetsnische sind nicht willkommen, wenn sie zu künstlerisch sind und die Aufmerksamkeit der Versammlung ablenken" (S. 84).

Aus dem Umstand, dass die Muslime während des „Grabenkrieges" (627) das Nachmittagsgebet nicht halten konnten, folgert der Vf., dass es erlaubt sei, Gebete später abzuhalten, wenn es zur festgesetzten Zeit nicht möglich ist (S. 116).

Aus der Zerstörung der Götzenbilder der Thaqif-Araber schließt der Vf., dass Götzenbilder und Statuen zu zerstören seien (S. 146). (Auf solche Äußerungen konnten sich die Taliban in Afghanistan bei der Zerstörung der Buddhastatuen berufen.)

d. Zur Stellung muslimischer Frauen

Eine Reverenz vor dem Sozialismus ist die Ansicht des Verf., dass muslimische Frauen und Männer gleich seien, da sie beide verpflichtet seien, bedürftigen Menschen Hilfe zu gewähren. Der Vf. kann sich dabei aber einen Hieb gegen den westlichen Liberalismus nicht verkneifen, indem er von „seichten Traditionen" spricht, „die von Liebhabern der modernen Zivilisation gelobt werden, um ihre tierischen Instinkte zu befriedigen, indem sie Frauen zum Vergnügen und zur Unterhaltung liebkosen" (S. 87).

Aus der frühislamischen Episode, die berichtet, dass ein Jude in Medina einer Muslimin den Schleier vom Gesicht gerissen haben soll, was zur Vertreibung des jüdischen Qainuqâ'a-Stammes aus Medina führte, folgert der Vf., dass die Verschleierung in der Öffentlichkeit notwendig sei! Nur vor Gericht, in der Schule und vor einem Arzt dürfe eine muslimische Frau ihr Gesicht enthüllen (und natürlich vor ihren nächsten Verwandten) (S. 96). Da Muhammad nach der Eroberung Mekkas 630 den neu bekehrten mekkanischen Frauen nicht die Hand gereicht habe, um ihren Treueeid entgegenzunehmen, dürfe ein Muslim nicht die Haut einer Frau berühren, die potentiell seine Ehefrau werden könnte. Ausnahmen seien medizinische Behandlungen o. ä. (S. 134).

Der Vf. vertritt die Ansicht, dass Geburtenkontrolle erlaubt sei, sofern die Frau zustimme. Aber sie sei verwerflich, wenn sie aus Furcht vor Armut und höheren Ausgaben praktiziert bzw. vom Staat aus Gründen des wirtschaftlichen Fortschritts erzwungen werde (S. 111). Ein Embryo dürfe abgetrieben werden, bevor es ein Fötus werde (ebd.).

e. Zur Werbung für den Islam

Der Verf. erläutert, dass sich alle Muslime an der Ausbreitung des Islam beteiligen müssen, auch wenn das ein riskantes Unternehmen sei (S. 104). Sie sollten aber nicht im Gebiet der Ungläubigen verweilen, es sei denn, sie rufen andere zur Annahme des Islam auf (S.104). Der Vf. hält die Muslime einer Stadt für Sünder, wenn sie nicht alle oder wenigstens einige von ihnen den Islam nach allem Vermögen predigen. Dabei sollen sie allerdings keine Drohungen und Zwang anwenden oder islamische Gesetze verletzten (S. 148).

Im Zusammenhang mit der Aufforderung M.s an einige Herrscher im 7. Jahrhundert, den Islam anzunehmen oder angegriffen zu werden, erklärt der Vf.: „Aus bestimmten Interessen intrigieren ausländische Intellektuelle gegen den Islam und behaupten, dass der Heilige Krieg im Islam wesentlich auf Verteidigung und Zurückweisung von Aggression beruhe, was aber heute Aufgabe der UNO sei ... Das Denken der Europäer ist aber reif genug, um auf die reine und aufrichtige Einladung hin an den Islam zu glauben, vor allem wenn diese Einladung mit selbstlosem Opfer verbunden ist" (S. 125). „Das Verhalten von (Kaiser) Heraklius gegenüber der Aufforderung, den Islam anzunehmen, offenbarte Hartnäckigkeit, Fanatismus, und Selbsteinbildung, Eigenschaften, welche die meisten Angehörigen des so genannten Christentums kennzeichnen" (S. 126).

4. Zusammenfassung und Folgerungen

Der Vf. gibt sich einerseits sehr rationalistisch, kämpft aber gleichzeitig gegen einen modernen Islam. Er lehnt einen säkularen Staat ab, in dem alle Bürger unabhängig von ihrer Religionszugehörigkeit gleiche Rechte haben. Denn die erste Loyalität eines Muslim gelte nicht dem Staat, in dem er lebt, sondern der muslimischen Gemeinschaft. Nicht-Muslime dürfen nach seiner Meinung nicht unterstützt werden.

Al Buti unterscheidet zwischen einem oberflächlichen und dem wahren Islam. Er lehnt alles ab, was heidnischen Sitten gleichkommen könnte und nimmt auch bei kulturellen Fragen eine rigorose Haltung ein. Zu viel Ornamentik in der Moschee lehnt er ebenso ab wie den Tanz und die Musik der tanzenden Derwische. Götzenbilder und Statuen müssen zerstört werden.

Der Islam ist für ihn das wunderbarste aller gesellschaftlichen Systeme und eine vollkommene Rechtsgemeinschaft. Er lehnt die Reduktion des Islam auf seine religiöse Seite ab und bestätigt, dass der Islam den Angriffskrieg kennt, um Menschen für den Islam zu gewinnen bzw. sie vor der Höllenstrafe zu bewahren. In ihrem Kampf gegen die Nichtmuslime könnten sich die Muslime je nach Situation anpassen oder angreifen. Stillhalteabkommen seien immer nur befristet gültig. Sobald Muslime ihren Feinden vorwerfen können, das Abkommen gebrochen zu haben, sei es nichtig.

Der Vf. betont einerseits die Gleichstellung von Mann und Frau, vertritt aber gleichzeitig die Verschleierung der Frau in der Öffentlichkeit. Er erlaubt aber die Geburtenkontrolle, ja sogar die Abtreibung.

Nach Meinung des Vf. müssten sich Nichtmuslime an das islamische Gesetz halten, Abtrünnige vom Islam verfolgt werden. Für Christen hat der Vf. kein gutes Wort übrig: Sie folgten verbohrt ihrem überholten Glauben. Orientalisten und westliche Intellektuelle sind für ihn Feinde; die Muslime müssen sich vor dem Westen hüten. Nur aus Gründen der Werbung für den Islam dürften sie sich im „Feindesland" für befristete Zeit niederlassen. Vor allem aber müssten alle Menschen weltweit permanent zum Islam eingeladen werden. Werbung für den Islam gilt dem Vf. als oberste Pflicht der Muslime. Das Erlernen fremder Sprachen und sogar die Gastfreundschaft sind Instrumente zur Verbreitung des Islam.

Auch wenn solche Äußerungen keine Rechtskraft haben, werden durch sie doch viele Muslime stark geprägt, da sie im Schulunterricht, in den Moscheepredigten und den Medien pausenlos vertreten werden. Der westliche Leser fragt sich, ob der Vf. mit seinen Äußerungen zur zeitweisen Geheimhaltung muslimischer Absichten in der Minderheitssituation nicht den häufig geäußerten Verdacht nährt, dass islamistische Gruppen im Westen nur aus taktischen Gründen die Liberalität westlicher Verfassungen anerkennen, aber im Geheimen andere Ziele verfolgen. Der Vf. straft alle Muslime Lügen, die im Westen behaupten, dass der Islam weder einen Angriffskrieg noch so etwas wie „Mission" kenne. Zwar gebraucht der Vf. diesen christlichen Ausdruck „Mission" nicht, aber die Werbung für den Islam (*Da'wa*) ist für den Vf. die absolute Pflicht aller Muslime.

Menschen im Westen sollten sich ernsthaft fragen, wie unter Berücksichtigung der Meinung des Vf. eine Integration der Muslime in die westliche, säkulare Gesellschaft möglich, wie ein sinnvoller Dialog mit Muslimen geführt und wie die Gleichheit aller Menschen – einschließlich des vollen Rechtes auf Religionsfreiheit – in den islamischen Ländern durchgesetzt werden kann.

Christine Schirrmacher

Der „Weg zur Tränke" – Grundzüge der Sharia im Islam

Die islamische Theologie betrachtet die Sharia, das islamische Gesetz, als vollkommene Ordnung göttlicher Herkunft und Natur. Die Sharia wird als ein Gesetz beurteilt, das gesellschaftlichen Frieden bringt, nicht von Menschen gemacht ist und deshalb nicht hinterfragt, geschweige denn modifiziert werden kann. Die Sharia darf weder durch von Menschen entworfene Ergänzungen verändert oder verschärft noch abgemildert oder außer Kraft gesetzt werden, denn dies bedeutete, menschliche Erwägungen über Gottes Gesetz zu stellen. Eschatologisches Endziel ist aus islamischer Perspektive, dass alle Menschen zur Annahme des Islam aufgefordert werden, aber noch dringlicher, dass die Sharia über allen Menschen aufgerichtet wird.

Was ist unter „Sharia" zu verstehen?

Bei der Sharia handelt es sich nicht um ein kodifiziertes Gesetzbuch, das einzelne Paragraphen enthielte, die man zu einer bestimmten Frage konsultieren könnte wie z. B. das „Bürgerliche Gesetzbuch". Die Sharia ist gleichermaßen eine konkrete wie interpretierbare Größe. Sie war immer eine Fiktion in dem Sinne, dass sie zu keiner Zeit und an keinem Ort je vollständig zur Anwendung gekommen wäre; vielmehr wurden nur einzelne Bestandteile umgesetzt. Die Shariagesetzgebung ist einerseits schon im Koran und der Überlieferung – insbesondere im Ehe-, Familien- und Strafrecht – eindeutig definiert. Andererseits ist sie nur durch Auslegung auf konkrete Fälle anwendbar und lässt daher Spielraum für eine gewisse Bandbreite an Auffassungen.

Quellen der Sharia: Koran, Überlieferung, Theologie

Zusammenfassend kann man feststellen, dass unter dem Begriff „Sharia" das Gesetz Gottes verstanden werden kann, so wie es im Koran und der islamischen Überlieferung niedergelegt und von maßgeblichen Theologen interpretiert wird.

Die erste Quelle der Sharia ist selbstverständlich der Koran. Alle gesetzlichen Bestimmungen des Koran sind Bestandteil der Sharia. Zu einigen rechtlichen Bereichen (z. B. zur Zinsnahme bzw. dem Kreditwesen) macht der Koran vergleichsweise dürftige Angaben, zu anderen – insbesondere zum Ehe- und Familienrecht – sind die Anweisungen des Koran nicht nur weitaus konkreter, sondern auch vergleichsweise zahlreich.

Die zweite Quelle der Sharia ist die wesentlich umfangreichere islamische Überlieferung, der „hadith" (arab. Überlieferung, Tradition, Bericht). Die Überlieferung beinhaltet Berichte über Muhammad und seine Prophetengefährten, die Aufschluss darüber geben, wie Muhammad und seine erste Gemeinde lebten, welche Auffassungen sie in bestimmten Fragen vertraten und welche Entscheidungen sie in rechtlichen Fragen trafen. Die Überlieferung enthält Detailanweisungen zur Religionsausübung wie z. B. die erforderlichen Waschungen vor dem rituellen Gebet, Erläuterungen zum Ablauf des Gebets (z. B. in der Moschee), Vorschriften für das Fasten im Ramadan oder die Pilgerfahrt nach Mekka, aber auch Kleidungsvorschriften für Mann und Frau, Verbote und Gebote für das Vermögens- und Wirtschaftsrecht (Verbot der Zinsnahme und des Wuchers), eine Beschreibung der Riten, die für ein muslimisches Begräbnis erforderlich sind, Speisegebote (Verbot von Alkohol und Schweinefleisch) u. a. m.

Im nichtrechtlichen Bereich, über den die Überlieferung lediglich berichtet, wie diese oder jene Frage von der ersten muslimischen Gemeinde gehandhabt wurde, sind muslimische Gläubige aufgefordert, die Lebensweise, die „Gewohnheit" Muhammads (arab. „sunna") soweit wie möglich nachzuahmen. Wenn also die Überlieferung berichtet, Muhammad habe einen Bart getragen, dann ist es „sunna" (nachzuahmende Gewohnheit) für männliche Muslime, ebenfalls einen Bart zu tragen. Wer es aber nicht tut, macht sich keiner Straftat und keiner Sünde schuldig.

Anders jedoch im rechtlichen Bereich: Die in der Überlieferung behandelten rechtlichen Fragen (Detailanweisungen für Erb- und Eherecht z. B.) sind für alle Muslime verpflichtend. Wenn also die Überlieferung erläutert, wie eine Totenwaschung zu erfolgen hat, muss sie gemäß dieser Anweisungen durchgeführt werden. Diese Erläuterungen sind rechtlich verbindlich und gelten nicht nur als Empfehlung. Wer diesen Geboten nicht Folge leistet, begeht eine Sünde und macht sich einer Straftat schuldig (z. B. wenn er zwei Schwestern heiratet, was die Sharia ausdrücklich verbietet).

In einigen Rechtsfragen, die sowohl der Koran als auch die Überlieferung behandeln, stehen Koran und Überlieferung im Konflikt miteinander. In anderen Fällen ergänzt die Überlieferung die teilweise recht knappen Ausführungen des Koran, in etlichen Bereichen verschärft die erst seit rund 150 Jahren nach Muhammads Tod als Gesamtkorpus fixierte Überlieferung die Bestimmungen des Koran.

Zum Koran und der Überlieferung als Quelle der Rechtswissenschaft kommen als Quellen der Sharia die Auslegungen muslimischer Theologen hinzu, und zwar in erster Linie juristische Werke maßgeblicher Theologen der frühislamischen Zeit. Durch die weitläufigen Eroberungen der ersten Jahrzehnte nach Muhammads Tod entstand rasch die Notwendigkeit, in den neu eroberten islamischen Gebieten ein Rechtssystem zu etablieren und viele konkrete Fragen des Ehe- und Familienrechts nach den Vorgaben des Koran und der Überlieferung zu lösen. Aus Gelehrtenzirkeln der ersten Jahrzehnte entstanden „Rechtsschulen" (Auslegungstraditionen), von denen sich im sunnitischen Islam bis zum 10. Jahrhundert n. Chr. vier Schulen etablieren und dauerhaft durchsetzen konnten. Die Auffassungen dieser vier Rechtsschulen unterscheiden sich in zahlreichen Rechtsfragen voneinander, ganz abgesehen von den Unterschieden, die sich in der Beurteilung rechtlicher Fragen zwischen sunnitischen und schiitischen Gelehrten ergeben.

Da die Zahl der rechtlichen Anweisungen der Überlieferung sehr groß und ihre Inhalte teilweise im Widerspruch zueinander stehen und – insbesondere, weil die Interpretationen der rechtlichen Anweisungen aus Koran und Sharia und ihre Umsetzung in konkrete gesetzliche Bestimmungen durch Theologen und Juristen der vier sunnitischen und der schiitischen Rechtsschulen z. T. erheblich differieren – existiert keine einheitliche, in Rechtstexte gegossene „Sharia", sondern ein gewisser Grundkorpus an Gesetzen.

Trotz fehlender Kodifikation der Sharia und einer gewissen Bandbreite an Auslegungen darf jedoch nicht angenommen werden, die Sharia sei eine verschwommene Größe, ein nicht fassbarer Korpus unklarer Vorschriften, in den man alles hineininterpretieren könnte. Gerade im Ehe-, Familien- und im Strafrecht enthält der Koran eindeutig formulierte Aussagen, die die Bandbreite an Auslegungen eingrenzen. Die Theologie der islamischen Frühzeit hat diese Ausführungen in umfangreichen Kommentaren systematisiert und die Anwendung erläutert, so dass die traditionelle Theologie in wesentlichen Fragen des islamischen Rechts diesen Auslegungen als richtungsweisenden Vorgaben folgt.

Dadurch, dass die Sharia nie in ein Gesetzeswerk gegossen wurde und sich ihre Einzelausführungen zu vielen Fragen nur in den Werken frühislamischer Juristen finden, ist sie als solche für den Laien nicht zugänglich. Er benötigt den arabischkundigen Juristen (z. B. einen Richter oder einen Kundigen für Rechtsgutachten, einen Mufti), der ihm zu einer konkreten Sachfrage die Auffassung der Sharia übermitteln kann.

Unter der Sharia wird die Gesamtheit des islamischen Gesetzes verstanden: Sie umfasst Gebote zur vorschriftsmäßigen Ausübung des Glaubens, der Gottesverehrung und der dafür erforderlichen Rituale (wie das Gebet, Fasten, die Wallfahrt u. a.), das Zivil- und Gesellschaftsrecht und die Ethik. Die Sharia regelt das Verhältnis des Einzelnen zu seiner Umwelt (Familie und Gesellschaft) wie zu Gott, sie gibt Leitlinien für das Verhalten im Diesseits für das Jenseits vor.

Die Sharia umfasst also nicht nur Gebote zum Strafrecht – wie häufig vermutet wird – und beschränkt sich nicht auf die Regeln zu den Körperstrafen für Kapitalverbrechen (Hand- und Fußamputation, Auspeitschung, Steinigung). Zur Sharia gehören ebenso die Gebote zur Religionsausübung (z. B. die vielen Detailvorschriften zum täglich fünfmaligen rituellen Gebet, ohne deren genaue Beachtung es vor Gott ungültig ist), die Erb-, Ehe- und Familiengesetze, das Vermögensrecht und die Gesetze zu den religiösen Stiftungen. Für die konkrete Beurteilung einer Rechtsfrage muss also nicht nur der Koran oder die

Überlieferung herangezogen werden, sondern ebenso die Interpretationen der frühislamischen Juristik und Theologie, wobei sich der Fragende für die Auslegung einer bestimmten Rechtsschule entscheiden muss.

Das Zentrum der Sharia: Das Ehe- und Familienrecht

Der Mittelpunkt der Sharia ist das Ehe- und Familienrecht. Zu diesem Bereich finden sich im Koran und in der Überlieferung die meisten und detailliertesten Aussagen – dies sicher ein Ergebnis der Niederschrift der konkreten Rechtsfälle, die schon an Muhammad und nach seinem Tod an seine Nachfolger herangetragen wurden. Daher ist der Einfluss der normativen religiösen Texte auf das gesellschaftliche Leben, den Bereich der Ehe und Familie, groß.

Mit Ausnahme der Türkei ist die Sharia in allen islamischen Ländern, aber auch in Teilen Afrikas und Südostasiens eine wesentliche oder sogar die einzige Grundlage des Familienrechts und damit der Rechtsprechung in Zivilprozessen. Nur in der Türkei wurde das Ehe- und Familienrecht im Zuge der Ablösung des Osmanischen Reiches durch die Türkische Republik unter Kemal Atatürk 1926 am Schweizerischen Zivilgesetzbuch ausgerichtet und die Sharia als Gesetzesgrundlage abgeschafft. (Dennoch blieben gewisse Parallelstrukturen wie die Möglichkeit zu der nach türkischem Recht prinzipiell verbotenen Mehrehe – die nur vor einem religiösen Führer geschlossene „Imamehe" – im ländlichen Bereich bestehen. Es ist in der Türkei jedoch nicht möglich, eine rechtlich gültige Zweitehe vor einem Standesbeamten zu schließen.)

Die Utopie der Sharia

Die Sharia ist zu allen Zeiten ein idealtypisches Gesetz geblieben, das zu keiner Zeit zur vollständigen Anwendung gekommen ist. Ja, es stellt sich die Frage, ob es in einer Gesellschaft – und dies gilt besonders für das 21. Jahrhundert – überhaupt in seiner Gesamtheit umgesetzt werden kann. Das wird schon anhand der offensichtlichen Schwierigkeiten deutlich, die Sharia zu kodifizieren:

Bis zum 19. Jahrhundert kannten die islamischen Länder keine Gesetzeskodifikationen. Das osmanische Familiengesetzbuch vom Jahr 1917 war das erste auf der Sharia gründende Familiengesetzbuch der islamischen Welt. Die meisten anderen islamischen Länder kodifizierten erst im Laufe des 20. Jahrhunderts ihre Gesetzeswerke. Die Sharia wurzelt in der Regelung der Rechtsfragen einer arabischen Stammesgesellschaft des 7. und 8. Jahrhunderts. Eine Fortentwicklung des islamischen Rechts ist zwar nicht vorgesehen, jedoch zu allen Zeiten in gewissem Rahmen – unter Vorgabe der Auslegung des unantastbaren göttlichen Rechts – vollzogen worden.

Wenn heute einzelne Staaten – wie Sudan, Iran oder Libyen – eine „Rückkehr zur Sharia" verkünden, ist damit vor allem eine verschärfte Ausrichtung am koranischen Ehe- und Familienrecht gemeint. In den meisten islamischen Ländern kommt heute ein Rechtsgefüge zur Anwendung, das ein Konglomerat darstellt aus koranischen Geboten, Elementen der islamischen Überlieferung, dem arabischen Gewohnheitsrecht (das zu Teilen von Muhammad in den Koran übernommen wurde), vorislamischen (persischen, römischen oder sassanidischen) Rechtselementen und Teilen europäischer Rechtskodifikationen, die insbesondere während der Kolonialzeit in die islamische Welt Eingang fanden.

Es besteht also kein Zweifel daran, dass zur Frühzeit des Islam kein lückenloses, alle Bereiche umfassendes System einer „Sharia" existierte. Die Sharia entwickelte sich aus der konkreten Notwendigkeit gesetzlicher Regelungen zu Lebzeiten Muhammads, der in seinen letzten Lebensjahren in Medina 622–632 n. Chr. nicht nur religiöser Führer seiner Gemeinde war, sondern auch politischer Anführer und Gesetzgeber. Die Sharia unterlag also aus nichtmuslimischer Perspektive einer graduellen Entwicklung, während aus muslimischer Sicht die Sharia ein von Ewigkeit bestehendes, unveränderliches Gottesgesetz war und ist.

Bestimmungen der Sharia zum Ehe- und Familienrecht

Zwar ist in der Theorie der Korpus an Bestimmungen der Sharia zum Thema Ehe und Familie für alle islamischen Länder identisch – abzüglich differierender Auffassungen der einzelnen Rechtsschulen –, in der Praxis werden diese Bestimmungen jedoch von Land zu Land sehr unterschiedlich gehandhabt. Sie haben daher auf die rechtlich-gesellschaftliche Situation muslimischer Frauen und Familien sehr unterschiedliche Auswirkungen. Während einige Länder bestrebt sind, die teilweise sehr rigiden, Frauen benachteiligenden Bestimmungen durch Auslegung abzumildern und die rechtliche Lage der Frau vor allem im Scheidungs- und Kindschaftssorgerecht zu verbessern, verfügen andere Länder noch über kein kodifiziertes Familiengesetzbuch. Frauen haben kaum eine rechtliche Handhabe, ein Gericht in Ehe- und Familienangelegenheiten anzurufen. Weitere Komponenten zur Beurteilung der Lage der Frau sind kulturelle Aspekte, die teilweise im Islam wurzeln bzw. mit islamischen Werten und Normen begründet werden, teilweise als vorislamische kulturelle Werte vom Islam aufgegriffen wurden und nun untrennbar mit ihm verwoben sind. Auch der Grad der Frömmigkeit der einzelnen Familien ist von großer Bedeutung sowie die Frage, ob eine Frau im ländlichen oder städtischen Bereich lebt. Ein städtisches, günstigstenfalls wohlhabendes, Bildung und Fortschritt gegenüber aufgeschlossenes Familienumfeld bietet einer Frau ganz andere Entfaltungs- und Bewegungsmöglichkeiten. Ein ländliches, traditionelles, ökonomisch wenig entwickeltes Umfeld lässt einer Frau meist keine oder nur sehr wenige Wahlmöglichkeiten für die Gestaltung ihrer Lebensumstände.

Einige Bestimmungen der Sharia zum Ehe- und Familienrecht sollen hier vorgestellt werden. Aufgrund ihrer Kürze bedingen sie jedoch eine gewisse Verallgemeinerung.

Einerseits betont die muslimische Apologetik die Gleichberechtigung der Frau, die aus dem koranischen Schöpfungsbericht ebenso abzuleiten sei (Sure 39,6; 49,13) wie aus der Verpflichtung der Frau zur Erfüllung der Gebote des Islam (vor allem der Fünf Säulen des Islam), in der sie dem Mann in nichts nachstände. Männer und Frauen seien

„aus einem einzigen Wesen" erschaffen worden (4,1), einander „Be-
schützer" oder „Freunde" (9,72) zu sein; beiden sei gleichermaßen das
Paradies verheißen. Der vorislamischen Praxis, neugeborene Mädchen
lebendig zu begraben, tritt der Koran entschieden entgegen (17,31).
Zudem (so die muslimische Apologetik) habe Muhammad die Lage der
Frauen verbessert und ihnen wahre Würde und Ansehen verliehen.

Ungeachtet des Schöpfungsberichtes des Koran, der Mann und Frau
auf eine Stufe stellt, entwirft der Koran an anderer Stelle – und mehr
noch die islamische Überlieferung – ein eindeutiges Bild von der Überordnung des Mannes über die Frau und ihrer rechtlichen Nachord-
nung. Von großer rechtlicher wie gesellschaftlicher Tragweite ist hier
z. B. Sure 4,34 zu nennen: „Die Männer stehen über den Frauen, weil
Gott sie vor diesen ausgezeichnet hat und wegen der Ausgaben, die sie
von ihrem Vermögen gemacht haben. Und die rechtschaffenen Frauen
sind demütig ergeben (oder: gehorsam)…" Ähnlich Sure 2,228: „Die
Männer stehen eine Stufe über ihnen."

Insbesondere aus Sure 4,34 werden zwei Grundkomponenten des
islamischen Eherechts abgeleitet: Die Überordnung des Mannes über
die Frau wird damit begründet, dass Gott den Mann über die Frau gestellt hat (so auch 2,228), sowie damit, dass der Mann „Ausgaben" für
die Frau hat. Diese „Ausgaben" beziehen sich nach traditioneller Auffassung auf die Pflicht des Mannes zum Unterhalt seiner Frau, während
sie wiederum ihm „demütig ergeben" oder „gehorsam" sein soll (4,34).
Es ist allgemeiner Konsens, dass diese beiden Komponenten – Unterhaltspflicht des Ehemannes, Gehorsamspflicht der Ehefrau – die
wesentlichen Säulen des islamischen Eherechts darstellen und sich
wechselseitig bedingen: D. h., wenn der Mann seine Unterhaltspflicht
versäumt, hat seine Frau automatisch das Recht zum Ungehorsam,
und: ist sie ungehorsam, kann er seine Unterhaltszahlungen verweigern. Diese Grundlage von Überordnung und Unterordnung zieht
eine Reihe von Folgerungen nach sich, die sich auf das gesamte islamische Ehe-, Scheidungs- und Kindschaftssorgerecht auswirken.

Zum einen wird die Überlegenheit des Mannes, die auch die Überlieferung herausstellt, durch Aussagen des Koran zum Zeugenrecht näher
erläutert. In Sure 2,282 heißt es, dass die Zeugenaussage eines Mannes
nur von zwei Frauen aufgewogen werden kann, denn „eine Frau allein
kann sich irren". Untermauert wird die rechtliche Bevorzugung des

Mannes auch durch Koranverse, die dem Mann ein Züchtigungsrecht seiner Frau einräumen: „Und wenn ihr fürchtet, dass (irgendwelche) Frauen sich auflehnen, dann vermahnt sie, meidet sie im Ehebett und schlagt sie!" – wobei zahlreiche Theologen betonen, dass eine Frau nicht heftig geschlagen werden dürfe und schon gar nicht so, dass sie Verletzungen davonträgt. Dennoch bleibt die Tatsache, dass das heilige Buch des Islam, der Koran, das Züchtigen der Ehefrauen als ein Mittel zur Durchsetzung männlicher Dominanz erlaubt, ja sogar anordnet.

Untermauert wird die rechtliche Bevorzugung des Mannes auch durch die im Koran begründete Auffassung, dass ein Mann sich in etlichen islamischen Ländern bis heute durch das bloße Aussprechen einer Formel scheiden kann („Ich verstoße Dich") und dafür keinerlei Gründe oder Rechtfertigung anführen muss. Eine Frau hingegen muss für eine Scheidung immer einen Gerichtsprozess anstrengen und stichhaltige Gründe dafür vorbringen sowie Beweise für ein Fehlverhalten des Mannes vorlegen, um eine Scheidung erwirken zu können. Der Mann kann nach Auffassung der Sharia eine „widerrufliche" Scheidung aussprechen, d. h. seine Frau wochen- und monatelang in einem Schwebezustand zwischen Scheidung und Ehe halten, in deren Verlauf sie nichts zur Beilegung des Konfliktes tun kann. Die Entscheidung, ob der Ehemann spätestens vor Ablauf des vollendeten dritten Monats die Scheidung zurücknimmt und die Ehe fortsetzt oder den letzten Tag der Rücknahmemöglichkeit einfach verstreichen lässt und die Frau als verstoßen gilt, liegt allein bei ihm; niemand kann ihn in seiner Entscheidung beeinflussen oder dafür zur Rechenschaft ziehen. In den letzten Jahrzehnten haben allerdings einige Länder die Scheidung für den Mann erschwert, z. B. indem das Gericht der endgültigen Scheidung ein oder zwei Versöhnungsversuche vorschaltet und einen Vermittler beruft.

Eine Bevorzugung des Mannes wird auch durch die Bestimmungen der Sharia zum Kindschaftssorgerecht offensichtlich: Nach islamischem Recht gehören nach einer Scheidung die gemeinsamen Kinder eines Paares immer dem Mann, in dessen Familie sie aufwachsen. Sieht das klassische islamische Recht eine Personensorge für Jungen bis sieben, für Mädchen bis neun Jahre bei der Mutter vor, haben heute viele islamische Länder diese Fristen angehoben und erlauben der Mutter die Fürsorge bis zum Alter von 15 Jahren für Jungen und für Mädchen nicht selten bis zum Erwachsenwerden. Allerdings werden in einer Gesellschaft, die Männern so eindeutig den rechtlichen Vorrang einräumt, nicht selten Mittel und Wege gefunden, Müttern dieses Recht zu entziehen.

Wird im traditionellen Rahmen geheiratet, wie es für die Mehrzahl der Eheschließungen noch heute üblich ist, erfährt die Frau im islamischen Kulturkreis insofern eine Fremdbestimmung, dass sie verheiratet wird, anstatt selbst eine Wahl treffen oder ledig bleiben zu können. Traditionell ist eine Eheschließung für Mädchen ab 9 Jahren möglich – gemäß des Vorbildes Muhammads, der seine Lieblingsfrau Aisha mit etwa 9 Jahren zur Frau genommen haben soll. Heute haben jedoch einige Länder das Mindestheiratsalter für Mädchen wie Jungen auf 16 bzw. 18 Jahre heraufgesetzt.

Im städtischen Bereich leidet die Großfamilie unter Auflösungserscheinungen, die soziale Kontrolle ist weniger streng und „Liebesheiraten" häufiger. Dennoch: Nur eine Minderzahl muslimischer Frauen ist in der Lage, eine eigene Wahl hinsichtlich ihrer allgemeinen Lebensperspektive wie auch im Blick auf den Ehemann zu treffen. Die Mehrzahl wird von ihrer Familie verheiratet, indem ihre Eltern für sie verhandeln und entscheiden. Die Frau unterzeichnet in aller Regel nicht selbst ihren Ehevertrag, ja ist selbst nicht unbedingt anwesend (d. h. im rechtlichen Sinn ist sie nicht für sich selbst handlungsberechtigt), sondern wird von ihrem Vater oder einem anderen männlichen Familienmitglied vertreten. Der Ehevertrag – und darin besonders die Höhe der Brautgabe – wird in aller Regel nicht von ihr selbst ausgehandelt, sondern von ihrer Familie.

Selbstverständlich ist aus nichtmuslimischer Sicht die Polygamie eine Benachteiligung der Frau. Sie eröffnet dem Mann – ausgenommen Tunesien und die Türkei – immer die Möglichkeit zu einer Zweitehe (4,3), welche die Frau ggfs. zur Zweit- oder Drittfrau degradieren kann. Eine Mehrehe für Frauen ist selbstverständlich nicht zulässig. Von Schiiten wird zudem die „Zeitehe" (oder „Genuß"-Ehe) praktiziert, eine Art Nebenehe, die über die erlaubten vier Frauen hinaus für einen begrenzten Zeitraum – z. B. für eine Reise – auch ohne Wissen der Ehefrau(en) geschlossen werden kann.

Benachteiligt wird die Ehefrau auch im Erbrecht, wenn das (überaus komplizierte) muslimische Erbrecht der Frau immer nur die Hälfte von dem zubilligt, was ein männliches Familienmitglied an ihrer Stelle erhalten würde.

Und schließlich weisen auch die Familie, die Gesellschaft und die nahöstlich-muslimische Kultur der Frau einen nachgeordneten Platz zu, wenn sie empfiehlt oder sogar anordnet, dass eine Frau sich bevorzugt im Haus aufzuhalten habe, um nicht Anlass zu Unmoral zu geben. Sie hat sich zu verhüllen, da ihr offenes Haar bzw. ihre weiblichen, zur Schau gestellten Reize den Mann hilflos seinen Trieben ausliefern würden. Die Frau ist für die Aufrechterhaltung der öffentlichen Moral wie auch des Ansehens der Familie verantwortlich. Zwar sehen Koran und Überlieferung in der Theorie für den Mann wie für die Frau dieselben Strafen für Unzucht bzw. Ehebruch vor (Auspeitschen, Steinigung). In der Praxis jedoch wird Männern vor und in der Ehe ein weitaus größerer Bewegungsspielraum und gelegentliche moralische Verstöße zugestanden, da die Frau allein als die Bewahrerin der Familienehre gilt und ihr Verhalten die Familie entehrt, nicht das des Mannes.

Dabei verträgt sich diese rechtlich und gesellschaftlich durchgängig sichtbare Überordnung des Mannes aus muslimischer Sicht durchaus mit dem Gleichheitsgrundsatz, den islamische Menschenrechtserklärungen für Frau und Mann formulieren, denn die Frau sei zwar gleichwertig, aber nicht gleichartig geschaffen. Die Unterschiedlichkeit von Mann und Frau käme in der unterschiedlichen Aufgabenverteilung zum Ausdruck, die schon durch Schwangerschaft und Geburt vorgegeben sei. Die islamischen Ehegesetze dienten keinesfalls der Unterdrückung, sondern eigentlich dem Schutz der Frau – so die muslimische Apologetik.

Selbstverständlich fordern islamische Frauenrechtsgruppen seit Jahrzehnten vermehrte Rechte ein. Dennoch: Arabische Frauenrechtlerinnen sind in aller Regel davon überzeugt, dass der Islam – wenn er nur richtig verstanden und gelebt würde – der Frau volle Rechte gewähre und sie in einer „wahrhaft islamischen" Gesellschaft glücklich und zufrieden leben könne. Daher fordern sie in der Regel nicht die Aufhebung des islamischen Gesetzes oder eine Säkularisierung des Islam, sondern lediglich die Rückkehr zum „wahren" Islam, wie ihn Muhammad verkündigt habe.

Es ist nicht übertrieben festzustellen, dass der Grundtenor der islamischen Gesellschaft eine durchgängig zu beobachtende Verachtung und Geringschätzung von Frauen ist. Das Leben der Frau wird vom Mann bestimmt (erst vom Vater, später vom Ehemann), von der Familie, die darüber wacht, ob eine Frau sich an die vorgegebenen gesellschaftlichen Regeln hält, sowie von der Gesellschaft, die ihren Bewegungsspielraum, ihre Lebensgestaltung (die Frage, ob sie Zugang zu Bildung und Berufstätigkeit erhält, ob sie verheiratet oder geschieden ist) für sie entscheiden und ihr Verhalten kontrollieren oder gegebenenfalls sanktionieren kann.

Das islamische Strafrecht

Neben dem Ehe- und Familienrecht ist das islamische Strafrecht das zweite Gebiet, auf dem sich im Vergleich zu westlichen Menschenrechtskatalogen und westlicher Gesetzgebung die größten Differenzen ergeben. Das islamische Strafrecht basiert auf vergleichsweise wenigen im Koran konkret benannten Verbrechen, deren Strafmaß ebenfalls im Koran festgelegt ist, sowie auf einem im Koran modifizierten arabischen Gewohnheitsrecht, das in bestimmten Fällen eine begrenzte Vergeltung erlaubt, und einem großen Spektrum von Vergehen, die der Richter weitgehend nach seinem Ermessen bestrafen kann. Die klassische Einteilung ist die Kategorisierung aller Verbrechen als Grenzvergehen, Ermessensvergehen und Vergehen mit Wiedervergeltung.

a) Grenzvergehen (hadd-Vergehen)

Mit „Grenzvergehen" werden diejenigen vergleichsweise wenigen Verbrechen bezeichnet, die der Koran oder die Überlieferung als Kapitalverbrechen bezeichnen und mit einem im Koran bzw. der Überlieferung definierten Strafmaß belegen. „Grenz"-Vergehen sind es, weil sie nicht menschliches Recht, sondern das Recht Gottes verletzen, indem eine Grenze überschritten wird. Ein Gerichtsverfahren wegen eines Grenzvergehens darf daher nicht durch eine außergerichtliche Einigung abgewendet, noch darf die Strafe verschärft oder vermindert werden, es muss vielmehr genau die im Koran bzw. der Überlieferung vorgesehene Strafe vollstreckt werden.

Zu den Kapitalverbrechen gehören:

1. Ehebruch und Unzucht (arab. *zina'*), außerehelicher Geschlechtsverkehr von Verheirateten oder Unverheirateten. Der Koran bedroht den unzüchtigen Unverheirateten nach Sure 24,2–3 mit hundert Peitschenhieben, die Überlieferung fordert die Todesstrafe für Verheiratete. War die Frau unverheiratet, der Mann aber verheiratet, soll die Frau im Haus eingesperrt werden, „bis der Tod sie abberuft oder Gott ihr einen Ausweg schafft" (4,15). Ist der Mann unverheiratet, die Frau aber verheiratet, soll er für ein Jahr verbannt werden; die Frau erhält hundert Peitschenhiebe.

2. Die Verleumdung wegen Unzucht (arab. *qadhf*) erfordert nach Sure 24,2–3 achtzig Peitschenhiebe.

3. Schwerer Diebstahl (arab. *sariqa*): Sure 5,33 und 38 fordert ebenso wie die Überlieferung beim ersten Mal die Amputation der rechten Hand und im Wiederholungsfall des linken Fußes. Die islamische Rechtswissenschaft hat mehrere Möglichkeiten gefunden, diese harte Strafe zu umgehen, indem sie einen Diebstahl nur unter gewissen Bedingungen als echten Diebstahl gelten lässt (was z. B. bei Taschendiebstahl oder einem aus der Not geborenen Diebstahl nicht gegeben ist).

4. Schwerer Straßen- und Raubmord (arab. *qat' at-tariq*), Wegelagerei (ohne dass Raub oder Mord hinzukommen) soll nach Auffassung mancher Rechtsgelehrter mit Gefängnis oder Verbannung bestraft werden. Wegelagerei in Verbindung mit Raub fordert die Amputation der rechten Hand und des linken Fußes. Kommt zur Wegelagerei die Tötung eines Menschen hinzu, wird über den Täter die Todesstrafe verhängt. Raub in Verbindung mit Totschlag erfordert die Hinrichtung und Kreuzigung des Täters.

5. Der Genuss von Wein (arab. *shurb al-hamr*) bzw. aller berauschenden Getränke. Vielfach werden auch jede Art von Drogen darunter gefasst. Die Überlieferung fordert vierzig (andere Überlieferungen: achtzig) Schläge zur Bestrafung von Weingenuss.

Die Überlieferung (nicht der Koran!) zählt zu den Kapitalverbrechen zudem Homosexualität und Vergewaltigung. Allerdings wird das Strafmaß dafür unter muslimischen Theologen kontrovers diskutiert. Einige Juristen fordern in diesen Fällen die Todesstrafe, andere reihen die Homosexualität unter „Ermessensvergehen" ein. Auch der Abfall vom Islam verlangt nach überwiegender Auffassung aller vier Rechtsschulen die Todesstrafe, obwohl der Koran demjenigen, der sich vom Islam abwendet, nur eine Strafe im Jenseits androht, für das Diesseits aber keine konkrete Strafe benennt. Die Überlieferung (!) jedoch fordert die Todesstrafe.

Die Voraussetzung für eine Verurteilung wegen eines Kapitalverbrechens ist entweder ein Geständnis bzw. die Aussage zweier glaubwürdiger männlicher Augenzeugen, bei Ehebruch und Unzucht sind sogar vier männliche Augenzeugen erforderlich. Geständnisse können bis zur Vollstreckung der Strafe zurückgezogen werden, und Kapitalverbrechen verjähren darüber hinaus rasch. Indizienprozesse (etwa anlässlich einer Schwangerschaft einer unverheirateten Frau) sind unüblich, aber in Einzelfällen möglich. All das schränkt die praktische Anwendung der Kapitalverbrechen ein wie auch die Tatsache, dass insbesondere eine Frau, die in den Verdacht des Ehebruchs gerät, kaum vor Gericht gebracht werden dürfte; ihre eigene Familie wird eine Bestrafung vornehmen (Schläge, Einsperren oder gar Tod). Wenn kein Beweisverfahren für ein Kapitalverbrechen geführt werden kann, darf ein Verdächtiger dennoch bestraft werden, z. B. mit einer Strafe, die im Ermessen des Richters liegt.

Bei Strafrechtsverfahren kann ein männlicher Zeuge vor Gericht nicht – wie sonst bei Zeugenaussagen – durch zwei weibliche Zeugen ersetzt werden. Die Zeugenaussage eines Mannes kann nach Sure 2,282 grundsätzlich nur vom Zeugnis zweier Frauen aufgewogen werden. Zusätzlich gehen muslimische Juristen davon aus, dass Frauen von ihrem Wesen her sachliche, objektive Beobachtungen schwerfallen und diese nur allzu leicht von ihren sie überwältigenden Emotionen verfälscht werden könnten. Bei Strafrechtsprozessen sollten Frauen nach überwiegender Meinung muslimischer Juristen überhaupt nicht aussagen dürfen, da Frauen für Entscheidungen, die u. U. über Leben und Tod des Angeklagten entscheiden, generell ungeeignet seien.

b) Verbrechen mit Wiedervergeltung (qisas-Vergehen)

Die zweite Kategorie der Verbrechen sind nach der Einteilung der Sharia die Vergehen mit Wiedervergeltung (arab. *qisas*) gegen Leib und Leben eines Menschen. Mord oder Totschlag verletzen also nach Auffassung der Sharia nicht das göttliche Recht, sondern nur menschliches Recht, während Alkoholgenuss unter die Grenzvergehen fällt, die Gottes Recht verletzen. Die Verbrechen mit Wiedervergeltung erfordern die Zufügung derselben Verletzung bzw. die Tötung des Schuldigen, die unter bestimmten Bedingungen in Zahlung von Blutgeld umgewandelt werden kann, sowie eine religiöse Bußleistung (wie z. B. zusätzliches Fasten) (2,178–179).

Wiedervergeltung bedeutet die Zufügung derselben Verletzung bzw. die Tötung des Mörders oder Totschlägers unter Aufsicht des Richters. Sofern ein Mensch vorsätzlich zu Tode gebracht wurde, kann die Familie des Getöteten die Tötung des Schuldigen verlangen, jedoch nur der nächste männliche Verwandte, der die Tötung des Schudigen unter Aufsicht des Richters durchführen darf. Dabei gilt streng das Prinzip der Gleichheit: eine Frau für eine Frau, ein Sklave für einen Sklaven. Kann diese Gleichheit nicht hergestellt werden, darf keine Wiedervergeltung geübt werden.

Die Familie des Opfers kann auf die Tötung des Schuldigen verzichten und stattdessen die Zahlung eines Blutpreises (arab. *diya*) fordern. Zudem soll der Schuldige als Sühne vor Gott zusätzlich einen Sklaven freilassen oder zwei Monate zusätzlich fasten (4,92–93). Im juristischen Sinne schuldig ist nur der Volljährige, der im vollen Besitz seiner geistigen Kräfte ist.

Wurde einem Opfer nur eine Verletzung zugefügt, kann dem Täter dieselbe Verletzung zugefügt werden. Verzichtet der Berechtigte darauf – und nur er selbst kann die Vergeltung einfordern – kann der Täter eine Entschädigung an das Opfer zahlen.

c) Ermessensvergehen (ta'zir-Strafen)

Alle anderen Fälle, die nicht zu den Kapitalverbrechen und Verbrechen mit Wiedervergeltung gehören, sind bei Bestrafung in das Ermessen des Richters gestellt, wobei heute die meisten islamischen

Länder über kodifizierte Gesetzesbücher verfügen. Aufruhr, falsches Zeugnis, Beleidigung, Bestechung, Urkundenfälschung, Unterschlagung, Verkehrsverstöße, Betrug, Erpressung, Kidnapping u. a., sowie Kapitalvergehen, die z. B. durch einen Mangel an Beweisen nicht als Kapitalverbrechen bestraft werden können, gehören zu den Ermessensvergehen.

Der Spielraum bei den Ermessenstrafen liegt für den Richter zwischen einer bloßen Ermahnung bis zu harten Strafen wie lange (oder unbegrenzte) Gefängnisstrafen oder Geldstrafen. Er kann den Täter seines Amtes entheben oder seinen Besitz beschlagnahmen, ihn auspeitschen lassen oder ihn öffentlich bloßstellen. Er kann sich hinsichtlich seines Urteils auf Rechtsgutachten *(fatwas)* stützen, die allerdings keinen verbindlichen Charakter haben. In schweren Fällen kann auch die Todesstrafe verhängt werden, und zwar vor allem bei Gewohnheitstätern ohne Aussicht auf Besserung (insbesondere Homosexuelle, Verkündiger von Häresien, die die islamische Gemeinschaft spalten, Mörder, sofern ihre Tat nicht durch Vergeltung gerächt wird oder Spione).

Die Bandbreite an Straftatbeständen, die in den Ermessensbereich des Richters fallen, ist immens groß. Vor allem dort, wo noch kein kodifiziertes Strafgesetzbuch vorliegt (wiewohl derzeit noch in Bahrein, Qatar, Oman, VAE) ist die Bestrafung für ein Vergehen, das weder unter die Grenz-, noch unter die Wiedervergeltungsverbrechen fällt, damit weitgehend offen. Das Entstehen rechtsstaatlicher Strukturen ist unmöglich, da von Seiten des Staates keine vorherige Festlegung des Strafmaßes für bestimmte Vergehen existiert.

Die Sharia – gerecht und gut?

Das islamische Strafrecht wird also durch mehrere Besonderheiten gekennzeichnet: Zum einen durch seine immens harten Strafen wie Auspeitschung, Amputation, Steinigung und Kreuzigung für Kapitalverbrechen. Gleichzeitig ist ein Prozess nur sehr schwer, bzw. im Fall des Ehebruchs bzw. der Unzucht, der vier männliche Augenzeugen erfordert, so gut wie unmöglich. Damit und vor dem Hintergrund der nahöstlich-muslimischen Auffassung von Ehre und Schande, die die Frau der Vergeltung der Familie aussetzt, wird der privaten Ahndung eines vermeintlichen oder tatsächlichen Verbrechens Tor und Tür geöffnet.

Nach Auffassung der muslimischen Apologetik ist das islamische Strafrecht letztlich der Menschheit dienlicher als das Strafrecht westlicher Länder mit seiner Konzentration auf Gefängnis- (und in geringerem Maß: Geldstrafen), da es in weitaus größerem Maß der Abschreckung diene. Zudem falle ein Straftäter der Gesellschaft nicht durch lange Gefängnisstrafen zur Last. Unberücksichtigt bleibt dabei allerdings, dass Gefängnisstrafen islamischer Länder oft sehr hoch sein oder aufgrund des Fehlens rechtsstaatlicher Strukturen sogar unbestimmt verlängert werden können sowie die Tatsache, dass ein Amputierter ebenfalls der Gesellschaft zur Last fallen wird und kaum noch einen Beruf wird ausüben können.

Hat man vor 30, 40 Jahren noch angenommen, dass der Einfluss des islamischen Rechts unter der Einwirkung europäischer Einflüsse im Zuge der Globalisierung zurückgehen und auch die islamische Welt von einer weltweit scheinbar unaufhaltsamen Säkularisierung ergriffen würde, wurde spätestens in den 70er Jahren deutlich, dass in der islamischen Welt eine umgekehrte Entwicklung, eine Rückbesinnung und Neuorientierung auf das islamische Recht einsetzte (Stichwort: „Reislamisierung"). Dabei erwies sich allerdings die Umsetzung dieser erstrebten Islamisierung in wohl abgewogenen Detailgesetzen und der Schaffung eines lückenlosen Rechtskodexes – dessen Grundlage allein die Sharia wäre – als überaus schwierig. Damit wird über die Familiengesetzgebung gemäß der Sharia offensichtlich auch die eigene, islamische Identität definiert. Enttäuscht vom Westen und konfrontiert mit mancherlei Problemen wie hoher Arbeitslosigkeit, Überbevölkerung, Bildungsmisere, Unterentwicklung, suchte die islamische Welt Neuorientierung in der Rückbesinnung auf den Islam, während Islamisten die vollständige Durchsetzung des Islam in der Gesellschaft und die Rückkehr zum „Goldenen Zeitalter des Islam" zu Zeiten Muhammads und der ersten vier Kalifen fordern.

Muhammad hat nach der spärlichen Quellenlage zu urteilen manche in vorislamischer Zeit herrschenden Zustände und Gesetze verbessert, auch den Frauen mehr Rechte eingeräumt. Er hat die in vorislamischer Zeit unbegrenzte Blutrache auf die unmittelbare Vergeltung beschränkt, für die Todesstrafe schwer erfüllbare Kriterien (Augenzeu-

gen, Geständnis) gefordert, die Tötung neugeborener Mädchen untersagt. Aber hat er göttliches Recht verkündet, ewige Ordnungen Gottes, Gebote des Friedens? Hat er die Botschaft der Versöhnung und
gegenseitigen Achtung gebracht?

Dort, wo die Sharia – zumindest teilweise – in die Praxis umgesetzt
wurde, scheint das Gegenteil der Fall zu sein. Aufgrund der Überordnung des Islam als gesellschaftliche Ordnung über alle anderen Religionen und des Zieles islamistischer Kräfte, die Sharia auf der ganzen
Erde aufzurichten, sind Menschen unter die Knechtschaft der Verachtung von Frauen und religiösen Minderheiten gezwungen worden, die
deren Glauben und deren Ethik vom Standpunkt der Sharia betrachtet
und verurteilt. Länder wie der Iran, aber auch Nigeria oder der Sudan
sind beredte Beispiele für eine menschenverachtende Sharia-Politik,
die immer zu Lasten der Minderheiten und Frauen geht.

Für die Auseinandersetzung mit dem Islam in Europa ist eine vertiefte
Beschäftigung mit dem islamischen Recht erforderlich, damit auch
Nichtmuslime in der Diskussion über die Menschen- und Frauenrech-
te, wie sie der Islam versteht, kompetente Gesprächspartner sind und
den bisher vereinzelt, aber laut erhobenen Forderungen, der Sharia
langfristig auch in Europa zur Geltung zu verhelfen, mit Sachkenntnis
entgegentreten können.

Literatur zum Thema in Auswahl:

Ameer Ali, Syed, Muhammadan Law, 2 Bände, (Kitab Bhavan) New
   Delhi 1986.

El-Awa, Mohamed S., Punishment in Islamic Law: A Comparative
   Study (American Trust Publications) Indiana/USA 1993.

El Baradie, Adel, Gottes-Recht und Menschenrecht. Grundlagenpro-
   bleme der islamischen Strafrechtslehre (Nomos) Baden-Baden 1983.

Breuer, Rita, Familienleben im Islam. Traditionen, Konflikte, Vorurteile (Herder) Freiburg 2004.

Ebert, Hans-Georg, Das Personalstatut arabischer Länder. Problem-
   felder, Methoden, Perspektiven. Ein Beitrag zum Diskurs über The-

orie und Praxis des Islamischen Rechts. Leipziger Beiträge zur Orientforschung, Band 7 (Peter Lang) Frankfurt 1996.

Engineer, Ashgar Ali, The Rights of Women in Islam (C. Hurst & Company) London 1992.

Layish, Aharon, Women and Islamic Law in a Non-Muslim State. A Study based on Decisions of the Shari'a Courts in Israel (Shiloah Center for Middle Eastern and African Studies) Tel Aviv 1975.

Mir-Hosseini, Ziba, Marriage on Trial. A Study of Islamic Family Law (I. B. Tauris Publishers) London 1993/2000.

Qureshi, M. A., Muslim Law of Marriage, Divorce and Maintainance (Deep & Deep Publications) New Delhi 1992.

Rauscher, Thomas, Shari'a. Islamisches Familienrecht der sunna und shi'a (Verlag für Standesamtwesen Frankfurt 1987.

Welchman, Lynn, Beyond the Code. Muslim Family Law and the Shari'a Judiciary in the Palestinian West Bank (Kluwer Law International) The Hague 2000.

Jürgen Micksch

Abrahamische Teams

Wie Abrahamische Teams entstanden

Kurz nach dem 11. September 2001 rief mich eine Lehrerin einer katholischen Schule in Hanau an und bat um einen Vortrag zum Islam. Ich sagte ihr, dass ich gern einen islamischen Theologen für diesen Vortrag vermitteln würde. Die Lehrerin war schockiert: „Unsere Kinder haben Angst vor einem Krieg und vor Muslimen." Und das gelte auch für manche Eltern und Lehrer. Nach einem langem Telefongespräch bot ich ihr an, eine gemeinsame Veranstaltung mit mir, einer jüdischen und einer muslimischen Persönlichkeit an ihrer Schule durchzuführen. Sie wollte das noch mit den Eltern und dem Lehrerkollegium besprechen. Von dieser Lehrerin habe ich nichts mehr gehört. Aber die Idee von „Abrahamischen Teams" war geboren, bei denen qualifizierte jüdische, christliche und muslimische Menschen gemeinsam auf Veranstaltungen gehen, über ihre Religion sprechen und für Diskussionen zur Verfügung stehen. „Abrahamisch" haben wir diese Teams genannt, weil alle drei Religionen in Abraham ihren gemeinsamen Glaubensvater sehen.

Die Idee wurde im Oktober und November 2001 durch die Groeben-Stiftung und das Abrahamische Forum des Interkulturellen Rates in Deutschland unterstützt, in dem Persönlichkeiten dieser drei Religionen zusammenarbeiten.

Die erste Veranstaltung eines Abrahamischen Teams fand bereits am 29. November 2001 in der Bischöflichen Willigis-Realschule in Mainz statt. Die Schulleitung hatte dafür das Einverständnis ihrer Aufsichtsbehörde eingeholt, die einen solchen Dialog an einer katholischen Schule ausdrücklich befürwortete.

Erste Erfahrungen

Bei der ersten Veranstaltung mit etwa fünfzig Schülerinnen und Schülern hat sich gezeigt, dass die Einführungen aus jüdischer, christlicher und muslimischer Sicht zu lang waren. Mehr als zwanzig Minuten sollten es insgesamt in Schulen nicht sein. Die Schüler waren daran interessiert, möglichst viele Fragen stellen zu können. Darauf hatten sie sich auch vorbereitet. Die meisten Fragen richteten sich damals an den islamischen Theologen. Es wurde als besonders wichtig empfunden, dass man ihm offen auch kritische Fragen stellen konnte. Demgegenüber traten die Fragen an die jüdische Schriftstellerin und mich eher zurück, zumal es an dieser Schule gute Kenntnisse über das Judentum und das Christentum gab. Bei späteren Veranstaltungen z. B. in Frankfurter Stadtteilen mit hohem Ausländeranteil standen auch schon manchmal die christlichen oder jüdischen Gesprächspartner im Vordergrund der kritischen Fragen.

Inzwischen gibt es über fünfzig jüdische, christliche und muslimische Persönlichkeiten, die sich bereit erklärt haben, bei solchen Veranstaltungen mitzuwirken. Bundesweit ist es uns möglich, Veranstaltungen und Gesprächspartner anzubieten. Seit der ersten Veranstaltung bis zum Sommer 2004 wurden über hundert Veranstaltungen Abrahamischer Teams durchgeführt. Die meisten davon in Schulen, aber auch bei Elternversammlungen, bei der Polizei, Bundeswehr, an Volkshochschulen, religiösen Gemeinden oder bei Veranstaltungen der Gesellschaft für christlich-jüdische Zusammenarbeit.

Im Mittelpunkt der Gespräche stehen Fragen der Integration, Diskriminierung, Partizipation, Konflikte beim Bau von Moscheen oder der Einführung islamischen Religionsunterrichts, Auseinandersetzungen beim Streit um das Kopftuch, Beispiele von antisemitischen oder antiislamischen Einstellungen und missionarische Aktivitäten.

Theologische Themen wie das Verständnis von Gott, Jesus, Mohammed, Abraham, Moses, Thora – Gesetz – Sharia, die Rolle von Frauen in den Heiligen Schriften stehen gelegentlich im Zentrum der Veranstaltungen. Meistens werden sie jedoch bei akademischen Zusammenkünften erörtert. Dabei ist die Beobachtung interessant, dass Juden und Muslime häufig erst in solchen Dialogen entdecken, dass ihre theologischen Positionen besonders nah beieinander liegen.

Persönliche Freundschaften der Teammitglieder sind ein besonders wichtiges Ergebnis dieser Veranstaltungen. Ein arabisches Sprichwort sagt: „Der Mensch ist ein Feind dessen, was er nicht kennt." In diesem Sinne ist die Unkenntnis zwischen den Religionen zu überwinden. Religiöse Erziehung ist dafür unverzichtbar. „Lernen in der Begegnung" ist der beste Weg, um Vorurteile zu überwinden und persönliche Beziehungen zu entwickeln. Gemeinsame Besuche in Synagogen, Kirchen oder Moscheen und die authentische Information durch Persönlichkeiten anderer Religionen und der Dialog mit ihnen sind entscheidend für eine gegenseitige Verständigung.

Wir haben Evaluationen der Veranstaltungen durchgeführt und festgestellt, dass sie bei Schülern auf ein großes Interesse stoßen. Wichtig ist allerdings, dass sich die Schulklassen intensiv darauf vorbereiten und Fragen erörtert werden, die sie stellen möchten. Genauso wichtig ist eine Nacharbeit. Sinnvoller als kurze Veranstaltungen sind Projekttage, in denen viel Zeit für die Arbeit an Texten, für Fragen und Diskussionen besteht.

Zündstoff Religion

Weltweit kämpfen die Menschen unterschiedlicher Religionen um Ansehen und Privilegien. Ihre Organisationen sind darauf ausgerichtet, sich von anderen abzugrenzen, um den eigenen Bestand zu erhalten oder sogar zu vergrößern. Die theologische Ausbildung zielt darauf, sich von anderen Lehren abzugrenzen. Häufig sind es die Theologen der unterschiedlichen Religionsgemeinschaften, die vor anderen warnen, Vorurteile schüren und dadurch zum gesellschaftlichen Unfrieden beitragen. Sie lassen sich leicht von Politikern instrumentalisieren, wenn es um eine Stimmungsmache gegen andere religiöse, ethnische oder soziale Gruppen geht.

In allen Erdteilen werden kulturelle und religiöse Empfindungen missbraucht, um Konflikte anzuheizen und um partikulare Interessen durchzusetzen: zwischen Katholiken und Protestanten in Nordirland wie zwischen Christen und Muslimen im Sudan. Religiösen Fanatismus gibt es zwischen Sikhs, Hindus und Muslimen in Indien wie zwischen muslimischen Bosniern, orthodoxen Serben und katholischen Kroaten im früheren Jugoslawien, zwischen jüdischen Israelis und christlichen und muslimischen Palästinensern im Nahen Osten. Wo soziale oder politische Konflikte religiös legitimiert werden, da sind sie kaum mehr lösbar. Geschichte und Gegenwart sind voll von solchen Erfahrungen.

So haben Konflikte zwischen christlichen Konfessionen auf deutschem Boden zu schlimmsten Auseinandersetzungen bis hin zu Kriegen geführt. Die Kreuzritter verbreiteten auf ihrem Weg ins Heilige Land unvorstellbare Schrecken. Später haben die „Türken vor Wien" Ängste ausgelöst, die sich bis ins kollektive Bewusstsein des Abendlandes eingegraben haben. Juden wurden in Deutschland (und in vielen anderen europäischen Ländern) jahrhundertelang benachteiligt und verfolgt. Die Nationalsozialisten trieben die Verfolgung zum Äußersten und sprachen jedem jüdischen Menschen das Recht auf Leben ab. Es wurde zur Staatsdoktrin, Menschen jüdischer Religion auszulöschen. Antisemitismus ist gerade in der heutigen jungen Generation in Deutschland, aber auch in anderen europäischen Ländern wieder verbreitet. Jüdische Friedhöfe werden geschändet und Anschläge auf Synagogen verübt.

Gegenwärtig erleben Muslime in Deutschland und Europa die verschiedensten Formen von Diskriminierung. Sie erfahren immer wieder, dass sie nicht erwünscht sind. Wenn Muslime eine Moschee bauen wollen, machen häufig schon die Baubehörden unterschiedlichste Schwierigkeiten. An vielen Orten bilden sich Bürgerinitiativen, um den Bau einer Moschee zu verhindern. Wo sich Muslime um einen Religionsunterricht in deutscher Sprache und unter deutscher Schulaufsicht bemühen, werden sie in vielen Bundesländern mit immer neuen Argumenten abgewiesen. Halten sich muslimische Frauen an islamische oder kulturell geprägte Bekleidungsregeln, die wir auch von deutschen Frauen aus Russland oder aus ländlichen Regionen kennen, dann wird ihre Anstellung mit dem Hinweis auf ihr Kopftuch abgelehnt: etwa von Schulen oder Krankenhäusern.

Religionen können dazu missbraucht werden, um Konflikte anzuheizen. Doch Sie haben auch das Potential, Frieden zu fördern. So hat die ökumenische Bewegung in Deutschland erheblich dazu beigetragen, Spannungen sowohl zwischen den Kirchen als auch zwischen Christen und anderen Religionsgemeinschaften zu überwinden. Beispielhaft ist die alljährlich im Herbst stattfindende und ökumenisch initiierte „Interkulturelle Woche", an deren Vorbereitung Menschen unterschiedlicher Herkunft und Religion beteiligt sind.

Abrahamische Ökumene

Die Unterschiede zwischen Judentum, Christentum und Islam sind seit Jahrhunderten betont und herausgearbeitet worden. Im 21. Jahrhundert sollten wir uns stärker darauf konzentrieren, auf Gemeinsamkeiten hinzuweisen. Eine grundlegende Gemeinsamkeit für Juden, Christen und Muslime ist Abraham: Er ist der Glaubensvater dieser drei Religionen. Zu dem Gott Abrahams beten Juden, Christen und Muslime. Nach Thora, Bibel und Koran soll Abraham zum Segen für alle Menschen auf Erden werden. Europa ist von diesen Religionen geprägt. Es ist möglich und auch nötig, eine abrahamische Ökumene zu entwickeln.

Neben dem Glaubensvater Abraham haben die drei monotheistischen Religionen zahlreiche inhaltliche Aussagen gemeinsam: Gerechtigkeit hat für sie einen hohen Stellenwert und die Aufgabe, Armut zu überwinden. Abrahamische Religionen setzen sich für den Frieden zwischen Menschen ein und versuchen eine Instrumentalisierung ihrer Religionen für politische Zwecke oder sogar Kriege zu verhindern. Sie sehen den Auftrag, die Schöpfung Gottes zu erhalten und zu bewahren. Für sie gelten die Zehn Gebote, die Ansätze für global geltende Menschenrechte aufzeigen. Gastfreundschaft hat einen hohen Stellenwert und die Überwindung von Fremdenfeindlichkeit und Rassismus. Wo solche Werte das Leben von Menschen bestimmen, da hat ein »Kampf der Kulturen« keinen Platz.

Abrahamische Spiritualität

Es gibt auch eine abrahamische Spiritualität: So ist es möglich, Gebete wie die Psalmen gemeinsam zu sprechen. Bei Zusammenkünften kann durch Lesungen aus den Heiligen Schriften daran erinnert werden, was für alle drei Religionen grundlegend ist. Es sind abrahamische Feiern möglich, wie sie der Interkulturelle Rat im Dezember 2001 erstmals im Frankfurter Flughafen zum jüdischen Chanukka-Fest, zur Adventszeit und Ramadan veranstaltet hat. Angehörige dieser Religionen gehen zuerst in die Synagoge, um Kerzen zum Chanukka-Fest anzuzünden. Danach gehen sie gemeinsam in die christliche Kapelle, wo evangelische und katholische Persönlichkeiten Texte zur Adventszeit lesen und Gebete sprechen. Danach geht es weiter zu einer Moschee, in der ein Imam zum Gebet und Fastenbrechen in der Zeit des Ramadan einlädt. Abschluss ist ein Zusammensein, bei dem die einzelnen Feste erläutert und in ihrer Bedeutung für die gläubigen Menschen dargestellt werden. Auf Einladung der Flughafen AG schließt sich dem ein Imbiss an. Seit dem Jahr 2002 haben die Flughafen AG und die evangelische Flughafenseelsorge diese öffentlich sehr beachteten Feiern regelmäßig eigenständig durchgeführt.

Es gibt viele ähnliche Möglichkeiten, bei denen Vertreter der anderen Religionen zu Festen eingeladen werden können. Beispiele sind das Sukkot-Fest, die Adventszeit, der Ramadan oder der Tag der offenen Moschee. Es ist erfreulich, wie viele muslimische Gemeinden inzwischen ihre Nachbarn, Juden und Christen zu Iftar-Empfängen einladen.

Solche gemeinsamen Feiern führen weder zu einer Vermischung dieser Religionen noch zu einer „Abrahamischen Religion". Vielmehr können dadurch Unterschiede und Gemeinsamkeiten besser wahrgenommen werden und dazu beitragen, den eigenen Glauben tiefer zu verstehen.

Abrahamisches Forum

Erfahrungen mit Veranstaltungen Abrahamischer Teams werden beim Abrahamischen Forum in Deutschland erörtert, das vom Interkulturellen Rat eingerichtet worden ist. Dort arbeiten seit dem 5. Februar 2001 Persönlichkeiten des Zentralrates der Juden in Deutschland, des Zentralrates der Muslime in Deutschland, der Türkisch-Islamischen Union der Anstalt für Religion, der Arbeitsgemeinschaft Christlicher Kirchen in Deutschland, des Bundesinnenministeriums, verschiedener Stiftungen, Wissenschaftler und Praktiker zusammen, um das Miteinander dieser drei Religionen zu fördern.

Das Abrahamische Forum in Deutschland widmet sich neben dem Aufbau von Abrahamischen Teams auch Bildungsprojekten in Kindergärten, Schulen, Volkshochschulen und Hochschulen wie z. B. gegenseitige Besuche im Rahmen des Religionsunterrichtes oder abrahamische Rundwege zu Gebetshäusern, insbesondere zur Interkulturellen Woche. Es werden abrahamische Feste und Feiern z. B. zum 3. Oktober angeregt. Durchgeführt werden Tagungen und Dialoge über Unterschiede und gemeinsame Werte, aber auch gemeinsame Projekte für Rabbiner, Pfarrer und Imame und eventuell andere Berufsgruppen sowie soziale Projekte. Im Juni 2004 gab es die erste Veranstaltung eines Abrahamischen Jugendforums – diese Arbeit soll intensiviert werden.

Abrahamisches Europa

Muslime lebten Jahrhunderte in Andalusien. Muslimische Tataren gibt es bis heute in Finnland, Polen und den baltischen Staaten. Osteuropäische Länder standen Jahrhunderte unter muslimischer Herrschaft. Ein Teil der Bevölkerung Zyperns ist muslimisch, und Bosnien, Albanien, der Kosovo und auch die Türkei sind durch den Islam geprägt. Religiös und kulturell ist das europäische Abendland durch die abrahamischen Religionen Judentum, Christentum und Islam gestaltet worden.

Religiös gesehen leben wir in einem abrahamischen Europa. Im Europa der heutigen Europäischen Union leben hunderttausende Juden und etwa zwanzig Millionen Muslime. Im Europa des Europarates sind es über achtzig Millionen Muslime. Historisch ist es eine Engführung, nur von einem christlichen oder jüdisch-christlichen Europa zu sprechen. Der Islam spielt in der Geschichte Europas eine bedeutende Rolle und ist heute die zweitgrößte Religionsgemeinschaft nach dem Christentum.

Hindernisse

Für die Zusammenarbeit im abrahamischen Rahmen gibt es zahlreiche Hindernisse, von denen einige benannt werden sollen:
• Die meisten jüdischen Gemeinden haben nur wenige und alte Mit-

glieder, deren Priorität es ist, sich der Integration der Mehrheit russischsprachiger Emigranten zu widmen; insgesamt gehören von den 100.000 Juden in Deutschland etwa 20.000 bis 25.000 zu dieser Gruppe der älteren und deutschsprachigen Mitglieder. Es gibt also nicht sehr viele Persönlichkeiten, die an solchen gemeinsamen Veranstaltungen mitwirken können.

• Der politische Konflikt zwischen Israel und Palästina erschwert die Zusammenarbeit oder macht sie unmöglich. Im Rahmen der Veranstaltungen Abrahamischer Teams ist es möglich, diese politischen Themen ausdrücklich zu thematisieren. In der Regel haben wir uns jedoch darauf verständigt, bei Veranstaltungen die erste Frage zu dem politischen Konflikt zu beantworten. Dann wird darauf hingewiesen, dass sich diese Gespräche auf Fragen des Zusammenlebens in Deutschland konzentrieren sollten und deshalb der politische Konflikt zwischen Israel und Palästina nicht im Vordergrund stehen sollte.

• Es gibt kleine christliche Gruppen, die missionarisch aktiv sind und ein Hindernis für gemeinsame Veranstaltungen darstellen.

• Manche christlichen Gruppen wollen erst ihre eigene Identität festigen, bevor sie sich dazu fähig fühlen, mit Dialogen zu beginnen. Die Erfahrung hat jedoch gezeigt, dass durch solche gemeinsamen Veranstaltungen das Verständnis des eigenen Glaubens vertieft wird.

• Zwischen den verschiedenen islamischen Gruppierungen gibt es Konflikte und Auseinandersetzungen, die Schwierigkeiten machen können. Insgesamt leben etwa drei Millionen Menschen aus muslimischer Tradition in Deutschland, von denen etwa zwanzig Prozent engere Verbindungen zu Moscheen oder Moschee-Vereinen haben. Zwei Millionen dieser Menschen kommen aus der Türkei, und über 500.000 Muslime haben die deutsche Staatsangehörigkeit. Das Potential an muslimischen Gesprächspartnern hat in den letzten Jahren stark zugenommen. Die Bereitschaft zur Mitarbeit bei abrahamischen Veranstaltungen ist sehr hoch.

• Die meisten Imame verstehen die deutsche Sprache nicht und erschweren dadurch gemeinsame Veranstaltungen. Nur wenige sind theologisch auf Dialoge vorbereitet. Hier ist es wichtig, dass immer mehr islamische Theologen auch an deutschen Universitäten ausgebildet werden.

• Viele Verantwortliche und Mitglieder in den verschiedenen Religionsgemeinschaften stehen abrahamischen Projekten distanziert
bis ablehnend gegenüber. Das erschwert gemeinsame Projekte.

Abbau von antisemitischen und antiislamischen Einstellungen

Religiös-politisch motivierter Extremismus wird bei abrahamischen
Veranstaltungen regelmäßig thematisiert. Die Dialogpartner befassen
sich damit kritisch und tragen zur geistig-politischen Auseinandersetzung und rechtsstaatlichen Bekämpfung von Extremismus bei.

Antisemitische, antiislamische und antichristliche Einstellungen haben ihre Wurzeln in der Geschichte, Erziehung, in den Religionen
selbst, in Vorurteilen und Ängsten. Sie sind eine dauerhafte Realität.
Die Arbeit von Abrahamischen Teams ist eine Antwort auf die damit
verbundenen Ängste. Sie benötigt eine breite Unterstützung, um den
inneren Frieden in unserer Gesellschaft zu stärken.

Literatur:

Kuschel, Karl-Josef, Streit um Abraham. Was Juden, Christen und
Muslimen trennt – und was sie eint. Düsseldorf 2001.
Micksch, Jürgen, Abrahamische und Interreligiöse Teams, Frank-
furt/M. 2003.

Friedmann Eißler

Gibt es eine abrahamische Ökumene?[*]

Zur Konstitution eines Begriffs und seinen religionstheologischen Implikationen

Gibt es eine abrahamische Ökumene? Soll die Antwort kurz und bündig ausfallen, muss sie lauten: Nein, es gibt sie nicht. Nur schwärmerischer Optimismus könnte übersehen, dass nach wie vor Unkenntnis und Angst alte Barrieren zementieren; dass Fremdenfeindlichkeit und Ghettomentalität einander wechselseitig Argumente liefern; dass Annäherungsprozesse, von Integration ganz zu schweigen, als Aufgabe vor uns, nicht als Erfolg hinter uns liegen. Nein, eine *Ökumene* gibt es sicher (noch) nicht.

Sollte es eine abrahamische Ökumene geben?[1] Darüber wäre zu reden. Dies wiederum hat keinen Sinn, ohne sich der grundsätzlichen Frage zu stellen, die die Perspektive der folgenden Zeilen andeutet: *Kann* es eine abrahamische Ökumene geben, und wenn ja, wie? Wenn nein, wie könnte eine Alternative zu beschreiben sein?

Einige meiner Voraussetzungen möchte ich ansprechen:

Ich verstehe unter dem vielschichtigen Begriff „Ökumene" in unserem Zusammenhang ein *gemeinsames Handeln* in einer wie auch immer gearteten institutionalisierten Form, welches – und dies ist die Voraussetzung dafür –, getragen wird von so etwas wie einem *Gefühl*

---

[*] Leicht überarbeiteter, erweiterter Vortrag anlässlich der Tagung „So weit die Worte tragen – Christen und Muslime im Gespräch über Glaube und Gesellschaft. Dialog und Begegnung" in Reichelsheim, 30.10.–2.11. 2003; der Vortragsstil wurde grundsätzlich belassen.

[1] Zum Sprachgebrauch „abrahamitisch" – so auch in der ursprünglichen Themenstellung – oder „abrahamisch" s. K.-J. KUSCHEL, Streit um Abraham. Was Juden, Christen und Muslime trennt – und was sie eint, 2. Aufl. der ungek. Taschenbuchausgabe 1996, München 1997, S. 13 (Anm. 4).

für übergeordnete Zusammengehörigkeit oder gar *Einheit*, zumindest aber einer positiv-konstruktiven *Respektierung von Differenzen* unter einer *Mehrheit* leitender Instanzen von jüdischen, christlichen und muslimischen Glaubensgemeinschaften weltweit.[2]

Ich lasse mich in meinen Überlegungen von vier Einsichten leiten:

a) Die Lage spitzt sich zu. Verstärkt werden politische und soziale Konflikte weltweit religiös legitimiert. Die Fronten scheinen sich zu verhärten. Was durch die Entwicklung der letzten Jahrzehnte einerseits als immense Erleichterung medialen und globalen Handelns wahrgenommen wird, geht offensichtlich mit einer Verschlechterung, jedenfalls nicht mit der erwarteten Verbesserung menschlicher Kommunikation einher.

b) Christen sind nicht nur in dieser Situation, aber in dieser Situation besonders dazu aufgefordert, Kommunikation auf der persönlichen Ebene in Liebe und Respekt zu suchen und zu pflegen. Der Blick auf die Geschichte der christlichen Kirchen und Gemeinschaften muss bleibend beunruhigen und fordert dazu heraus, den Zusammenhang von Glaube und Liebe, von Mission und Dialog, von Diakonie und Konvivenz im Hinblick auf unser praktisches Zusammenleben mit Menschen anderen Glaubens immer wieder neu zu überdenken.

c) *Dialog* ist als Grundoperation menschlichen Zusammenlebens unabdingbar. *Interreligiöser* Dialog ist unabdingbar als Grundoperation im Zusammenleben von Menschen verschiedenen *Glaubens*. – *Angst* und *Unkenntnis* sind zwei unheilvolle Faktoren, die jeden Fortschritt schon auf der Ebene des menschlichen Zusammenlebens hindern. Es wird schon um des relativen Erfolgs auf *dieser* Ebene willen unbedingt nötig sein, hier Kraft und Zeit zu investieren, um gegen Angst und Unkenntnis *Informiertheit* und *Respekt* zu setzen, Grundvoraussetzungen eines gelingenden Miteinanders vor Ort und auf dem immer enger werdenden Globus.

d) Auf diese beiden Grundpfeiler sieht die EKD-Handreichung „Zusammenleben mit Muslimen in Deutschland" einen gelingenden Dialog zwischen Christen und Muslimen denn auch gestellt: *Infor-*

---

[2] Anders, aber durchaus vergleichbar die Formulierung bei KUSCHEL, Streit um Abraham, S. 220.

miertheit und *Respekt*.[3] Es ist nicht von der Hand zu weisen, dass es häufig gerade an der nötigen Information über das Selbstverständnis islamischen Glaubens und Lebens fehlt. Daher sollte ein entscheidendes Ziel im derzeitigen Stadium sein, authentische, eigenverantwortete Aussagen von Vertretern anderer Religionen – sowohl die „Diasporastimmen" hierzulande als auch die Stimmen aus der Mehrheitssituation in der islamischen Welt – in ihrer Vielfalt und Unterschiedlichkeit als vitale Glaubens- und Lebensweisen in *ihrem Zusammenhang* zu akzeptieren und zu respektieren. Dazu ist es gleichwohl unabdingbar, inhaltlich genau hinzusehen und damit auch die Differenzen ins Auge zu fassen. Das heißt zum einen: Hinhören, den Anderen ausreden lassen, sein Selbstverständnis beachten, mit ihm leben und ihm zum Leben helfen; und dazu gehört auch: Selber formulieren lernen, was unser Glaube ist, was uns trägt und wer es ist, der uns beauftragt, und letztlich bitten an Christi statt (2 Kor 5,20): Lasst euch versöhnen mit Gott.

Nach diesen knappen Prolegomena möchte ich in vier Schritten vorgehen:

I.　Anfänge – Was ist „abrahamische Ökumene"?
II.　Ursprünge – Ein Blick auf die Quellen
III.　Teilnehmerperspektive – Anmerkungen zu den erkenntnistheoretischen und religionstheologischen Grundlagen
IV.　Alternative? – Ein Ausblick auf das Mögliche

I. Anfänge – Was ist „abrahamische Ökumene"?

Es kann an dieser Stelle nicht darum gehen, eine Geschichte der „abrahamischen Ökumene" auch nur skizzieren zu wollen. Mir geht es um einen Blick auf die historische Verortung der Entstehungszusammenhänge eines populär gewordenen Begriffes. Die Idee einer abrahami-

---

[3]　Zusammenleben mit Muslimen in Deutschland – Gestaltung der christlichen Begegnung mit Muslimen. Eine Handreichung des Rates der Evangelischen Kirche in Deutschland, hg. vom Kirchenamt der EKD, Gütersloh 2000, S. 35.

schen Ökumene ist verhältnismäßig jung. Sie ist mit dem Leben und Wirken des französischen Orientalisten und großen Mystikers *Louis Massignon* eng verwoben.[4] Louis Massignon wurde 1883 als Sohn eines Künstlers und Arztes in Nogent-sur-Marne in der Nähe von Paris geboren. Im Mai 1908 erlebte der begabte junge Mann auf dem Tigris im heutigen Irak seine Lebenswende. Unterwegs auf der Rückreise von einer archäologischen Unternehmung wurde er von der türkischen Polizei verhaftet, da er brisante Fotografien bei sich hatte. Er wusste, dass ihm die Todesstrafe drohte. Nach einem Fluchtversuch noch einmal geschnappt, ereilte ihn die Malaria. Alles schien aus. Da erlebt er, was er später den „Besuch des Fremden" nennt, ein intensives mystisch-spirituelles Erlebnis, das ihm neue Zuversicht verleiht, das ihn zum (römisch-katholischen) Glauben zurückbringt und ihn wieder Mut fassen lässt. Gerettet wird er durch die Intervention von arabischen Freunden, die ihn zu sich nehmen und wegen der Krankheit um sein Leben fürchten. Sie beten für ihn, er wird gesund. Die Erfahrung dieser Hingabe der muslimischen Freunde für ihn, der Gastfreundschaft, die er bei ihnen erlebt, und die Freude neu geschenkten Lebens – all dies bündelt sich im Leben Massignons zum Wurzelboden für die Idee einer abrahamischen Ökumene. Die *Mittlerschaft*, die der Islam für den Franzosen im Blick auf seine persönliche Identitätsfindung als katholischer Christ ausübte,[5] wurde in differenziert reflektierter Form später zur Grundkonstante des Denkens Massignons, und zwar dann in beiden Richtungen.

Am Anfang also ein ganz persönliches, individuelles Erleben. Mas-

---

[4] Aus der Menge der Literatur von und über Massignon möchte ich als zum Einstieg hilfreiche Titel nur nennen: L. MASSIGNON, Les trois prières d'Abraham, Institut international de recherches sur Louis Massignon, Paris 1997; DERS., Sur l'Islam, Collection Confidences, ed. C. Tacou et S. de La Rochefoucauld, Editions de l'Herne, Paris 1995 (sechs wichtige Texte aus Bd. II und III der Opera Minora M.s); J. MORILLON, Massignon, Classiques du XXe siècle Bd. 65, Paris 1964; wichtig das Themenheft im Sinne einer Hommage: JEAN-FRAN-ÇOIS SIX (ed.), Louis Massignon, Cahier de l'Herne, Paris o. J. (2. Hälfte der 1960er Jahre); biographisch aus amerikanischem Blickwinkel: M. L. GUDE, Louis Massignon. The crucible of compassion, Notre Dame 1996.

[5] „*Converti au christianisme par le Témoignage de Dieu qu'implique la foi musulmane*', il considérera l'Islam, médiateur de sa grâce personnelle, comme médiateur de grâce universelle." (R. CASPAR, La vision de l'Islam chez L. Massignon et son influence sur l'Église, in: J.-F. SIX [ed.], Louis Massignon [s. Anm. 4], S. 126–147, hier: S. 131.)

signon schreibt später ein bahnbrechendes Werk zur islamischen Mystik.[6] Das verwundert nicht, denn es ist der mystische Weg der Einheit, der Liebe, den er sucht und selbst auch geht. Dabei geht es nicht zunächst um Lehre, sondern etwa um stellvertretende, vermittelnde christliche Liebe, um fürbittendes Gebet für Muslime. Massignon spricht in diesem Zusammenhang von der *badalīya*, der Stellvertretung, die Christen auf sich nehmen könnten und müssten, um Muslime „nach Hause zu lieben". Nach Hause bedeutet für ihn letztlich „rapatriement" in die Arme Gottes. Für Massignon steht hierbei die grundsätzliche, theologische und unvergleichliche Überlegenheit (*supériorité*) des Christentums nie in Frage. Christus hatte sich gleichwohl aller Herrlichkeit entblößt, als er Mensch wurde. Darum geht es ihm: *wie* Christen gegenüber Muslimen auftreten. Da hat keine Überlegenheitsdemonstration Platz, sondern die hingebende Liebe.[7] Massignon zweifelte nie daran, dass der große Strom der Offenbarung von Abraham über die Propheten Israels zu Christus ging. Daneben finden sich aber seiner Meinung nach parallele Strömungen. Die Araber, in Ismael vom Erbe ausgeschlossen, wurden eben in demselben Ismael von Gott gesegnet. Der Islam ist „die Bewusstwerdung dieses göttlichen Segens durch die Araber, an den wir glauben müssen, weil er in der Bibel gelehrt wird".[8]

Massignon wird ein berühmter Islamwissenschaftler und ist zugleich ein tief frommer Mann mit guten Verbindungen zur katholischen Hierarchie. Seine freundschaftliche Beziehung zu Msgr. Giovanni Battista Montini (1897–1978) hat kirchengeschichtlich epochale Folgen, als dieser als Paul VI. im Juni 1963 während des Zweiten Vatikanischen Konzils die Nachfolge Johannes' XXIII. als Papst antritt und so die „abrahamische Ökumene" ein eigenes Gewicht in den Konzilstexten erhalten kann. Im Zusammenspiel mit dem Wirken des ka-

---

6 Dissertation 1922 über den Mystiker Ḥusain ibn Manṣūr al-Ḥallāǧ, vgl. die vierbändige Neuausgabe L. Massignon, La passion de Husayn Ibn Mansur Hallaj. Martyr mystique de l'islam exécuté à Bagdad le 26 mars 922, Étude d'histoire religieuse, Paris 1975.

7 Vgl. M. Hayek, L. Massignon face à l'Islam, in: J.-F. Six (ed.), Louis Massignon (s. Anm. 4), S. 188–199.

8 R. Arnaldez, Abrahamisme, Islam et Christianisme chez L. Massignon, in: J.-F. Six (ed.), Louis Massignon (s. Anm. 4), S. 123–125, hier: S. 123.

tholischen Theologen Karl Rahner und seiner gleichsam komplemen-
tären Konzeption vom „anonymen Christentum" kommen Aussagen
zustande, die in der Geschichte der katholischen Kirche bis dahin sin-
gulär sind:

> „Die Heilsabsicht umfasst aber auch die, welche den Schöpfer aner-
> kennen, unter ihnen besonders die Muslime, die sich zum Festhalten
> am Glauben Abrahams bekennen und mit uns den einzigen Gott an-
> beten, den barmherzigen, der die Menschen am Jüngsten Tag richten
> wird."

So formuliert das Vatikanum in der Dogmatischen Konstitution über
die Kirche „Lumen Gentium".[9] Und in der Erklärung zum Verhältnis
zu den nichtchristlichen Religionen „Nostra Aetate":

> Und sie betrachtet „mit aufrichtigem Ernst" „jene Handlungs- und
> Lebensweisen, jene Gebote und Lehren, die zwar in vielem von dem
> abweichen, was sie selber [die Kirche] festhält und lehrt, jedoch nicht
> selten einen Strahl jener Wahrheit wiedergeben, die alle Menschen er-
> leuchtet" (DH 4196f).

Diese Sätze markieren eine Wende in der katholischen Theologie und
Kirche. Ohne Massignon wären sie nicht denkbar.[10] Und mit ihnen
beginnt ab Mitte der 60er Jahre die steile Karriere der Idee einer abrahamischen Ökumene, wobei das Judentum erst Ende der 1970er Jahre mit einbezogen wurde. Aufschwung erhielt die Idee vor allem im
katholischen Raum in den 70er und 80er Jahren, propagiert und popu-
larisiert nicht zuletzt durch die Professoren Hans Küng und Karl-Josef
Kuschel in Tübingen.

Der Islam erschien nun nicht mehr – wie bis dahin kirchliche Lehre
und landläufige Auffassung einander bestätigten – als Häresie, als göt-
zendienerisches Heidentum oder gar eine Macht des Antichristen,
sondern als ein Gottesglaube in Kontinuität zur biblischen Tradition,
der sich selbst von der Wurzel Abrahams herleitet. Massignons kleine
Schrift „Die drei Gebete Abrahams" aus dem Jahr 1949, die Gebete für

---

[9] Dogmatische Konstitution über die Kirche „Lumen Gentium" Nr. 16 (DH 4140).
[10] Vgl. dazu auch die informative Studie von S. GRIFFITH, Sharing the Faith of Abraham: the
,Credo' of Louis Massignon, in: Islam and Christian-Muslim Relations 8 (1997), S. 193–210.

Sodom (Gen 18,22–33), für Ismael (Gen 17,18–21) und Isaak (Gen 22,1–19) reflektierend, kann man im Rückblick gewissermaßen als „Gründungsurkunde" einer christlichen Theologie der abrahamischen Ökumene bezeichnen.[11]

Was in der Zwischenzeit als abrahamische Ökumene vorangebracht worden ist, wurde schon thematisiert und braucht deshalb nicht noch einmal ausgeführt zu werden.[12] Soviel daher zur zeitgeschichtlichen Einordnung des Entwurfs.

Ohne das Grundanliegen einer abrahamischen Ökumene zu diskreditieren wird damit deutlich, dass es sich offenbar nicht um ein sachlich *unbedingt Gegebenes* handelt, sondern vielmehr um *eine* Stimme, *einen* – recht jungen – Vorschlag zur Bewältigung der anstehenden Fragen. Das Pathos, mit dem die Überzeugung vorgetragen wird, die abrahamische Ökumene *müsse* „theologisch bejah[t]" werden, da sie „Gottes Absicht mit der Menschheit" entspreche,[13] darf vor diesem Hintergrund hinterfragt werden. Ebenso die Selbstverständlichkeit, mit der behauptet wird, am Ursprung der drei Religionen läge „eine Friedensquelle bereit, welche durch den Fanatismus und Exklusivismus auf allen Seiten immer wieder zugeschüttet wurde und wird, und diese Quelle heißt: *Abraham*."[14]

---

[11] Vgl. hierzu und zum Folgenden: K.-J. KUSCHEL, Kinder Abrahams. Auf dem Weg zu einer Ökumene von Juden, Christen und Muslimen, Teil I+II, in: imprimatur 07 und 08 (2002), http://www. phil.uni-sb.de/projekte/imprimatur/2002/imp020702.html und ~imp020802. html; DERS., Weltreligionen und Weltethos im Zeitalter der Globalisierung, Vortrag, in: http://www.goethe.de/om/ ist/Vortrag_Kuschel.doc (Internet: alle Oktober 2003); DERS., Streit um Abraham (s. Anm. 1), S. 248ff.

[12] Die Entwicklungen waren verschiedentlich Thema der Tagung. Nur stichpunktartig referierend hier einige richtungsweisende Initiativen, die auch in verschiedenen Publikationen KUSCHELs regelmäßig wiederkehren: a. Fraternité d'Abraham in Paris seit 1967, b. Children of Abraham Foundation for Religious and Cultural Coexistence in Stockholm seit 1991, c. Three Faith Forum in Großbritannien seit 1995, d. Friedensinitiative in Sarajewo seit 1998, e. Veranstaltungen Christlich-Islamischer Gesellschaften, Abrahamische Foren; Abrahamische Teams in Deutschland (Interkultureller Rat).

[13] KUSCHEL, Streit um Abraham (s. Anm. 1), S. 268.

[14] A.a.O., S. 12. Vgl. abwägend kritisch und zugleich weitsichtig auch T. MITRI, The Abrahamic Heritage and Interreligious Dialogue: Ambiguities and Promises, World Council of Churches 2000 (Internet: http://www.wcc-coe.org/wcc/what/interreligious/cd36-05.html; März 2004), der den Begriff „Abrahamismus" aufgreift. – Für diesen und viele weitere substantielle Hinweise sowie die konstruktive Diskussion dieses Papers, insbesondere auch des II. Teils, danke ich den Freunden und Abrahamkennern Heidi und Hanna Josua.

Meine These ist, dass *diese* Quelle nicht einfach „vorhanden" ist, also nur ent-deckt zu werden braucht, sondern vielmehr allererst *konstruiert* werden muss, um das leisten zu können, was von ihr gefordert wird – da die *tatsächlichen Traditionen* die Identität dieser Quelle gar nicht hergeben, und dies sowohl aus muslimischer wie aus christlicher Sicht.[15]

II. Ursprünge – Ein Blick auf die Quellen

Abraham ist der Vater, *das* oder zumindest *ein* Ur-Bild des Glaubens, sowohl im Judentum wie in Christentum und Islam. Dies ist unbestritten. Gleichwohl ist zu fragen und von den Quellen her zu klären, wie sich der Begriff jeweils *füllt*, was er im Gesamtkontext der jeweiligen Religion *bedeutet*. Erst dann kann darüber entschieden werden, ob wir es mit synonymen oder eher analogen Konzepten zu tun haben, oder gar mit homonymen, was bedeuten würde, dass zwar äußerlich derselbe Ausdruck verwendet wird, inhaltlich mit ihm aber *wesentlich verschiedene* Konnotationen aufgerufen werden. Wir konzentrieren uns aus Zeitgründen auf das Abrahambild im Koran.

Die koranischen Nachrichten über Abraham – 69 namentliche Nennungen (gegenüber etwa 300 in der Bibel) in etwa 220 Versen –, lassen sich in fünf thematische Blöcke gliedern:
1. Gotteserkenntnis und Konflikt mit der Umwelt[16]

---

[15] Und selbst wenn sie als *historische* Quelle vorhanden ist, gilt – was Kuschel selbst betont –, dass wir nicht einfach zurückspringen können, um etwa einen der (Wirkungs-)Geschichte gleichsam entkleideten Ur-Abraham als identitätsstiftende Symbolfigur aufzufinden. Abraham/Ibrahim ist, was er durch seine Wirkungsgeschichte geworden ist. Alles andere wäre Verstehen durch Vergessen! Denn: „Niemand kann aus der Geschichte seiner Glaubensgemeinschaft springen." (Streit um Abraham [s. Anm. 1], S. 241, im Orig. kursiv). Kuschel unterläuft diese Erkenntnis dann aber selbst, wenn er S. 277ff unter dezidiertem Rückgang auf die „Wirklichkeit des Stammvaters Abraham" danach fragt, was uns eben jener (rekonstruierten) Wirklichkeit für Juden Christen und Muslime *heute* folge. – Vgl. zur Kontextualisierung „des weder jüdischen noch christlichen abrahamischen Gottsuchertums" im Koran neuerdings T. Nagel, „Der erste Muslim". Abraham in Mekka, in: Ders. / R. G. Kratz (ed.), „Abraham, unser Vater". Die gemeinsamen Wurzeln von Judentum, Christentum und Islam, hg. im Auftrag der Akademie der Wissenschaften zu Göttingen, Göttingen 2003, S. 133–149.

[16] Sure 6,74–84; 19,41–50; 21,51–73; 26,69–89; 29,16–27; 37,83–98; 43,26–28.

2. Besuch der Engel bei Abraham[17]
3. Abraham wird auf die Probe gestellt: Die Bindung des Sohnes[18]
4. Abraham (und Ismael) als Begründer des Zentralheiligtums von Mekka und der dazugehörigen Riten[19]
5. Einzelstellen:
   Abraham als Eingottbekenner/Gottsucher *(ḥanīf)* [20]
   „Religion Abrahams" *(millat Ibrāhīm)* [21]
   „Blätter Abrahams" *(ṣuḥuf Ibrāhīm)* [22]
   Abraham ist „Freund Gottes" *(ḫalīl Allāh)* [23]
   Abraham ist *vor* Tora und Evangelium[24]

Wir wählen davon drei aus, deren Abfolge zugleich einer innerkoranischen Dynamik entspricht: (1.) Gotteserkenntnis und Konflikt mit der Umwelt, (3.) Abraham wird auf die Probe gestellt und (4.) Abraham als Begründer des Heiligtums von Mekka.

Abraham tritt ohne Zeit- und Ortsangabe in den Raum der koranischen Offenbarung ein. Er ist einfach da, und zunächst auf der Suche. So schwankt er noch zwischen Sternenkult und wahrer Gottesanbetung, wenn er spricht: „Wenn mein Herr mich nicht rechtleitet, werde ich gewiss unter den Verirrten sein." (6,77).[25] Von Anfang an klar aber ist die Front zwischen Gott und Götzen. Mag Abraham selbst in der Gotteserkenntnis noch nicht gefestigt sein[26] – der Konflikt mit der Ver-

---

[17] Sure 6,24–34; 11,69–83; 15,51–60; 29,31–32.
[18] Sure 37,99–111.
[19] Sure 2,124–134; 3,65–68; 3,95–97; 4,125; 22,26–29.78.
[20] Sure 2,135; 3,67.95; 4,125; 22,31.78.
[21] Sure 2,130.135; 3,95; 4,125; 6,161; 12,37f; 16,123f; 22,78.
[22] Sure 87,18–19; 53,36–37.
[23] Sure 4,125 (vgl. Jes 41,8; Jak 2,23).
[24] Sure 3,65. – Die genannten Blöcke sind freilich nicht als definitorisch abgegrenzte Einheiten zu verstehen, es ergeben sich – insbesondere bei den „Einzelstellen" – teilweise Überschneidungen.
[25] Koranübersetzung nach Al-Qurān Al-Karīm und seine ungefähre Bedeutung in deutscher Sprache, übers. und hg. von Abū r-Riḍāʾ Muḥammad Ibn Aḥmad Ibn Rassoul, Islamische Bibliothek, Köln ¹⁵1998.
[26] In den Qiṣaṣ al-anbiyāʾ, den islamischen Prophetenlegenden, wird die Gotteserkenntnis allerdings teilweise in die Kindheit oder Jugend Abrahams verlegt.

wandtschaft und dem Umfeld ist da. Dem Vater, der im Koran Āzar heißt – vielleicht von „Eliëser" Genesis 15 beeinflusst – wirft er vor: „Nimmst du Götzen zu Göttern? Ich sehe dich und dein Volk in einem offenbaren Irrtum." (6,74). Er zerschlägt Götzenbilder und greift die Sippe ob ihres Unglaubens scharf an (21,58), wofür er in den Feuerofen geworfen wird, der ihm durch Gottes Eingreifen aber nichts anhaben kann (was dem Beglaubigungswunder des Propheten entspricht; 21,51–70; Feuerofen: V. 68f). Der Duktus ist übrigens nicht neu, sondern deckt sich mit dem, was wir in nachbiblischen jüdischen Traditionen lesen: etwa im Jubiläenbuch c. 12, im Midrasch Bereschit Rabba 38,13 und in der Abrahamapokalypse.[27]

Trennung von der Familie,[28] Auseinandersetzung mit dem Götzendienst und der Ruf zum einzigen Gott – Abraham wird schon in dieser Phase, in der zweiten und der dritten mekkanischen Periode der Verkündigung Muhammads, auffallend in der Problemperspektive *des Propheten selbst* geschildert. Dagegen tritt die ursprüngliche Abrahamsituation, wie sie die biblische Tradition bewahrt, ganz offensichtlich in den Hintergrund. Die Trennung von der Familie ist nun ein „Sippenkonflikt", der *koranisch* keinesfalls mit dem Beginn der *Heilsgeschichte Israels* assoziiert wird.[29] Nichts weniger ist jedoch der Exodus aus Ur-Kasdim, das Herausgerufenwerden Abrahams aus den alten Lebenszusammenhängen in die völlige Abhängigkeit, in das vorbehaltlose Vertrauen in die Führung Gottes im biblischen Kontext. Es handelt sich dort in Genesis 12 (und das wird auch in der christlichen Abrahamrezeption nicht in Frage gestellt) um das *partikulare geschichtliche Ereignis des Beginns der Verheißungsgeschichte Gottes mit seinem Volk Israel.* Im Koran findet dies kaum mehr als ein schwaches

---

[27] Zur Vorstellung des Feuerofens kommt es durch die Interpretation von *Ur-Kasdim* „Ur der Chaldäer" im Sinne von „Feuerofen *(ur[a]= Flamme, Feuer[ofen])* der Chaldäer", vgl. z. B. Midrasch Bereschit Rabba 44,13 zu Gen 15,7.

[28] Und das ist koranisch: von den Volksgenossen, dem Volk *(qaum)*; der Konflikt führt zum Heraustreten Abrahams aus der Volksgemeinschaft, und so zur Kristallisation einer neuen, alternativen, ja *der* „Umma" schlechthin, nämlich derjenigen Glaubensgemeinschaft / Nation, die ohne ethnische oder rassische Merkmale die reine und universale, eben die islamische Glaubensgemeinschaft ist.

[29] Sondern vielmehr im Sinne einer Prolepse auf die Hiǧra Muhammads vorverweist.

Echo, wenn Abraham lapidar sagt (37,99): „Seht, ich gehe zu meinem Herrn, der mich rechtleiten wird."[30]

Wenn Abraham dann von Gott auf die Probe gestellt wird, wandelt sich die Aqeda, die Bindung des Sohnes, wie die „Opferung Isaaks" richtiger heißt, gleichsam zum Urbild des *ʿīd al-aḍḥā*, des islamischen Opferfestes, das am 10. Tag des Ḏū l-Ḥiǧǧa gefeiert wird. Dies wird vor allem deutlich in Verbindung mit der späteren Tradition, etwa dem Historiker Wāḍiḥ al-Yaʿqūbī (9. Jh.).[31] Kaum eine Rolle spielt der *Glaube* Abrahams in jenem Abschnitt der 37. Sure, es ist vielmehr die Ergebung in den Willen Gottes und damit die „Muslimwerdung" des Patriarchen. Auch hierin fügt sich Abraham nahtlos in den koranischen Rahmen der Verkündigung Muhammads ein. Die Verheißung Gottes an Abraham ist nicht das Thema – jener Abgrund, der sich durch die drohende Vernichtung der Verheißung durch den verheißenden Gott selbst auftut, ist im Koran kaum mehr fühlbar. Auch die *ʿōlā* – Terminus für das biblische Brandopfer, das ein Opfertier durch Verbrennung voll und ganz in die Gottessphäre überführt –, mit welchem der Fokus im hebräischen Text von Genesis 22 auf die *Beziehung* zwischen Abraham und Gott gerichtet wird, fällt in Sure 37 aus. Hier geht es vielmehr um die Bitte des Kinderlosen um einen *ġulām ḥalīm*, einen „sanftmütigen, anständigen" Jungen, der dann, selbst religionsmündig geworden, wohlüberlegt und demütig sich in den Willen Gottes ergibt: „Mein Vater, tu, wie dir befohlen wird." (V. 102). Und der Gehorsam des Vaters wird nicht getrübt und hinterfragt durch die Ungeheuerlichkeit der Forderung Gottes, sondern beide, Vater und Sohn, „ergeben sich" (V. 103: *fa-lammā aslamā*).[32] Abraham legt seinen Sohn mit der Stirn

---

[30] Wenn dies nicht überhaupt auf den nah bevorstehenden Tod zu beziehen ist und *nicht* auf das Verlassen der Heimat. Siehe zur Trennung Abrahams von der Familie aber immerhin noch die Erinnerung Sure 9,114: Abraham bittet um Verzeihung für seinen Vater – im Rückblick: „... als ihm klar wurde, dass jener ein Feind Allahs war, sagte er sich von ihm los".

[31] Für diesen Hinweis – und darüber hinaus viele Anregungen zum Thema in manchen Gesprächen – danke ich Herrn Prof. Dr. S. Schreiner; s. auch S. Schreiner, Die „Bindung Isaaks" in islamischem Gewande, in: Jud 59/1 (2003), S. 49–55, hier: S. 54, Anm. 17.

[32] Was durchaus auch als „werden Muslime" zu hören ist. In 2,131 dann auch in der islamischen Tradition „technisch" verstanden: Abraham konvertiert gewissermaßen zum Islam (*aslim, qāla aslamtu ...*), vgl. auch die neue Koranübersetzung von A. F. Bubenheim / N. Elyas, Der edle Qurʾān und die Übersetzung seiner Bedeutungen in die deutsche Sprache, Madina/Saudi Arabien 2004 z.St.

auf den Boden – nicht gebunden auf einen Altar, sondern wie das Opfertier beim Opferfest auf den Boden – und „erfüllt" damit (selbst) das Traumgesicht.

Wird so die Bindung des Sohnes – auf die Frage, ob Ismael oder Isaak mit dem unbenannten braven Sohn gemeint sei, können wir jetzt gar nicht weiter eingehen, die Diskussion ist hinlänglich bekannt[33] – gleichsam zur Gründungslegende islamischen Selbstverständnisses, so bestätigt und verstärkt sich diese Tendenz im dritten hier aufzugreifenden koranischen Abrahamskomplex: Abraham und sein Sohn Ismael als Begründer des Heiligtums in Mekka. Hier ist historisch freilich die Emigration der muslimischen Gemeinschaft von Mekka nach Medina vorauszusetzen. Wir können die Debatte um die Abrahamsinterpretation seit Snouck Hurgronje[34] und Youakim Moubarac[35] hier nicht aufnehmen, aber Konsens dürfte sein: Der Prophet brach alsbald nach der Übersiedelung mit den jüdischen Stämmen, in die er zunächst Hoffnungen gesetzt hatte. Die Gebetsrichtung wurde von Jerusalem nach Mekka geändert. Ismāʿīl, der in den frühen Suren nur vereinzelt und *ohne* den Abrahamskontext Erwähnung fand, wird jetzt als Abrahams Erstgeborener dem Isaak vorgeordnet und rückt so an die erste Stelle der Abrahamsnachkommen mit allen bekannten Auswirkungen auf die muslimische Konzeption von „Heilsgeschichte".[36]

Waren schon die ersten Abrahamszenen des Korans nicht in Raum und Zeit verortet, nicht an Israel gebunden und in der Perspektive der

---

[33] Bis Ṭabarī im 10. Jh. war ein Teil, wohl die Mehrheit, der islamischen Kommentatoren der Meinung, es sei von Isaak die Rede, heute wird nahezu übereinstimmend betont, es handle sich um Ismael. Vgl. im Überblick zusammenfassend den Exkurs von A. TH. KHOURY, Wer sollte geopfert werden: Isaak oder Ismael?, in: Der Koran Arabisch-Deutsch, Übersetzung und wissenschaftlicher Kommentar von A. Th. Khoury, Bd. 11, Gütersloh 2000, S. 60–61.

[34] C. SNOUCK HURGRONJE, Het Mekaansche Feest, Leiden 1889, auch in: DERS., Verspreide Geschriften, Bd. I, Bonn; Leipzig 1923, S. 1–124.

[35] Abraham dans le Coran. L'Histoire d'Abraham dans le Coran et la Naissance de l'Islam, Études musulmanes Bd. 5, Paris 1958. Vgl. zu dieser Diskussion E. BECK, Die Gestalt des Abraham am Wendepunkt der Entwicklung Muhammads, in: Le Muséon 65 (1952), S. 73–94; eine kurze Orientierung in R. PARET, Mohammed und der Koran. Geschichte und Verkündigung des arabischen Propheten, Stuttgart; Berlin; Köln ⁷1991, S. 119–122.

[36] Man kann hierin sogar eine Art Opfer Isaaks sehen: Muhammad „opfert" Isaak/die Juden um Ismaels willen, den er „in seinen Texten ins Haus zurückholt" und damit „die biblisch-jüdische Geschichte [verkehrt]"! So und weiter zu diesem Gedankengang: C. WENZEL, Abrahamrezeption und Legitimität im Koran, in: ZRGG 54 (2002), S. 193–209, hier: S. 205.

aktuellen Auseinandersetzungen Muhammads selbst konzipiert, so waren damit die Weichen für die islamische Rezeption des Abrahamglaubens gestellt. In Sure 2 wird dies insofern konsequent zu Ende geführt, als der Bruch mit den Juden zu einem endgültigen Zurückdrängen der biblischen Abrahamsaussage im Sinne ihrer heilsgeschichtlichen Konzeption führt. Abraham wird nun zum „Imam" für die Menschen, einem Vorbild – Prototyp des Gläubigen, wenn man so will: Sure 2,124. Dieser baut auf Gebot Gottes hin zusammen mit Ismāʿīl die Kaʿba in Mekka und reinigt sie von den Götzenbildern für den wahren Gottesdienst. Abraham konstituiert das Zentralheiligtum mit *qibla* (Gebetsrichtung) und Wallfahrtsriten und damit den islamischen Ritus überhaupt. Indem Abraham in diesem Kontext die an Deuteronomium 18,15 angelehnte Bitte um „einen Gesandten aus ihrer Mitte" ausspricht, „der ihnen deine Worte verliest und sie das Buch und die Weisheit lehrt" (2,129) und damit auf den Gesandten Muhammad abzielt, wird der Bogen endgültig von Abraham zu Muhammad gespannt *unter dezidierter Absehung* von Judentum und Christentum. Die *millat Ibrāhīm*, der Glaube Abrahams ist der *Urislam*, der von Muhammad keineswegs auf irgendeine Weise geschaffen werden muss, vielmehr von ihm – nach den Irrwegen von Juden und Christen – (wieder-)ent-deckt wird, ja, durch ihn seine von Gott bestimmte Rekonstituierung erfährt. Hier spielt der Ausdruck „Hanif" eine wichtige Rolle. So umstritten Herkunft und ursprüngliche Bedeutung dieses Terminus ist, so klar ist seine wesentliche Aussagerichtung: Der Hanif ist ein Gottsucher, ein Eingottbekenner *unabhängig* von Judentum und Christentum. Sure 3,67 formuliert es so: „Abraham war weder Jude noch Christ; vielmehr war er ein Hanif, ein Muslim, und keiner von den Beigesellern."[37]

Wir halten fest: Der *Erste* und das *Siegel* der Propheten, die *millat Ibrāhīm* und der *islām*, der *ḥanīf* und der *muslim* kommen so zusammen. So weit spannt sich der Bogen: Anfang und Ende werden aufeinander bezogen, ja das Ende wird ebenso deutlich im Sinne der Rekonstitution des Anfangs legitimiert, wie der Anfang von der Konstitution

---

[37] Hier ist noch einmal an die Studie zu erinnern: T. NAGEL, „Der erste Muslim" (s. Anm. 15).

des Endes nicht unberührt bleibt! Gehört Abraham in die Reihe der Propheten von Adam bis Muhammad (Sure 4,163), so wird er doch aus der Reihe herausgehoben, um als Exponent nicht mehr der partikularen Heilsgeschichte Israels, sondern vielmehr des koranischen universalen Heils, wie es in der Glaubenserfahrung Muhammads seinen höchsten Ausdruck findet, auf den letzten Gesandten Gottes hinzuweisen. Nicht in einer Andeutung werden in dieser Konzeption Juden und Christen in den Glauben Abrahams einbezogen – unbeschadet der Erkenntnis Muhammads, Juden, Christen und Muslime beteten denselben Gott an (Sure 29,46). Natürlich geht Muhammad von der Einheit der Offenbarung aus, die in der himmlischen Urschrift *(umm al-kitāb)* bei Gott gleichsam ihren gemeinsamen Ursprung hat. Gleichwohl wird die *millat Ibrāhīm* als Urbild des Islam mit klaren Worten dem jüdischen wie auch dem christlichen Anspruch auf Rechtleitung entgegengesetzt.[38] Denn: Abraham war *weder* Jude *noch* Christ, er war *vor* diesen, und die letzte Religion wird die erste sein, die eigentliche, in Wahrheit abrahamische Religion. Deshalb: „Wer eine andere Religion als den Islam begehrt: nimmer soll sie von ihm angenommen werden, und im Jenseits wird er unter den Verlierern sein." (Sure 3,85; vgl. 3,19; 5,3; 4,125 u. ö.).

Auf die jüdische und die christliche Abrahamrezeption näher einzugehen ist an dieser Stelle nicht mehr der Raum, manches ist im Vorhergehenden angeklungen. Ich möchte nur an folgende Eckdaten erinnern:

Im Judentum ist *Avraham Avinu*, „unser Vater Abraham", durch drei hervorstechende Merkmale ausgezeichnet: Einmal ist er der von Gott *Erwählte*, in welchem die Nachkommenschaft, das Volk Israel, mit erwählt ist (Gen 12,1–3), so dass Abraham der Inbegriff des erwählten Israel (der „Kinder Abrahams") werden kann. Der Erwählungsruf Gottes korreliert mit dem unbedingten Gehorsam des Patriarchen, der von der Umkehr von der falschen Religion Mesopotamiens (Konflikt mit der Familie; vgl. Midrasch Bereschit Rabba 38,13) bis zur

---

[38] Sure 2,135: „Und sie sagen: ‚Seid ihr Juden oder Christen, dann werdet ihr rechtgeleitet sein.' Sprich: ‚Nein! (Wir befolgen) die Religion Abrahams, der rechtgläubig *(hanīfan)* war und nicht den Götzenanbetern angehörte.'"

dramatischen Spitze in der *Aqeda*, der Bindung Isaaks, reicht. Die äußerste Glaubensprüfung *(nsh* Pi.) Abrahams durch Gott selbst (Gen 22) ist Schluss und Höhepunkt der zehn Prüfungen, die nach der Tradition den Gehorsam Abrahams bewähren,[39] und ist daher prägend für das Abrahambild im Judentum geworden. Der dritte Komplex betrifft den *Bund* Gottes mit Abraham. Hier spielen der Beschneidungsbund (Gen 17) und die Toratreue Abrahams eine zentrale Rolle. So wird Genesis 15,6 der „Glaube Abrahams" rabbinisch regelmäßig von Genesis 26,5 her interpretiert, im Gegensatz zur christlichen Interpretation also gerade von der Toratreue her: „Weil Abraham meiner Stimme gehorsam gewesen ist und gehalten hat meine Rechte, meine Gebote, meine Weisungen und mein Gesetz."[40] Abrahams Lebenswandel entspricht vollkommen den halachischen Anforderungen, wurde die Tora doch schon vor Grundlegung der Welt für ihn aufbewahrt.[41] Die hellenistisch-jüdische Abrahamrezeption setzt andere Schwerpunkte, bemerkenswert darunter die Verbindung Abrahams mit Astronomie und Astrologie, überhaupt mit den weltlichen Wissenschaften.[42]

Für das Christentum ist die Jesusgeschichte und die seiner Anhängerschaft via Abraham dezidiert in der Geschichte Israels verankert (Mt 1,1; Röm 4,16 „unser aller [der Glaubenden] Vater"). Insofern das Christusereignis als abschließende Offenbarung Gottes verstanden wurde (Hebr 1,1) und sich das Christentum spätestens am Ende des 1. Jahrhunderts u. Z. im Gegenüber zum Judentum fand und seine Identität formen musste, stellte sich hier jedoch in Analogie zur späteren Situation des Islam die Frage nach dem Verhältnis der späteren zur früheren Offenbarung. Sie wurde in vielfachen Ansätzen um Fragen

---

[39] Mischna Avot 5,3; vgl. H.-J. BECKER, „In zehn Prüfungen erprobt ..." Abrahams Versuchungen in Talmud und Midrash, in: T. NAGEL / R. G. KRATZ (ed.), „Abraham unser Vater" (s. Anm. 15), S. 86–97.

[40] Vgl. z. B. Sir 44,20; Jub 12ff; babylonischer Talmud, Traktat Yoma 28b: „Unser Vater A. übte die ganze Tora aus [...], die schriftliche Lehre und die mündliche Lehre." Letzteres wird aus der Mehrzahl „meine Lehren" in Gen 26,5 abgeleitet.

[41] Midrasch Tanchuma (Buber) *lekh lekha* § 14 (fol. 36a; BIETENHARD II, 76): „Was heisst: ‚Er spart auf'? Nämlich, bevor die Welt geschaffen war, sparte der Heilige, g.s.er! die Tora auf, bis Abraham auftrat und sie vollendete, wie es heisst: ‚Weil [Abraham auf mein Wort gehört hat'] (Gen 25,6). Das lehrt, dass Abraham alle Torot hielt und alle Gebote."

[42] Vgl. Th. KLAUSER, Art. Abraham, RAC I (1950), Sp. 18–27, hier: Sp. 18–20.

unterschiedlicher typologischer Entwürfe, der christologischen Auslegung, von Verheißung – Erfüllung, Kontinuität und Diskontinuität, der biblischen Theologie(n), der kanonischen Lektüre usf. diskutiert und bleibt bis heute aufgegeben. Dabei kommen – ohne dies jetzt begrifflich eng fassen zu wollen – restitutive (bzw. typologische; überbietende ...) Aspekte zum Tragen, die Anfang und Ende aufeinander beziehen (etwa Adam – Christus), die das Ende vom Anfang her begründen und die damit selbstverständlich auch die Ur-Kunden des Alten Testaments einer christlichen *relecture* unterziehen,[43] freilich mit dem nicht unwesentlichen Unterschied zum erwähnten späteren islamischen Identitätsfindungsprozess, dass die Schriften selbst eben *nicht* in fundamentaler Kritik unter das pauschale Urteil der Verfälschtheit oder doch der Verderbtheit fallen, sondern dass vielmehr in aller Form an ihnen *festgehalten* wurde und wird. Zu den herausragenden neutestamentlichen Akzenten der Abrahamrezeption gehört deshalb neben der Inanspruchnahme des Patriarchen im Sinne eines Ur- und Vorbildes christlichen Glaubens, die einen Bogen schlägt von der Abraham angerechneten Gerechtigkeit (Gen 15,6) zur paulinischen Auffassung der Glaubensgerechtigkeit,[44] das Bewusstsein und die Reflexion der geschichtlichen und theologischen Verbundenheit mit Israel (vgl. Röm 9–11). Dabei kann innerhalb des Neuen Testaments je nach Kontext sowohl Kontinuität als auch israelkritische Distanzierung (ausgehend

---

[43] Die einseitige Artikulation dieser Linie bis dahin, dass alles andere dahinter verschwindet, führt theologisch zur Substitution Israels durch das „wahre Israel", die Kirche, wie sie jahrhundertelang christliches Denken und Lehren geprägt hat. Was am Beispiel vieler Theologen gezeigt werden könnte, exemplifiziert M. TAMCKE an Vertretern der ostsyrischen Literatur, allen voran Afrahat, vgl. den Beitrag „Wir sind nicht von Abrahams Samen!" Deutungen Abrahams in der ostsyrischen Literatur, in: T. NAGEL / R. G. KRATZ (ed.), „Abraham unser Vater" (s. Anm. 15), S. 112–132.

[44] Unter Betonung von Verheißung und Erfüllung sowie der heilsgeschichtlichen Stellung Abrahams *vor* der Gabe der Tora, vgl. Gal 3; Röm 4; vgl. O. HOFIUS, „Rechtfertigung des Gottlosen" als Thema biblischer Theologie, in: DERS., Paulusstudien, WUNT 51, Tübingen 1989, S. 121–147; zu Röm 4 jedoch speziell auch M. NEUBRAND, Abraham – Vater von Juden und Nichtjuden. Eine exegetische Studie zu Röm 4, Forschungen zur Bibel Bd. 85, Würzburg 1997. Ihrzufolge will Paulus in Röm 4 dem in Abraham erstwählten jüdischen Volk die nichtjüdische Jesusanhängerschaft als neue und gleichwertige Erwählung aus den Völkern an die Seite stellen. Das entscheidend Neue des paulinischen Anliegens sei, dass „durch Jesus Christus an die Seite des bleibend erstwählten Volkes Israels die Glaubenden aus der Völkerwelt als gleichwertig in Abraham Erwählte treten" (S. 291).

z. B. von der Unterscheidung zwischen „Samen Abrahams" und „Kinder Abrahams") hervortreten.[45]

Wir fassen zusammen: Mit diesen Andeutungen ist kein Bild der vielfältigen Abrahamrezeptionen zu zeichnen, geschweige denn ein substantieller Vergleich durchzuführen. Gleichwohl dürfte aus dem Bisherigen deutlich geworden sein – und auf dies hinzuweisen war allein der Zweck dieser Skizze –, dass die Bezugnahme der drei großen Traditionen auf Abraham so unterschiedlich ist, dass das Postulat einer Gemeinsamkeit entweder nur *Hülle ohne Inhalt* ist, oder aber eine *eigene, neue Konstruktion* jenseits dessen bedarf, was in der jeweiligen Glaubensgemeinschaft *in Geltung* steht.[46]

III. Teilnehmerperspektive – Anmerkungen zu den erkenntnistheoretischen und religionstheologischen Grundlagen

Der aus der Aufklärungszeit erwachsene Optimismus hinsichtlich der Leistungsfähigkeit der menschlichen Vernunft, gleichsam *hinter* der geschichtlichen Vielfalt gelebter Religionen die alle Religionen verbindende „wahre Religion" – sei es als „natürliche Religion", als an-

---

[45] F. E. WIESER, Die Abrahamvorstellungen im Neuen Testament, EHS Reihe 23, Theologie Bd. 317, Frankfurt a.M. et al. 1987 unterscheidet zwei neutestamentliche Deutemodelle im Blick auf Abraham, das *Bewährungsmodell* und das *erwählungsgeschichtliche* Modell (vgl. a.a.O., S. 35), welche jeweils auf ihre Weise für Anknüpfung wie für Abgrenzung offen sind.

[46] Olaf Schumann hat es so ausgedrückt, wie es zusammenfassend kaum treffender zu formulieren wäre: „Es ist misslich, wenn man im Namen Abrahams nach Gemeinsamkeiten suchen will, die Judentum, Christentum und Islam verbinden, falls man sich nicht mit der Chiffre eines bloßen Monotheismus zufrieden geben will, hinter der Ihr suchende Blick des Gläubigen nichts als Leere findet." (O. SCHUMANN, Abraham – der Vater des Glaubens, in: DERS., Hinaus aus der Festung. Beiträge zur Begegnung mit Menschen anderen Glaubens und anderer Kultur, Studien zum interreligiösen Dialog Bd. 1, Hamburg 1997, S. 13–60, hier: S. 54. Dort weiter: „Die vorliegende traditionsgeschichtliche Untersuchung hat gezeigt, dass unter Berufung auf Abraham jede der drei Religionen mit dem Anspruch auftritt, allein zum ‚richtigen' Glauben anzuleiten. Auf die Frage nach dem spezifischen Inhalt dessen, was unter ‚Glaube' verstanden wird, waren die Antworten jedoch grundverschieden. In welchem Sinne ist Abraham dann der ‚Vater des Glaubens'?")

thropologische Verfasstheit oder im Sinne eines einheitlichen Bezugs auf eine *Ultimate Reality* bzw. auf „Gott *an sich*" – postulieren oder gar definieren zu können, ist in der Diskussion um die Postmoderne ins Wanken geraten, ja zerbrochen.[47] Der Versuch einer auf dem *genetischen* Argument – wir kommen alle von Abraham her! – basierenden *Konstruktion von Gemeinsamkeit* sucht sein Recht in bzw. beruht auf der erkenntnistheoretischen Voraussetzung, dass ein Einheitspunkt *jenseits* der jeweiligen Überzeugungssysteme oder Teilnehmerperspektiven, sprich der faktischen Religionen, ausgemacht werden kann. Genau dies hat sich als abstraktes Postulat erwiesen. Es gibt keine „*reine Vernunft*". Die Möglichkeit eines so genannten „Gottesstandpunktes", wie die analytische Philosophie die erkenntnistheoretische Anmaßung einer überlegenen, da jenseits oder oberhalb der eigenen konkreten geschichtlichen Lage beanspruchten Position genannt hat, ist uns nicht gegeben. Wir können uns eben *nicht* aus der eigenen konkreten Lage herausreflektieren, uns gewissermaßen selbst über die Schulter schauen, um von da aus etwa ein übergeordnetes Ganzes zu beurteilen.[48]

---

[47] Der im Einzelnen sehr unterschiedlich ausgeprägte Ansatz einer übergeordneten oder grundgelegten, die Pluralität der Religionen durchwaltende und umgreifende Einheit wird dennoch häufig vertreten, vgl. die religionstheologischen Entwürfe von J. HICK, P. KNITTER, P. SCHMIDT-LEUKEL u. a. Der postmoderne Diskurs hebt die Vielzahl heterogener Sprachspiele (im Anschluss an Wittgensteins Sprachspieltheorie) hervor, die Pluralität und Heterogenität von Wahrheit bzw. Rationalitätsformen, welche den Rekurs auf eine „Metasprache" oder eine „Meta-Erzählung" obsolet machen. Vgl. J.-F. LYOTARD, Das postmoderne Wissen. Ein Bericht, Bremen 1982, S. 36ff; W. WELSCH, Unsere postmoderne Moderne, Berlin ⁵1997. Eine sehr gute Einführung zum Problem im Blick auch auf die Konsequenzen für die christliche Theologie bietet mit Schwerpunkt auf K. Hübners „internem Realismus" H.-M. RIEGER, Grenzen wissenschaftlicher Rationalität, Relativismus und Gottesglaube. Reflexionen zur zeitgenössischen wissenschaftstheoretischen Diskussion, ThBeitr 33 (2002), S. 334–355. Ich bin Dr. Hans-Martin Rieger für wesentliche Impulse – auch im Zusammenhang dieser Untersuchung – aus freundschaftlichen Gesprächen besonders dankbar.

[48] Vgl. dazu I. U. DALFERTH, Gedeutete Gegenwart. Zur Wahrnehmung Gottes in den Erfahrungen der Zeit, Tübingen 1997, darin besonders: S. 36ff (Vor Gott gibt es keine Beobachter). 177ff (Postanalytische Pluralitätsphilosophie und die Aporie der Beobachterperspektive); H. HEMPELMANN, Wahrheit ohne Toleranz – Toleranz ohne Wahrheit? Chancen und Grenzen des Dialogs mit Andersgläubigen, Wuppertal; Zürich 1995. – Über J. G. Hamanns „Metakritik über den Purismus der Vernunft" bei I. Kant jetzt umfassend O. BAYER, Vernunft ist Sprache. Hamanns Metakritik Kants, unter Mitarbeit von B. Gleede und U. Moustakas, Spekulation und Erfahrung Abt. II, Bd. 50, Stuttgart-Bad Cannstatt 2002. – In eine

Konkret wird dies etwa bei der Gottesfrage: Die Ansetzung der „Transzendenz Gottes" an der Stelle, wo die Konvergenz der sehr unterschiedlichen Aussagelinien der Religionen vermutet wird, vernebelt mehr, als dass sie erklärt.[49] Wir haben vielmehr authentische *Teilnehmerperspektiven*, Perspektiven des Vollzugs, die je mit ihrem eigenen Wahrheitsanspruch untereinander *konkurrieren*.[50] Von hier aus werden Aussagen über Gott gemacht, über Gott und Mensch und über Mensch und Mensch. Der Sachverhalt der Gottesoffenbarung in Jesus Christus gilt in christlicher Perspektive universal. Aber es ist deutlich, dass es sich um einen *Anspruch* handelt, der gegen andere Ansprüche steht und stehen muss, nämlich diejenigen anderer „Teilnehmerperspektiven", etwa der islamischen: Gott ist *einer (tauḥīd)* – und Jesus ist ein (wenn auch hervorgehobener) Prophet.[51] Hier gibt es keine Vermittlung, auch nicht in der so gerne dafür bemühten Transzendenz. Hier gibt es auch – und zwar aus denselben Gründen – keine Komplementarität. Ebenso wenig kann hier jene auf den ersten Blick so plausible Bescheidenheit bemüht werden, unsere Erkenntnis sei

ähnliche Richtung weist jetzt auch der EKD-Text: Christlicher Glaube und nichtchristliche Religionen. Theologische Leitlinien, ein Beitrag der Kammer der EKD für Theologie, EKD-Text 77, Hannover 2003 (http://www.ekd.de/EKD-Texte/2059_ekd_ texte_77_ 1.html; Oktober 2003).

[49] Generell muss die Suche nach einem „kleinsten gemeinsamen Nenner" scheitern, da jede *Einzelaussage* einer Religion eben ein nicht isoliert zu betrachtender Teil eines Gesamtsystems ist. Jeder „kleinste gemeinsame Nenner" wird zugleich durch das jeweilige Gesamtsystem in einzigartiger Weise qualifiziert, so dass eine Nebeneinanderstellung solcher Grundaussagen im Grunde zur inhaltsleeren Floskel wird. Was Christen und Muslime unter „Frieden" verstehen oder „Freiheit", unter „Menschenrechte" – oder eben unter „Abraham", das sind erheblich unterschiedliche Konzepte, auch wenn äußerlich dasselbe Wort dafür benutzt wird. Umgekehrt qualifiziert ebenso jedes Differenzmoment das ganze System, so dass über die „monotheistischen Glaubensweisen" eben *nicht* gesagt werden kann, „daß das meiste in allen Gemeinschaften der höchsten Stufe dasselbige sei, und daß zu diesem allen Gemeinsamen nur in jeder noch einiges Besondere hinzukomme, so etwa, um es nur aus dem Groben darzustellen, daß der Glaube an *einen* Gott das allen diesen Gemeinsame sei mit allem, was daran hängt, in der einen aber komme der Gehorsam gegen die Gesetzgebung hinzu, in der andern statt dessen der Glaube an Christum, und in der dritten der an den Propheten", so F.D.E. SCHLEIERMACHER in klassischer Diktion in GL § 10.2 (Redeker Bd. I, S. 66).

[50] Dies könnte ein neues, möglicherweise angemesseneres Licht auf das vielfach zitierte „Wetteifern" – *istabiqū* – in Koran Sure 5,48 werfen.

[51] Vgl. nur etwa Sure 112 als zentralen Schlüsseltext.

eben immer begrenzt (1 Kor 13,9ff), welche unter dem Stichwort *Deus semper maior* (*Gott ist immer noch größer*) eingefordert wird. Selbstverständlich ist dies der Fall, doch damit wird an keiner Stelle in der gesamten christlichen Tradition die *prinzipielle Unerkennbarkeit* Gottes ausgesagt, die unabdingbare *Voraussetzung* für jenen Gedankengang ist, die zugleich aber auch den zentralen Aussagegehalt christlichen Glaubens – die Selbsterschließung Gottes in Jesus Christus – gleichsam als Akzidens marginalisiert.[52]

Verständigungsmöglichkeit über die Grenzen der Überzeugungssysteme hinweg ist damit selbstverständlich nicht ausgeschlossen! Interreligiöser Dialog ist wie menschliches Zusammenleben überhaupt auf die Möglichkeit gemeinsamer Kommunikation in einer Außenperspektive angewiesen. Wird der „Wirklichkeit des Alltagsrealismus"[53] Rechnung getragen, so ergeben sich schon hieraus Brücken zur Verständigung, zugleich wird in realistischer Perspektive die Differenz zwischen Welt und ihrer Thematisierung im „System" festgehalten.[54]

Dies ist die Situation, und das ist kein Mangel, sondern Grundgegebenheit, auch des interreligiösen Dialogs. Die Dialogbedingungen müssen so arrangiert werden, dass die Konkurrenz, das Wetteifern nicht zum Aufeinanderprallen und zur Gewalt führt, sondern in Res-

---

[52] Zur Frage der Identität von Gott, dem Vater Jesu Christi und Allah – die von diesen Überlegungen berührt wird und m.E. nicht mit einer emotional aufgeladenen Selbstverständlichkeitsrhetorik gleichsam vom Tisch gewischt werden darf – ist u. a. hilfreich in seiner differenzierten Argumentation R. BRANDT, Glauben Christen und Muslime an denselben Gott? im gleichnamigen Bd. 34 der Fuldaer Hefte, hg. von R. RITTNER, Hannover 1995, S. 103–166. – Unberührt davon ist übrigens wiederum die Frage, ob „Allah" (auch im christlichen Kontext) angemessen mit „Gott" wiederzugeben sei, was selbstverständlich ohne Einschränkung zu bejahen ist, da Allah schlicht nicht anders zu übersetzen ist als mit „(der) Gott". Man sollte endlich davon absehen, diesen sprachlichen Gemeinplatz unnötig zu problematisieren (zumal gegen den selbstverständlichen Sprachgebrauch aller arabischen Christen), da ohnehin eben auf *inhaltlicher Ebene* zum Tragen kommen und ausgetragen werden muss, was dies Wort denn *sagt*.

[53] RIEGER, Grenzen wissenschaftlicher Rationalität (s. Anm. 47), S. 348; vgl. auch DALFERTH, Gedeutete Gegenwart (s. Anm. 48), S. 127–132. WELSCH (s. Anm. 47) spricht im Rahmen seiner Darstellung von „transversaler Vernunft".

[54] „Dass es keinen externen Standpunkt gibt, bedeutet darum noch nicht, dass Wahrheit theorierelativ zu denken sei. Aus dieser Einsicht folgt zunächst lediglich, dass auch eine realistische Position nur innerhalb unseres Denkens, Erfahrens und Sprechens begründet werden

pekt und Interesse am Anderen ausgetragen wird. *Dies* würde Toleranz bedeuten: das Tragen und Ertragen der Differenzen und Fremdheiten in Liebe, ohne in der *Sache* eine Gemeinsamkeit zu postulieren, die bei Lichte besehen nur das Ergebnis einer ihrerseits wiederum durchaus *intolerant* sich gebärdenden interpretatorischen Vereinnahmung des Anderen sein könnte![55]

Unhaltbar ist damit O. Lelleks These, der Islam sei eine „Bestätigung" des Christentums: „Beide [Christentum und Islam; F.E.] offenbaren die göttliche Heilsbotschaft, wobei der Islam als später aufgetretene Religion die christliche Botschaft eindrucksvoll bestätigt."[56] Nach Lellek entspricht es „der tiefen inneren Sehnsucht des Menschen", sich dem unbegreiflichen, transzendenten Gott staunend hinzugeben. Es ist wohl die Sehnsucht des Theologen, die eine kurze Skizze des muslimischen Selbstverständnisses („… der reine Monotheismus, die radikale Theozentrik: Es gibt nur einen einzigen Gott, der alles Geschaffene transzendiert und den anzuerkennen dem Menschen und der Menschheit Heil und Rechtleitung bringt", S. 89) im Fazit prägnant so ins Verhältnis setzt: „Dem christlichen Glauben ist damit nicht widersprochen; er *kann dem voll zustimmen*." (ebd., Hervorhebung F. E.). Ist dies theologische Naivität oder bewusste Irreführung, weil harmonie-

---

kann." (RIEGER, Grenzen wissenschaftlicher Rationalität [s. Anm. 47], S. 349). – Gäbe es nur die berüchtigten isolierten „Inseln", wäre auch jeder Versuch, die religiösen Traditionen komparativisch aufeinander zu beziehen und dadurch jede für sich besser zu verstehen, a priori zum Scheitern verurteilt. Zu diesem sensiblen Komplex basaler religionswissenschaftlicher Methodik mit dem Ergebnis eines differenzierten Ja zum Religionsvergleich vgl. K. C. PATTON / B. C. RAY (ed.), A Magic Still Dwells. Comparative Religion in the Postmodern Age, Berkeley; Los Angeles 2000.

55 Vgl. dazu auch HEMPELMANN, Wahrheit ohne Toleranz – Toleranz ohne Wahrheit (s. Anm. 48), S. 53–58. – RIEGER, Grenzen wissenschaftlicher Rationalität (s. Anm. 47), S. 354: „Universale Ansprüche zu unterstellen gehört wesentlich zu unserem Teilnehmen an einem Begriffshorizont. Denn durch diese Teilnahme bewegen wir uns in einem apriorischen Rahmen unserer Weltdeutung, den wir […] nicht regional einschränken können. Die populärpostmoderne These, dass allein schon das Geltendmachen von universalen Ansprüchen zu Intoleranz führe, die Pluralismus zerstöre, ist in ihrer Undifferenziertheit falsch." (Hervorhebung getilgt)

56 O. LELLEK, Ist die Offenbarung abgeschlossen?, in: H. SCHMID / A. RENZ / J. SPERBER, Herausforderung Islam. Anfragen an das christliche Selbstverständnis, Theologisches Forum Christentum–Islam der Akademie der Diözese Rottenburg-Stuttgart, Hohenheimer Protokoll Bd. 60, Stuttgart 2003, S. 83–101, hier: S. 101.

ren muss, was nicht widerständig sein darf? Jedenfalls nimmt der Leser staunend den Abstraktionsgrad wahr, zu dem selbst (oder gerade?) Theologen fähig sind.

Nicht viel anders steht es mit der Behauptung einer „externen Christologie", wie sie M. Bauschke im Koran ausmachen möchte.[57] Wie selbstverständlich hier der Einheitsgrund hinter oder über den beiden Religionen Christentum und Islam vorausgesetzt wird, zeigt sich besonders in den Randkapiteln, die entsprechend mit theologischen Abstraktionen und erstaunlichen Vermischungen der Ebenen (etwa Textebene, Ebene der Rezeption und Ebene der Theologie bzw. Dogmatik) gesättigt sind. In immenser Überschätzung der allenfalls *heuristischen* Leistungsfähigkeit einer solchen Terminologie – soll sie nicht nur Luftblase sein! – kann deshalb Bauschke „diese theozentrische Christologie des Korans auch eine *Zeichen-Christologie* nennen" (a.a.O., S. 125) und von der christlichen Theologie fordern, „das Jesusbild des Korans als einen Sonderfall externer Christologie" zu akzeptieren (S. 130). Begründung: Die „koranische Christologie" sei die einzige außer den neutestamentlichen Christologien, „die in der Heiligen Schrift einer Weltreligion fundiert ist. *Dieser Sachverhalt* ist zugleich schon ein *Grund für die theologische Legitimität* des koranischen Jesuszeugnisses – es sei denn, man wollte dem Koran als solchem jegliche Würde vom Range einer Heiligen Schrift von vornherein absprechen" (ebd., Hervorhebungen geändert). Ein Kommentar erübrigt sich m. E., wenn man bedenkt, in welcher Weise hier – ganz abgesehen von dem moralischen Totschlagargument (wer sollte dem Koran Würde absprechen wollen?!) – Außen- und Innenperspektive, Religionswissenschaft und Theologie, Genese und Geltung usf. durcheinander geworfen werden. Wie anders könnte ein christlicher Theologe ernstlich zu der Behauptung einer – so wörtlich – zwischen Christen und Muslimen konsensfähigen Christologie kommen?! (S. 136.138.140.143 u. ö.). Dass dies nur unter substantieller Aushöhlung („Abstraktion"), wenn nicht gar *Aufgabe* dessen erreichbar ist, was in der gesamten bisherigen Christentumsgeschichte unter Christologie verhandelt wurde, gibt Bausch-

---

[57] M. BAUSCHKE, Jesus im Koran, Köln; Weimar; Wien 2001 (= überarb. und erw. Neufassung von Teilen seiner Dissertationspublikation „Jesus – Stein des Anstoßes", Köln; Weimar; Wien 2000).

ke indirekt selbst zu, indem er formuliert: „Der christo*logische* Dialog muß zum christo*praktischen* Dialog werden. Das heißt, daß sich jede gemeinsame christologische Aussage im Kontext des Dialogs an ihren praktischen Konsequenzen messen lassen muß, nämlich ob sie im Blick auf das zukünftige Verhältnis von Christen und Muslimen zueinander Früchte im Sinne einer versöhnten Geschwisterlichkeit trägt." (S. 149). Die Praxis normiert also künftig den Logos, wenn man Bauschke folgen möchte. Dass dies in erster Linie Korrekturen auf christlicher Seite impliziert, entspricht dem Duktus des ganzen Buches, der muslimische Jesusinterpretationen als Korrektiv im Dialog beansprucht: „Zugespitzt gefragt: Sollen Christen im Kontext des christologischen Dialogs mit dem Islam auf die zweite Hälfte des ‚wahrer Mensch – wahrer Gott' einfach verzichten? ‚Einfach' sicherlich nicht. ‚Verzichten' vielleicht schon. ‚Anders verstehen lernen' mit Sicherheit." (S. 146).

IV. Alternative? – Ein Ausblick auf das Mögliche

Wir kommen zum Schluss: Insoweit die dargelegten Gründe substantielle Berechtigung beanspruchen können, muss m. E. eine abrahamische Ökumene eine wohlgemeinte Fiktion bleiben, ja, *kann* es im Ernst keine solche Ökumene geben, es sei denn zu dem Preis der Aufgabe der geschichtlich gewordenen Traditionen, als *Konstruktion* und *Etablierung* einer eigenen, neuen produktiven „Mitte" einer dann allerdings auch neuen, eigenen Religion(sgemeinschaft). Aus der Mitte der Religionen Judentum, Christentum und Islam ist diese Konvergenz jedenfalls in diesem Sinne nicht gegeben und durch die Ur-Kunden, die „heiligen Schriften" der jeweiligen Glaubengemeinschaft nicht zu begründen, vorausgesetzt, man lässt die Wirkungsgeschichte(n) nicht völlig außer Acht. Noch einmal: Es geht nicht an, mit dem *genetischen* Argument (am Anfang steht doch Abraham!) das Argument der *Geltung* (was bedeutet Abraham für die jeweilige Glaubensgemeinschaft?) außer Kraft zu setzen.

Ist damit ein Dialog geradezu verhindert? Ist damit einem erstarrten Dogmatismus das Wort geredet? Was auf den ersten Blick radikal pessimistisch aussehen mag, stellt sich in Wahrheit als Befreiung, nachgerade als Bedingung der Möglichkeit zu einem Dialog heraus, welcher der Artikulation der eigenen Überzeugung ebenso wenig die Spitze abbricht, wie er die Begegnung in Respekt, ja in Liebe fordert und fördert. Eine Alternative – um dies nur noch anzudeuten – wäre m. E. von hier aus so zu konzipieren, dass auf den Pfeilern Informiertheit und Respekt aufbauend folgende konkrete Bereiche in den Blick genommen werden: *diakonia*, Dienst am und für den Mitmenschen; *apologia*, die Ver-antwortung der eigenen Identität im Dialog, und *martyria*, das existentielle Hingabe einschließende Zeugnis. Es sei gleich angefügt, dass „Alternative" hier keineswegs „neu" und „originell" konnotiert, vielmehr die Notwendigkeit, in Dialogkonzeptionen sowohl die historische wie terminologische Partikularität der Religionen als auch den *Modus des Bekennens* mit zu bedenken.[58]

Die Studie der Arnoldshainer Konferenz und der VELKD „Religionen, Religiosität und christlicher Glaube" hat bekanntlich die Trias *Konvivenz – Dialog – Mission* als Handeln der Kirchen aus dem „dreieinigen Handeln Gottes" entfaltet: Welthandeln Gottes – Wort-

---

[58] H. WROGEMANN, Multiperspektivischer Inklusivismus. Zur Perspektivität religionstheologischer Entwürfe, in: R. PECHMANN / M. REPPENHAGEN (ed.), Zeugnis im Dialog der Religionen und der Postmoderne, Neukirchen-Vluyn 1999, S. 76–90, hier: S. 84: „Die erfahrene Ausschließlichkeit des göttlichen Wirkens im Akt seiner Selbstmitteilung führt demnach zur christlichen Behauptung der Letztgültigkeit der Offenbarung Gottes in Jesus Christus, gerade weil der Christ diese Offenbarung nur als Empfangender an sich geschehen lassen kann. Der *Modus der Offenbarung* macht das Bekenntnis zur Letztgültigkeit des Offenbarungsmittlers unabdingbar. Der Modus der Offenbarung schließt jedoch auch einen *Modus des Bekennens* in sich, das als ein ‚verdanktes Bekennen' geprägt ist durch Demut, Liebe und Besonnenheit." (Hervorh. geändert)
Der Argumentation Wrogemanns auch in anderen Arbeiten verdanke ich für meine eigenen Überlegungen viel, vgl. DERS., Mission als Hermeneutik des Fremden, in: DERS., Mission und Religion in der Systematischen Theologie der Gegenwart, Göttingen 1997, S. 291–318 (überzeugend über den hermeneutischen Zirkel im Dialog dort S. 314f). – Darüber hinaus waren für mich neben Arbeiten von C. H. RATSCHOW außerdem wichtig: TH. SUNDERMEIER, Mission und Dialog in der pluralistischen Gesellschaft, in: A. FELDTKELLER, A. / TH. SUNDERMEIER (ed.): Mission in pluralistischer Gesellschaft, Frankfurt a.M. 1999, S. 11–25; A. FELDTKELLER, Pluralismus – was nun? Eine missionstheologische Standortbestimmung, im e.e. Band S. 26–52; H. HEMPELMANN, Dialog contra Mission, in: R. PECHMANN / M. REPPENHAGEN (ed.), Zeugnis im Dialog der Religionen und der Postmoderne, S. 124–147; ferner CH. H. GRUNDMANN, In Wahrheit und Wahrhaftigkeit. Für einen kritischen Dialog der Religionen, Hannover 1999.

haftigkeit des Heilshandelns Gottes (das Wort will nicht bei sich bleiben) – *missio Dei*, vom Heiligen Geist ausgerichtet.[59] Die von mir genannten Stichworte stellen hierzu kein Gegenprogramm auf, sie nehmen den Grundgedanken vielmehr als wesentliche Orientierung auf. Dennoch halte ich sie für präziser im Blick auf den interreligiösen Dialog: Konvivenz betont das alltägliche, nachbarschaftliche Miteinander von Menschen, die gemeinsam leben, zusammen arbeiten und feiern.[60] Im Begriff der *diakonia*[61] hat das konviviale Moment durchaus Platz, denn Dienst an der menschlichen Gemeinschaft wird wirklich und wirksam in gelebter Konvivenz. Er impliziert jedoch darüber hinaus ein Gefälle (Geber-Empfänger), das keinesfalls als ein „Von-oben-Herab" missverstanden werden darf, da wahres Dienen am Andern jede Überheblichkeit ausschließt, das aber doch eine *Beauftragung* zum Dienen anzeigt, die auch im konvivialen Umgang mit Anhängern anderer Religionen zum Tragen kommt. Konvivenz ist kein Selbstzweck.[62]

Mit dem Stichwort *apologia* (1Petr 3,15) wird das Dialogische aufgenommen, aber wiederum unter Einbeziehung eines „Gefälles", das die Letztgültigkeit der Offenbarung in Jesus Christus mitschwingen lässt. Dialog ist immer auch Raum für das Zeugnis derjenigen Wahrheit, die sich nicht organisch im Dialog „enthüllt", sondern vielmehr extern und unverfügbar vorgegeben ist. Ist schon für 1. Petrus 3,15 der Zusammenhang des *Leidens* für Christus gegeben, so ist dieser Aspekt

---

[59] Religionen, Religiosität und christlicher Glaube. Eine Studie, hg. im Auftrag der VELKD und der Arnoldshainer Konferenz von der Geschäftsstelle der AKf und dem Lutherischen Kirchenamt Hannover, Gütersloh ³1993 (¹1991). In der Studie sind die drei unlöslich zusammengehörenden Aspekte unter der Überschrift „Handlungsbegründung für die Begegnung der christlichen Kirchen mit den außerchristlichen Religionen" (a.a.O., Abschnitt IV.4, S. 117–132) wie folgt angeordnet: „Der Geist Gottes – die Mission", „Das Wort Gottes – der Dialog", „Gott der Schöpfer – die Konvivenz". Konvivenz (vgl. dazu die folgende Anm.) wird dort bestimmt als „die Handlungsweise gegenüber der als von Gottes Welthandeln umgriffenen offenen oder auch erfüllten Weltwirklichkeit".

[60] Vgl. Th. Sundermeier, Konvivenz als Grundstruktur ökumenischer Existenz heute, in: Ökumenische Existenz heute 1 (1986), S. 49–100.

[61] Etwa Apg 21,19: Paulus berichtet der Gemeinde in Jerusalem, was Gott „unter den Heiden *durch seinen Dienst* (*dia tēs diakonias autou*) getan hatte"; in die christliche Gemeinde hinein 1Petr 4,10: *Dient einander*, ein jeder mit der Gabe, die er empfangen hat … ; die Perikope vom „barmherzigen Samariter" Lk 10,25–37 als diakonisches Paradigma.

[62] Vgl. auch die *diakonia tou logou* Apg 6,4 (neben dem Gebet); ähnlich Apg 20,24.

für das *Zeugnis* des christlichen Glaubens ebenso namhaft zu machen: *martyria*[63]. Dieses Bekennen, Bezeugen *(martyrein)* geschieht im Horizont der existentiellen Hingabe, die immer auch mit *Leiden* und mit der *Anfechtung* durch die letzte Verborgenheit des Wirkens Gottes verbunden sein wird. Es wird uns nicht unberührt lassen, wenn wir die Unverfügbarkeit der Wahrheit bei wachsender Intensität einer offenen Begegnung gelegentlich schmerzlich zu spüren bekommen. Von daher ist auch sehr klar die Unvollkommenheit der eigenen Erkenntnis und die Vorläufigkeit aller menschlichen Positionierung ins Auge zu fassen. Hier liegt Potenzial zur eigenen Wandlung im Dialogprozess ebenso wie zur Veränderung des Gegenübers! Und dies kann, bei Licht besehen, letztlich sogar entlasten, denn es eröffnet einen neuen Raum, den der *Fürbitte*. „So sind wir nun Botschafter an Christi statt, denn Gott ermahnt durch uns; so bitten wir nun an Christi statt: Lasst euch versöhnen mit Gott!" (2 Kor 5,20).

Damit ist diejenige Dimension angesprochen, in der sich nicht nur die *martyria* vollzieht, sondern die alle anderen Bereiche umfasst: Dialog geschieht in Dienst, Verantwortung und bezeugender Hingabe nicht anders als unter dem Vorzeichen der *Bitte*. Denn „die Herrschaft des *Gekreuzigten* ist die Herrschaft des *bittenden* Christus", wie es Eberhard Jüngel ausgedrückt hat. Verbietet sich damit jeglicher imperiale Gestus im Dialog, so ist „die Autorität der Bitte" die einzige Form von Autorität, die durch Christen im Dialog wirksam wird; sie ist zugleich nicht mehr und nicht weniger als der Vollzug eben jener Herrschaft des gekreuzigten Christus – das ganze Evangelium.[64]

---

[63] Etwa Joh 15,27: Auch ihr seid meine Zeugen *(hymeis de martyreite)*. Die biblischen Bezüge müssten für alle drei Bereiche umfassend festgestellt und einer gründlichen Analyse unterzogen werden. Diese Aufgabe konnte hier nicht mehr aufgenommen werden.

[64] E. JÜNGEL, Thesen zur Grundlage der Christologie, in: DERS., Unterwegs zur Sache. Theologische Bemerkungen, BEvTh 61, München 1972 (²1988), S. 274–295, hier: S. 294f. – Ob es in diesem Zusammenhang bei einer je „monologischen Selbstexplikation" auf beiden Seiten bleiben muss, wie gelegentlich kritisch bemerkt wird, sei dahin gestellt und der Bewährung ausgesetzt. Aus welchem Grund sollte freilich ein Dialog, der die abstrakte Konstruktion einer gemeinsamen Basis voranstellt, mehr versprechen als eine offene Begegnung, die das Lernen des konstruktiven Umgangs miteinander – auch mit den Differenzen! – fördert, begleitet von Anteil nehmender und Anteil gebender Fürbitte? Noch einmal

Wrogemann, Multiperspektivischer Inklusivismus (s. Anm. 58), S. 83: „Könnte nicht auch umgekehrt gerade aus der entschlossenen Bejahung der Letztgültigkeit der Offenbarung Gottes in Jesus Christus eine dialogische Offenheit im Hinblick auf andere Religionen begründet werden? […] Gerade weil Gott es ist, der sich durch sich selbst dem Menschen im Glauben kundtut, kann es keine Überheblichkeit des Christen geben, keine selbstmächtige Besserwisserei und keine Intoleranz."

Die Autoren dieses Buches

Eißler, Friedemann
Geboren 1964, Dr. theol., Pfarrer z. A. der Evangelischen Landeskirche in Württemberg und wissenschaftlicher Assistent am Institutum Jadaicum der Universität Tübingen.

Ghadban, Ralph
1949 im Libanon geboren, Dr. phil., seit 1972 in Deutschland. Unterrichtet Islam und Sozialarbeit an der Ev. und der Kath. Fachhochschule in Berlin und ist europaweit in der Migrationsforschung (Schwerpunkt Islam) tätig.

Israeli, Raphael
In Marokko geboren. Professor für Islamische Geschichte, Geschichte des Mittleren Ostens sowie der chinesischen Geschichte an der Hebrew University in Jerusalem.

Kandel, Johannes
Dr. phil., Politik- und Islamwissenschaftler und Leiter des Referates Akademiegespräche / Interkultureller Dialog der Friedrich-Ebert-Stiftung.

Micksch, Jürgen
Geboren 1941. Dr. theol. Ehrenamtlicher Vorsitzender der bundesweiten Arbeitsgemeinschaft PRO ASYL sowie des Interkulturellen Rates in Deutschland e.V. Lange Jahre interkultureller Beauftragter der Evangelischen Kirche in Hessen und Nassau.

Schirrmacher, Christine
Geboren 1962. Dr. phil. Islamwissenschaftlerin und Leiterin des deutschen Instituts für Islamfragen (IfI) der Lausanner Bewegung, Bonn.

Spuler-Stegemann, Ursula
Geboren 1938. Professorin für Türkisch und Islamwissenschaften an der Universität Marburg. Bekannt durch ihre Bücher *Muslime unter uns* und *Feindbild Christentum im Islam.*

Troeger, Eberhard
Geboren 1938, Emeritierter Pfarrer der Evangelischen Landeskirche. Arbeitete viele Jahre in Ägypten. Früherer Leiter des Evangeliumsdienstes Mittlerer Osten (EMO).

Ye'or, Bat
Aus Kairo stammend. Spezialistin zu Fragen der Minderheiten in der Geschichte des Islam. Immer wieder zu Vorträgen bei der UNO eingeladen. Kennerin der Sprachen und Mentalitäten des Mittleren Ostens.